人间佛教
思想文库

楼宇烈 怡藏 主编

大醒卷

纪华传
张国娟 编

宗教文化出版社

图书在版编目（CIP）数据

人间佛教思想文库．大醒卷 / 纪华传，张国娟编． -- 北京：宗教文化出版社，2025.4

ISBN 978-7-5188-1487-9

Ⅰ．①人… Ⅱ．①纪… ②张… Ⅲ．①佛教—中国—文集 Ⅳ．① B948-53

中国国家版本馆 CIP 数据核字 (2024) 第 004035 号

人间佛教思想文库

大醒卷

纪华传　张国娟　编

出版发行：宗教文化出版社
地　　址：北京市西城区后海北沿 44 号（100009）
电　　话：64095215（发行部）64095265（编辑部）
责任编辑：王志宏
版式设计：武俊东
印　　刷：河北信瑞彩印刷有限公司

版权专有　侵权必究

版本记录：787 毫米 ×1092 毫米　16 开　23 印张　350 千字
　　　　　2025 年 4 月第 1 版　　2025 年 4 月第 1 次印刷
书　　号：ISBN 978-7-5188-1487-9
定　　价：180.00 元

人间佛教思想文库

出版委员会
主　　　任：演　觉
副 主 任：宗　性　明　海　常　藏　陇　兴
委　　　员：
卢　浔　普　正　毕永祥　袁　颖　长　顺
秦　萌　代　耀　张东德　清　远　明　杰

主　　　编：楼宇烈　怡　藏
副 主 编：圣　凯
学术委员会：（以姓氏笔画为序）
邓子美　王雷泉　王　颂　向　学　成建华　孙英刚
李四龙　纪华传　李建欣　陈　兵　陈金华　陈永革
杨曾文　杨维中　张风雷　张文良　何建明　净　因
学　愚　济　群　洪修平　惟　善　麻天祥　黄夏年
湛　如　源　流　赖永海　魏道儒

编辑委员会：
圣　凯　刘　东　能　仁　何　莹　伍先林　范文丽
持　定　惟　祥　永　平　肖　健　圣　梵

总　序

"多元一体、并行不悖"的人间佛教史观

"人间佛教"自太虚大师等倡导以来，经过近百年的探讨、实践和弘扬，已经获得佛教界和学术界的赞许和认同，成为当今全世界汉传佛教界共同举扬的旗帜，显示出蓬勃的生命力与广泛的影响力，成为"二十世纪中国佛教最宝贵的智慧结晶"。"人间佛教"的理论与实践，涉及对佛陀本怀的准确把握和对佛教弘传历史、佛教现状的清醒反思，更需要对现代文明乃至未来社会的特质、走向的深刻洞察，"人间佛教"的提倡、实践与弘扬是当代全球汉传佛教界的"集体智慧结晶"。因此，梳理"人间佛教"的内涵与发展，深化"人间佛教"的思想，这是佛教界、学术界乃至社会各界的共同命题。

一、"人间佛教"是百年汉传佛教的集体智慧结晶

"人间佛教"始倡于太虚大师，是在佛法契理契机原则的指导下，对中国传统汉传佛教"非人间"的弊病之纠治，其前提，是对明清汉传佛教积弊和教界衰朽现状的揭露与批判。1933年10月，太虚大师在汉口市商会作《怎样来建设人间佛教》的演讲，明确提出"人间佛教，乃是以佛教的道理来改良社会，使人类进步，把世界改善的佛教"。而建设人间成为"人间净土"，则是人间佛教的现实落足点。1934年1月由太虚大师创办的佛教期刊《海潮音》杂志特地出版了"人间佛教"专号，刊登了此文，至此，"人间佛教"广为人知，已趋成熟，成了中国佛教界继承传统、别开生面的一股新思潮，获得广大佛教徒和社会人士的大力支持和热烈赞同，正式拉开了现代化佛教复兴的帷幕。太虚大师在大量的讲演、著述中，分析了时代思潮和人心趋向，从判教、经典体系、修行之道、防治偏弊等多个方面，建构起人间佛教的理

论体系。

太虚大师于1944年在汉藏教理院作《人生佛教开题》时，提出"人生佛教"的目的及其效果有四种：一、人生改善，即行五戒等善法净化人间，以佛法从事社会经济、教育、法律、政治乃至国际交流，以佛法融摄科学、哲学、儒学等，达成改善个体的人生与人间社会；二、后世增胜，根据业力轮回原理，修十善业及诸禅定而上生天界，持佛号而往生净土，这样可含摄净土信仰与密教信仰乃至其他宗教；三、生死解脱，这是佛法不共世间之教法，断除生死烦恼而脱离轮回之苦；四、法界圆明，即修习大乘佛教的菩萨道，生菩提心与大悲心，修行无尽福德与般若，断尽所有烦恼习气，最终圆明法界而融通无碍。因此，"人生佛教"是包含了全部佛法的目的与效果，以前三层为方便，以法界圆明的佛果最究竟。

太虚大师由此总结说："今倡人生佛教，旨在以现实人生为基础，改善之，净化之，以实践人乘行果，而圆解佛法真理，引发大菩提心，学修菩萨胜行，而隐摄天乘、二乘在菩萨中，直达法界圆明之极果。即人即菩萨而进至于成佛，是人生佛教之不共行果也。"所以，"人生佛教"是以"人生"为基础，改善人生的生活行为，使其"合理化、道德化，不断地向上进步"，而以菩萨行成佛为最终价值取向。佛法对提升人生的道德、智慧、素质具有独特的意义，这是人间佛教的自觉、自利义；同时，"人间佛教"要展开对"人"的教化，以人间为教化对象，在人间弘法，通过教化活动在人间实现"人间净土"，即建设心灵净化、道德高尚的人间社会，这是"人间佛教"的觉他、利他义。由此反观太虚大师所讲的人生佛教四种目的，可知"人间佛教"是佛陀精神的弘扬与回归，直接继承了原始佛教以人为本的思想，立足于佛陀教化世间的根本精神，对传统佛教作出了契合时代的解读。太虚大师的四句偈语"仰止唯佛陀，完成在人格，人圆佛即成，是名真现实"正是道出了人间佛教的真谛。

在二十世纪三四十年代，"人间佛教"已经在佛教界和社会上颇有影响。法舫在暹罗讲说人间佛教，撰有《依圣言量来建设人间佛教》等文。印顺法师（1906-2005）首先总结整理了太虚大师的人间佛教思想，编写了《太虚大师全书》，其后，更在理论上对人间佛教思想基础加以进一步地夯实，丰富了太虚大师首创的人间佛教理论构建。印顺法师在《人间佛教要略》中提到：一、人间佛教"论题核心"是"人、菩萨、佛——从人而发心修菩萨行，由修菩萨行圆满而成佛"；二、人间佛教"理论原则"是"法与律合一"；三、人间佛教的"时代倾向"为少壮青年，这并非老人不能学菩萨行，而是当今时代应重视少壮青年的皈信。

1938年，竺摩法师（1913-2002）赴港澳弘法前，撰写和发表了一系列文章，从太虚大师人间佛教的革新思想出发，强调佛教要关怀社会，积极维护佛教的优良传统与救世形象，自觉推展太虚的佛教革新思想，其比较突出的人间佛教主张主要体现在三个方面：一、积极关怀社会；二、立下护法救教的宏愿；三、具有新僧制的自觉，由此吹响了近代以来南洋佛教复兴的号角。1948年，慈航法师（1893-1954）应台湾中坜圆光寺释妙果之邀至台湾，继承太虚大师未竟的佛教革新之志，提出挽救传统佛教的危机，要靠兴办教育、文化与慈善事业"三大救命环"，开启了台湾佛教发展的新局面。随后白圣法师、星云法师、圣严法师、证严法师等纷纷相继而起，纷纷依人间佛教精神结合时代特性而别有一番创建，当今台湾佛教新"四大道场"的崛起即是实证。另外，演培法师、隆根法师在新加坡，仁俊法师在美国，一直致力弘扬"人间佛教"，让"人间佛教"成为全世界汉传佛教最重要的基本模式。

在大陆，中华人民共和国成立后，赵朴初老居士、巨赞法师、正果法师、一诚法师、传印法师、净慧法师、惟贤法师、茗山法师等继承太虚大师人间佛教思想，契合时机，相继提出了新的创见。1947年，太虚大师圆寂之前，在上海玉佛寺将自己著的《人生佛教》一书赠予赵朴初居士（1907-2000），表达了对赵朴老的寄托与期待。1981年，随着党的宗教政策正式得到落实，赵朴老特撰《佛教知识答问》，其第五章的最后部分即为"发扬人间佛教的优越性"，开启了大陆佛教在"文革"后对"人间佛教的正式倡导"。1983年，赵朴老在中国佛教协会第四届理事会二次会议上作《中国佛教协会三十年》的报告，总结了中国佛教协会三十年的工作，提出了提倡人间佛教的思想，并依此提出了发扬中国佛教农禅并重、学术研究、国际交流三个优良传统的指导方针，将弘扬"人间佛教"置于整个中国佛教发展的指导地位，"人间佛教"思想由此在中国佛教现实社会生活各层面得以深入贯彻。

正果法师（1913-1987）是太虚大师的高足，早年受过严格的佛学教育，晚年的正果法师同赵朴老一道提倡人间佛教，并对人间佛教在当代大陆的传播造成了一定的影响。曾撰写一些有关人间佛教的文章，如《人间佛教寄语》等发表在《法音》杂志上，指出"人"是最宝贵的，人身难得，在三界中，只有人最容易修道成佛。

茗山法师（1914-2001）是焦山佛学院的首届毕业生，后考入太虚大师为院长的武昌世界佛学院高级研究班深造，得益于大师的熏陶和举荐，是太虚大师倡导的"人间佛教"思想的积极推崇者、继承者和弘扬者。

净慧法师（1933-2013）创立"生活禅"，开拓了"人间佛教"的内涵。他提倡生活禅，他在《生活禅钥》中说："将佛教文化与中国文化相互熔铸以后产生具有中国文化特色的禅宗精神,还其灵动活泼的天机,在人间的现实生活中运用禅的方法,解除现代人生活中存在的各种困惑、烦恼和心理障碍,使我们的精神生活更充实,物质生活更高雅,道德生活更圆满,感情生活更纯洁,人际关系更和谐,社会生活更祥和,从而使我们趋向智慧的人生,圆满的人生。"他阐扬了人间佛教文化，同时也是一位创造力极为旺盛的禅师、学僧、诗人，他主持整理、出版了大量佛教典籍，创办多种刊物，撰写了一系列阐扬禅学的著作和诗作，对中国佛教文化作出了重要贡献。

惟贤法师（1920-2013）自十六岁考入汉藏教理院起，先后亲近太虚大师达十年之久。太虚大师以其睿智和悲愿，犹如浊世明灯，所提倡的人生佛教思想，成为近现代及未来佛教的发展方向和路标，可谓开启佛教现代化的第一人。惟贤法师在汉藏教理院求学五年，得以直接亲近太虚大师，亲承太虚大师耳提面命的教导和教诫。在汉藏教理院毕业后，追随雪松法师去了开县大觉寺，从事弘法教育工作，但仍保持与太虚大师的书信往来，请问法益。只要有机会到重庆时，他都亲往拜谒太虚大师，太虚大师也关切地接待这位内心器重的学生，鼓励他坚定信念，弘法利生。在惟贤法师亲近太虚大师的十年时间里，深刻地领会到太虚大师人生佛教的精义。因此，惟贤法师一生，都以弘扬和践行太虚大师人间佛教思想为己任。

因此，"人间佛教"在太虚大师倡导之后，是全世界汉传佛教界一致认同的主导思想，也是现代佛教的基本模式，更是百年汉传佛教界的集体智慧结晶。今天，我们在探讨"人间佛教"时，既不能忘怀太虚大师首倡之功，也要深刻地体认后辈等继承、弘扬之功不可没。

二、"人间佛教"是多元一体、并行不悖的道路

太虚大师所倡导的"人间佛教"既是他本人的"未竟事业"，也是当代汉传佛教界的"未竟事业"。太虚大师之后"人间佛教"的理论建构与实践道路，皆有与其一致的层面，更有丰富发展的一面。

传统中国佛教的发展，在思想上要与中国固有的儒家、道教文化兼容，在信仰上要与"礼"文化融合，在制度上必须获得王权的接纳，在传播上必须得到社会的包容与护持，在经济上则要有蓬勃的经济发展作为支撑，从汉魏两晋南北朝至唐宋之间，使佛教成功地完成了中国化的历程。土地经济、中央集权制、礼制、儒道思想等构成传统中国佛教的"根机"与"背景"。但是，"人间佛教"的产生与传统中国佛教有决然的不同，即"现代性"的背景。"人间佛教"是当时太虚大师等面对以西方文化为代表的现代文化的冲击，以契理契机为原则，通过对中国佛教传统的创造性诠释，以深掘佛教传统中的内涵价值，使其与以科学和民主为代表的现代文明接榫，从而真正完成佛教价值系统向现代形态的转变，即佛教的现代化。其中一个关键之处，是如何在佛陀遗教乃至中国佛教传统中为作为现代文明之基本标志的科学和民主找到内在的根据。

太虚大师依据佛法契机契理的原则，指出随着近代以来社会迅猛的发展，虽然各民族、各国还保持着其自身特色，但总体而言，现代人已经逐渐拥有了共同而普遍的思想文化基础，其内容主要有"三事"：其一，现实的人生化；其二，证据的科学化；其三，组织的群众化。因此，要"施设现代协契时机之佛学"，必须考虑到成为世界普遍的思想文化之要素的"三事"。太虚法师根据这"三事"之大势，提出了"人生佛学"的宗旨：

其一，人生性、世间性：即以人类为中心，以求人类生存发达为目标，建立新佛教："佛法虽普为一切有情类，但以适应现代之文化故，当以'人类'为中心而施设契时机之佛学；佛法虽无间生死存亡，而以适应现代之现实的人生化故，当以'求人类生存发达'为中心而施设契时机之佛学，是为人生

佛学之第一义。"

其二，利他性：以悲智双运、普利众生的大乘佛教为对机佛学："佛法虽亦容无我的个人解脱之小乘佛学，今以适应现代人生之组织的群众化故，当以大悲、大智普为群众之大乘法为中心而施设契时机之佛学，是为人生佛学之第二义。"

其三，科学性：科学技术是现代的车轮滚滚向前的推动力："大乘佛法，虽为令一切有情普皆成佛之究竟圆满法，然大乘法有圆渐、圆顿之别，今以适应重经验、重秩序、重证据之现代科学化故，当以圆渐的大乘法为中心而施设契时机之佛学，是为人生佛学之第三义。"

印顺法师则在《人间佛教绪言》中明确地指出："契理契机"是人间佛教提出的根据，"现在所揭示的人间佛教，既重契机，又重契理。就契机方面说：注重人间正行，是最适合现代的需要，而中国又素来重视人事。……人间佛教不但契应时机，更是契合于佛法的深义，大家应努力来弘扬"！由此可知，"人间佛教"是中国佛教传统的创造性转化与创新性发展，是从印度佛教到中国佛教传统的继承与发展，"现代性"是最重要的"根机"与"背景"。

因此，太虚大师之后，无论是印顺法师、圣严法师，还是赵朴初居士、巨赞法师、净慧法师等，都是依"契理契机"原则与方法，从而对"现代性"处境的回应。契理契机作为方法论，佛陀本怀作为内在根据，中国佛教作为思想资源（印顺法师例外），"现代性"作为根机和背景，这些都是"人间佛教"一以贯之的"道"，这是"一体"；而百年人间佛教的弘扬者，大陆的巨赞法师、茗山法师、正果法师、惟贤法师、净慧法师；香港、台湾的慈航法师、印顺法师、圣严法师、觉光法师；东南亚的竺摩法师、演培法师、隆根法师，美国的仁俊法师等，则是"多元"的，皆是"人间佛教"并行不悖的道路实践者。

这些"多元"的人间佛教弘扬者，既有对现代性的不同理解，更有不同时空背景的时代回应，但都在"人间佛教""一体"旗帜下的创造性诠释与实践。1940年秋，如大陆的巨赞法师（1908-1984）在广西桂林创办《狮子吼》月刊，宣传抗战与佛教革新运动，适时提出了"生产化、学术化"口号，希望以此作为新佛教运动具体实施目标，甚至还"想应用生产化、学术化的原则，组织一个实验丛林,为全国佛教界之倡"。圣严法师(1931-2009)提倡"心灵环保"、净慧法师的"生活禅",都是对"人间佛教"的升华与实践。

"现代性"既是"人间佛教"的背景,更是教化的根机。"人间佛教"的提倡者基本是在接受现代性原则的条件下来进行自己的论述,在佛陀遗教乃至中国佛教去发现符合现代性的结构资源,如引用"诸佛出于人""佛法在世间"等。但是,最重要的是要在现代性的结构背后去寻找佛教的宗教性的意义资源。这就需要在弘扬"人间佛教"从超越人类的高度,冷静审视人类,既肯认人道的殊胜,提示人类的自性潜能,又毫不留情地揭露人身缺陷、人类社会的弊病,而且直指造成缺陷弊病的根源在于人心所起的烦恼,开出根治的处方。因此,不同时代的"现代性"展开是完全不同的,则需要"人间佛教"提倡者进行不同的回应,如赵朴初居士在1996年"中日韩三国佛教会议"上说:

> 当今时代,人类在取得科学技术和物质文明空前成就的同时,也面临着许多忧患,例如:精神空虚,道德沦丧,环境污染,生态失衡,核战威胁,等等。不应当把这些问题归咎于科学技术的发展和物质生活的丰裕,而应当归咎于人类自身的不完善。人类忽视了自身的建设,致使人的精神素质远不能适应和把握科学技术和物质文明发展的方向。高度发达的科技文明,只有在精神品格高度完善的人的自觉制导下,才能更好地造福于人类社会;否则,它会异化成一种驱役乃至毁灭人类的恐怖力量。因此,在未来的世纪,人类的幸福和世界的和平,将主要取决于人类精神品格的自我完善。在这方面,佛教有自己独具的优势,一方面能给人类提供一种精神信仰,另一方面又具有总持人类文化、解决人生根本问题的智慧和方便。

"人间佛教"对"现代性"既有现代化转型的背景反思,更是提供文明走向,协调人与自身、人与社会、人与自然等关系,这也是人间佛教肩负的伟大文化使命。

在"多元一体、并行不悖"的人间佛教史观上,要对"人间佛教"的正统性谱系观念保持警惕。因为中国佛教一向有追求正统性谱系的传统,北宋佛教在儒家道统的刺激下,开始建构隋唐宗派佛教的观念。民国以来,中国佛教界和学术界受到日本佛教宗派观念的影响,更强化了宗派佛教的谱系观念。在这种正统的谱系观念刺激下,人们很容易在"求真"、回归原始的冲动下,对"人间佛教"产生正统性的意欲,而忘记了"现代性"的背景与根机。"人间佛教"是太虚大师的"未竟之志",如何处理人间佛教与中国传统佛教的关系,或者说,如何通过"人间佛教"理论引导中国佛教原有的宗派适应、关怀现代社会?同时,"人间佛教"的实践需要非常好的制度建设,也是太虚大师觉得自己的失败之处。正如他在《我的佛教革命失败史》上说:"然我终自信,我的理论与启导确有特长,如得实行和统率力充足的人,必可建立适应现代中国之佛教的学理与制度。"因此,"人间佛教"的发展正是完成太虚大师的"未竟之志",是每一位弘扬者的"未竟事业"。

在这样的人间佛教史观下,既不能以太虚大师的思想与制度设想,否定后来者的创新与努力;更不能以后来者的成就与影响,否定与削减太虚大师对"人间佛教"的首倡之功。同时也可以说,"人间佛教"是佛教中国化的当代发展,不是哪个个人的专利。所以,人间佛教没有完成时,只有进行时。

因此,有关"人间佛教"的讨论要重视"多元一体、并行不悖"的历史图景,这就要求针对不同的对象,在不同时机与场合彰显人间佛教的不同侧面。针对具有一定佛学和修持基础造诣的对象,可以强调"多元"或"异";针对普通大众,在公共场合,尤其是互联网上,要强调"一体"或"同";在实践上,如佛教适应、关怀现代社会的途径要"多元",在探讨理论内核乃至伦理规范上要"一体"。正如净慧法师所说:"以太虚大师为代表的一批具有远见卓识的僧俗大德将佛教逐步推向现代化的洪流,强调人间佛教的理念,指明佛教在当今生存和发展的必由之路。这个任务至今尚未完成,目前佛教界的有识之士及所有关心佛教命运的人还在不断地致力于佛教现代化的工作。人间佛教的理念是佛教现代化的理论基础,也是佛教与社会主义社会相适应的基本思想。"[①]这样,才能推动人间佛教理论实践的丰富发展。

---

① 《在第九届生活禅夏令营开营式上的讲话》。

三、编辑《人间佛教思想文库》的时代意义

纵观当今，我们面临着比太虚大师等前辈先贤更加复杂的"现代性"样态。现实是无法回避的，面对、反思、行动是最好的选择。太虚大师首倡以来，经无数近现代高僧大德实践探索出的精神遗产——"人间佛教"，仍然成为新时期佛教现代化与化现代的旗帜与道路。而我们发动整理这些人间佛教探索道路上的高僧大德之行事、理论思想与实践经验，既要为现当代人间佛教的内涵提供丰富的范例，更为怎样践行人间佛教思想提供丰富的参考素材，为未来佛教界的发展提供借鉴的经验。

同时，这些参与《人间佛教思想文库》的整理者，绝大部分便是亲身受教于这些高僧大僧，如宗性法师负责编辑《惟贤卷》，明海法师负责《净慧卷》，惟俨法师负责《隆根卷》；或者长期研究近现代佛教，对"人间佛教"有思想的观察，如邓子美教授负责《太虚卷》，黄夏年教授负责《巨赞卷》等。因此，整理与编辑、出版的过程，便是对"人间佛教"的实践与弘扬。特别说明一下，因为时代的变迁，编委会对某些涉及政治、国家的用语酌情进行了处理。

所以，编辑《人间佛教思想文库》，综合呈现百年"人间佛教"丰富的内涵与实践经验，充分体现了"人间佛教"的思想脉络，正是将"多元一体、并行不悖"的人间佛教史观化为现实，将百年来"人间佛教"的思想成果介绍给当代佛教界、学术界和社会各界。这对于重新梳理人间佛教思想的内涵与源流，总结人间佛教实践的历史经验与教训，对中国佛教进行创造性转化与创新性发展，落实2016年全国宗教工作会议提出的佛教继续中国化的要求，加强佛教思想建设，创新"人间佛教"的理论、实践和未来发展道路，使当代中国佛教更好适应社会、服务社会，都是一件非常有意义、有价值而有必要的工作。这是在太虚大师圆寂70周年之际、赵朴初居士诞辰110周年、杨仁山居士诞辰180周年之际，对他们最好的纪念！

《人间佛教思想文库》编委会
2017年3月17日

目 录

总　序　"多元一体、并行不悖"的人间佛教史观…………………… 1
前　言……………………………………………………………………… 1

一、佛教制度改革

读《新僧》……………………………………………………………… 3
读《整理僧伽制度论》发生之管见…………………………………… 9
住持论…………………………………………………………………… 19
僧伽生活问题…………………………………………………………… 32
中国佛教需要考试制度………………………………………………… 36
致全国长老书…………………………………………………………… 38
中国佛教的整理与复兴………………………………………………… 43
我们理想中的丛林……………………………………………………… 48

二、佛学院与佛教教育

佛学院与丛林…………………………………………………………… 57
理想中的僧教育丛林…………………………………………………… 62

僧教育论 …………………………………………………… 65
理想中的僧教育系统 ……………………………………… 77
学僧的三阶段 ……………………………………………… 81
佛学中需要的模范学僧 …………………………………… 84
理想中的自修学僧 ………………………………………… 89
学僧的自觉 ………………………………………………… 92
学僧应注重礼节 …………………………………………… 96
谈培养国际佛教的人才 …………………………………… 99

三、佛教组织

"佛教联合会"进行的意见书 …………………………… 105
中国佛教会之组织 ………………………………………… 114
对于"中国佛教会整理委员会"之期望 ………………… 122
关于中佛会分支会的组织及其他 ………………………… 125
关于中佛会分支会的四五事 ……………………………… 131

四、佛教与社会

佛教在人间 ………………………………………………… 141
我们理想中之人间佛教的和乐国 ………………………… 143
"不离文字" ……………………………………………… 155
议政而不干治 ……………………………………………… 161
实行"为人"主义 ………………………………………… 163
僧众服兵役与训练 ………………………………………… 171
家庭佛化谈（三）………………………………………… 173
破邪显正是每个佛教徒的责任 …………………………… 175

五、佛教修持

人间佛教闲谈（一）……………………………………	179
人间佛教闲谈（二）……………………………………	183
学佛的基本条件及其最大责任…………………………	187
学佛·要从菩萨学起……………………………………	190
谈修心……………………………………………………	193
惭愧说……………………………………………………	196
居家学佛之途径…………………………………………	199
用出世的思想作入世的事业……………………………	202
我对于净土宗的信念……………………………………	205

六、中日佛教

日本佛教视察记…………………………………………	211

前　言

近代中国内忧外患、饱受屈辱，遭遇"两千年来未有之变局"。佛教的兴衰一直与国家命运紧密相连。随着帝国主义列强的入侵，西方文化的传入与基督宗教的传播，传统的儒释道三教共同维系的思想道德教化体系逐渐被打破，加之太平天国运动对传统文化的摧残及晚清、民国时期两次席卷全国、声势浩大的庙产兴学运动，佛教在政治、经济、文化等方面，都面临着千百年来所未遇的巨大危机。在近代佛教存亡之际，一批高僧和居士人才为佛教如何适应新时代而作出积极的探索。大醒法师就是其中之一，自觉承担起新时代佛教改革的重任。

一、大醒法师生平与著述

大醒法师，名机警，字哭盦，别号僧忏、随缘、随缘老人等，太虚大师赐字大醒，以此行世。大醒法师生于清光绪二十六年（1900年），俗姓袁，江苏东台人。自幼学习传统文化，且习书绘画，作诗填词，可谓多才多艺。出家前的大醒法师也曾接受现代教育，毕业于东台师范学校。在校期间，对"中西科哲，无不潜究，然欲得一解决人生生死与夫救世济民之道则未可也"。[①]

1923年11月（农历九月），大醒法师依让之和尚于扬州救生寺剃度出家。

[①] 东初：《大醒法师小传》，虞愚、寄尘编：《厦门南普陀寺志》，白化文、张智主编：《中国佛寺志丛刊》第105册，扬州：广陵书社，2006年，第128页。

1924年7月，大醒法师到光孝寺听太虚大师讲《维摩诘经》，首次与之面见。同年9月，大醒法师入学武昌佛学院，为第二届大学部学僧。大醒法师对于功课与修持均精勤努力，曾自述："余对于课程上修持上，绝未敢自息，讲师教授之各课，若《五蕴》《因明》《俱舍》等论，及大小乘、各佛教史与各科学，十余种。余虽不敏，于此至深至微之教理，似颇有所获焉。"① 东初法师称赞说："法师在同学中，倜傥卓志，悲智迈群，每试侪冠，诸教师啧啧相赞，时人则谓为太虚大师门下三大将之一，是也。"②

1925年春，大醒法师与迦林、寄尘等诸师，揭出"新僧"的口号，组新僧会，编发《新僧》期刊，旨在阐扬佛化，整理僧伽，宣扬太虚大师佛教革新运动。是年夏，太虚大师在大林寺创设"庐山学窜"，前去学习者共十人，武院去七人，北大有三人，大醒法师即在其中；在此专修英文与佛学，为将来国际弘法作准备。不久，学窜散，大醒法师念佛教既无精锐系统之组织，又无寺院考究之统计，遂一心遍游全国寺院。当游焦山、庐山等古刹，每见古德刺血书经，心生敬重，至金陵得交映彻上人为刺血书经三次，并于1926年在金陵寺闭关。

1928年2月，奉太虚大师之命，前往闽南佛学院。1932年冬，随太虚大师离任。在闽院五年间，历任教务主任、佛学教授、训育主任、副研究员、代理院长及南普陀寺的监院等职。大醒法师对闽南佛学院之贡献，如东初法师所言："闽院为全国学僧之所依归，亦为南国僧教育之学府，由师主持五载如一旦，毕业两次，成绩斐然，不啻开南国佛教之新纪元，亦为中国僧教育之罕闻也。"③ 同时，大醒法师在闽南佛学院创办《现代僧伽》佛教期刊。时值佛教存亡的紧急关头，"提拔庙产""打倒神像"等迫害佛教事件接踵而至，大醒法师以该刊为平台，呼吁佛教一致团结，共同护持正法，对反抗庙产兴学产生了积极影响，但因其言辞痛切激烈，于文字中涉及人物之臧否，在近代佛教界亦产生较大争议。

---

① 机警：《出家一年之回顾》，《海潮音》第五年第十一期，1924年，第16页。
② 东初：《大醒法师小传》，虞愚、寄尘编：《厦门南普陀寺志》，白化文、张智主编：《中国佛寺志丛刊》第105册，扬州：广陵书社，2006年，第129页。
③ 东初：《大醒法师小传》，虞愚、寄尘编：《厦门南普陀寺志》，白化文、张智主编：《中国佛寺志丛刊》第105册，扬州：广陵书社，2006年，第130页。

1933年，小住汕头，协助整理开元寺，筹备岭东佛学院，并在此继续主办《现代佛教周刊》。秋，应太虚大师之命，到武昌主编《海潮音》，并担任世界佛教图书馆编译系主任；同时，接受汉口佛教正信会之聘请，任该会净土宗研究会讲师、研究社女众补习班总教授，参与《正信》佛教期刊的编辑工作等。1934年8月，闭关武昌佛学院。在关中主编《海潮音》，作《八指头陀评传》《空过日记》，并主编历代高僧文集。

　　1935年5月5日，大醒法师以个人身份前往日本视察佛教。在为期一个月的视察期间，大醒法师介绍了日本佛教当时的佛寺组织、佛教教育、僧尼生活、社会事业等的现状，并对其历史沿革进行了说明，与日本多位著名法师与学者进行了交流。后成《日本佛教视察记》一书，是近代中国僧侣撰写的唯一一部正式的、有关日本佛教的观察记录。① 同年秋，住持淮阴觉津寺，革弊建新，开办道场，教育僧徒，践行其"丛林即是佛学院"的理念，并发行《觉津杂志》。在社会弘化方面，担任淮阴第七区感化院讲师；抗战之际，主持苏北七县僧众救护训练班，护教卫国，颇受地方政府当局的重视。

　　1937年抗日战争爆发后，大醒法师由觉津寺退居。抗战期间，一直身处沦陷区。1939年，住持高邮善因寺。1941年，应觉斌法师之邀，复办闽南佛学院，担任院长，但不久回沪，院长由当家块然法师接任。

　　抗战胜利后，大醒法师奉太虚大师命，协助整理佛教，任中国佛教会整理委员会秘书长。1946年，继太虚大师主持奉化雪窦寺。1947年，太虚大师圆寂。其后，《太虚大师全书》之编纂，太虚大师舍利塔之建筑，多得其参与协助。1948年，复编《海潮音》。对此，续明法师称其"可谓善报师恩之第一人"。②

　　1949年2月，大醒法师携《海潮音》至台湾，出任台北善导寺导师。虽处才材两难之境，仍奋力维持《海潮音》的编发，为其"尽最后一口气"。1950年冬，大醒法师积劳成疾，患高血压，移住新竹香山疗养。1951年秋，新竹青草湖灵隐寺住持无上法师在新竹灵隐寺成立"佛教讲习会"，聘请大

---

① ［日］坂井田夕起子：《太虚与大醒如何看日本佛教？——以〈东瀛采真集〉及〈日本佛教视察记〉为中心的考察》，北京大学：第二届太虚与近代中国国际学术研讨会，2019年11月2日至3日，第57页。
② 续明：《怀念大醒法师》，《海潮音》第四十三卷第十一、二期，1962年，第24页。

醒法师任导师。佛教讲习会对建树台湾省佛教裨益甚大。探本求源，大醒法师之于台湾佛教，实有开创之功，亦是其毕生热心佛教文化教育事业的最后贡献。①1951年12月15日，在讲堂授课时，忽患脑溢血，当即入于昏迷状态。因医治不便，由新竹灵隐寺迁到台北铁路医院就医，但病况难有起色，遂于3月迁回台北善导寺疗养。1952年12月13日晨一时，在大众念佛声中，安详入灭，时年五十有三。

大醒法师著述颇丰，大多发表于《海潮音》《现代僧伽》《现代佛教》《正信》《觉津杂志》《人海灯》等佛教期刊；单独出版发行的著作，有《地藏菩萨本愿经讲要》《八指头陀评传》《日本佛教视察记》《口业集》《空过日记》等；并编有历代高僧文集选辑若干部，有《慧远大师集》《蕅益大师集》《憨山大师集》《莲池大师集》《紫柏大师集》等。1963年3月，《大醒法师遗著》由海潮音社出版发行。

二、大醒法师人间佛教思想

（一）关于僧制改革思想

僧制，是相对于佛制——佛陀制定的戒律而言的，是指中国佛教的祖师根据中国僧人集体修行生活的实际情况，而制定的因地制宜的寺院管理制度。影响最大的，当属唐宋时期禅宗祖师制定的丛林清规。明清以降，随着中国封建社会集权专制的逐渐加深，佛教寺僧的修行生活也变得越发腐败、衰朽，清规制度染上了浓厚的封建宗族专制主义色彩。因此，欲挽救佛教在新时代面临的危机，僧伽制度改革便是刻不容缓的任务。僧制改革是太虚大师佛教三大革命的首要任务，是他为之毕生奋斗的复兴中国佛教的最主要内容。太虚大师"志在整理僧伽制度，行在瑜伽菩萨戒本"，以改革、重整僧制为使命，在《整理僧伽制度论》《僧制今论》《建僧大纲》三部著作中系统阐述了僧制改革思想。太虚大师呼吁将传法制改为选贤制，主张从佛教学院中选拔优秀僧人住持寺院，建立真正住持佛法的僧团，形成合理的现代僧伽制度。大醒法师作为太虚大师的弟子，以师志为己志，毕生致力于僧伽制度改革；曾

---

① 续明：《怀念大醒法师》，《海潮音》第四十三卷第十一、二期，1962年，第24页。

言"僧制不整，我志不休"，①其心志可见一斑。

　　大醒法师认为，僧伽制度应随时制宜的，须革除从旧时代沿袭而来的已经彻底腐朽、过时的不合时宜的部分制度，因此，他主张："丛林之制度，由马祖、百丈而后，传承至今，亦千百余年，非欲以时势关系而拟废弃之也，所言整理，即整理今日已紊乱者而进化之耳。"②也就是说，大醒法师并非想要全盘废弃传统的丛林制度，而是欲对"已紊乱者"、不适应时代者进行适当的调整，使其能够获得一定的"进化"从而适应新时代。如其自述："余尤有切望于我僧伽同袍者，对此整理僧伽制度问题，应先明了而万不可误会推委者，归纳有二要素：一者整理并非破坏；二者整理须负责任。"③可见，大醒法师的僧伽制度改革思想既有对传统的肯定和继承，又具备鲜明的时代特点。

　　作为太虚大师佛教改革的追随者与实践者，大醒法师曾根据《整理僧伽制度论》《僧制今论》等著所述，依当时的佛教处境，提出三种理想丛林的改革方式。④第一种，每个县或市将所有的丛林联合成一团体机构的组织。最低限度的要求是，一是采用委员制，即联合丛林之住持皆为委员，一切教务、财务统筹统办；二是将所有丛林之寺产先行登记，使其一寺的庙产成为"法人"的教产，进一步联合全县的僧尼全部寺庵的财产则更为理想。三是在统筹统办的原则下，设办一中学或几所小学，令所有青少年沙弥入学并广收普通学僧。视经济力量，再办其他佛教文化等事业。四是在一县或一市之中，如果教产不能满足所有僧众生活，不妨举办一种生产事业，以不违背佛教宗旨为尚。第二种，以一寺丛林（或联合二三寺）为一单位，在内部组织一健全道场——或办一小学，或办一中学，或办一佛学院，甚至办一念佛林或一布教所与佛教民众阅书报室等等；另聘请当地地方人士组一护法会，来护持十方三宝常住的教产，以期于一县境内成立一有规模的丛林，或者是成立一简单

---

① 大醒：《己巳自题三十初度造像》，《口业集》（又名《佛教批评集》），中西印刷公司，1934年，第26页。
② 机警：《读〈整理僧伽制度论〉发生之管见》，《海潮音》第六年第二期，1925年，第35页。
③ 机警：《读〈整理僧伽制度论〉发生之管见》，《海潮音》第六年第二期，1925年，第40页。
④ 大醒：《我们理想中的丛林》，《海潮音》第二十八卷第十期，1947年，第25页。

的道场。第三种，即使一地方仅有一寺，也要进行整饬，使每一僧众都有作业，或自觉，或修持，或研究，或著述，乃至为寺中服务劳作。做到"教无废产，寺无废人"。

大醒法师认为，近代中国佛教丛林的衰败与住持制度的流弊关系密切。他认为，"住持与丛林的关系非常之大，丛林住持得其贤者则昌，其不肖者必亡！"① 对此，大醒法师希望政府给佛教订立两种考试制度：僧徒出家的考试制度和寺院住持的考试制度。② 他指出："中国佛教衰败根本的原因，只有一个，就是没有考试制度。中国佛教的整顿改革，就是需要考试制度。"③ 大醒法师考察中国佛教历史上，试经度僧的考试制度，在唐宋已屡见实行，但后来考试制度废了，元明清三代虽设有僧官，已不行考试，仅售卖戒牒。至于丛林寺院住持，在唐以前大都为选贤制，至禅门五宗分灯以后，逐渐流传为滥收徒众，滥传戒法。他认为，僧人的出家和寺院住持的担任都需经过考试方可获得资格，而这两种考试制度的实行需要政府所制定政策的保证和监督。

对于僧伽生活，大醒法师主张修学并行，心力并用。修行、学习、力作是大醒法师提出的僧伽生活的三个方针。大醒法师认为，"佛教徒在生活中第一持身的条件，就是要修行。一个僧伽的根本戒法固当谨心受持，而对菩萨所应行之六度万行，应该也要择一行门修之行之，方不负出家学佛之主旨。"④ 大醒法师非常重视佛学典籍的学习，他认为，不深入经典就不能了解佛学的真理，不能认识佛教的真精神，也不能明白僧伽之所以为僧伽的真价值及其责任。除去修行、学习以外，大醒法师主张僧伽亦应"自食其力""自谋生活"，认为"这样的僧伽生活既合乎佛法，又不违事理，更不背时代，实为今日僧伽亟起图谋改革的救济方法"。⑤

大醒法师倡议僧众营生的具体手段也要随时应变，他倡导僧徒生产，赞

---

① 大醒：《住持论》，《现代僧伽》第四卷第二期，1931年，第124页。
② 大醒：《中国佛教需要考试制度》，《现代佛教周刊》第六卷第六期，1933年，第83页。
③ 大醒：《中国佛教需要考试制度》，《现代佛教周刊》第六卷第六期，1933年，第82页。
④ 大醒：《僧伽生活问题》，《现代僧伽》第2卷合订本，1929年，第6页。
⑤ 大醒：《僧伽生活问题》，《现代僧伽》第2卷合订本，1929年，第8页。

成僧作自耕农，①并主张僧徒做工。他认为："佛教处于今日，与其经营经忏，毋宁开办小型工厂；而僧徒大众们本身与其为了'单资''施亲'论斤较两，毋宁以工僧身份去学习各种工艺的技能。"在不违佛制的前提下，呼吁大都市大丛林来开风气之先，倡导一种"工禅"的宗风，旨在僧徒生产，为僧徒谋福利，为社会谋福利。②大醒法师"工禅"的想法，是奉行禅宗祖师"农禅并重"的精神，自食其力，自谋生计，以使僧徒积极地适应当代的工业社会，革新佛教的面貌，为社会谋福利，赢得社会和世人的认可。

如何整理与复兴中国佛教，是大醒法师始终关心的问题，在经过抗日战争后，他从整体上为中国佛教的整理与复兴指出三个路向：第一是组织团体，成立强有力的中国佛教会；第二是兴办教育，成立一个或一个以上的佛教中学；第三是宣传教义，发行佛教日报。③成立中国佛教会的组织团体，兴办僧教育及宣传教义发行佛教期刊，都是整理僧伽制度过程中的一种施设。

需要注意的是，太虚法师僧伽制度改革事业蕴含着佛化世间的终极关切。大醒法师在《大师的两大志行》中指出："我们大师处于佛教如此衰落消沉的中间，他一面宣扬佛法以救世，一面则极力提倡'整理僧伽制度'，大师以为以佛法谋世界国家之和平及人类之和乐，可以假政治、教育来实现佛化的大同。但看到化世化人的佛教本身事业反衰落不振，实不能不说是我们僧伽的大耻大辱！而况我国一部分的同胞由民初以来已经起了不少反对佛教的声浪，因此，我们大师决志'整兴佛教僧会'。同时大师窥测到佛教衰落的原因是由于僧伽不能发菩萨心，修菩萨行；只知自利，不知利人。于是由自利到自私；由自私到自暴、自弃；致造成险象包围的今日之佛教。这都是僧伽未曾认识'出家所为何事'；未有一定的'志''行'做学佛的目标之故。"④在大醒法师的理解中，太虚大师僧制改革的目的是以佛法谋世界和平与人类

---

① 大醒：《赞成僧作自耕农》，《海潮音》第二十九卷第十二期，1948年，第215页。
② 大醒：《再谈今日僧徒的应变问题》，《海潮音》第三十卷第五期，1949年。《从土地改革谈到僧徒生产》，《海潮音》第二十九卷第八期，1948年，第203页。
③ 大醒：《中国佛教的整理与复兴——复亦幻法师函》，《觉群周报》第1卷第15期，1946年。
④ 大醒：《太虚大师的两大志行（十七，十，一。在闽南佛学院第一周纪念演讲）》，《海潮音》第九年第十期，第10-11页。

和乐，而这一目的的实现，需要僧伽具有发菩萨心的大乘佛教的志行，其中彰显着人间佛教的宗教精神与现实意义。

（二）建设佛教组织的思想

自清末的中国佛教会到民初的中华佛教总会，中国佛教界为团结僧俗弟子，保护僧寺庙产与佛教利益而不断兴起新的佛教组织。南京国民政府时期，由于政局相对稳定，国民政府上层政要对佛教亦采取相对宽容和支持的政策，为佛教组织的健康发展奠定了基础。此时成立了两个重要的佛教组织：中国佛学会与中国佛教会。其中，中国佛教会是民国时期存在时间最长、影响最大的全国性佛教组织，与南京国民政府相始终。

1929年，中国佛教会成立，这是近代中国佛教第一个正式成立的组织团体，具有非常重要的意义。大醒法师从历史上考察，认为："佛教在印度，原无集产之制，因国土风尚之不同，中国信佛民众不同印度民众之信佛好施；而且因时趋进化，人事日繁，学佛道者不克全遵古制而行乞食，故因此而有教产之集。因为佛教徒无有系统的组织，千百年来形成一'尔为尔，我为我'的局面。现在整理佛教，首即欲打破此种局面，而开辟道路归到佛教原来之和合（僧伽）制度。因此，对于全国教徒不得不谋求一个有系统、有组织的佛教整个团体。"① 正因如此，大醒法师特为中国佛教会拟定周详且易于施行的组织计划。

对于佛教组织的原则，大醒法师认为"佛教集会当依据佛教戒律之原理而组织"。② 早在太虚大师组建佛教联合会时，大醒法师就指出了佛教联合的理由与实行的态度。他认为，佛教联合的理由应是"有一众生未成佛者，我誓不成佛"，是佛教化人、救度人的主义；而对佛教联合的态度，大醒法师提出应持的四种态度：当去我见的态度——而取平等的、公开的态度；当去形式的态度——而取实际的、精神的态度；当去破坏的态度——而取互助的、建设的态度；当去消极的态度——而取积极的、精进的态度。③

---

① 大醒：《中国佛教会之组织》，《现代僧伽》第二卷全订本，1929年，第5页。
② 大醒：《中国佛教会之组织》，《现代僧伽》第二卷全订本，1929年，第4页。
③ 机警：《"佛教联合会"进行的意见书》，《海潮音》第五年第十二期，1924年，第108页。

大醒法师将佛教会组织系统分为国、省、县三级。全国佛教应兴应革之事，由一"全国佛教代表大会"会议，交"中国佛教会"执行。"中国佛教会"为执行全国佛教事业的最高机关，设有执行、监察两委员会，并常务委员会，处理全会会务。全国各省县佛教会事务，设教务、教戒、教学、教产四部分工合作办理。对于各级的教务、教戒、教学、教产四机关工作职能，大醒法师说明：（一）教务。专办理会务；训练各大小寺院住持人才；宣传佛教利益人世。（二）教戒。凡出家在家七众徒众之所受戒法，均须经过沙弥、比丘、菩萨三戒阶级之"教戒院"传授后，由各级"教戒院"给以凭证。其他寺院不得私传。（三）教学。佛徒求习佛学，均由学院讲教，一县设"初等佛学院"若干处及"中等佛学院"一二处，一省设立"高等佛学院"一二处或若干处。专宗至高等方能分系教授。至"中国佛学研究院"，则除研究佛学各宗学说以外，仍须研究各国科哲等学问。各级佛学院除授佛学外，亦照国立、省立各级学校之学课，并教兼授。（四）教产。统一全国各省、各县佛教所有教产；设法开辟农林，创办工厂，以维佛徒生产及其生活。①

佛教会成立的初衷是联合一地乃至全国的佛寺抵制外界侵夺，保护佛教寺僧的利益；此外，佛教会对内仍担负着整顿教规、办理登记、取缔不合佛法佛制之陋习、管理住持之进退等职能。但是，在全国庙产兴学风潮稍息后，中国佛教会内部争端激化。以太虚法师为代表的佛教改革派拟借中佛会推进佛教改革，但保守派则以中佛会维护庙产为目标。为此，大醒法师曾批评中国佛教会，不过是为了"挡挡风潮"而已。② 因宗旨不同，曾当选第一届佛教会执委的大醒法师不久辞职，但一直关注中佛会的运行。

1946年，抗日战争结束后，由太虚法师领导建立中国佛教会整理委员会。大醒法师任整委会秘书长，对中国佛教会及各省县分支会加以整理。

首先，拟定会章。大醒法师主张以1936年民训部所拟《修正中国佛教会章程》加以增删，强调"在会章中，所应注意的是整委会不但对于中佛会

---

① 大醒：《中国佛教会之组织》，《现代僧伽》第二卷全订本，1929年，第7-9页。
② 大醒：《十五年来教难之回顾》，《海潮音》第16卷第1号，1935年，第101-102页。

以下各级佛教会会务需要整理，而实际上的任务是要对整个佛教需乎负责指导整理，故会章中非确定对于中国佛教应兴应革之各种事业不可！"①

中国佛教会的系统组织，曾于1936年实行新章，改行二级制，取消佛教会省分会，把各县佛教会一律称作分会。大醒法师将其恢复为三级制，有总会、分会、支会三级，以中国佛教会为最高机关，所隶属的省市（院辖市）为分会，隶属于各省分会的县市（省辖市）为支会。②并要求各省分会及所属各县支会统一名称。省会应称"中国佛教会某某分会"，县会称"中国佛教会某某省某某县支会"等，对于名山区域，必要时由中佛会呈准社会部设立"中国佛教会某某山分会"，其组织等于省分会。③

在人事方面，有整理委员、常务委员、理监事、常务理监事、理事长。各级佛教会之理监事由会员选举产生。限定居士不得在理监事及常务理监事总数中超过三分之一以上。各级佛教会之理监事的人事问题，于会章中应该确定其年龄、资格并加以说明。各县佛教会支会的理监事，其年龄应在三十岁以上，曾任十方丛林住持或德学俱高为全县僧尼所信仰者。各省（特别市）佛教会分会的理监事不得兼任县支会的理监事。中国佛教会的理监事不得兼任省分会的理监事，省代表由县市支会大会选出，全国代表大会之代表则由省分会特别市分会选出。被选居士，务须为一县一省德高望重之正信居士！④

对于佛教会会员，在会章中确定两种会员，即沙门为"当然会员"，居士为"随意会员"。⑤中国佛教会整理委员会，举办会员总登记，凡年满二十岁以上之僧尼必须加入会员。⑥在性质上，中佛会整委会把会员分为团体会员、个人会员。团体会员的确立，是依据《非常时期人民团体组织法》第四条的规定："各种职业团体依法许其有级数之组织者，其下级团体均应加入各该上级团体为会员"。大醒法师据此，认为佛教会虽是宗教团体，因

---

① 大醒：《对于"中国佛教会整理委员会"之期望》，《海潮音》第二十七卷第三期，1946年，第36页。
② 大醒：《关于中佛会分支会的四五事》，《海潮音》第二十七卷第六期，1946年，第14页。
③ 大醒：《关于中佛会分支会的组织及其他》，《海潮音》第二十七卷第四期，1946年，第13页。
④ 大醒：《对于"中国佛教会整理委员会"之期望》，《海潮音》第二十七卷第三期，1946年，第36页。
⑤ 大醒：《对于"中国佛教会整理委员会"之期望》，《海潮音》第二十七卷第三期，1946年，第36页。
⑥ 大醒：《关于中佛会分支会的组织及其他》，《海潮音》第二十七卷第四期，1946年，第14页。

其是"有级数之组织者",故在个人会员外,设有"团体会员"。各级佛教会的团体会员分别为:县支会团体会员包括一县之寺庙庵院、佛教学校、居士林、正信会、念佛社等;市分会团体会员包括一市之寺庙庵院、佛教学校、居士林、正信会、念佛林,及佛教文化慈善机关等;省分会团体会员包括一省所隶属之各县(市)支会;中佛会总会团体会员包括各省市分会。①

经费是佛教会正常运行的基础保障,也一直是一大困难。大醒法师深感近代佛教教产只谋求一人一寺的"自私",而认识不到坚强的佛教组织对于佛教存亡发展的重要性。②无法筹集经费就不能推行会务,因此大醒法师将佛教会经费的筹措作为首要工作。在经费设置上,中国佛教会设会员费,应缴费用分两种:一入会费,二常年费。另外可设一种随缘乐助的事业费。在佛教会及其分支会费用来源上,县支会设经常费与事业费,由全县各大小寺院分担。市分会亦如之。省分会之经常费,由各县支会分担。中国佛教会之经常费,除于会员常年费中抽提若干外,须募集特别捐以充之。③

在大醒法师看来,中国佛教会对中国佛教未来发展具有重大意义,认为"中国佛教会不但是全国佛寺、教产、僧众自由的保障,实是整个的未来佛教慧命安危得失的枢机。"④不仅如此,大醒法师也将中国佛教会视作国家建设中的一部分,且是佛教救世利人的方法途径,他希望,"我佛教中的先觉者,永发悲心,为教牺牲,为国谋利,为社会谋安宁,为民众谋幸福,首要组织佛教整个的团体,做社会各法团一个'合聚和谐'的标榜;次要整顿佛教全部教徒皆成为德学具足的人格,做民众忠实诚爱的模范;因为这才是教徒的责任。所谓'佛法济世利人',其价值就在这里,先觉们应将如何负其责任来做佛法济世利人的事业?根本就只有从组织'中国佛教会'的一法。"⑤由此可见,大醒法师对佛教组织的建设思想,无不体现着大乘佛教入世精神与利他精神;中国佛教会作为佛教的团体组织,承载着实践人间佛

---

① 大醒:《关于中佛会分支会的四五事》,《海潮音》第二十七卷第六期,1946年,第16页。
② 大醒:《关于中佛会分支会的四五事》,《海潮音》第二十七卷第六期,1946年,第17页。
③ 大醒:《对于"中国佛教会整理委员会"之期望》,《海潮音》第二十七卷第三期,1946年,第37页。
④ 大醒:《中国佛教会前瞻》,《觉群周报》第2卷第45、46期合刊,1947年,第4页。
⑤ 大醒:《中国佛教会之组织》,《现代僧伽》第二卷全订本,1929年,第12页。

教的重要责任。

（三）大醒法师的佛教教育思想

清末的庙产兴学运动，推动中国佛教兴学保产运动，客观上开启了中国僧界开办新式僧教育运动的先河。民国以后，把佛教教育作为维持佛教、振兴佛教之根本，渐成佛教界的共识。综观民国时期的佛教教育，主要有四支，即月霞法师创办华严大学，谛闲法师创办观宗学社，欧阳竟无创办支那内学院，以及太虚大师创办的武昌佛学院等多所现代化的佛教院校。其中，成绩最大、培养佛教人才最多、持续时间最久的，当属太虚大师一系的佛教教育。

大醒法师本人肄业于武昌佛学院，为武昌佛学院第二届大学部学僧，由学僧而成为僧教育者，始自1928年奉太虚大师之命代理闽南佛学院。除闽南佛学院外，大醒法师一生参与或主办的僧教育，主要还有鼓山佛学院、觉津寺等，有着丰富的办学与教学经验。大醒法师一生热心于培育僧材，对近代僧教育事业作出不可磨灭的贡献。

佛学院作为近代佛教的新生事物，并不是一开始就被接受与认可的。为此，大醒法师通过为佛教正名的方式，将传统丛林与现代佛学院进行了沟通。大醒法师将佛教的本质定位为教育，将释迦牟尼视为大教育家。① 大醒法师认为，佛教传到中国，仍不失其教育本质，经历了"经教的僧教育""律仪的僧教育"与"禅林的僧教育"三个阶段。但因禅林的僧教育兴起后，译经与讲教的僧教育事业就一落千丈。直至清末，僧教育全部衰败，讲经、持戒、习禅等，都失去了僧教育的本旨。大醒法师认为，丛林与佛学院本来并无冲突，但因为现代丛林的固陋，不合佛法本质，所以才创设佛学院、佛学校以顺应时势。② 因此，他主张不一定要"丛林尽变为佛学院"，只要"各各佛寺成为僧教育的丛林"。③

在大醒法师理想中，僧教育丛林主要有几个要点：一、丛林制度须将《百丈清规》改良。十方寺产应该供给十方衲子修学之用。僧教育丛林的规制，

---

① 大醒：《中国佛教的整理与复兴——复亦幻法师书》，《觉群周报》第1卷第15期，1946年。
② 僧忏：《僧教育论》，《现代僧伽》第四卷第三期，1931年，第201-202页。
③ 僧忏：《理想中的僧教育丛林——僧教育漫谈》，《海潮音》第十六卷第三号，1935年，第79页。

既不违背佛制之戒律，也须适合现代之需要。二、僧教育原理，在修学并重。丛林原有上殿、诵经、持咒等一切仪式，当仍旧者则仍旧，当更动者则不妨更动。须以不背皈依佛、法、僧宝之旨为原则，赞诵则当随愿行之。三、功课须扩大范围，对于普通教理，要悉皆研究，若五乘共教、三乘共教及大乘性相行果有关之三藏非至通达不可；此为理想中僧教育丛林的最紧要之一点。其他如世间一切语言文字常识等，亦应常学。四、在学僧个人生活方面，对于无师长津贴的学僧，须设法补助，令其身心相安，矢志向学。①

但事实上，近代佛教教育的发展存在很多问题，其中较为突出的是，已办的佛教教育道场，既没有系统，又不能联合，在人才方面不能收事半功倍之效。②对此，大醒法师曾拟通过建立现代僧教育体系的方式解决。他认为，"今日欲求中国僧教育有统一的系统组织，其实施的方法，只有由现已成立的各处佛学院、研究社及讲修佛学的团体，开一'全国僧教育会议'，组织一'中国僧教育联合会'，以求僧教育统一系统组织之一法"。并拟定了具体的"全国僧教育会议组织法"与"中国僧教育联合会组织法"。③

在僧教育教学体系的实践上，曾提议将焦山、超岸、竹林三个道场联合起来，在学制上成为一种系统。参照太虚大师所订高等、普通两种学程，分做三个学程的阶段：竹林位居山林，授初等僧教育，修持律仪及初等佛学典籍外，注重普通学科，如国文、算术、史地、自然、社会等，作基础教育。超岸居近市廛，授以中等教育，一方教授佛学必修的经律论，一方使学僧得到处世弘法之方便，可于镇江设一通俗宣讲所，作一种宣传佛教的训练。焦山地处江心，丛林规模比较完备，威仪礼节比较严整，而环境幽静，宜授以高等教育，造成佛教高等僧材。大醒法师认为，如果这三个道场在设教方面成为一连三级，则每两年之中（每级暂以二年为毕业期限）必有一班受过高等僧教育的僧材产出，举凡讲教、弘法、住持、寺职等人才已应有尽有。④

在培养学僧的学程上，大醒法师认为普通教理阶段为最迫切、最需要。

---

① 僧忏：《理想中的僧教育丛林——僧教育漫谈》，《海潮音》第十六卷第三号，1935年，第78-79页。
② 僧忏：《回观中国的佛教教育——僧教育漫谈》，《海潮音》第十五卷第十号，1934年，第48页。
③ 僧忏：《僧教育论》，《现代僧伽》第四卷第三期，1931年，第206-209页。
④ 僧忏：《丛林与僧教育之前途——僧教育漫谈》，《海潮音》第十五卷第十二期，1934年，第77页。

太虚大师曾制定了一个"三级制"的系统。第一，普通教理院四年：第一年五乘共教，第二年三乘共教，第三年大乘相性，第四年大乘行果。第二，高等教理院三年，分别研习各种专门教理观行。第三，参学处三年，律禅净密修习一行。但在具体的僧教育实践中，由于学僧的程度高下不齐，不能达到理想效果，大醒法师将普通教理的四年学程，分成两级，展为六年：前三年为一级，施五乘与三乘共教；并以三分之一的时间，教授国民教育应受的教育，特别注重国文的教学。后三年为一级，将大乘相性的课程分在两个学年中教授，同时仍注重文字上之练习；在此时期，至少在文字上，使学僧能够点读佛经及整部章疏，为入高等教理研究之预备。最后一年施以大乘行果。①

在课程设置上，大醒法师主张既学佛学，也学世学，认为"单通佛学不明世学，那是不能够做利他的工作，也不能够去负起弘扬佛法的责任的"。②他本人在闽南佛学院就任教过多门世学课程，如历史、地理、美术、国文、中国哲学等。闽南佛学院开设的其他世学还有近世史、社会学、世界人文地理、西洋史、西洋哲学、生理学、自然科学、论理学（即逻辑学）、英文、日文等。为培养国际佛教人才，大醒法师也非常重视外国语言文字的学习。在时代变革之际，为培植复兴国内佛教及国际佛教人才，大醒法师也曾设想由华侨组织一个研究道场，强调尤须注重外国语言文字及其世界语。③此中亦可见大醒法师僧教育思想中的国际视野。

在学僧的培养上，大醒法师非常注重从传统佛教中吸取经验。太虚大师极为重视律仪，认为僧教育必须建立在律仪之上。大醒法师也视律仪为僧教育的基本教育。认为僧教育基本律仪教育不兴，则一切僧教育——如布施、忍辱、精进、禅定、智慧，皆无法增长成就。并认为"中国佛教至今衰败不可收拾的地步，就是因为律仪已经破产，当初律制的僧教育未能兴久，根基未曾建树稳固久远之故"。④在模范学僧的培养上，大醒法师提出修、学、做三方面的条件。在修持方面，第一点就要修持戒法。提出"现在我们不论

---

① 僧忏：《理想中的僧教育系统——僧教育漫谈》，《海潮音》第十六卷第二号，1935年，第76-77页。
② 大醒讲，圆觉记：《佛学中需要的模范学僧》，《觉津杂志》卷5，1937年，第229-236页。
③ 大醒：《我们所愿望于南方佛教徒者》，《海潮音》第三十卷第二期，1949年，第2页。
④ 僧忏：《僧教育论》，《现代僧伽》第四卷第三期，1931年，第201页。

老少，要一律的、严格的遵守戒法，要想做成功一个模范的学僧，更应该去严格的修持，因为戒是我们修学的基础。"①

大醒法师还创造性地将"三皈依"，作为学僧修学的"三阶段"。第一个阶段是"体解大道，发无上心"。大醒法师认为，这一阶段要求学僧对佛法要有相当的认识，从发心起不断去实行本愿。这一阶段最难的是发无上菩提心。完成时间并无固定时长，一年也可以，十年二十年也可以，或者终生都可以。第二个阶段是"深入经藏，智慧如海"。大醒法师认为，要能智慧如海，必须力求深入经藏，而深入经藏也是为弘法利生作准备。此阶段的完成也无固定时长，以人的行法为定。第三个阶段是"统理大众，一切无碍"。因已具备了弘法的学行德能，此阶段就要实行利他的工作。"自己无论一言一行一举一动都要能利人，教化一切众生不为一切烦恼贪瞋痴业所障碍，使向唯一的目标——涅槃果迈进！"并且在佛教中要为大众服务，统理大众，使各各如法承事三宝，随力随分作一切佛事。大醒法师认为，行到此阶段，才算是能尽了一个学僧的责任与使命。②

道在人弘，对于肩负着续佛慧命责任的学僧，大醒法师要求其在求学时代就要发四种誓愿："一者，要发誓愿尽此业报身的寿命，求学佛学，不懈不退，以至得大成就！二者，要发愿以己所有力量，团结现代僧伽，住持现代佛教，整顿僧伽制度！三者，要发愿以己所有学力，建立现代佛学！四者，要发愿永以佛法化导现代社会及全世界人类！"③ 由此可见，在大醒法师僧教育思想中，学僧不仅要求学佛法，履行佛教改革，也要以自利利他，度人济世为根本目标，彰显着人间佛教世出世间的精神。

（四）人间佛教思想的社会面向

太虚大师的人间佛教思想，针对中国传统佛教的弊端，主要强调了两个方面，一为由传统的偏于鬼神迷信，转向对人生问题的关怀，二为由佛教的偏于出世，转向积极入世。1933年，太虚大师在汉口发表了名为《怎样来建

---

① 大醒教授讲，学僧密陀记：《佛学中需要的模范学僧》，《觉津杂志》卷5，1937年，第229-236页。
② 大醒讲，圆觉记：《学僧的三阶段》，《觉津杂志》卷2，1936年。
③ 大醒：《致全国学僧的公开信》，《现代佛教》第五卷第一期，1931年，第87页。

设人间佛教》的演讲,提出了人间佛教的概念,并明确了人间佛教的宗旨:"人间佛教,是表明并非教人离开人类去做神做鬼、或皆出家到寺院山林里去做和尚的佛教,乃是以佛教的道理来改良社会,使人类进步,把世界改善罢了。"[1]

大醒法师深切认同太虚大师人间佛教理念,并不遗余力的倡导与推行。他说:"佛说的一切教法——佛法,都是为救济世间——人间而说的。佛教是人间的佛教。佛说的一切教法——佛法,都是由佛智觉察观照到世间——人间所需要的。佛法也就是世间的一条觉路,世间是不能离去佛法——离开这一条觉路的。所以佛教是在人间的。"[2]并进一步阐释了人间佛教与世出世间法的关系,大醒法师认为,"世间法,是随顺世间应机而说的,那都是有关于人事的,就是人间佛教。出世间法,也并不是离开世间的,是由人间佛教——也称人乘佛教——而进至天乘、声闻乘、缘觉乘、菩萨乘的一种拣别的说法。人间佛教亦世间的亦出世间的,亦非世间的亦非出世间的。"[3]在此,大醒法师说明了人间佛教世出世间的大乘佛教本质。

在人间佛教的实践上,大醒法师曾设想建立人间佛教的和乐国,通过将佛法运用于教育、生活及国家政治,而建立人间佛教的民众教育、民众生活、国家政治,从而实现佛教人间化,人间佛教化。

建立人间佛教的民众教育,主要包括智育、德育、体育三方面。佛教的智育,是智慧的教育,其智慧教育的宗旨,以八正道中的"正见""正思惟""正精进""正念"为体,以五明——"声明""工巧明""医方明""因明""内明"为用。以闻、思、修为佛教智育的方法与程序。佛教的德育是道行教育,以十善为体,以四摄为用。佛教的体育,以修习禅定锻炼心体,以散步经行锻炼体魄。人间佛教的民众生活,包括民众的精神、作业与资生等三个方面。精神的生活,是要民众由一种正信的思想和信仰,使精神生活得到"轻安";作业生活,是要民众皆精勤工作一种正业正命的正当事业,使作业生活"无懈无怠";资生生活,是要民众少欲知足,布衣蔬食,安贫乐道,使资生的

---

[1] 太虚:《怎样来建设人间佛教》,《海潮音》第十五卷第一号,1934年,第11页。
[2] 大醒:《佛教在人间》,《正信》第二卷第十八期,1933年,第1页。
[3] 大醒:《我们理想中之人间佛教的和乐国》,《海潮音》第十五卷第一号,1934年,第212页。

生活"不放逸"。而在建立人间佛教的国家政治方面，大醒法师指出，佛教中并没有显明的政治主张，但他认为佛教本身一个僧团的组织，放大开来，就是政治的组织，而佛教僧团的组织以六和敬为原则。①

在现实政治方面，大醒法师响应太虚法师"议政而不干治"的理念，指出遇到时缘，佛教徒是要"参政""议政"的，还要"论政""评政"。但是佛教徒绝不想做官，所以标明"不干治"，也无党的组织。其议政的政见，对于人民，根据佛的"为人"主义，希望每个人民都本着"为人"的道理做成有学识、有技能、有道德、有人格、诸恶莫作、诸善奉行的标准新国民；对于国家，务须尊重"民为邦本"的古训，以人民为第一，以及以"不害众生"为原则。"议政而不干治"的目的是鼓励佛教徒要本着教主释迦牟尼佛的大无畏的精神，实行为人主义和提倡布施运动，以期达到改善社会、安定人心，乃至建设新中国而求谋世界永久和平的目的。其终极目标是救度众生。②

家庭作为社会的基本单位，也是佛教弘化的重要对象。大醒法师非常重视佛教的社会普及，倡议在家信徒建设佛化家庭。对于在家信徒，他提议要有出世的意志和入世的精神。在家信徒也担负着弘法利生的责任，而其弘法利生最切近的方式，就是感化家庭中的眷属，以实现家庭佛化，进而感化亲戚眷属，再由亲戚眷属去同化社会，由一社会而推至一地方，乃至实现人间净土。大醒法师肯定家庭佛化在实现人间净土方面的重要性，他说"我们的导师常常讲的创造人间净土，那种负责创造的份子，不靠以个人为单位，要在以家庭为单位的。由家庭佛化而到社会佛化，由社会佛化而进到地方、国家佛化，乃至国际佛化，则人间净土即可实现了！"③

近代中国处于社会转型期，在建立现代国家的背景下，大醒法师也具有鲜明的现代意识，认为"佛教处于现代，不能随顺世界社会机缘而设化，就要失去佛教入世的精神；僧伽处于现代，不能为着弘法利生的事业而服务，

---

① 大醒：《我们理想中之人间佛教的和乐国》，《海潮音》第十五卷第一号，1934年，199-212。
② 大醒：《议政而不干治》，《觉群周报》第1卷第10期，1946年。
③ 行愿室主：《家庭佛化谈（三）》，《正信》第五卷第二期，1934年，第8页。

就已失去僧伽出家的人格"。① 因此，大醒法师提出"现代僧伽"与"现代佛教"的概念，并说明"现代僧伽"与"现代佛教"是以佛教的教理及其事业，而随顺众生，适应现代精神，以弘扬法化，而创立的名词。其主旨是以佛教的教理活用于现代，并援引现代世界一切学术，为佛学作新的诠释、新的阐明；其目的则在使以佛学思想调和现代思想，得以利益世界有情。因此，大醒法师希望，中国的佛教有现代的精神，僧伽有现代的眼光，以佛教所有的各种教理和僧伽所应具的一切德行，来维持调和现代这个世界人群的大恐怖、大混乱、大波荡的状态。② 大醒法师提出"现代佛教"与"现代僧伽"是"佛法不离世间法"的具体体现，强调以现代僧伽住持现代佛教，使佛教适应、化导现代社会。

但是，如何将佛法化导于现代社会？大醒法师非常注重佛教文化的宣传，他本人有着很高的文学素养，如印顺法师所说："法师长于文学，能诗书，不拘小节，热心于佛教之文化教育。"③ 这为他宣扬佛教文化奠定了坚实的基础。他说"宣传教义，本来是每个佛教徒应尽的责职"，还说："我们做的是佛教徒，我们信奉的是佛的教法，我们作行的是自利利人的佛化事业，所以我们要有讲习佛学的工具。工具是什么？一是言语，二是文字。"④ 大醒法师从佛教的生成史上批评了禅宗"不立文字"的佛法误读，指出所谓的"不立文字"必须以"不离文字"为前提，"不离文字，才能够由信解而起行。由不离文字而不立文字，才能够自行而去晓证。"⑤

大醒法师尤其注重以佛教期刊为媒介来宣传佛教文化。他认为新时代中所应时产生的佛教事业，概括约有三种：一是佛教刊物；二是僧教育道场；三是佛教会社等团体。"佛教刊物乃是代表佛教文化的，其果能负有代表佛

---

① 大醒：《现代僧伽与现代佛教——代本刊改名宣言》，《现代僧伽》，第5卷第1期，1932年，第13页。
② 大醒：《现代僧伽与现代佛教——代本刊改名宣言》，《现代僧伽》，第5卷第1期，1932年，第10-11页。
③ 印顺：《大醒法师略传》，《海潮音》第三十四卷三月号，1953年。第22页。
④ 大醒：《讲习佛学需要的文学》，《现代僧伽》第四卷第一期，1931年，第24页。
⑤ 大醒讲，圆明记：《"不离文字"》，《海潮音》第二十七卷第九期，1946年，第19页。

教舆论的任命,则关系全国佛教的进展繁荣实有无量无边的力量。"① 佛教期刊是近代佛教文化宣传的新兴手段。在谈到如何以佛教期刊宣传教义时,大醒法师指出,宣传佛教教义要获得实际效果,就要善于观机逗教、应病与药,要见种种众生、说种种法,不但需要甚深的智慧和无碍的辩才,尤其要运广长舌方便善巧。② 大醒法师创办的《现代僧伽》(后改名《现代佛教》),在近代佛教中影响很大,而该刊宗旨"团结现代僧伽、住持现代佛教、建立现代佛学、化导现代社会"与《海潮音》"发扬大乘佛法真义,应导现代人心正思"的旨趣相承。大醒法师在《海潮音》"人间佛教特号"的"致辞"中,特别指出:"人间佛教,本为本刊自最初编行迄至于今的一贯主张,不过没有把它标举题明罢了。本刊的命名,就是'人海思潮中的觉音'的意见。本刊的宗旨,亦即为'发扬大乘佛法真义,应导现代人心正思'。十五年来,本刊皆是本此一贯的宗旨,为应导现代人心正思而发扬大乘佛教真义的。责任虽有为尽,精神却从未懈。从十五年来我国学佛人士加多的一点上看,都与本刊直接间接有很大的影响,但本刊并不敢以这少分功德的收获为足;故仍当征集全国大善知识的智力将本刊进为建立人间佛教的一完善的道场。"③ 在此,大醒法师充分肯定了佛教期刊在传播佛教文化上的功能及效果,将其视为人间佛教的道场,同时也说明,人间佛教的实现离不开现代传播媒介的宣传弘化。

(五)大醒法师及其人间佛教的宗教修持

大醒法师祖籍江苏东台。江浙地区历来是中国佛教盛地,东台地区佛教也悠久兴盛。大醒法师自小就对"阿弥陀佛"非常熟悉,如他说:"我在童年的时代,我就知道'阿弥陀佛',茫然的,看到大殿上佛、菩萨、罗汉,一律都认作是阿弥陀佛,甚且见到和尚,也当作是阿弥陀佛。"④

1923年11月,大醒法师出家当日,即前往普照寺与可道法师学习四威

---

① 大醒:《本刊的旨趣和态度》,《现代佛教周刊》,第五卷第八、九、十期合刊,1933年,第2页。
② 大醒:《中国佛教的整理与复兴——复亦幻法师函》,《觉群周报》第1卷第15期,1946年。
③ 大醒:《人间佛教特号致辞》,《海潮音》第十五卷第一号,1934年,第1页。
④ 大醒:《我对于净土宗的信念》,《净土宗月刊》第二十三册,1936年,第452页。

仪门及学佛行仪等,日读《梵网经菩萨戒本》《大乘起信论》《楞严经》《法华经》六小时,念佛静坐各一小时,早晚则随众诵课瞻礼。他曾自述自己的实践过的修行法门:

> 大勇法师在武昌传密法,我学了一个真言,以后就念文殊菩萨,为求智慧之故。后来,在南京,因对普贤菩萨之十大愿发生了极大信仰,以为四弘誓愿广泛而不切实,惟有普贤十愿才是学佛始基,就诵《普贤菩萨行愿品》及持念普贤菩萨名号将一周年。后来,我想到像我这样的人,最宜于生生世世做和尚,我也只想能够这样,此时适持诵瑜伽菩萨戒本,所以就念起弥勒菩萨来了。同时又想到像我这样造业的人,地狱中一定有我的位置,就又每日称念地藏圣号;地狱中的罪苦众生实在太苦了,我念地藏圣号,并且是要为地狱众生求地藏菩萨救离众生苦。一直到现在都是持念的弥勒、地藏二菩萨,但随众上殿,也念本师释迦牟尼佛、阿弥陀佛及观世音菩萨。①

由此可见,大醒法师对传统佛教的诸多法门都有信仰并曾修行实践,且一直坚持念诵弥勒、地藏二菩萨的圣号。由于太虚大师对弥勒信仰的推崇,其门下弟子也多以此为修持法门。而大醒法师对地藏菩萨的信仰尤为深切。唐湘清在评说大醒法师的宗教精神时曾说:"醒公修持地藏菩萨的愿行,所以常有表示不愿往生西方……那么他自己不愿往生西方,只是不忍看到众生在娑婆世界受苦,要把娑婆世界众生度以尽后,自己才生净土,这是先天下之忧而忧,后天下之乐而乐,也就是普贤菩萨说的:'不为自己求安乐,但愿众生得离苦',醒公这种娑婆不空,誓不生西的精神,不仅上绍地藏菩萨的'地狱不空,誓不成佛',且与醒公老师太虚大师的'愿作再来人',以及醒公学生慈航法师的'来来去去,永不休歇',可以说是一脉相传,源远流长。醒公修持地藏菩萨的愿行,极有成就,而地藏菩萨的大愿大行,实在

---

① 大醒:《我对于净土宗的信念》,《净土宗月刊》第二十三册,1936年,第452页。

是宗教精神的高峰。"①

印顺法师称大醒法师："在儒则狂，在佛则大悲菩萨之流也！"②"我称大法师为'大悲菩萨之流也'，菩萨道就是以大悲为主力的。悲怀人间而念念在复兴佛教，大法师是杰出的一人！"③大醒法师的人间佛教思想，贯穿着心系众生的菩萨精神。太虚大师在《人生的佛教》中阐明了建设人间佛教的方法、步骤、目标，即在个人是由奉行五戒十善开始，渐而四摄六度，信解行证而成佛果。大醒法师与太虚法师的思想一脉相承。

根据佛教的依正理论，人间佛教的实现，离不开人们对佛法的修持。在佛教修学上，大醒法师非常重视人天乘的行持，强调"学佛先学做人"。在大醒法师看来，学佛要有次第，第一学做人，其次再学菩萨，然后才好学佛。并将此步骤譬喻"学做人是受初等教育，学菩萨是受中等教育，学佛是受高等教育。"④。而做人的方法，大醒法师也是以修学十善业为基础。认为"在学做人的时际，能勤修学此十善业，则使三业清净，永离一切烦恼。不但一切善美的德行因此具足庄严，而崇高的人格，亦于无形中完成了！"⑤

人间佛教的修持注重人格完善，但并没有把目标局限于此，而是由人乘引向即出世而入世的菩萨乘。太虚法师认为五乘中无论是出世的天乘、声闻、缘觉，还是入世的人乘，都是方便设教，唯有菩萨或佛的行果才是究竟。太虚大师晚年倡导"菩萨学处"，其中所言的菩萨，"是重在启发菩提心愿的菩萨，旨在要人尽能成为大心凡夫的菩萨，不是顿期超过二乘的菩萨。"⑥对此，大醒法师也深受影响。首先，他倡导学佛要从菩萨学起，而所指称的菩萨既包括出家的沙弥、沙弥尼、比丘、比丘尼，也包括在家的学佛法者。他认为，信受三皈之后，既可称"在家菩萨"，也可称作"新发心菩萨"，即"发菩

---

① 唐湘清：《从宗教精神追念大醒法师》，《海潮音》第五十四卷八月号，1973年，第2页。
② 印顺：《大醒法师略传》，《海潮音》第三十四卷三月号，1953年，第22页。
③ 印顺法师：《怀念大法师》，《平凡的一生》（重订本），中华书局，2011年，第39页。
④ 随缘：《人间佛教闲谈（二）——学佛先从做人起》，《人间佛教》1947年第2期，1947年，第32页。
⑤ 随缘：《人间佛教闲谈（二）——学佛先从做人起》，《人间佛教》1947年第2期，1947年，第33页。
⑥ 太虚法师：《菩萨学处讲要——三十六年二月在宁波延庆寺讲》，《太虚大师全书》第十八卷，宗教文化出版社、全国图书馆文献缩微复制中心，2004年，第246页。

萨心"。但是，又说明虽然发菩萨心，不能就当作已登了菩萨位的菩萨。① 可见，大醒法师也并未将其倡导的菩萨高推圣境。

大醒法师强调发菩提心、行菩萨道的重要性。他说："所谓学菩萨道，先要从发菩萨心起。"② 又说，学佛的人，由发菩提心而圆满成就菩提，务须能把握住"心"。"综言之，所谓修心者，由于发心到修心、用心、降伏其心，生清净心乃至发广大心，生自在心，而获得阿耨多罗三藐三菩提心，无非皆由己心具甚深智慧，得诸佛法，以及教化众生而已。"③ 那如何将菩萨心用于利益社会人群，大醒法师引用经文："不求自利，但求利他，是谓菩萨发心。"认为这种完全以"利他"为前提的社会哲学是最圆满的。"发菩萨心"的人，继之就要"修菩萨行"，六度万行就是修菩萨行的课目。④ 也就是说，菩萨发心即是利他精神，而利他的实践即是实行菩萨六度万行。大醒法师指出，"佛教的不求自利，但求利人的菩萨心行，完全以大慈大悲牺牲的精神为基础，丝毫没有自私自利的存在。"并指出，净化世间、善化世间、强化世间，都是学菩萨道积极的业务。⑤

此外，因为大醒法师认为，信受三皈之后，即可称"新发心菩萨"，在佛教修持上，特别重视"三皈依"的践行。他认为，三皈依不仅是学佛的基本条件，也是学佛的最大责任。第一个条件："体解大道，发无上心"。凡是学佛的人，必须以自己所了解的佛教教理，宣扬弘化，感召世人同走向诸恶莫作、众善奉行的大道，要达到"发无上心"即"发菩提心"的目标。第二个条件："深入经藏，智慧如海。"学佛的目标既然为欲解除世界的纷扰、人类的烦恼，就须对世间所有学说彻底的研究，以期收到观机设教、应病与药的效果；因此，学佛的人非需求至高无上的智慧不为功。第三个条件："统理大众，一切无碍。"学佛既要求自觉自悟获得自利，也要以佛法觉悟他人、利益他人，终其极以利他最为紧要。佛教的"僧"为"和谐合聚义"的组织，

---

① 随缘老人：《学佛要从菩萨学起》，《海潮音》第三十二卷春季号，1951年，第20页。
② 随缘老人：《学佛要从菩萨学起》，《海潮音》第三十二卷春季号，1951年，第20页。
③ 大醒讲，李瑞爽记：《谈修心》，《海潮音》第三十一卷二月号，1950年，第34-35页。
④ 大醒：《实行"为人"主义》，《海潮音》第二十八卷第一期，1947年，第36页。
⑤ 随缘老人：《以净化身心为学菩萨道的先决条件》，《海潮音》第三十二卷春季号，1951年，第21页。

以此使人类大众都统一联合起来,成一和谐合聚安宁的人群,互助互爱康乐的社会。① 同时,大醒法师特将深入经藏,统理大众,作为学佛的责任,尤其强调对于大众要能调摄使其一切无碍。至于"大众"的范畴,大醒法师解释,小至一寺一刹,大至一地方一教会,甚至全国佛教徒乃至全世界人类。大醒法师认为,"佛的大慈大悲大愿力,总以整个世界众生为对象的,所以学佛的人们应该也要具有这种大慈、大悲、大愿力,对于佛教最大的责任才能够算作尽到。""三皈依"是基础的佛教教理,但大醒法师强调的是将其中的教理落于实践。从大醒法师对三皈依的阐释中,可以看出践行"三皈依"不仅是个体学佛的条件与责任,也是实现人间佛教的条件与责任。

三、大醒法师人间佛教思想的特色与意义

（一）传统与现代并存的思想特质

大醒法师作为民国时期中国佛教的栋梁之材,是太虚大师人间佛教事业最主要的继承者和推进者,他自觉担负起中国佛教在新时代之改革和转型的重大使命,其思想表现出鲜明的前瞻性和时代感。然而,我们也不应忽视,大醒法师在倡导佛教改革的同时,亦坚持着中国佛教自古以来一脉相承的正统立场和见地。

大醒法师强调佛教制度应因时制宜,不可死守,但也强调对佛制根本大戒要谨守遵行。如在论及当时丛林制度的传戒问题时,他指出:"依佛制有五夏以前专精戒律,五夏以后听教参禅之例。今日既不能守持佛制,而依教奉行,惟尽数十日之传戒仪式而已。在说戒者照戒本读诵一过,在引礼者口头禅演说几次,在受戒者当作耳边风矣。呜呼！佛制戒律,岂能方便至此？于是龙蛇混杂、良莠不齐之弊出焉。"② 在佛教组织建设上,大醒法师推行

---

① 大醒:《学佛的基本条件及其最大责任》,《觉群周报》1947年10月号,1947年。
② 机警:《读〈整理僧伽制度论〉发生之管见》,《海潮音》第六年第二期,1925年,第34页。

现代团体办法，建设适应时代的有组织、有系统、有力量的佛教团体，但其目的是要回归佛教原有之和合僧团的本质。在佛教教育方面，课程设置多借鉴现代世俗教育与日本佛教教育，但对学僧的要求上，则注重持戒与律仪，要求践行传统丛林的宗教生活。

同时，本太虚法师融通各宗之宗旨，大醒法师对传统佛教各宗的祖师都十分崇敬，他说："我信仰佛教各宗的祖师，他们能观机设教为弘法利生为我们后来者开辟了许多修学佛法的方便门。"① 这一思想特点，在其对净土宗的态度上体现得尤为明显。他本人并非净土宗的信行者，但因净土宗的普摄性，他也弘扬净土宗。他介绍了很多佛教徒皈依印光大师，与苇航、尘空等诸师合办《净土宗月刊》，并曾上书印光法师，劝请其编印"净土宗全书"，②等等。

作为一代"新僧"，大醒法师始终没有抛却佛教的根本立场与中国佛教的传统。对于大醒法师的"新"，印顺法师这样评价："所以大法师的新，在虚大师门下，不是悲观——乐观与张宗载、宁达蕴等'新佛教青年会'那样的新，也不是亦幻、芝峰、枯木等思想'左倾'的新，而是近于闭关以后，虚大师热心复兴中国传统佛教的新。"③

（二）国际视野与立足本土的佛教发展观

太虚大师的佛教改革事业非常重视国际佛教的发展。他本人曾游历日本各地考察佛教，也曾讲学于英、德、法、荷、比、美诸国，开中国僧人弘法欧美之先河。虽然大醒法师生平只踏出国门一次，即1935年视察日本佛教，但他的佛教发展思想中也颇具国际视野。1925年，太虚法师在庐山大林寺创建庐山学窝，大醒法师即作为学员之一，为将来国际弘法作准备。1932年，太虚大师在武昌创办佛学院世界佛学图书馆。正值大醒法师为代理院长期间，闽院选拔学院英文成绩比较好的学僧，成立"锡兰留学团"于漳州南山寺；而且在太虚大师世界佛学苑的规划中闽南佛学院被列为世界佛学苑华日

---

① 大醒：《我对于净土宗的信念》，《净土宗月刊》第二十三册，1936年，第452页。
② 大醒：《我对于净土宗的信念》，《净土宗月刊》第二十三册，1936年，第453页。
③ 印顺法师：《怀念大法师》，《平凡的一生》（重订本），中华书局，2011年，第37页。

文系。离开闽院后，大醒法师奉命回武昌，曾任图书馆编译系主任。在抗战胜利后，大醒法师继太虚大师接任奉化雪窦寺住持，而该寺为世界佛学苑禅观林。应该说，在太虚大师的国际佛教事业中，大醒法师一直深受影响且参与其中。尤其在太虚大师圆寂后，"对国内佛教应如何整兴，对国际佛教应如何阐扬"更是萦绕大醒法师心头的两个问题，在1947年复法舫法师函中，提出未来新中国之新佛教的两条路线：一是向国内普及传教的路线，一是向国际展开弘法的路线，最好并驾齐驱"。①

太虚法师佛教改革事业多借鉴日本佛教的发展经验，因此，大醒法师对日本佛教也保持高度关注。终于1936年5月，以个人资格赴日视察佛教。此次赴日视察佛教，大醒法师带着"借他山之石作我们反省的助缘"的目的，②文涛法师称其"怀着火一般的热心，负着救民振教的使命"。③在中、日佛教比较视野下，大醒深刻反省了中国佛教相较于后者的巨大差距，但对日本佛教的发展经验是否适合中国佛教，也有着冷静的思考。

大醒法师在与日本天台宗福田尧颖僧正谈论日本佛教戒律问题时，福田在讲述了日本佛教徒不守戒律的历史原因后，提醒"将来对于中国佛教改革的时候，请小心！"大醒法师回复说："中国社会的一般人对于佛教观念与贵国不同，佛教僧侣向来是以修行吃素为本位的，所以我们主张中国佛教改革的方面，除去组织方面教育方面加以改革外，其他如僧侣之生活行为，仍望复古过山林的生活，连社会活动都不想去。关于布教的社会事业，让在家居士去做，以僧侣做根本的住持佛法，以居士作方便的弘扬佛事，这样就好了。"④但即使在中国佛教需要改革的教育与组织方面，大醒法师也认为日本的模式固然很好，但并不适用于中国佛教。其中最重要的原因大醒法师指出，"日本僧侣他们得到受高等教育的机会，得到国家的种种助缘，且有多

---

① 大醒：《谈培养国际佛教的人才——复法舫法师印度书》，《觉有情》第八卷十月号（总第195、196期合刊），1947年。
② 大醒：《观察日本佛教感想之断片——五月二十九日在东京大正大学讲》，《人海灯半月刊》第二卷第十七八期合刊，1935年，第299页。
③ 文涛：《中日佛教之比较观——序二》，《日本佛教视察记》，行愿庵，1936年2月，第10页。
④ 大醒：《日本佛教视察记》，行愿庵，1936年2月，第165-166页。

量的研究参考资料,一个研究的人员,上有指导员,下有助手,他们的成绩自然会蒸蒸日上。回顾中国僧侣所处的环境,真是相悬天壤。中国僧侣人才之所以缺乏,固然是佛教徒自身未能设化造就之故,但是我们国家的政府也要负一半的责任!"①

(三)大醒法师人间佛教思想的意义及文选说明

太虚大师在回顾自己所从事的佛教革命事业时,曾不讳言是失败的,但其思想对当代佛教仍发挥着深刻的影响。在太虚法师的佛教改革事业中,大醒法师始终扮演着极为重要的角色。闽南佛学院的运作、《海潮音》的编辑,雪窦寺的住持等,大醒法师都曾付出极大之心力。依太虚大师之佛教革新精神,所创办之《现代僧伽》(《现代佛教》)及觉津寺等也投入莫大之热情。演培法师曾这样评价大醒法师:"醒公在近代大德中,特别是在虚大师的门下,可以说得上是个不可多得的法将,对新佛教的推动,有着不可磨灭的功绩!"又说:"新佛教运动的倡始者,不用说,是我太虚大师,所以被尊为新佛教运动的领袖,但对新佛教运动鼓吹不遗余力者,我们不得不推尊醒公上人!"②作为太虚大师佛教革新事业的追随者与推动者,大醒法师的思想与实践具有非常重要的历史与现实意义;作为在近代佛教曾一度产生重要影响的佛教人物,其思想言论是深入研究近代佛教的不可忽视的资料,具有非常重要的学术价值。

大醒法师生平言论文章,多发表于各佛教期刊,其文集之编撰计划启于1957年,为纪念法师示寂五周年,但直到大醒法师圆寂十周年之际,《大醒法师遗著》才编印就绪。1963年3月,由海潮音社出版发行《大醒法师遗著》。《遗著》由演培法师任编辑主任,实由幻生法师一人董其事,大醒法师在家弟子贾怀谦全权负责校对付印。③全书共五编:第一编是《八指头陀评传》,

---

① 大醒:《中日佛教之比较观——代自序》,《日本佛教视察记》,行愿庵,1936年2月,第21-22页。
② 演培:《迎接乘愿再来的醒公菩萨——醒公示寂十周年纪念》,《海潮音》第四十卷第十一、二期,1963年,第20页。
③ 演培:《迎接乘愿再来的醒公菩萨——醒公示寂十周年纪念》,《海潮音》第四十三卷第十一、二期,1963年,第20页。

第二编是《日本佛教视察记》，第三编是《佛教评论集》，第四编是《文集》，第五编是《空过日记》。但是，《遗著》收集并不全面，且至今未普及流通。随着《民国佛教期刊文献集成》《补编》《三编》的出版，已可获取大部分大醒法师的昔日文论，但文章分布较分散，查阅较不便。此次，大醒法师文集入选"人间佛教思想文库"，为其重要文章言论汇集流通提供了好机会。

本集编选遵循《人间佛教思想文库》出版规划要求，并根据大醒法师善于评论、少纯粹的理论阐述的特点，主要依据的编选原则与编写体例如下：

所选文章尽可能涵盖大醒法师不同时期、具有代表性的文章；大醒法师的文章有批判之"破"，也有建议之"立"，而在具体行文时，"破"与"立"又常常交织，本集以侧重后者为主；尽可能选编对现代佛教发展可资借鉴或有启发的言论。

在内容上，尽可能保持原文原貌，只对个别不合时宜的内容进行删减；对一些时代特征的用字（如"底"）替换为现代用字，并对原文中存在的错别字进行修正。

对原文使用传统句读标点的，更换为现代标点符号；而对使用现代标点符号，但使用不当的，作了修正。

根据大醒法师主要佛教思想及现存文章，共分六个专题：佛教制度改革、佛教教育、佛教组织、佛教与社会、宗教修持及中日佛教。大醒法师对人间佛教的直接论述虽然不多，但无论是其僧制改革思想、佛教教育思想，还是对佛教组织的构建思想，无不贯穿着他实践人间佛教的关切。"佛教与社会"主要说明大醒法师人间佛教思想的"佛法不离世间法"的社会面向。而"宗教修持"部分，既有大醒法师本人的宗教修持与宗教精神，也有其实践人间佛教所需的宗教修持，主要体现其人间佛教思想所具有的大乘菩萨精神及其超越性。近代中日佛教关系密切，而大醒法师《日本佛教视察记》中有着重要的观察与记录。

遗憾在所难免。由于篇幅与能力有限，所选文章深恐难以代表大醒法师的佛教思想，所录文字由于辨认不清或操作失误亦难免错漏，前言部分也未能全面论述大醒法师人间佛教思想。而尤需说明的是，大醒法师一生对佛教文化事业贡献甚巨,但本文集并未设"佛教文化"专题,仅在"佛教与社会"专题中,收录了佛教文化所具有的社会宣传功能的相关文章。然而,所选全部文章又何尝不是大醒法师的"佛教文化"之成果呢?

一、佛教制度改革

读《新僧》①

吾出家以来，人咸曰余为僧矣。余固不敢否认也，但"僧"之解释，吾有知乎哉？无知也。僧者，四人以上之谓。今之人不求甚解，动曰某僧，似乎指为个人之名义，而以为出家之专名词也；然而吾侪出家分子，或唯唯否否，终不得的确体义解答之。于是千百年来已铸成一僧之大错，以讹传讹，吁可慨也。吾思吾侪出家分子对于此僧之体义，不能究竟解答之，将何有揭櫫僧之精神表现于世界耶？抑如何拒今之盲者瞆者之误解耶？实则为余一年以来芥蒂于胸而不能自己也。

吾今读太虚上人《新僧》，如梦大觉，前疑尽释。读僧之体义，乃和谐合聚之群众之解释也，是有情的、非有情的与人类、非人类者。展读百过，欢喜踊跃，得未曾有。其理由充分而有价值者也，吾读之后，却有无限感想与希望，有不能已于言者。虽然，余何人也？智慧浅而年轻，出家近而学拙，余对于此新僧问题，果有新思想发挥乎？况下笔之一言一句，果得透彻而确当乎？静言思之，吾又不能无惭。吾今所欲言者，亦无非依据原文大意而已。

僧者，僧伽，华言和合众，准今翻者，应谓之和谐合聚之群众也。古云："僧乃四人以上之谓"。其实论其内包之容积、外延之范围，此说必不能成立。不过仅为僧之假名，不可以尽僧之体义，故曰僧应谓之和谐合聚之群众也。四人以上者，惟名僧为群众之体相而已。著离散群众，即不得以云僧也。僧之体义，不惟四人以上之群众也，虽得四人以上之群众且合聚矣，尚不得以云僧，必由"合聚且和谐之群众"，乃得云僧。如是僧之体义，庶有孚焉，亦唯有此解释之确当也。然则曰四人以上者，亦无不可，惟对于僧之体义，而不得如此内包之容积、外延之范围周且遍矣。试观今日吾侪出家分子，应

---

① 《海潮音》第六年第二期，1925年。署名为机微。

为和谐合聚之群众，顾名思义，奚能求其合聚且和谐之态度乎？

换言之，和谐合聚之群众，即团体集合之背影也。原文曰："故惟和谐为最难能可贵"，又曰："身和同住，则何有华屋、茅屋、上床、下床之异乎？说和同悦，则何有妄言、恶语、两舌、多口之诤乎？意和同怀，则何有幸灾乐祸、斗狠报怨之违乎？见和同解，则何有是非、水火、黑白、冰炭之碍乎？戒和同遵，则何有滋长过恶、损害净善之嫌乎？利和同均，则何有富骄贫谄、贪多患失之污乎……"此六和者，僧伽孰不知之？岂有是新之解释？吾侪始豁然贯通者乎？惟向来皆以此和合僧之问题，用诸口头禅而已。谚云能说不能行者，实为吾僧界今日之一大弊病也。用是演成种种腐败之现象，既不能提高程度，又不获向上一着，蛇龙混杂而易起乖争乱突，良莠不齐而难能合聚和谐。于是一群众之中，黑幕重层，弊端百出，凶暴如豺狼者有之，顽固如牛马者有之，为佛子而不知佛法为何物者，具僧相而不知僧义为何解者，亦皆有之。可胜痛哉！可胜痛哉！此为吾恫夫所不能忍于言也。因思吾侪既出家为僧众，当先有和谐合聚之精神、团体集会之性质，而后行整理僧伽之制度，宏扬佛化之事业，对于僧之体义，乃得相冥合也（如经论所载，世尊集会说法时，皆有万二千五百人众或千二百五十人俱）。观察今日吾僧界之僧众，果处处有和谐合聚之精神、团体集会之性质欤？即就丛林、佛学院（佛学校）一方面而言，吾国十余万僧，几分有和谐合聚之精神与团体集会之性质也？就非丛林、非佛学院一方面而言，有和谐合聚之精神与团体集会之性质者，更几希矣。

由是观之，吾国十余万僧，决定有大多数不得以云僧也，乃得云僧者，不过一少分而已。何以言之？盖此大多数不得以云僧者，因其虽有僧之体相，而实无僧之体义，矧夫无和谐合聚之精神、团体集会之性质，故不得以云僧也。或曰："如是而言，其一般旧制度而腐败之丛林，虽合聚群众焉，时见之乖争乱突而破坏而分裂者，胡为乎和谐合聚之僧哉？"曰："僧乃和合众之本义，无论彼众之中，是否有和谐合聚之精神、团体集会之性质，但以上所讲之六和，为吾侪僧众自来标准之范围，不可越也。且视彼众之中，对于此六和之范围，越乎否也？如其谨守之严格之，应有和谐合聚之精神、团体集会之性质相表示也，不尔，吾人决定不能公认僧义云乎哉！"或者又曰："出家本即是僧，又必欲有和谐合聚之精神、团体集会之性质乃得以云僧？"所以然者何？余可以简括一言答之："其无僧之资格与讨论价值者，勿与辨也，尼之可耳。"

太虚上人曰："顾全国十余万僧，皆以私利私眷为梗，终未有实行（宏法利生事务）之希望，此予十六年来心底最深之痛痕也……"呜呼！佛教凌夷，丛林荆棘，人心日下，世道衰颓，庸可以吾人个人之能力，而欲打破十余万僧之私利私眷黑暗乎？然而打破此十余万僧之私利私眷黑暗者，计将谁与？吾敢预以一言之，脱令吾国十余万僧，个人积极，人人积极，乃至十余万僧积极之，对于所谓之僧问题，共同抱和谐合聚之主义，商榷讨论一究竟所谓之僧也，必使达到和谐合聚的目的而后已。原文所谓"在出家人顾名思义而实行此，本无难事"，诚哉斯言也！反言之，若个人消极，人人消极，乃至十余万僧皆消极之，无何，任谁有调和之力量、教导之方法？吾以为舍少分得所谓之僧者，不生问题，其如多数不得以云僧者，仍一味私利私眷而无和谐合聚之趋向，则此所谓之僧问题，总不能决也。质言之，僧为三宝之一，不可不察也。吾人不能了解究竟和谐合聚此僧之体义，愧莫能名焉；况其佛宝、法宝之真实义，更莫名其妙矣。至于十余万僧之"僧"字，翻不若易为"出家人"三字，庶乎免犯僧之一不定过，非吾好为苛论，实不得已耳。

然则僧有新乎？僧何新乎？僧何新乎？观夫宇宙万有，事事物物，新僧云乎哉？今日论此和谐合聚之群众，即新僧也。新僧者何？是有情的非有情的与人类、非人类者也。请先论第一有情的人类者。原文分为十别：一、家族僧，二、学校僧，三、教寺僧，四、社会僧，五、民族僧，六、国民僧，七、国家僧，八、国际僧，九、人伦僧，十、人间僧。吾思读者对此之十种新僧，鲜有不欲先问如何是家族僧也，如何是学校僧也，乃至如何是人伦僧、人间僧者也。此僧之意义，世人向来以误解而成习惯，今日读是十种新僧，不期然而然，应先起疑问如何为家族僧，或如何为学校僧也。以上所言，今日所谓之僧者，乃和谐合聚之群众也，但此种种皆有和谐合聚之精神、团体集会之性质，唯此时未曾成为正式新僧云尔。然而家族、学校、教寺、社会、民族、国民、国家、国际、人伦、人间，虽向来不以僧名也，愿顾其家族也、学校也、教寺也、社会也、民族也、国民也、国家也、国际也、人伦也、人间也，皆实具有和合谐聚之精神，团体集会之性质，不但皆有和谐合聚之精神与团体集会之性质矣，并且多有和谐合聚之精神作用，团体集会之性质本能。故此十种范围之名实，实尽无一不称合僧之体义焉，况比吾侪有僧之名相而不合僧之体义者，恐亦有过之而无不及也。但彼等以群众之和谐合聚也，以有无完善圆满之和谐合聚者，亦有扰乱离散之破坏分裂者，原文论之其详矣。平心而论之，此十种人类之新僧，起初至结果，无论为完善圆满或扰乱离散者，其于和谐合聚之精神作用上与团体集会之性质本能上，已使演进而有余，而此十种群众，故谓之为新僧，实与吾侪出家之僧，无畛域也。

复次，有情的非人类者，有现前者、非现前者二种。云何现前者？羽毛、鳞介、昆虫之类也；云何非现前者？乃包括二十五有、六十四有情类也。此现前与非现前者，虽非人类之可比，然亦皆为和谐合聚之群众也，例如羽类之鸿雁，昆类之蜂蚁，平时见其于天空地上飞走之际，而翱翔结队，非和谐合聚之表现乎？余者，亦可想见矣。佛说："一切众生皆有佛性"，况以僧名耳。

第二论非有情的，原文亦分为十类：一、生物学者，二、生理学者，三、矿物学者，四、天象学者，五、物力学者，六、物质学者，七、数理学业者，八、名理学者，九、唯识论者，十、法界论者。此十类非有情的新僧，亦复以和谐合聚之原则而名也。原文对于生物学曰："有情之动物与无情之植物，同为有机能、有活力、有种性业性之生物……"；对于生理学曰："……人生者何？一生理机件之组合而已，犹之一机器然，各机件中失一重要机件，即失运用……"；例如生物中之树，有种、根、枝、干、花、叶、果实也，是必得依自类或他类之生气聚合相生，然后方能生长发达，所以凡生物皆有和谐合聚之情状矣。生理学者，因为生物亦需经有许多的机用生元组合之，亦皆以和谐合聚者也。如此生物学、生理学两类，皆名之为僧。吾想读者，不惟不能十分赞成，且不免称奇道怪也矣。夫此新僧名者，本诸空前而得未曾有，吾固未之或见，亦古今中外之人梦想所不逮者，故必为多数执迷者所否认也（非有情的十类之中有矿物学等类，及后之两章未续刊行，不能备举）。

总而言之，有情的人类、非人类者，凡是和谐合聚之群众也，皆得以云僧。至于非有情的，凡含有和谐合聚之原则（如生物学、生理学等），亦可以云僧焉。

然则所谓之新僧，究为何种之新的僧乎？一言以蔽之曰：凡和谐合聚之群众，皆新僧也，亦即新的僧也。但一切情与无情，咸有如是和谐合聚之群众态度，则无所谓旧，亦何所谓新？原文所谓："尔非古、非今、非新、非旧阿……"，盖斯旨焉，以其适称确当和谐合聚之群众者也。夫如是，吾侪虽具僧相之僧，或有不合聚且不和谐者，理应不得以云僧也。难者曰："斯言太苛矣，向来之出家僧，为不合聚，不和谐，今言不得以云僧也，理耶否耶？宁毋自相矛盾耶？"不，不也。原文曰："尝稽故训，和之为义，有事有理，理和唯一。"仔细察之，毫不矛盾。矧此僧之名称，世人专指为吾侪出家分子之范围，历史传承不知凡几百千年矣。讵知今日方进化得此的确之解释，不可谓非吾僧界之一大幸事，言之有何太苛也？吾读《新僧》，吾愿将此新僧，鼓吹入于吾国四百兆人民之眼界，使人人知尔信尔新的僧也。所以者何？窃观世人莫不以僧为吾侪出家之专名词也，或斥为一消极无聊之代名词也。其不知自己和谐合聚之家族，即家族僧也；自己和谐合聚之学校，即学校僧也；自己和谐合聚之教寺，即教寺僧也；自己和谐合聚之社会，即社会僧也；自己和谐合聚之民族国民，即民族僧、国民僧也；自己和谐合聚之国家国际，即国家僧、国际僧也；自己和谐合聚之人伦人间，即人伦僧、人间僧也；及诸非人类非有情的，亦复如是。故在家出家，情与无情，一律为和谐合聚之群众，皆僧也，毫无专名出家之可言。其抑以僧独指为吾侪出家者，不亦谬乎？重申之，吾窃读吾国自来诗人于所作诗中，常用在家僧或冷于僧、瘦于僧之韵脚者，比比皆然，实亦谬矣。若是以上之家族僧、学校僧，更言曰在家僧者，尚较确当也；倘其仅于一篇诗中而限一在家僧或冷于僧之韵脚，则不可也。况有时读彼诗之情感与思想，毫无合聚群众之意见存在，或者观其诗题，又可以独坐与独居也。噫！此种弊病，吾国诗人逃过者鲜矣。虽曰一时之误会，第在此一般高尚诗文之辈，既于其诗中表显僧之喻用如此，试诘其心理上僧之解释，非视僧之为消极无聊者，而何况彼辈伦俗者流，虚伪设想，盲议瞎讽者，更不堪言也。

  僧之名称也，解释也，自来世人以为吾侪出家分子之专名词也久矣。然今日所论之新僧，既得的确切当之解释，完全为合聚且和谐之群众，无疑议焉。新者维何？如前述之有情的、非有情的与人类、非人类者，未前闻也，即推倒旧之误解而言，亦即适化新时代新潮流之需要也。

吾读《新僧》既竟，吾仍欲喋喋以数言忠告吾国十余万僧一商榷也。今日有情的、非有情的与人类、非人类者，皆获此和谐合聚之新僧而名焉，行将遍满新僧于世界矣。吾人应如何维持吾侪和谐合聚之僧众耶？又如何预备起发勉励而和谐合聚之新僧耶？太虚上人曰："猛不防今时此刻我和尔却簇崭全新的和合了阿……"又曰："新僧阿，新僧阿，知尔、信尔、思尔、歌尔新的僧阿"，吾侪三复斯言，又如何安慰尔新的僧耶？更如何安慰自己和谐合聚之群众僧耶？

以上所言，为吾读《新僧》之感想，亦即吾读过《新僧》，对于吾国十余万僧和谐合聚之希望也。吾读过《新僧》，更请以五事为前途一要求焉：

（一）今日僧之范围广且周矣，凡是和谐合聚之群众，皆得以云僧也。于是人类新僧渐次倡明，吾人应思如何策健吾侪和谐合聚之僧众也。

（二）今日吾侪出家分子之破坏者，并非不群众也，乃在不合聚不和谐之原因，吾人不可不知也。但则吾人一方面须帮助建设彼十种人类新的僧，一方面非整理吾侪出家僧众不可。此种整理方法（决欲标准《僧伽制度论》）急要使吾侪和谐合聚之精神，振作起来，固陋腐败之状态，删除干净，待为新僧之模范可也。

（三）今日吾侪读过《新僧》之后，须誓愿积极从此两方面下手，由是进化，吾国十余万僧悉皆和谐合聚矣，庶几适合僧之名称与体义焉。

（四）吾愿太虚上人之《新僧》下篇，积极刊行，使世界人人读完此《新僧》，实行进化家族、学校种种新的僧也。

（五）吾作成此《读〈新僧〉》矣，吾愿太虚上人矫正，揭之《海潮音》与他种报纸上，或可征求对读于《新僧》者讨论之答案也。

二九五一年十二月十九日

读《整理僧伽制度论》发生之管见[①]

一、绪言

　　近百年来泰西之学术与事功，其发达进步之速，如洪流澎湃不可禁遏。科学也、哲学也、宗教也、民族也、社会也、国际也，莫不标进化之帜以发展其本能。奈欧战一役，举数千年之文化，与数十国之物产，均付诸枪林弹雨之间，于是，黄金世界之梦又不得不转其动机于东方文化之中。我国高掌远跖之先觉，知家珍之不容终密也，时节之因缘成熟也，此《整理僧伽制度论》之由来欤！盖太虚上人经验历史上之兴废，观察五大洲之潮流，出大悲心，乃造斯论。盖欲为吾国僧伽前途巩固本有家业，然后可以弘扬于世界也。虽然，此论之出，盖数年矣，而留心整理者，卒不数观，"无如醉梦沉沉之佛教徒毫无一点意思发表前来"，此论主自叹之辞，良可慨矣！在论主固素抱度人主义者，其平生精力，多以世界为舞台，如创办佛学院、佛教月报社、《海潮音》、世界佛教联合会等，咸以大慈大悲之心，而作利人利世之事，其愍念一切众生处，可谓至矣尽矣。吾国缁素蒙益者，已非譬喻算数之所能穷。此论也，尤欲为吾国僧伽建立尽未来际之大计，其无量功德不可思议，吾侪其可不留意乎？

　　《僧伽制度论》之作也，无非希望吾国十余万僧伽各以自治之本能，获合和之效果。其所注意者，如僧众散漫如何使之成统系，佛教事业如何使之有发展，丛林如何使之振兴，团体如何使之联合，乃至种种制度种种事业，

[①]　《海潮音》第六年第二期，1925年。署名为机警。

如何使之一一改良，一一实行，其整理之主张与计划之周详，固并世无二。虽然，如是问题，岂可以一人一时之精力所能兴办哉？

吾国十余万僧伽，孰不有自动之责任，处自由之地位，无如执着太深，视而不见，听而不闻，呜呼恫哉！井底之蛙何知佛法处于世界上最高最上之位置，虽经少数大善知识，审察今日佛教精神状态，势不能不积极振作。无如诲之谆谆，听我藐藐，即有汲汲从事者，亦不过五分钟之热度而已，所以僧伽制度至今犹未能实行整理也欤。但此种事业，虽非一人一时之精力所能施设，然亦不可不由少数人而渐次兴办也。盖此少数知识，固为热心分子而誓宏四愿者，果能勇猛积极，逐渐促进，始终一志，以臻圆常，预计不过十年必获完全达到目的。吾人热心佛法而欲改良僧伽者不可不察也。

近者，吾国缁素贤哲提倡佛教联合会，吾人诚不可不踊跃向前，共同组织，所以者何？佛教联合问题，乃以宣扬佛化济世利人为主旨，与我僧伽制度实有密切之关系。盖联合团体，实为自治精神起见，亦整理僧伽制度之预备也。前者僧伽制度问题表示赞成者绝鲜，今日联合佛教问题，举国缁素贤哲有欣喜协力共策进行者矣。以联合会之人才，共图整理僧伽制度之效力，谓非一大时节因缘乎？就时势言之，今日与数年前之现象亦大变更。盖自欧战以来，世界一切学术与宗教，均已破产，我佛教精神亦成萎靡，无以巩固团体而救护世间。幸得联合会之发起，协力进行，若能于数年内，实现此整理僧伽制度之瑞相，使眈眈逐逐欲破坏我国佛法之野心兽性者，妄想息灭而生大惭愧，则佛化其有豸乎？

吾读《整理僧伽制度论》，而观察今日之僧伽，有整理制度之必要，以管窥之见，作刍荛之献。举国大善知识其有赏愚者之一得而热心从事，庶几深心之所祷祝者也？

二、僧伽制度之定义与现状

僧伽之制度谓何？一言以蔽之，即为吾僧伽求适宜之组织与标准而已，亦即吾僧伽决定所认为可行可为之限制而已。虽然，准律仪而言行住坐卧，一举一动，莫不在威仪之中，亦皆有一定之限制。于是僧伽制度，质言之，如矢之的，如舟之柁矣。夫佛法平等平等，头头是法，在在是法，已无制度之可言；吾僧伽一切事一切处果如佛说，亦无制度可论，否则非加以适宜之制度不可。即以今日僧伽之制度而言，是否适当尽人所知，但必如何而始为适宜之僧伽制度，吾人最不可深思明辨也。

制度问题，应行注意之点有二：一者，当知吾人有最重之地位；二者，当知吾人负很大之责任。吾人所居之，地位云何重大？盖现今时代，东西两洋，文化交弊，宗教失据，道德无依，科学趣近利而含危险，哲理炫元远而欠真实，相尚以奇，相竞以争。天下之人心风俗，不陷于放辟邪侈之习，即溺于迷惑烦闷之境。不有无上法王，阿伽陀药以施救济，诚恐伊于无底，此吾人之地位也。吾人所负之责任，云何重大？即负宣扬佛化、济世利人之责也。如佛说："一众生未成佛者，我誓不作佛"，此佛之责，亦即吾人之责。五趣众生，头出头没，吾人既负教化救济之责，所以不得不以整理僧伽制度为第一步。总之，"众生无边誓愿度，烦恼无尽誓愿断，法门无量誓愿学，佛道无上誓愿成"，此吾人之责任也。既知吾人之地位与责任，则僧伽制度之研究，有不容一日缓者矣。

论主之所以痛心疾首论僧伽制度，而不吝盈千累万之言者，完全依据时势，斟酌情形。以我僧伽处于今日世界上之位置，有不得不整理其制度者，乃以十余年之眼光理想，考察种种要点，始造斯论。理论周详，程次显然，固宜全国响应，见诸实行。庸讵知数年来绝鲜解人，吁！可叹也！试诘我僧伽制度之至今日，为进化抑为退化？普通情形，是否得当？有无整理之必要？此数问题，在头脑清晰者，自能明察之，固毋待余饶舌也。但在一般坚守固陋之徒，纵使读完此论，而怯惰习成，顽固依然，仍为风马牛不相及。若群儿处于火宅，不知火之将至，不异火之危险，贪着嬉戏，了不求出、不知系统之联合，讨论整理之办法，将来受外人压力之时，如身着火焰，后悔何及？挽救何补？故余睹此现状，欷歔流泪，有不能已于言者，从丛林制度方面，有亟待讨论之要素，分述于左：

（一）丛林僧伽今日之普通情形

丛林今日之制度，以普通情形观察，似无不宜之处。然以《百丈清规》对照，不无劣点。最著之禅宗，如苏之高旻、金山，及浙之天童等处，因多数僧伽安居其处，有一定之限制，守一定之规则，尚有可观。其余如一寺或二三十众僧伽者，或百八十众僧伽者，以无决定之课程、标准之宗尚，除早晚二课以外，皆视若无事，莫不养成迂阔惰怯之性质。丛林既不能振作精神，故我国现在之十余万僧伽，粗明佛法者不过十之一二。自由努力、自由精进、自用工夫者，凤毛麟角，狮子象王则不过百之一二而已。至于有解有行，得体得用，而深宏誓愿，摆脱牺牲，真实为求法济世者，则千不得一二也。若宗寺，若律寺等，多未得正当之制度，而守持适宜之范围，即传戒、习禅种种事实，亦皆未能标准古来之轨例。余出家之日尚浅，虽曰少参少学，然丛林比来之常态，颇已窥其崖略。请吾同侪，本良心之主张，以批评余言之当否也。

（二）丛林中之制度是否适当

丛林中之制度，当其初创也，固无不适当，代远年湮，渐次失真；且时势不同，潮流已变，欲适生存须应环境，故丛林制度之是否适当，遂成问题。姑撮其要，请我僧伽同袍一注意焉。如传戒也，依佛制有五夏以前专精戒律，五夏以后听教、参禅之例。今日既不能守持佛制而依教奉行，惟尽数十日之传戒仪式而已。在说戒者，照戒本读诵一过；在引礼者，口头禅演说几次；在受戒者，当作耳边风矣。呜呼！佛制戒律，岂能方便至此？于是龙蛇混杂、良莠不齐之弊出焉。以戒牒而作募缘护符者有之，以戒牒而为经忏招牌者亦有之。如是传戒而无试验（须考试求戒者之学佛志愿、佛学程度以及年龄、来历，详细查明后方可授戒），其害匪浅。此丛林制度是否适当之第一根本问题也。其余如用职不能择其贤德也，佛事不能求其诚恳也，如是种种，不遑枚举。要之，皆有正理之必要者也。请一读《整理僧伽制度论》，则是否适当之一切问题，皆可迎刃解决矣。

（三）丛林之制度是否平等

我佛世尊住世说法四十九年，一切法，一切处，莫不以平等而行教化，毫无人我之差别。今日丛林之制度，名目有职事、大众之别，尚是不成问题，但实则完全为专制的阶级的。如职事者，固应有管理大众导守规约之权，但大众中间有未越范围，绝无过咎，因私怨而受职事呵责与举罚者，况此职事，平常之过咎，尤有甚于大众。如是弊端，今日丛林无一无之。凡职事者，是否有管理人、纠察人之资格，是否有指导人、呵责人之程度，在住持丛林者，毫不审察。只因其有数年之放参，几种唱诵之高调，以为其成绩已绰绰而有余裕，一经职权，即以头衔自负，贡高我慢，不可一世。于无事可做之时，专以儆察大众、呼唤小仆为事，以为我领袖也。彼海众也，阶级位置，畛域自分。呜呼！佛说"心佛众生三无差别"，又曰"无人相无我相"，由是观之，佛对于一切众生，尚无差别之可言。今以一丛林之中，一切事，一切处，已见千差万别。余不知丛林制度，对于佛法平等主义何在？非余故意言之险诐，凡僧伽之久住丛林者，其亦感同情之痛苦否耶？

（四）丛林之制度是否须加整理

丛林之制度，由马祖、百丈而后，传承至今，亦千百余年，非欲以时势关系而拟废弃之也，所言整理，即整理今日已紊乱者而进化之耳。在今日主持丛林者之个人观念，以为维持门庭，不使荒废，即可敷衍安隐过去。岂知时势逼人，天演无私，一遭坠落，便受淘汰。我僧伽所处之境，纵使仅守清规，而无格外发展，尚难立足于世界，况对于古人成法，人人遵守与否，处处遵守与否，一经回光返照，亦应自愧无地。此等情形，何能注脚于舞台之上？有豪杰出，急起直追，固佛菩萨在寂光土中所嘱咐护持者也。

如上所言制度之现状，虽有未尽，但以种种情形观之，我僧伽精神之腐败，已可窥见一斑，而有制度整理之必要矣。不知诸当事之观念态度，为何如也？

三、僧伽制度整理之手续

僧伽制度，如何使之整理？本论主张，以十五年分三期进行，讵知迄今数年，毫无影响。在提倡者，虽舌焦唇烂，而一般腐败顽固之徒，缩首畏尾，毫无感觉。不知我僧伽同袍之头脑何以至此也！然而时势果许吾人可为几世纪前之人物，则制度问题，可不必讨论，余亦不敢多所饶舌。但今日之环境，已逼我不得不紧急整理，然后可以维持僧伽于末法时代。明乎此者，则整理问题，直僧伽存亡之问题耳。

一则对于僧伽制度之失真失实者而整理之。

此之主张，乃就向来所有之百丈规约而整理之也。自来僧伽，固非无其制度，唯不能一一守其范围，故已日失其真，日失其实。如堂屋然，年久破坏，不可居住，必待重新修补，方可安居，整理僧制，亦复如是。故单准佛法而说，本来常住，无进无退，无古无今，然从俗谛事物一方面而言，凡破败而不能支持者，决须加以改良，方能保护其精神常态，否则不可收拾。今言就原有规约而整理者，盖即对于原来规约，而加以适合时宜的修改，庶免二千余年之如来家业，与我国僧伽前途，一旦同归失败耳。此之主张，乃欲我僧伽同袍，竭力商榷整理之程序，参考本论宗旨，择其尤而不可缓者，即日实施也。

二则对于僧伽制度之腐败固执者而整理之。

吾人今欲整理僧伽制度，必先三复《僧伽制度论》，为进化抑为退化，为整理抑为破坏，须各以充分力量而研究之。再加一种彻底的环境观察，讨论我僧伽今后存在世界上之价值为何如，地位为何如。愿我同袍，放远大之眼光，从佛法而观念世界，复由世界而回趣众生，或亦惕然憬然矣。矧夫世界万有，无不为进化中之进化，亦无不从个性思想而发展进步，愿我僧伽制度，不特不能进化以求发展进步，且已成为一固执不化之制度，又由固执不化而呈腐败之现象（如经忏佛事等即为腐败的与固执不化的）。余拟对于此种腐败的与固执不化的制度，大起反对，何也？观诸事物处于今日之摇动时代竞争时代，莫不受天然淘汰之影响，我僧伽制度，脱不积极改革，此种腐败的与固执不化的，纵令十方诸佛护持加被，难免不生危险。前途茫茫，不堪设想，我僧伽其留意。

三则对于僧伽制度之自私自利者而整理之。

此整理僧伽制度问题，发生数年而未能共同实行者，非由各个人之自私自利之种种流弊，相互贪嫉、相互阻碍以成此积习欤？所谓各个人之自私自利者，即由我贪、我嗔、我痴、我慢熏染而成我见；我见生，则视一切处一切事，似乎皆有一我在焉。故凡遇一事，视于己有荣利者，无论是非，必欣欣然踊跃而前，随声附和，顺水推舟，而冀博虚誉；若有事系利人而非利己者，则逡巡遁后，表示消极，别外生枝，暴生妨害。总而言之，此种态度，比比皆然，岂秃笔所能罄言哉？如是之人，不能舍己为群，以佛法言之，即不能利他。其流弊所及，如煽破坏之恶风者，张黑暗之旗幕者，吞没寺产者，或不守清规，恣情下流，以致外人攻击，因之分裂寺产者，悉皆由自私自利而发生。吾侪头脑中向有平等二利，睹此情形是可忍孰不可忍。余言至此，余神丧，余心痛，余欲无言。

四则对于僧伽制度之萎靡不振者而整理之。

我佛教精神之不能振作也，我僧伽团体之不能发达也，皆为萎靡不振之积习所致耳。盖佛教精神，即各人之精神；僧伽团体，即各人之团体。佛教与僧伽发展与否，完全关系各人发展之本能如何。今日我佛教精神所以不能振作，僧伽团体所以不能发达之原因，实因吾人各各头脑作用上，未能发展其本能也。若论各人之本能，本来活动自主，非无发展之可能性者，无如以萎靡不振之习惯，阻滞各人自动之机，而失本能之功用耳。然此种习惯，换言之，即无明妄想、颠倒分别之所积集。脱令吾人能排斥此种萎靡不振之积习，而不影响于无明妄想、颠倒分别。乃至我国十余万僧伽，人人能排斥此种萎靡不振之积习，而概不为无明妄想、颠倒分别之影响，岂独僧伽制度获整理之效力，即佛教精神振作的目的亦历历在望，愿吾侪速起而奋斗也！

四、僧伽制度整理之利益

一曰整理僧伽制度适应时势上的需要。

"佛法随顺无限的世界众生应化无尽，利乐无尽。"诚哉斯言！今言整理僧伽制度适应时势上的需要者，即根据此义也。我国自风行西化以来，世人以科学哲学的倾向，对于孔孟之道德学说，多视若敝屣；其有崇奉信仰宗教者，非耶稣即神道，盲听盲从，狂澜倾倒；亦有少数信仰佛教而研究佛学者，不过涉猎及之，不知精思慎究，只能摭拾一二新的名词妄谈佛法，乱判教理，幔幢高帜，挈短论长，颠顶真如，笼统佛性，亦可慨矣。佛说一切法之真实义甚深微妙，横遍十方，竖穷三际，世界万有，包罗迨尽，庸可以凡夫知见而分别之？我僧伽其可不发明光大固有之教理，以接引后学也？三藏十二部佛法，无不随顺众生固矣。即世界一切法制，亦莫不以时势为前提，如政治制、教育制，民国以来，一新再新，自历史上观之，亦代兴代废。我僧伽制度，何以异是？盖佛法是救世的非厌世的，尤宜以随顺当机为事。嗟我僧伽，不明乎此，惟以固陋旧规自限，且失其原意，并其末节亦不能守，遂演成今日种种萎靡不振之现象，引起外人之蔑视，可不惧哉？若僧伽不与时势推移，及国家社会有相当之关系，则适应问题，可不需要。反乎此者，考察佛法今后于世界上存在之价值如何，僧伽今后于世界上存在之地位如何，旷目一观，扪心一思，当亦战栗恐惧，而整理不容缓矣。太虚上人云："若不能应时设化，以发起世人之信心，而昌明教义。……非特佛法久而衰落，或将有绝灭于世之忧也。"我僧伽制度不能适应时势上的需要，论主之忧，亦吾人之忧也。

二曰整理僧伽制度可以策励风纪道德之进步。

佛法对于风纪道德之关系，亦不可不讲。近世我国人士，醉心欧化，动曰言论自由，男女自由。以自由之观念，处自由之境界，讲自由之活动，始则以自由自负，继则以自由缚，终则以自由而自暴、自弃、自残、自杀。自由之惨状，诚不堪试目以视矣。嗟嗟！吾人处此娑婆国土之中，为五浊熏染，能自由否乎？今日之讲自由者，其结果为自由否乎？自由之风盛行，道德风纪之颓丧尽矣，自由之进步，已增而不减，道德之观念则减而不增。然则我僧伽制度，于道德风纪，果有如何之关系耶？以我佛教之平等观念、利世观念为真自由者也。我佛教虽与各教同为世人所信仰，但此信仰乃自力而非他力，乃入世而非厌世，乃正信而非迷信，乃兼善而非独善。世人不知，视我佛法惟祈祷仪式而已，视我僧伽惟诵念经忏而已。殊不知佛法有微妙甚深之理，救世出世；僧伽有宣传宏化之责，教人利人。故曰：可以策励风纪道德之进步也。夫策励风纪道德之进步，必须绍隆我佛大道，欲绍隆我佛大道又非整理僧伽制度不可。孔子曰："人能弘道，非道弘人。"呜呼僧伽！人弘道耶？道弘人耶？祈明哲深思之。

三曰整理僧伽制度增加居士学佛之信心。

当此过渡时代，国将不国，世道人心，相趋日下。以我国二千余年之孔教，竟为今人倡言攻击，皆曰："孔子之道，不合现代生活。"由是观之，道德凌夷，达于极点。犹幸学佛之居士，蒸蒸日上，能舍一切荣利而皈心至教。虽无量劫前已种大善根，而在现代，亦多经过科学、哲学之阶级而来，所以一经研习，即能体解一切教理。虽然真学佛者，不外由起信而研教，由教明理，由理解而生证。穷观今之由起信而研教，由教而明理者，居其多数，能由理解而行证者，则寥寥矣。未必非我僧伽不能令其信心增长，反引起其蔑视，以文字之执，或谤讪丛林，或排斥禅净，有以致之欤。我辈以门户自限，对于时势潮流，掩耳无闻；对于居士方面，又不思如何振作佛教精神而联络之，如何整理僧伽制度而鼓励之，使其化我法执而增加信心，亦可哀矣。

五、结论

综上所言，僧伽制度也，僧伽制度之现状也，僧伽制度整理之手续也，僧伽制度整理之利益也。今虽简括言之，对于本论之旨，实未尽其万一也。不过将读此论所发生之管见，秃笔陈词，而请愿于我国十余万僧伽同袍知识之前，幸垂察焉。

然而余尤有切望于我僧伽同袍者，对此整理僧伽制度问题，应先明了而万不可误会推诿者，归纳有二要素：

一者整理并非破坏。

所谓整理者，乃治破坏而言，亦为破坏而立，故应先明了此种整理之解释而免误会。至于本论之种种制度、种种事业，虽目前不能一一实行，而十年廿年后，实现之希望，终无已也。谚云"有志者事竟成"，吾侪勉诸，团体勇猛，矻矻努力，整理前途，其庶几乎？

二者整理须负责任。

《整理僧伽制度论》，自论主发表以来，至今犹未实现者，未获团体协力而合作也。兹事体大，非一人一时之精力所能兴办（近年仅见创办佛学院、佛学校数处而已，鲜有整理丛林者）。余因近来多数同袍论调中有整理僧伽制度之呼声，一方面又有佛教联合之进行，是整理之时机已熟。吾侪果抱决心，各各能负责任，前者不谏，来者可追，时势需要，迫不容辞。愿长此以往，运广长舌，发无上心，尽瘁佛法，极力整理，将此身心，勤勤恳恳，使佛法遍周沙界，僧伽放大光明。以整理巩固之制度，定僧伽千万亿劫前途之安稳，尘尘刹刹，进化无穷，此我国现在十余万僧伽同袍知识所当共负之责任也。诸君有意乎？儆也不敏，请执鞭以从。

二九五二年二月于武昌佛学院初大

住持论[1]

一

什么叫作"住持"？住持是一寺的主僧，就是一个僧寺的主人。"住持"二字的定义，《潜确类书》云："住者，安心觉海，永思攀缘；持者，住持万行，无漏无失。"住持的意义，《禅苑清规·尊宿住持章》曰："代佛扬化，表异知事，故云传法。各处一方，续佛慧命，斯曰住持。"

住持这个名目从什么时候有的，这很明白，就是有了禅宗的丛林而后有的。《百丈清规·住持章》曰：

> 佛教入中国四百余年而达磨至，又八传而至百丈，唯以道相授受，或岩居穴处，或依律等，未有住持之名。百丈以禅宗寖盛，上而君相王公，下而儒老百氏，皆向风问道。有徒字蕃，非崇其位而师法不严，始奉其师为住持。

所谓"马祖建丛林，百丈定清规"，这时候有了丛林，于是应"向风问道"的"君相王公""儒老百氏"的需要，才立了这个住持职位的名目；并且因为"有徒字蕃"，"非崇其位而师法不严"，故所以要立一住持。这样，住持的地位，是如何的崇高？是如何的尊严？

---

[1] 《现代僧伽》，第4卷第2期，1931年。

二

住持的地位，本来非常崇高，非常尊严，只要我们一读《百丈清规》《禅苑清规》《幻住清规》诸书中的恭请住持的礼节，及当住持行进院接位典礼的时节，那种排场，那种庄严，那种架子，那种威仪，就够僧众一辈子的钦佩了，谁还敢有所诽薄？然而时代有了古今，人事有了异同，以今人今事而较之古人古事不但已百无一是，就是以今比古也就百无一似了。所以坏人不是单独现在有的，往古亦已有之，贪官污吏哪里是从现在才有的，不过以前没有人检举罢了。不幸我们号为一寺住持的主僧，现在也同着贪官污吏遭着不幸的运际了，居然也有人诽议了！

本来一个僧伽的行为言动，在佛教中并没有多大轻重的，但是因为住持与佛寺——丛林（以下称丛林）有很大的关系，实有不能听其胡闹者。关于这种肯教训弹劾丛林住持的人，在《禅林宝训》上收集得很大。自得禅师与尤侍郎书曰：

> 大智禅师特创清规，扶救末法比丘不正之弊。由是前贤遵承，拳拳奉行，有教化，有条理，有始终。绍兴之末，丛林尚有老成者，能守典刑，不敢斯须而去左右。近来以来，失其宗绪，纲不纲，纪不纪。虽有纲纪，安得而正绪？故曰举一纲则众目张，弛一纪则万事堕，殆乎纲纪不振，丛林不兴！惟古人体本以正末，但忧法度之不严，不忧学者之失所。其正在于公，今诸方主者以私混公，以末正本，上者苟利不以道，下者贼利不以义，上下谬乱，宾主混绪，安得衲子向正，而丛林之兴乎？

高庵禅师《龙昌集》中有一段说：

> 住持大体以丛林为家，区别得宜，付授当器，举措系安危之理，得失关教化之源，为人模范，安可容易？未见住持弛纵而能使衲子服从，法度凌迟而欲禁丛林暴慢？昔育王谋遗首座仰山伟贬侍僧，

载于典文，足为令范。今则各徇私欲，大堕百丈规绳，懈于夙兴，多缺参会法礼。或纵贪饕而无忌惮，缘利养而致喧争。至于便僻丑恶，靡所不有，呜呼！望法门之兴，宗教之盛，讵可得耶？

圆通禅师的《野录》上说：

> 昔百丈大智禅师建丛林，立规矩，欲救像季不正之弊，曾不知像季学者，盗规矩以破百丈之丛林！上古之世，虽巢居穴处，人人自律；大智之后，虽高堂广厦，人人自废！

一个住持把丛林十方公共的机关弄得不"公"不"正"，一任其"徇私欲""以私混公""纲纪不振"，只晓得自处于"高堂大厦""纵贪饕"，一心在"利养"上，甚且做出"便僻丑恶，靡所不有"的事来，还成为什么话说？住持成了个什么样子的东西了！丛林怎么会得兴盛起来？怎么不要衰败下去？

我们要问为什么在住持会"以私混公"而"徇私欲"，不"付授当器"，致令十方丛林衰败于不顾？这里我们不能不归到完全是产生住持的制度不良的结果。丛林的住持他要有什么资格才足当之？他的道德（戒行），他的学问，他的言行，要怎样才可以任当住持？佛智禅师在《野录》中说：

> 住持之体有四焉：一道德，二言行，三仁义，四礼法。道德言行，乃教之本也；仁义礼法，乃教之末也。无本不能立，无末不能成。先觉见学者不能自治，故建丛林以安之，立住持以统之。然则丛林之尊，非为住持，四体丰美，非为学者，皆以佛祖之道故。是以善为住持者，必先尊道德，守言行；能为学者，必先存仁义，遵礼法。故住持非学者不立，学者非住持不成。住持与学者，犹身之与臂，头之与足，大小适称而不悖，乃相须而行也。故曰学者保于丛林，丛林保于道德，住持人无道德，则丛林将见其废矣！

佛智禅师说得很直率："住持非学者不立"，住持本来为应"响风问道"者而设立的，住持不是"学者"，没有学问，根本就不配做住持！丛林不是饭店、衣店，饭桶衣架式的人能充当丛林住持吗？道德是出家僧伽根本应具的资格，在个人不守道德还有可原，身当住持的人怎能不顾？灵源禅师在《记闻》中说："为丛林主,助宣佛行,行解相应,讵可为之,未见有身正而丛林不治者!"白云禅师也说:"道之隆替岂常耶?在人弘之耳!""丛林不治",明明是没有"身正"、没有"道德"的人住持之故,一般执于业感说的比丘,都以为现在"丛林不治"是由于僧徒的"同业所感",真是荒谬已极!现在的丛林完全是住持一人为主,僧众什么也没得份儿?到了丛林衰败了,还要加僧众罪以"同业所感"的名,真正冤枉!

三

住持积弊最深,最足致丛林及僧众之死路者,有两大弊端:一是住持认十方僧物为私有,不能公开;一是住持将十方僧众于不顾,不施教化。

考察中国的丛林住持积弊,向来都以住持丛林为发财捷径;一经住持,即将十方常住一切僧物,悉为己有,把持操纵,弄得有田产数千百亩的丛林,住不到三五个僧众。《东山语录》中有一则足以写尽住持的黑幕大观,他说:

一住著院,则常住尽盗为己有,或用结好贵人,或用资给俗家,或用接己陪知,殊不念其为十方常住招提僧物也!比年已来,寺舍残废,僧徒寥落,皆此等咎!

高庵禅师在他的《石门集》中也有痛斥住持的一段:

更不返思,常住财物,本为谁置?当推何心,以合佛心?当推何行,以合佛行?今之当代,恣用常住,资给口体,结托权贵。仍隔绝老者病者,众僧之物,掩为己有!

这是多大的罪恶!以"十方常住招提僧物",以"众僧之物""为己有",为"结托权贵""资给俗家"的礼品,以致使"寺舍残废,僧徒寥落",这是住持做的事吗?

世间的事,没有独个人可以做得好的,所以《百丈清规》中有"两序之设,为众办事"。分工合作,"辅弼门庭",原是很好的办法,无如后来住持私利之徒,事事包办,致纵有执事,亦等于虚设。妙善禅师与山堂禅师的书中说得好:

> 古德住持,不亲常住,一切悉付知事掌管。近代主者,自恃才力有余,事无大小,皆归方丈,而知事徒有其虚名耳!嗟呼!以一身之资,固欲把揽一院之事,使小人不蒙蔽,纪纲不紊乱,而合至公之论,不亦难乎?

其实现在的丛林中,"小人"就是住持,"蒙蔽"的也就是住持,"紊乱纪纲"的也就是住持,统统都是住持,因为住持将丛林"众僧之共有物件"都变为他一个人的私产了!至于虽有"至公之论",也未如之何!年岁是愈过愈远长,积弊也愈过愈久深,住持依然是小人继续住持,丛林是一代不如一代了!佛教讲轮回时常讲到地狱,可是住持中就少有相信者,遑论其他。有一位浙翁琰禅师也曾痛骂过:

> 常住金谷除供众之外,几如鸩毒,住持人与司其出入者才沾着,则通身溃烂!今之踞方丈者,非特刮众人钵盂中物,以恣口腹,且将以追陪自己,非泛人情。又其甚则剜去搜买珍奇,广作人情,冀迁大刹。只恐他日铁面阎老子与计算哉!(见《拓屋漫录》)

可是住持们连佛说的教法,都不信守,谁还怕什么"阎老子与计算哉"!

四

住持以前,有寺主、主事,自禅宗有丛林而后,始设住持。住持因丛林而立,丛林又因何而何呢?《大智度论》曰:"多比丘一处和合是名僧伽,譬如大树丛聚是名为林……僧聚处得名为林。"丛林,就是集合多数僧众住于一处的一个机关。换一句话说,假使离去了僧众,虽有广田大厦,也不能称作丛林。《百丈清规·住持章》云："作广堂以居其众"，《禅苑清规》亦云："丛林之设，要之本为众僧。"这是丛林必须安居僧众的一证。丛林不以安居四方僧众而为宗旨，住持不以接待四方僧众而行教化，不但住持可不必要，连丛林也可不要了。或庵禅师于《简堂书》中说道：

> 道德乃丛林之本，衲子乃道德之本，住持人弃厌衲子，是忘道德也，道德既忘，将何以修教化，整丛林，诱来学？古人体本以正末，忧道德之不行，不忧丛林之失所。故曰："丛林保于衲子，衲子保于道德，住持无道德，则丛林废矣！"

丛林中要住僧众，僧众要修道德，住持为丛林之主，为僧众之首，既为丛林住持，当然要有道德，住持有了道德，"修教化""诱来学"，四方衲子自然而然会来亲教，丛林自然而然就会兴盛起来。否则，"丛林废矣"，就是说丛林失去丛林的意义，则可废去不要！

做大众中的领袖，谈何容易？世间一般官吏，尚须以民心为心，要适应民众的需要，况出世的无我的佛教呢？灵源禅师与某和尚书中说：

> 善住持者，以众人心为心，未尝私其心，以众人耳目为耳目，未尝私其耳目，遂能通众人之志，尽众人之情。是知住持人与众同欲，谓之贤哲；与众违欲，谓之庸流。

圆悟禅师在《双林石刻》里也说：

> 住持以众智为智，众心为心，恒恐一物不尽其情，一事不得其理，孜孜访纳，惟善是求。当问理之是非，讵论事之大小。若理之是，虽靡费大而作之何伤？若事之非，虽用度小而除之何害？

不但丛林住持要以众心为心，就是用费也要看是否用在大众的方面。现在就是以寺屋讲，大众住居的僧舍，固然不能同住持的光亮广大的丈室可比，就是灰尘肮脏的大雄宝殿，也岂敢与庄严灿烂的方丈相衡！

现在一般"庸流"的住持，明明在那里自造"地狱、鬼、畜生"的罪恶，尚不自耻，仍或自耀于众，谓为其福报应享的快乐，殊不知这都是亡身受苦的恶因。湛堂禅师说："道德者乐于众,无道德者乐于身;乐于众者长,乐于身者亡!"

住持的道德人格,住持丛林的行事,非仅仅求在一丛林之中,操履清净,梵行洁白,并且还应要使四方的僧众都能皈信。佛鉴禅师曰:

> 凡为一寺之主,所贵操履清净,持大信以待四方衲子。

因为一个住持的自私,就影响到丛林不成为丛林,僧众失所,佛教不兴。《二事坦然集》中有几句话,实足为住持造成丛林衰落,后辈失学的罪恶之史,他说:"所谓丛林者,陶铸圣凡,养育才器之地,教化之所从出,虽群居类聚,率而齐之,各有师承。今诸方不务守先圣法度,好恶偏情,多以己是革物,使后辈当何取法?"

五

丛林住持之失职,已是显然的事实,其身为丛林住持的人,亦已难辞其咎。一个丛林的住持不讲道德,不施教化,要这个丛林不衰败,怎么能够?每个丛林的住持都是只知肥己不知为众,要全个丛林不破坏,又怎么能得?演祖禅师说:

> 自古佛法虽隆替有数,而兴衰之理,未有不由教化而成。

然而住持又岂易为?后世住持丛林者,既无道德又无学问的一种庸俗之流,只知侥幸得一寺住持之职,即养尊处优,美衣丰食,正如尤侍郎在《灵隐石刻》上所言:

> 祖师以前无住持事,其后应世行道,迫不得已。然居则蓬荜,取蔽风雨,食则粗粝,取充饥馁,辛苦憔悴,有不堪其忧。而王公大人至,有愿见而不可得者,故其所建立,磊磊落落,惊天动地。后世不然,高堂广厦,美衣丰食,颐指如意。于是波旬之徒,始洋

洋然动其心，趑趄权门，摇尾乞怜，甚者巧取豪夺，如正昼攫金，不复知世间由因果事！

纵然有较有正念的住持，建造一点房屋，装饰门面，然终不能振兴丛林者，如《智林集》所云：

凡住持者，孰不欲建立丛林，而鲜能克振者，以其忘道德，废仁义，舍法度，任私情，而致然也。

为丛林的住持，其所负之职责，颇为重大，一不护慎，就有失职之处。《禅苑清规》云："各处一方，续佛慧命，斯曰住持。"又云："整肃丛林规矩，抚循龙象高僧。朝晡不倦指南，便是人天眼目。"由此看来，住持一职，哪里是庸凡平常的僧人所可胜任的。所以灵源禅师说：

凡住持位过其任者，鲜克有终，盖福德浅薄，量度狭隘，闻见鄙陋，又不能从善务以自广而致然也。

一个身当住持的人，自己若不知惭愧，不自量才，颟顸充当丛林住持，结果不至失职，是很难的！甚且以任丛林住持为一种荣誉，为一种门径：

谄奉势位，苟媚权豪，贱卖佛法，欺罔聋俗。（雪堂禅师语）

那更卑而又劣，贱而又下了！

六

现在中国全部佛教尚未有系统组织，各处丛林对于《百丈清规》虽曰"死守"，而实际亦早将清规盗卖掉了；对于新订制度——太虚大师的《整理僧伽制度》及《僧制大纲》，又不能采用施行，以致丛林已成僵尸，住持益无忌惮，佛教日见衰落，无法救济！

有人说："丛林兴废，并不是住持个人的责任"，这完全是瞎眼昧心之言！住持与丛林的关系非常之大，丛林住持得其实者则昌，其不肖者必亡！关于这种道理，我们且看，古德的言论吧！密庵禅师谈论住持的话，有曰：

> 贤者持道德仁义以立身，不肖者专势利诈佞以用事。贤者得志必行其所学，不肖者处位多擅私心，妒贤嫉能，嗜欲苟财，靡所不至。是故得贤则丛林兴，用不肖则丛林废！（见《与岳和尚书》）

晦堂禅师也说：

> 稠人广众中，贤不肖接踵，以法门广大，不容亲疏于其间也。惟在少加精选，苟才德合人望者，不可以己之所怒而疏之；苟见识庸常，众人所恶者，亦不可以己之所爱而亲之。如此则贤者自进，不肖自退，丛林安矣！若夫主者好逞私心，专己喜怒而进退于人，则贤者缄默，不肖者竞进，纪纲紊乱，丛林废矣！此二者实住持之大体。（草堂《疎山石刻》）

晦堂禅师并且还说到关于人选的弊病，"不肖者竞进，纪纲紊乱，丛林废矣"，这是当然的事实。

末世比丘，不学无术，才剃光头颅，入一二丛林鬼混两年，便想当执事；执事当两年，便想做某寺某寺住持。一般丛林住持既无道德，又无知识，只要受相当供养，有利可图，就假卖人情，为尔介绍，人之贤与不肖，不管也，丛林之兴废，不管也。这种流弊，代代相承，数百年来，造成了中国丛林今日的坏相。言之实属痛心！不独今日的一般不肖住持罪不可容，就是数百年来早已死去的一般住持也多有不能辞其过咎者！

然则丛林住持究竟应该要怎样做法？远公《与净因和尚书》中云：

> 住持有三要：曰仁，曰明，曰勇。仁者，行道德，兴教化，安上下，悦往来；明者，遵礼义，识安危，察贤愚，辨是非；勇者，事果决，断不疑，奸必除，佞必去。仁而不明，如有田不耕；明而不勇，如有苗不耘；勇而不仁，犹知刈而不知种。三者备，则丛林兴；缺一则衰，缺二则危，三者无一，则住持之道废矣！

这一段方最紧要。要住持做什么的？是要"行道德，兴教化，安上下，悦往来"的。现在的丛林的住持所行所为的是些什么呢？又，滨祖谓佛鉴禅师曰：

> 住持之要，临众贵在丰盈，对己务从简约，其余细碎，悉勿关心！

现在住持的需要大众，除去要大众替他做佛事赚钱以外，其余什么都谈不到有大众的份儿，什么"教化"，什么"丰盈"的待遇，根本就不是住持"关心"的事。"打开窗门说亮话"，现在丛林的住持，大都是为"为名""为利""……"而住持的，哪里还谈到去顾"住持之职""住持之要""代佛宣化""接待方来"（指四方衲子）的一切一切！因此，"自有丛林已来，学者被这般名目坏了节义者，不为不少"！（《高庵记闻》）好的也要跟坏的学坏，正比方一筐的蛋大半都坏了，纵有好的夹在其中，久之也会要变成坏的一样。

七

世间上本无绝对没有用的东西，在甲地可以用的，未必合用于乙处；在古时有用的，未必适宜于当今。丛林清规虽有各家——如有名的《百丈清规》《禅苑清规》《幻住清规》——的不同，虽经历近千年及数百年之久，平心而论，我们并不认为全是不对的，但我们认为可以适用于当时而不适宜于现在的地方，现在就不必勉强适应；我想假令百丈生于今日，他也会不立住持一职而采用委员制，余事大可类推。我们于古人规制仅认为历史上的榜样，可参考处当参考，一定要"执死方医变证"，这是无论如何不可以的！佛眼禅师曾说过：

> 近代丛林，有力役规矩者，有死守规矩者，有蔑视规矩者，斯皆背道失理、纵情逐恶而致！

我们极端承认古德的话，"蔑视规矩"，是未免"纵情逐恶"，而"死守规矩"者，实也是专门"背道失理"的胡闹！

至于丛林住持，我们对于这个职位，并不一定怎样妄肆诽议，我们纯以看人及其行事而论，我们绝不能一见丛林住持便即信服，因为事实告诉我们，在现在中国的丛林中好的住持，能尽职，"兴教化""接方来"的委实没有几个。我们良心上并不敢如何作苛论，但是建立丛林为什么的这个问题？是不是做僧众的饭店旅舍的？是不是做住持老板的商铺的？是不是做一般莽流僧的藏垢纳污之所的？要晓得佛寺是为住持佛法僧三宝而立，并非为住持僧个人而设的。说明白一点，丛林无论大小，都是为僧众而设，以备安居，修学佛法。丛林虽去僧众，丛林僧众不讲修佛法，根本丛林就可以不要。这里，请看道宣律师在《四分律·行事钞》中举的古师匡众之法：

寺，是摄十方一切众僧修道境界；为待一切僧经游来往受供处所，无彼无此，无主无客，僧理平等，同护佛法故！

我们可以明白了：寺（丛林）是为十方一切众僧修道而设的；寺里"无主无客"；寺不单为吃饭的处所，是要"同护佛法"的。根据这一点，后人说"住持当领众梵修"，住持其实不过是一个"领众"的人，并不是什么"龙天拥出"专为"求名贪利""仗势欺众"的了。讲到这里，我们实不禁要诵出古人"向袈裟下失却人身"的句子，为一般住持深忏悔矣！

八

现在中国佛教虽有一中国佛教会做佛教统一机关，其实一事无成。关于丛林住持，虽有人提议"考试住持""订立住持法"等案，事实却还是空言。

现在中国丛林住持的产生，有下列三种：

（一）师传徒子，子传孙，孙再传子，子复传孙，名曰"子孙派"。

（二）找一僧，磕九个头，交一个法卷，名曰"法派"。

（三）由旧住持推选一人，是名"选贤派"。

（一）派称曰"薙度"，（二）（三）两派则通称曰"十方"。以外更有用金钱买卖如同商店主人招替者等等不一。子孙派根本不合佛制，已形同家庭，当需取缔。法派、选贤派亦不过私相授受而已，法派无法可授，亦无法可受，流俗用一法卷写明由二十八祖（东土初祖）传至某某，某传至某，某传至某，居然末世比丘不知坏法，不怕出丑，不曰临济几十几代，即称曹洞几十几世。我记得明朝紫柏、憨山两位大师，不知是哪一位声明死后不准用"传临济正宗几十几代"的字样，可想法派很早就是随便乱来的了。万庵禅师说："据法王位，拈槌举拂，互相欺逛。"真是一点不错。我曾看到过"胸无点墨"和全不懂佛法的庸僧也会举起拂子来互相说法交卸，那种做戏的丑态，看了实在肉麻！至于谈到选贤，亦复是骗人的话，名曰选贤，实在选者非贤，无贤可选；就是闻有丛林从四方选来的住持，也无非是声势之徒运动而来，哪里有若许贤者？贤者就是善知识；丛林当然要善知识住持，才能弘扬佛道，移风易俗。往往有选贤丛林，不去选贤，一任摇尾之流运动，因此贤路早已就闭塞了，很少有善知识为丛林的住持了。《灵源拾遗》有一段描写这种事实的文，写的是：

　　凡称善知识，助佛祖弘扬，使衲子回心向道，移风易俗，固非浅薄者之所能为！末法比丘，不修道德，少有节义，往往苞苴肮脏，摇尾乞怜，追求声利于权势之门！

这是真实的事实；现在善知识多有不肯任丛林住持者，每遇有请求，必至万不得已，始出身任之。而一般"摇尾"朋友，则反乎此，一见有门可攒，就摇尾妄想得之。这种住持流弊一日不除，丛林新兴之日永无望矣！

我们相信"人孰无过"。我们知道出家僧众，虽曰出尘上士，大家还都是博地凡夫。我们晓得贪嗔痴，是众生无始劫来的污染的大欲，一时是很难除尽净的。我们有希望大地众生皆成佛道的誓愿，我们也希望丛林住持有"急早回头""舍妄求真"的觉悟，大家"顾名思义"做一个"名副其实"的住持！我敢以心香代表我们僧众启告于全国丛林住持：正当"权术在手，纵夺临时"的住持，共同的——"运大心，演大法，蕴大德，与大行，廓大慈悲，作大佛事！"（《禅苑清规·尊宿住持章》）各各随各丛林的力量，兴办教化事业，造就四方住持佛教的僧材！

最后，我敢望负言论责任的佛教杂志刊物，对于各地丛林住持，须根据佛教戒律及《监督寺庙条例》负相当的监督责任，因为一方佛教会没有订立住持标准，一方僧众处于住持威势压迫之下，住持所有非法（指不合佛法）的行为，破坏丛林等事实，都当切实批评指导！如其佛教言论机关不负这种责任，住持将益加堕落，丛林更复见不堪了！《可庵集》载有超然居士之数言，足代为我此篇之结语：

> 天下惟公论不可废。纵抑之不行，其如公论何？所以丛林举一有道之士，闻见必欣然称贺，或举一不谛当者，众人必戚然嗟叹。其实无他，以公论行与不行也。呜呼！用此，可以卜丛林之盛衰矣！

二十年五月九日 大醒 在闽南佛学院写

僧伽生活问题[①]

"生死事大,生活事小",这是我的一个同参的话。在三四年前,我与我几个同参同挂搭金陵,吃饭念佛之余,讨论关于中国佛教极大极小的问题,有时也不免谈到"生死大事"。因为谈到"生死"问题,同时看到现前僧伽生活的状况,也就时常讨论到"生活大事",但结果除去大家讨论说说空话以外,并想不出什么法子来去解决现前僧伽生活的问题。比方谈到"生死大事",我佛徒还有人当为口头禅宣扬宣扬;如其谈到什么"生活大事",又有谁人来理你呢?所以,结果却掉下了一个同参的"生死事小,生活事大"的一句名言,一直到如今我还记得。

如今佛教变化的空气已由紧张而渐进弛缓了,虽然提取寺产仍时有所闻,佛徒心安总是不错。于是僧伽的生活,安闲的依旧可以安闲,快乐的更加可以快乐,可是劳苦的却一变而为苦而无劳了。此话怎讲?各处依靠经忏为生活的"形具僧伽",已经受了"打倒偶像""破除迷信"的影响,已经失去了他们生活的可能,已经到了山穷水尽走路无门的日子了,这是现前的事实告诉我们是如此的。

我们知道一个人出了家,自己不向上,堕落到以经忏为糊口生活,这原是个人的自讨苦吃。但是我们以社会原理讲,在个人的"不善为生",又岂能归到个人的罪恶,社会也要负相当责任的。所以僧伽的堕落,根本上不是僧伽个性的堕落,是佛寺里的僧伽制度使他们堕落的。设使佛寺僧伽制度,一切取公开的态度,一切依佛制的规律,一切生活都为自利利他、自觉觉他,使十方教产无一虚用,使全体教徒无一败类,这才是佛教的根本宗旨,才是僧伽正当的生活!而现前一班形具僧伽又何得到如此呢?

[①] 《现代僧伽》第 2 卷合订本,1929 年。

在过去的僧伽生活，就我国而言，在译经时代的僧伽生活，僧伽是那样的辛苦操作，对于佛学及文化有那样的贡献，国家社会都极情愿供给衣食住的。在禅、净、律、教初兴时代，及丛林寺院始创时代，僧伽团体生活，自身修持，学习有那种"一日不作，一日不食"的力行生活，自然而然感动社会人民的善心布施，而且实际上尔时之僧伽生活，并不如今日"饭来张口，衣来伸手"之僧伽懒惰生活。以后，佛寺渐多，僧伽已众，处于君主时代，僧伽不知自立，辄假念经拜忏之方便法门，得社会人民的金钱交易，因此一变古昔最高贵之僧伽位置，而为与卜卦算命趋吉避凶及吹鼓手同等的地位了。这种方便之方便而特别方便的法门一开，于是僧伽生活在佛教史上不能不算是一页丑史了。

考其僧伽生活堕落的原因，就是送命在"老祖成规"四个字上。这里读者应该注意："老祖成规"不是教后世子孙堕落的，老祖成规是老祖的成规，老祖"日中一食，林下一宿"，现在的子孙们谁能做到？现在做了住持当家能吞没教产公款的徒众，谁不是美食丰衣、睡高广大床呢？老祖成规第几条教我们依止十方三宝常住吃饭不作事的？老祖成规第几条教我们把十方教产任随个人私自取用的？老祖成规第几条教我们后世徒众吃食鸦片、破根本大戒、染一切恶习的？老祖成规第几条教我们死守帝制时代遗留下来的余毒，而不"随机设化"的？老祖的时代是一个什么时代，米卖几百文一担，柴卖几文一挑，我们能再过老祖时代那样生活不能？老祖想到今日是竞争的时代没有？老祖曾想到他的孝子贤孙现在有轮船汽车可行，有电灯电话可用没有？这些，这些，如其说这不是老祖的不是，又是谁的不是呢？何物成规，这样作怪！竟使他的孝子贤孙沉迷于成规的足下，生活在成规的当中；一直到现今还有他的孝子贤孙生活在这个"死成规"的生活之中，僧伽生活怎得令社会人民起信！？

僧伽生活过去的史实，略如上述。现在的僧伽生活，当然也未能跳出老祖成规的老套一步。在不知僧伽生活者，总以为僧伽的生活清高或清净，富乐或贫苦，无为或无聊等等。其实呢，僧伽生活的清高只有少数，而卑下者实不知其数；清净者虽亦有之，但总不及染污者之多；富乐的更属少数，贫苦者又却占其多数；生活无为的僧伽简直在现在是少之又少了，而无聊的莽流等僧则随时随处都可见到。至于将来的僧伽生活又是怎样？我以为无论如何僧伽生活是不能再依靠施主的布施了，是不能再不向上了，是不能不随着时代改革了，是不能不去自谋生活了。总之总之，时代是不能再容僧伽生活去依赖社会了！

然则今后僧伽生活应该要怎样生活？我以为有三个方针：

（一）修行。佛教徒在生活中第一持身的条件，就是要修行。一个僧伽的根本戒法固当谨心受持，而对菩萨所应行之六度万行，应该也要择一行门修之行之，方不负出家学佛之主旨。一个人生在世上有两种责任：第一种责任，是对于自身如何养成道德、学问、技艺以自持身。第二种责任，是对于国家、社会如何以我的道德、学问、技艺去贡献人群，利益人群。这是一个人必具的条件。今者我佛教徒身虽出家，而人生所需的，若衣，若食，若住，若行，在在并没有脱离人的社会，在在仍需要社会的供给；故我僧伽生活，如无一种深密的修行，既不能称为真实的佛教徒，亦不能尽人生应尽之责任。个人主义的私利生活，实不该为我僧伽所取法，我僧伽当认清"修行"为我们僧伽生活中的第一条件！

（二）学习。学习为人生生活中必要条件，无论学、农、工、商，无一不从学习而有所得。佛陀学说为解人生宇宙之大谜而设，内容既深且奥，决非浅智不学的人所能领悟。如今出家为僧伽者，目不识丁者有之，略识之无者有之，如此辈人岂能了解佛学的真理？岂能认识佛教的真精神？岂能明白僧伽之所以为僧伽的真价值及其责任？佛教徒"能说不能行"，则如同"说食数宝"一样的自己得不到好处；佛教徒"能行不能知"，则如"瞎子行路"，不知行的哪道儿，斯所谓"盲修瞎练"者也。中山先生说"知难行易"，恰恰现今佛教徒就是犯的这个弊病。一个佛教徒对于佛学的真理、佛教的精神，茫然不知，还能算一个佛教徒吗？有人尝说会读"总理遗嘱"的人，就是三民信徒，就是国民党；我也尝说会念《弥陀经》《楞严咒》的人，就是佛教徒，就是僧伽，这是一样的可笑之徒，一样的使社会民众鄙弃的。所以学习实为僧伽生活中必要条件。佛学典籍浩瀚，三藏十二部，吾人尽毕生时光学习，都不能毕业！在我僧伽生活——日常生活中，须同一饭一食一样的重要，不可一日须臾离也！

（三）力作。在我国经济状况极端困难的时期，工商业未及发达，民生问题不能解决，人民生活求谋困苦。我僧伽生活除去修行学习以外，亦应"自食其力""自谋生活"。我对僧伽生活是主张修学并行，心力并用的。我以为佛教中的教产，应该全归佛教徒——僧伽享受、处理。如自家有田自家耕种，自家有产自家经营，并不能说不是僧伽的本分事业。有人主张僧伽可以作工、作农，似乎连修学教理都可免去，这，我是反对的；亦有人主张宁让佛教破产，僧伽还俗，而做僧伽的都不能去作工、作农，这，我也是反对的。前者是看轻了佛教徒的生活，以为只要有衣穿饭吃，佛学可以不修，这错误了，这样变成世俗人了！后者是太看高佛教徒的生活，以为僧伽只要修学，自有龙天护法，有人供养，岂可以以堂堂比丘佛子而作工、作农，津津为衣食计，这，也错误了，这样变成僧伽生活是超人世间的生活了！我们要就事论事，就时论时，时与事又要与理无碍才是无上妙法。否则，落于半边一边，永久不能使僧伽生活纳入于正轨中道之中。这是我主张"修学并行，心力并用的僧伽生活"。

僧伽生活，各地情形至为复杂，我所论列，不免挂漏。但是今后僧伽生活的方针，我以为有上面的三个标准，一方面根本要"修行""学习"，一方面要"劳力工作"，这样的僧伽生活既合乎佛法，又不违事理，更不背时代，实为今日僧伽生活亟起图谋改革的救济方法，愿全国僧伽中的智者起来计划设施吧！

十八，八，十一

中国佛教需要考试制度[1]

中国佛教衰败根本的原因，只有一个，就是没有考试制度。中国佛教的整顿改革，就是需要考试制度。

滥收徒众，滥传戒法，已成为中国佛教数百年来不可医治的病态。若问为什么要滥收徒众？滥传戒法？这就是戴季陶先生所说的"财势的佛教"的政策了！收徒众，为的是在徒众身上多得点财。这里应该要加以说明吧，师父薙度徒众，原来是同木匠收徒、铁匠收徒一样，就是说为徒的去做工，为师的可以多得一份工资。传戒法，也为的是在戒子身上多得一点财。这已成为很明显很普遍的现象，我们佛教徒再不必讳饰了！

中国佛教已到了再不能不整顿不改革的时候了！丛林寺院只剩了没有灵魂的残骸；僧伽徒众诵经拜忏也已到了末路；所有一班盲聋哑羊们把持着许多寺产，也不过是败家子作孽享乐最后的一幕。"物极必反"，终究有这一天到来的。

唐宋间的佛教，在中国佛教历史上是最发达最光明的时期。在这个时期中的僧徒出家是很不容易的，要经过政府的考试方许出家。中国佛教史上"试经度僧"的考试制度是怎样的？我们看《佛祖统纪》所载的各条吧：

唐中宗景龙，诏天下试经度僧；山阴灵隐僧童大义，诵《法华》试中第一。

肃宗敕白衣诵经五百纸，赐明经出身为僧；时僧标试中第一。

代宗敕童行策试经律论三科，给牒放度。

敬宗敕僧背经百五十纸、尼百纸，许剃度。

宣宗敕每岁度僧，依戒定慧三学，择有道性、通法门者。

---

[1] 《现代佛教周刊》第六卷第六期，1933年。

梁末帝诞节度僧，立讲经、禅定、持念、文章议论为四科。

周世宗敕男子十五诵经百纸、女子七十纸，郡考试闻祠部给牒。

宋太祖诏沙门殿试经律论义十条，全中者赐紫衣。

太宗雍熙诏天下，系帐童行并与剃度，今后读经及三百纸，方许系帐。

至道诏两浙福建路，每寺三百人岁度一人，尼百人度一人，诵经百纸，经读五百纸，为合格。

真宗诏天下童行，试经业剃度。

仁宗诏天下童行，诵《法华经》，中选者得度；参政宋绶夏竦监试。

孝宗上竺讷僧录，乞行试经度僧。（《佛祖统纪》卷五十）

试经度僧，在唐宋已屡见实行，故所以唐宋有德有学的高僧多。后来考试制度废了，元明清三代虽设有僧官，而已不行考试，仅仅售卖戒牒而已。至于丛林寺院住持在唐以前大都为选贤制，而住持丛林寺院的总有相当学识与德行。至禅门五宗分灯以后，传法弊制，日甚一日。住持之道一失，法门衰败了，徒众滥收了，戒律滥传了，这是历史上告诉我们的事实。

现在，中国佛教内部无组织无系统、无系统，均因丛林寺院住持无真正有道有学的僧材之故，所以佛教本身病态太深，已难望其自动整顿改革。我们所有的希望，只是望于政府能认清中国佛教在历史上与中国民族及一切文化的关系；认清中国佛教现前的病态和弊制；认清佛教设教的立场和应作的事业；认清佛教僧徒应俱的学识和道德，及一切应整顿改革各点！我们望政府认清了以上这种种，我们望政府先给我们佛教订立两种考试制度：

一、僧徒出家的考试制度；

二、寺院住持的考试制度。

二二，七，六

致全国长老书[1]

全国长老、住持、青年同袍公鉴：

在过去的抗战期中，我们僧众所受的苦难，较诸民众有过之而无不及。试问有谁能同情我们僧众？现在，让我先来开一个话头，无论是长老们、住持们、青年们，我们都同袍，都是自家人，希望大家来谈谈。且让我先和诸公谈一次话（通一次信）：

第一，谈到佛教在中国的历史，不能算不悠久。自从传入中国以后，经过了两晋、南北朝、隋、唐、宋，对于整个的中国文化处处都有极大、极有益的影响，尤其于学术思想方面有很大的贡献，所以才获得历代的帝王、宰官、学者们由信仰而护持。虽然也发生过"三武一宗"的破坏，可是不上几年，反而建设得比破坏之前尤为昌盛。民国以来，表面上的佛教，多注意在形式上抱残守缺，而佛教的传教方法，实在比不上耶稣教那样注重社会教育等等事业，所以佛教的精神方面，似乎一天天冷淡下去。其实明了佛教内容的人，考察民国以来的佛教状况，比较有清一代已经发扬光大，不过进展得很慢罢了。推其原因，一方面，固然是我们僧众，大多数不知自觉，一味地守着旧家风，不能随着时代潮流求谋进步，多办佛教文化教育以及社会事业，多做利益众生的事业；另一方面，也是政府当局未曾注意及此！不知道管理僧众、督促僧众向建设的方向去做，未能认识佛教建设，也是中国种种建设当中的一个单位，佛教事业做得好，在在处处与国家民众都有帮助。这是错误的。今后，我们僧众自身固然要力求振作，从事各种事业的建设！同时，我们希望政府不要忘记，拥有多数民众信仰的伟大佛教，建设中国是需要建设佛教的！最紧要的，我们僧众应该要知道，现在的国家是民主的国家，彼亦丈夫

---

[1] 《海潮音》第 27 卷第 3 期，1946 年。

我亦尔，人民有信仰自由，僧众也是人民一份子。我们是民主国家信仰自由的人民，凡是人民对于国家应尽的义务，我们僧众当然是同样的尽义务；可是，凡是人民享受的一切权利，我们僧众也要平等的得以享受。无论有何种对我们僧众加以不平等的待遇，我们僧众不能再忍而受之了！

第二，歧视僧众。说明白了，就是看不起出家人，可以说是我国国民的一种流行病。其不知出家僧众在整个国家全民族各种职业的人们当中，不但是最安分、最奉公、最守法的份子，而且还是全民众中的最优秀者哩！何以言之？请检阅全国国民在一年中曾犯罪行者，于农、工、商、学、兵等各种职业界中，僧众有几人？复次，全国的文盲，举目皆是，而僧众中，不识字者为数亦复甚少。所以，我们常常说，在积极方面，我们僧众对于国家社会诚然缺少贡献，可是在消极方面，我们僧众也没有什么为非作歹的事件去扰乱国家社会。谈到对于国家的贡献，有一事不能不述。"出家僧众对国家没有贡献"，这句话几乎成了一般人的口头禅，我极端否认！查我国军队抗战后，计有四百数十万人。这些军队的营房，十之七八都设在佛教的寺庙里。军队所占住的寺屋，总计有几百万间，我们也没有法子统计，每年的修理费、损失费，却大有可观！到处可以看见有寺院经过驻兵，弄得东倒西歪、窗门不全的。这一笔账——寺屋的租金和修理费，若是请政府支付，不是一笔相当大的付出吗？有一位道支来信告诉我，抗战以后，送往迎来，他们寺中计共驻兵四十六次。我们僧众伺候军队、招待军队，寺屋破坏了，再募缘来修理，自己修造好了的寺屋，自己又看见被弄坏了，而所得的报酬，却是"出家僧众对国家没有贡献"！现在，胜利后的国家，盛称是民主的国家，据说宪法上定的人民有信仰之自由。国民政府，如其承认我们僧众是中国的人民，如其承认人民信仰自由是宪法上所许可的，那么，我们僧众则非得请求政府保障我们的自由不可！而且，要请政府赐给我们佛教在各种宗教中一个平等的待遇！

第三，话又得说回来了，回顾民国以还，我们僧众做的是些什么事？除去一部分人，接受了太虚大师的领导，办了些文化教育事业，除去一部分人，保守着旧的丛林规模修禅念佛而外，大多数的同袍们，只知道因循度日，只知道墨守成规，不知道去如何弘扬佛法，不知道去如何广度众生。于是乎，甘受人家欺侮，任凭人家宰割，唇亡而并不觉齿寒，亡羊也不想补牢！经过此次的抗战，我们僧众所吃的苦，也够受了！一个地方有人力维持的，僧众们还比较得到安宁！无人力应付地方恶环境的，僧众们简直不是人过的日子！这都是事实。时日过去不久，我们僧众可以回味的。现在，过去的已经过去了，我们咬紧牙根，吃过苦的和正受着苦的，我们也不必去细谈了。我要劝请我们的同袍们：第一，要彻底认清时代。时代是一天一天在进步，谁落后不去赶上时代，谁就要被淘汰！第二，要负起自己的责任，要改变独善其身做自了汉的作风，须知我们僧众每个人，都要具有为佛教服务的精神！第三，要大家团结一致，不要再骄傲、再自大、再分人我之见了，无论是长老、是住持、是青年，大家都联合起来，团结一致！

第四，胜利之后，首先第一件国家大事，就是建设国家；我们僧众第一件大事，就是建设佛教。建设佛教，是建设国家的一个单位，比如说，在五年至十年以内，国家一切的一切都全部建设好了，独有佛教没有什么建设，则我们僧众有何面目见人？佛教在两晋、南北朝、隋、唐的全盛时代，有九百余年的光荣历史，僧材杰出，佛教的文化高过于一切。"人能弘道，非道弘人"，为什么古人能做到的，我们现在不能做到呢？现在，中国佛教会整理委员会已组织成立，各省分会、各特别市分会，以及各县支会，均将分别整理。大后方的省分会与县支会，也需要加以改组。这是我们僧众整顿的一个好机会。在这里，我对全国的同袍们，有几个最恳切的希望：

一者，希望同袍们先从各地方的佛教会办起，遵照社会科指导整理。能孚众望、能做佛教会领袖的，就推选他当领袖，应该当随众的就当随众，有钱的出钱，有力的出力。大家共同努力负责，使每个基本的县支会组织起来，会员要依法（依照中国佛教会整委会所制定的"中国佛教会会员统一登记表"）登记，要合法选举。夫然后，由县支会代表选举委员、组织省分会，再进一步使整个中国佛教会成为健全而有力量的一个坚强团体，相机建设一切文化、教育、社会等事业，应兴者兴，应革者革，必期其中佛会与各级佛教会成为有系统有组织的机构！

二者，希望同袍们将寺院中所有剃度的少年沙弥、比丘，悉数送入学校读书。将来的佛教经过整理后的趋势，僧众只有两条路：一条路是务农，过着"一日不作，一日不食"的农禅生活；一条路是做佛教文化教育事业，以及办理会务等等。前者是生产部门，后者是传教部门。我们觉得，在不妨碍信仰与修道的原则之下，僧众不读书就要学种田，故所以我要劝少年出家者，一律要送入学校读书，将来的僧要以高中毕业为水准的。

三者，希望同袍们暂停薙度收徒！我们常常想到随便收徒的问题。出家剃度在佛教历史上，有时际要受考试，有时际要受限制。清以前还要向礼部请给度牒，雍正曾发过整理佛教的心，可惜没有实行。于是，由滥收徒众、滥传戒法的二事，形成了如今漫无系统的佛教现状。现在，我们既从整理各级佛教会做起，佛教中应行整理的事件颇多，我们总希望一事一事地慢慢来做到全盘的整理为止。在此整理时期，我要劝请同袍们，至少在近五年内暂停收徒！五年内不收徒，不见得僧家就会绝了后代？以上是我此次和诸山同袍们公开通讯最重要、最诚恳的三个希望！至于诸山长老已在随力兴办的学院道场或文化出版等事业，我们除表赞叹敬意外，更加希望不断的努力和广大的迈进！

时代的潮流，后浪推前浪，刹那刹那地在进步、在变化。我们僧众处于这样的一个大时代中，在难以做人的今日之下，更觉难以为僧！这情形，从一切时、一切处、一切事，皆不难想到我们僧众的难处！诸如在我前面第一次三两段的谈话，都是现现成成的事实，都是我们大家的经验，或者同袍们比我见到的还要多？况且再想到未来的处境，真是何堪设想！我们的国家虽说胜利了，却仍须国民更大的努力，而我们佛教正是到了最危险的时候，怎么能不加倍地努力呢？古时的佛教，只要获一个国王、大臣的信心，全部佛教就能有了保障，立刻就会兴隆起来。眼前的、将来时代是不同了，若要求"佛日增辉，法轮常转"，非得要我们僧众自身努力，非得要把佛教与人类的利益表显出来，非得要邀到国家社会多方的人们给予同情协力赞助，佛教是颇难发展进步的，这一点我们僧众要注意认识清楚！俗所谓"愚者千虑，必有一得"，我深信和我有同样愚虑的人一定还有，绝不止是我一个人？

随笔写了不少的话，语不成文，意无条理，自觉要说的话，如鲠在喉，不吐不快。我有这么一个信念：中国佛教实在是到了不能再不团结的时候了！换句话说，我们僧众实在是到了不能再不团结的时候了！我这篇公开的通讯，有佛教复兴的序幕,佛教复兴的正宗分,将来要一品一品的演说出。佛教复兴的花果,行将在新中国要放射灿烂的光明,而且,在整个的新中国中,也少不了佛教复兴这个精彩的节目!就此,敬祝全国长老、住持、青年同袍轻安!

大醒顶礼。三十五年一月十七日,上海

中国佛教的整理与复兴[①]

——致亦幻法师

亦幻兄：

尊著《浙江佛教的整理与复兴》一文，上月在玉佛寺，大师给我看过，最近又于《宁波日报》上详细地拜读数过，我非常佩服你的高见！理论方面，我完全赞同，不过办法方面，不知应该是怎样的着手？所谓"非从各方面改造佛教的风气与制度不可"，要怎样的"改造"？尚希老兄能策划一下！

老兄！因为读了你的宏论，引起了我的拙见。我认为，在今日要谈"中国佛教的整理与复兴"，有三个路向：

第一，是组织团体。我记得在我的一篇《告全国长老会》中曾说过"中国佛教实在是到了不能再不整理的时候了"，"我们僧众实在是到了不能再不团结的时候了！"这里，我不愿再来说明为什么僧众要团结、佛教要整理，因为整个中国佛教的全貌，任何人可以看得很清楚，除非是一个盲人！中国佛教会整理委员会，这个机构，我觉得甚为希有！过去抗战前的中国佛教会，政府对它的态度是不闻不问、不管死活；现在可不然，中佛会整委会的两次整委会议，社会部和内政部的指导员都很当作一件事，都能代表政府给予我们的协助。再看中佛会整委会，自从迁京办公以来，政府对之都非常注意，整委会凡遇到教务上有所请求，呈到必办。如第二次整委会议，我们对于《监督寺庙条例》及《寺庙兴办慈善公益事业实施办法》争议，呈请行政院修正与废止之决议案，行政院因为我们的理由万分充足，乃即核准修正与废止！故所以中佛会整委会团体的机构已经树立，今后唯一的希望，就是要全国僧

[①] 《觉群周报》第1卷第15期，1946年。

众觉悟,一致团结,在中佛会整委会领导之下,各省市设立分会,各县设支会,一切整理办法均要接受中佛会的指导,服从中佛会的命令,自然可以做到局部的整理或全面的整理。

所谓局部整理者,我们的希望要做到:

一、每个县支会,由全县所有僧尼及信徒一律登记为会员,开会员大会选举理监事,成立县支会。会员不足五百人者,可以联合邻县组织联支会。

二、每个省分会,由所属县支会选派代表组织之。

三、每个市分会、院辖市分会,亦由开会员大会选举理监事组织成立。

四、中国佛教会全代大会,由各省市分会选派代表,开全国代表大会,选举理监事,正式成立中国佛教会。

中国佛教会正式组成后,将"整委会"结束,对于全国佛教一切整理的计划与办法,由理事会遵照全代大会议决案负责办理。最低限度希望能作初步的整理,先就剃度规则、传戒规则、住持规则等一一付诸施行。上举四点,我们希望各级佛教会的理监事及办事人员,要认真负责尽职,各以"统理大众,一切无碍"为己任!同时,我们希望全国僧众抱定一致团结的宗旨,大家发心为整个佛教前途着想,须知佛教的建设即是国家的建设,爱护佛教即是爱护国家!更要知道爱护佛教与爱护国家,皆是我们僧众应守的本分和应尽的义务!我们要期望增强团体的力量,以期达到佛教整理与复兴的目的!

至于全面整理,实有待于中国佛教会组成坚强、完整、有力的机构以后,一事一事亦步亦趋地领导全国教徒向前迈进——向弘法利生、护国佑民的大路前进!

第二,是兴办教育。佛教本身就是一种教育。佛说法四十九年,换句话说,就是办了四十九年的教育,而释迦牟尼本人就是亘古未有一位大教育家,一位具足无上智慧的大学校长兼教授;学校的名称有祇树给孤独园、迦兰陀竹园、耆阇崛山、伽耶山乃至普胜讲堂等,所办的学校有几百处。声闻乘施初等教育,缘觉乘施中等教育,菩萨乘施高等教育,学僧多至有七万,最少也有一千二百五十人。佛对于什么学识都有超人的发明,他不但讲他最新发明的佛学,他讲文学、哲学、数学、史学、伦理学、医药学,以及音韵、言语、美术、工艺、政治、自然科学等,无一不专精而有独特之处!佛讲学的讲义(《大藏经》），单是中国的翻译（雍正版）就约有七千卷——七千册，这个宝藏，这一部世界最富有、最豪华的丛书，是值得尊重的了！所以佛教才真是"智慧的宗教"！

中国佛教自译经时代以后（宋后），禅宗与净土宗相继兴起，把智慧的佛教变换了宗风。元明而后的僧众都变了气质，大多变成了闲散，美其名曰"了生脱死""求生四方"，其实"自了汉"都是些"不了汉"！于是智慧一变至于禅净，禅净一变至于应赴。智慧的佛教之光荣历史，完全给末世的僧众们不能继续，减少了色彩，减低了价值；末世的僧众们，完全忘却了佛教的教育这回事了！

在二十五年前，太虚大师有鉴及此，发大慈悲心，欲挽救这一个佛教教育的颓势，首创了武昌佛学院，由此领导中国佛教，直接间接设立了若干佛学院。可是这二十五年以来，所造就的僧材，实在觉得太贫乏！而且到现在为止，所有佛学院的设施，还多不能配合时代的需要，这是无讳言的！在十年前，我曾妄想创办一所中学，淮阴觉津寺那时未张旗帜一年的教育设施，正拟准备改为立案的中学，因战事发生而打破了那个幻梦！

在现前，我觉得，复兴中国佛教的主力，仍应该从"兴办教育"着手，可是教育方针完全非改变不可！我们的意思，要从初中起，学校组织及课程等，均依照部定办法。少年沙弥未曾由高小学校卒业，如何是好？则不妨设立先修班。除出家者，在家学生亦可兼收。在初中时，要每日举行半小时的佛教仪式，作为选修，以备讲佛史及佛学常识、沙弥律仪；在家学生，可能感受潜移默化，然后使其皈依佛教，将来作正信居士，可以相机成就护法干部。初中三年卒业，设立高中。学生平均能得出家在家各半人数，最为适宜。高中毕业之学僧，一部分指导他们读大学各学院，一部分指导他们专门研究佛学。此时，应成立设备完全之佛学院一所，等于一般农学院、医学院，务须向部立案，卒业学僧亦获得学士之资格，则相等于文学院之哲学系学位。这一点，一定有人怀疑教育部不见得准予立案，我却可以保证办得到。盖先有一中学立案，学生成绩特好，且注重树立一种超人人格道德的学风，决定能为有识者所共见共赏的！

老兄！在我理想中的佛教中学未能实现之前，我预备向大师条陈，请大雄中学各级收容出家学僧，作试办性质。但问题来了，出家学僧的费用如何办法？学费可以请校方免费，寄宿可以假借寺院。膳费、杂费、书籍费等，可以分三项办法：一种是学僧本身设法自理；一种是由我们来筹组一个助学委员会，募集基金，能供给若干名即先助若干名；一种是强迫教育，由佛教会令各学僧剃度寺负责筹费。这都是急救办法，但最好是佛教会自己办中学。老兄！雪山因为经济无把握，初中补习班，学僧无米自膳，报名者无几，只得"告吹"。所幸观宗寺已办中学，老兄可致意澹云法师，课程务与普通省立、县立中学一般无二，而成绩能有过之而无不及，明年呈厅立案是不成问题的。

我的意思，一切开端最难，总要一个倡导者。我们的大师创立了武昌佛学院，于是不数半年间，各处的佛学院先后相继产生。假使我们现在有一个佛教施设的立案中学成立，焉知各省各县的大寺院有财产与经济能力者，不能发心仿而效之？并且，将来可以进一步希望中佛会各省市分会各各设立中学一所，也不是不可能的，这不能说是奢望吧？

我们苟想复兴中国佛教，若是不从兴办教育下手，不从僧众的本质求其改造，说明白点，就是不从造就僧众人才一条路走，简直想不出再有第二条路！在我的笨拙的脑子里是这样设想，不知尊意云何？老兄！"佛教是智慧的宗教"，这是你前书的警句！

第三，是宣传教义。"佛法在世间，不离世间觉"，佛法怎么能离开世间？离开世间，还说什么佛法？在许多的经典上，时常读到"何谓利益一切众生？""何谓安乐一切众生？"佛为弟子说法，可以说有百分之百次都是为的教化众生！佛教的唯一对象，就是众生，此等于我们宣传刊物的唯一对象，就是读者的一例。宣传教义，本来是每个佛教徒应尽的责职。

谈到宣传教义，有许多大善知识走了若干冤枉路。宣传要求其得济，要获得实际效果，要善于观机逗教应病与药，要见种种众生说种种法，不但需要甚深的智慧和无碍的辩才，尤其要运广长舌方便善巧。如此说来，宣传也不是一件容易的事。老兄，尊意以为然否？

在今日之下，我看宣传教义最急切的有四个对象：

一者，对于信佛法者，要令其增长信念，长养善根，同时灌输教义与时代的认识。这个责任《海潮音》可以负担。

二者，对起初信及未信佛法者，要令其随喜见闻而生敬信，注重正信理论，勿涉迷信材料。负这个责任的刊物，上海有《觉有情》，汉口有《正信》。

三者，对于青年学僧与青年居士，要希望他们志同道合齐一步伐，同走"智慧的佛教"和"新中国佛教"的路向，负荷今后中国佛教的整理与复兴之使命，须以极大劳苦忍耐养成住持护持的力量。能负这个指导责任者，我们盼望焦山的《中流》月刊！同时《海潮音》等各刊物协助此一任务！

四者，对于各党、各派与无党派，胜利后的国家人民，因党派的政争而不幸发生内乱，处于水深火热之中，苦痛万分，烦恼非常！今日何时？我见执着，邪见纵横，宣传教义，以"正法治世"，实契合时机。我们大师主张创办日报，"问政而不干治"，确为如来所使，亦为伟大慈爱所激发，欲以"慈悲、博爱、平等、自由"之旨救中国，谁曰不宜？现在日报虽未发行，《觉群周报》不妨先负其责，小作布施。

老兄！以上三事，是我对于"中国佛教整理与复兴"的拙见。同时，在我的妄想中，希望上面的三条路，在近二年内都能走通。第一，中国佛教会可能于本年年底召开全代大会，只要团体组织成为坚强、完整、有力的机构，各分支会通体力作，则对中国佛教的一切整理方案与计划皆可以逐渐实施；第二，一所或一所以上的佛教中学，能于一二年内设施成立；第三，《佛教日报》能在最近集资发行，则对中国佛教之复兴前途有厚望焉！

在此，我用重颂方法，正式表示我的愿望：一者，愿望成立强有力的中国佛教会！二者，愿望成立一个或一个以上的佛教中学！三者，愿望发行《佛教日报》！末了，我更愿望在我们佛教领袖虚大师的领导之下，追随全国为佛教而努力的同志共同奋斗！

老兄！请你指教！老兄，请你共同发愿！再谈。祝你法乐！

弟大醒合十
三十五年八月十六日
雪山

我们理想中的丛林[1]

现在佛教中有一种极其普遍的现象，就是有绝大多数的僧青年对于今日丛林制度的不满意。这种僧青年不满意丛林的情绪，并非恶意的鄙视，乃是善意的爱护。这等于见到一个病入膏肓的病人一样，我们都希望他能够把病治好，总没有望他速死的道理。就我个人而言，从我学佛的第二年（民国十三年）写了一篇《佛学院与丛林》，从那时候起，我就对于丛林的制度大为不满！说老实话，今日所见到的一般丛林现象，是离去佛法太远，随顺世法太近，下面所拟叙述的各点，仅仅是叙述而已，不能算是批评。

一、今日丛林所有各种不同的现状

今日丛林所有各种不同的现状，可以分做五类来说明：

第一类，是已经成办僧教育的丛林。所办的历史虽各有长短，所有的成绩虽各有优劣，但我们退一百步说，总是满意的，总认为是难能可贵的。这个留在将来专题再谈。

第二类，可以分做四类来看：一是念佛的丛林。此类丛林在国内各地想必不少。我住过的南京金陵寺，我参观过曾经印光法师领导的苏州灵岩山寺，我拜访过慈舟法师主持的北平净莲寺，我皆满意。因为他们几个丛林以念佛为标榜，其中确有真实地念佛者，而且发愿力行，并无敷衍门面的作用。二是讲经的丛林。此类丛林，我所知道的有两种方式：一者是有一位主讲法师，

---

[1] 《海潮音》第二十八卷第十期，1947年。

他有一班常随众，有时住于一寺三年五载，有时则住半年数个月；我所知道的有江苏讲华严宗的应慈法师和浙江讲天台宗的静权法师，这两位老人家都是饱学尊者，他们的真实行履，他们的坚强毅力，都值得我们僧青年敬重。二者是有些丛林，每年中举行讲经一次；此类丛林，说得好听点也是为弘法（？），但借此攀缘的也是一种方便，实际上所谓"讲经"，大概令起信者众，使生解者少。三是坐香的丛林。这一类丛林，应该称作"习禅"或"修定"的丛林，可是禅学这种实证的工夫，我深信绝不是一班不学无术的名曰"禅和子"的僧众能修证的，非大根机人不可参，而且在现在所有的坐香门庭中也没有师资。我所认识的虚云长老，为今日禅宗硕果仅存之大匠，余者不过是讲空"话头"的口头禅者而已；所谓"宗风"在丛林中也已成为尾声了。四是传戒的丛林。谈到传戒丛林，现在僧众的一切弊端，考其病源即由于滥传戒法而来；可以说传戒的方便害了僧众，百弊中只有一利，就是使出家僧众得到一张"饭券"（戒牒）罢了。古代之考试制度不恢复，尤其是传戒丛林的制度不彻底改善，佛教的僧格则一天降低一天，将至于一蹶不振无可挽救！

第三类，是以经忏为生涯的丛林。经忏在佛教中本来是一种方便化度的法门，也不知从什么时候起，经忏变为佛教主要的事业，这实是一种大不幸的错误！现在就江浙两省而观，小的丛林如南京苏州等地的经忏勉强可以为僧众糊口，大规模的丛林也只有上海宁波的经忏尚称兴盛。可是真靠经忏收入的丛林，也到了强弓之弩的景象了。最近如上海寺院的茶厨房工人闹风潮，更见经忏的贸易也非常难以经营，前途却不堪设想？

第四类，是依赖经忏香火游客的丛林。经过了多年抗战，昔日因缘殊胜者，今则门可罗雀，而且国是未定，人心不安，社会经济已濒于崩溃，一般信徒与游客谁还有暇顾及名山胜迹古刹佛门中事呢？所以，满眼是荒凉境界。

第五类，是靠寺产的丛林。江苏佛教寺产向称富厚，可是苏北有寺产者经过战乱之后，多半无复旧观；江南多地产者，也仅有数大寺而已；至于一般形同家庭的小寺庵，过去养尊处优的享受，现在也得到相反的果报了。

综上观之，今日丛林所有各种不同的现状中，有百分之九十以上在同一命运，已成为不景气的状态。

二、限于丛林住持者的眼界与心愿无法求其有合理的建设

中国佛教中有一个向来不平的现象，凡是财产丰富的大丛林，其住持者的眼界既狭而心愿又小，于是，可能为佛教办理教育文化的事业，皆无法求其有合理的建设。相反地，有欲发心为佛教教育文化努力的人，都因其寺院经济的所限而不能成办。说明白点，就是佛教中僧众，有财力者无学力，有学力者无财力；大丛林不肯办事，小丛林要办不能。这是佛教中的一个奇迹，这个奇迹也不知道延续了若干年，不觉不知道更要拖长到若干年？

这里，我们应该对过去的丛林不良制度先有一个深切的了解：

第一，丛林住持的制度，大概分为三种：一是选贤制，二是传法制，三是剃度制。此中以选贤制度较为合理，相似近来主张的"民选"，任期有限制，得连选连任。此中流弊最大的是传法制，传法应该是依法不依人，后来却变成依人不依法了。传法如以选贤任能为准，倒也罢了；可是并不以人才主义诠材为重，每多轻忽将事者，致使丛林有"一代不如一代"之憾！故如今每每见到丛林的贪污腐败，私欲炽甚，倾寺荡产者，实不胜数！剃度制，在小寺院可以行之，适用于丛林则根本不合佛教体制。总之，住持丛林者，应以"十方丛林十方僧"为大前提，最低限度要确能做到"为公不为私"的一点，可是事实上却很少见。

第二，丛林经济的制度，丛林经济之来源，收入可分为三项：一是寺产的收入，二是经忏的收入，三是香火等收入。关于管理的方法，会计独立经济公开者只有少数丛林做到，大多数丛林均为住持者个人独权所揽。考察现在所有的丛林经济，除去用之僧众生活方面者外，能用在佛教教育文化事业方面者，不及百分之一二；有一部分乃用在修建购置方面，有一部分被住持们用于不明白之途的，其数字必相当可观，这是一种普遍的现象，是不可讳言的事实！

因为上面的两种制度不合于佛法，也就有若干地方做得不合理。再谈现

在一般丛林住持者的心理，不是当作做官式的以"方丈"自负，就是变成商业化的以"老板"自居。职是之故，前者不免习染贪污，后者大都着重在"生意眼"，这才真叫作另具只眼、别有用心，永远永远不把佛教放在他们的眼界中与心愿上了。我们唯一的希望，是希望一部分住持丛林的青年善知识和开明的长老们，暂时于无法求其合理的丛林制度改善来，先从我们自身逐渐向合理的方面做去！

三、丛林的制度若不改良势必为时代轮齿所碾碎

我不敢说我是有时代眼光的人，但我却早已看到这一点，即丛林的制度若不改良势必为时代轮齿所碾碎！这可以从两方面来看：

一、"物必先腐而后虫生"，有许多丛林委实腐蚀得太不成样子了。这里，先举两件丛林事实为例：一是我住持过的淮阴觉津寺，寺田计有五千七百亩，在民二十四年前每年收入约有稻租二百石及钱租六千元。在我未去住之前，前住持是一个本分修道者，丝毫俗染也没有，我去的时际却只有僧众四人。后来经我整理一年之后，由十人、二十人住到四十余人，购置了许多课堂、宿舍、客厅的用具，添买了若干图书。经过两年又四个月，我并没有使寺中多欠一文债务。之后，考核前住持任期内之所以未能安僧办道的原因，一者常与佃户及外人打官司，用了很多钱；二者供给地方好事者的茶烟酒饭与各种无聊之应酬。这是一种不失为好人住持的事实。二是我的剃度师住持的扬州天宁寺，寺田闻原有三千亩（论收入约二倍于觉津寺），经过他的一位法徒名叫本彻的住持了几年，变卖寺产达一千数百亩云。这是又一种坏人住持的事实。无论住持者所造之事实因果为如何，同为腐蚀则一也。这是我看到的一点。

二、丛林既非家族，寺产亦非私产。佛教之有寺院，寺院之有田地，悉皆称作十方常住，即通称"十方丛林十方僧"之意义。而事实上，也不知这从何年何时起，丛林已等于家族，寺产皆视为私产；虽于名分上称寺产还称"庙

产"，但确已成为和尚、尼姑的私产，而决非佛教所有的教产了。且实际上的全数财产也皆用于和尚、尼姑的生活及一切的消耗，为佛教正当的用途已千万分不得一分。试问丛林与寺产变质到了这种程度，被破坏了的丛林也不过视同多毁灭了些普通人民的家庭，被侵占了的寺产也不过等于多没收了些普通人民的财产，如是而已。这是我看到的又一点。

依照我们眼前所看到的苏北丛林遭遇的命运，这尚是一部分的情形；将来丛林的制度如其不从速改良，用群策群力来争取我们的自由和维持我们的教产的话，则只有等待时代的轮齿所碾碎，是势所必然的事。这绝不是我故意的用危言来耸听啊！

四、我们理想中的丛林

我们理想中的丛林，全部应如虚大师《整理僧伽制度论》及其《僧制今论》诸著所述。这里，仅就目前佛教环境之所需，即一面求其丛林寺院免为时代轮齿所碾碎，一面务使丛林制度走向合理化的途径；在今日风雨飘摇、波涛险恶之下，在我们的理想中却有几种丛林的方式：

第一，每一个县或每一个市，应该将所有的丛林联合起来，成为一个团体机构的组织。最低限度要能做到下列的几件事：一者采用委员制，即联合丛林之住持皆为委员，一切教务、财务统筹统办。二者将所有丛林之寺产先行登记，使其一寺的庙产成为"法人"的教产，则不受政府土地分配法规的限制；能进一步联合全县的僧尼全部寺庵的财产则更为理想。三者在统筹统办的原则下，须统计财产数目收入之可能性（这里以苏北寺产众多之县份为例），于僧众生活必需（一切工作职僧均发最低薪给）以外，设办一所中学或几所小学，按照部令规程施设，将所有青少年沙弥悉令入学，并广收普通学僧，完全以办教育而教育之。视经济力量之可能，再办其他佛教文化等事业。四者在一县或一市之中，如教产尚不敷所有僧众生活者，不妨举办一种生产事业，但以不违背佛教宗旨为尚。

第二，如其在一地方不能做到第一个理想的方式，则可求此第二方式，即以一寺丛林（或联合二三寺）为一单位，除于内部组织一健全道场——或办一小学，或办一中学，或办一佛学院（如现在已成办者），甚至办一念佛林或一布教所与佛教民众阅书报室等等的外，另聘请当地地方人士组一护法会，来护持十方三宝常住的教产，以期于一县境内成立一有规模的丛林，或者是成立一简单的道场。

　　第三，如其于第二方式仍不能做到，我们不妨退一步再求其次，拟一第三方式，即如一地方仅有一寺，姑无论其所居的僧众成一丛林或不成丛林，应该也要把它整饬起来，每一僧众都使他们有作业，或自学，或修持，或研究，或著述，乃至为寺中服务劳作；说句老实话，就是以不白吃饭（做到"所作皆办"）为目的。同时，要做到"教无废产，寺无废人"，则也就算我们理想中的丛林之一了。（我惭愧得很，我所住持的前之觉津、今之雪窦只能做到这一方式。）

　　我现在只愿提供上面理想中丛林的三个方式，因为太理想了更不可能求其实现！我的理想，并不妨当作庸医的药方试一试，虽不一定敢说会得药到病除，或可能当作强心针剂，使病入膏肓者拖延些时间？如果一般苟延残喘的同道的僧众们，视这种最起码的理想也都认作是废话，那我们除去惭愧除去遗憾以外，还能有什么可说的哩！

　　在此，我以至诚之心盼望全国的青年善和知识，用婆心对于我的理想（深信即是我们僧青年的理想），向各地方长老们作普遍广大的义务宣传，来一次"救教运动"！在此，我更以虔敬之心为同情于我之理想的道友们祝福！

三十六年九月四日，大醒在雪山

二、佛学院与佛教教育

佛学院与丛林[①]

现代学佛的基础可分为两大部分：（1）佛学院；（2）丛林。我们若是拿历史来考察，自然是丛林相传最久；而自古来佛子与造就的人，也都是由丛林中产出，所以丛林为佛学基础的一部分，是不言可知的。佛学院原是近来才有的，但是它的制度办法和教学精神，实在是特放光彩，而养成的佛子，却是不少龙象，所以佛学院也是学佛基础地的一部分了。就此两部分为佛学基础的问题，倒也有讨论的价值。我们可以先从现代佛学院与丛林的状态，略为表显于下。

现代的丛林，它已经出乎古来丛林制度的范围，它的行持事业，亦复不合古来宗系的传承。古来丛林是分宗系的，如属那一宗即去行一宗的事业，看现代丛林的状况，说也奇怪。如各丛林寺名，或曰某某禅寺，或曰某某律寺，如是标名，我们中国多半总是这样。假使去调查它的事实，参观它的行持，真正是不可言喻；它的固陋和现象，究竟什么样，我不敢言（其谨守规约，依旧制度，维持门庭，专精宗律的，却也有，但是同凤毛麟角一样，若以全国丛林统计起来，不过百之一二）。究其丛林为什么到此地步呢？我大胆说一句，不能不归咎主持的人们。何以故呢？因为他们一经主持了丛林，就表示"我有"的态度，抱定利名的主义，所以他把佛法看轻得什么似的，不但不能去做荷负如来的大法，救济众生的大事，就是对于祖庭门楣常住规约，也不能依教维持奉行。那么，在那一般富有参究、洞明佛法的人，请他去主持丛林的时候，不是有了恢复振兴的希望吗？谁个不对他深深地祷祝庆幸吗！讵知他得了方丈和尚位置，他就把他初起的志愿完全于无形中打消了；并且终日地送往迎来，所以振兴固属失望，连旧有佛法渐渐泯灭了。说来也

---

① 《海潮音》第五年第十一期，1926年。署名为机警。

煞是可悲可痛，看他们却如受了流毒，处于昏迷状态一般。还有一种说法，是我最不赞成、最抱悲感的，什么呢？就是有了一个执诚的人，出头会议一件宏扬佛化普利有情的举动，什么同袍，什么诸山，不但不帮助合作，反牵强说是不合规矩好奇多事；并且反对攻击，决使他不会圆满胜举，这回事在我的推理力上推来，各地方也许有的；如此想来，那丛林将来的现象，危险不危险！可怕不可怕呢！

现代的佛学院，凡稍有佛学智识者，都公认为佛学的基础、苦海的慈航、黑暗的明星；况目下以成立而趋进发达，其发达的原因，诚不可不先提出声明。

1. 佛学院宗旨之正大。（一）招集有志佛学之人，是不分缁素的，即合世尊在世说法时四众咸得闻法之意（所以免得出家与在家的隔阂，致生抗敌等事）。（二）授以佛学，兼习修观，使行解相应，即是定慧双修、教观合一之意（所以没有东参禅、西听教之跋涉，并且是力求行解相应，决不是那种有其名而无其实的）。

2. 佛学院组织之完善。（一）创办采取院董制，常年经费即由各院董完全担任或劝募（所以出入经济没有丝毫黑暗等情）。（二）院务由院董礼请大德沙门、博通经藏者为院长而主持之；于院董中，公推信心坚固者为院护而协理之（所以没有传法谬误之弊）。（三）教职员均是诸方法师、学界贤哲、富有佛法学识者任之（所以没有借张声势、图混资格之人）。（四）由院董代表负责，于教育内务两部立案（所以免有不法之徒强夺寺产、扰乱佛法、毁谤僧伽，致遭诉讼等事）。

3. 佛学院学制之适宜。（一）部分。分研究、大学、中学、小学四部。按学者资格程度分入各部肄业（庶得因材施教而免躐等之弊）。（二）课程。分佛学、普通学、梵文、英文、律仪、禅定、念佛七门（每日八时，殿堂与丛林相仿佛）（所以学人没有指鹿为马、放逸懈怠之病）。（三）劝惩。有功者记功，有过者记过，有犯章程规则者立即处惩（所以没有蛇龙混杂之弊）。（四）礼仪。学人于行住坐卧四威仪中，最重整齐严肃，虽在家学者，亦一律行之（所以没有有失威仪、假作僧像者）。

4. 佛学院之办法，已如上述。其他禅堂、斋堂、行持处，也是采用丛林的办法，不过其余房室都是照《僧伽制度论》的制度，兹勿赘述。

佛学院由此四大原因，于是忽地振兴发达了。所以各省、各县已间有仿而建造的，不过名称没有统统号佛学院就是了，然其宗旨章程大概都是相同的。

但是我们若想要每一个丛林创设一个佛学院，必须先要准《僧伽制度论》之制度以为导化初部。这种创设导化，可分为四步：

1.改造丛林的旧制度——凡禅、律、讲教、净土，各宗丛林，当力从根本上改造。如何是根本的改造？如原称某律寺者，与佛子的戒律关系是何等重要，那传戒的规矩轨范，非准用《僧伽制度论》（第二节教团）"云何僧内安住徒众"一条法则行之不可。制度亦须准其（指《僧伽制度论》。下同）（癸）"每南山宗寺所增出者"，以及要多取南山宗旨为法。如原称某禅寺者，当明少室宗的大义，专扬灵山拈花之旨，准其（壬）"每宗寺者"中之少林宗法主不讲经典，则随时应节集众上堂说法可也。如原称教下者，当准其（丙）"每行教院者"之法，并依天台、清凉两宗教观行之可也。如原称净土者，当准其（乙）"每莲社者"制度，与专庐山宗精修念弥陀极乐之法门可也。其余各宗有丛林者照此振兴可也。所以欲企丛林的改造，第一就是要把丛林旧制度恢复转来，再加这一种新的进化。至于这种新进化的养成，就要靠着那大些的丛林和我们佛学院中的热心分子。

2.促进僧众觉悟——小地方上的僧众，十有八九不解文义，好似哑羊一般，真是苦恼极点。什么佛教、佛学、佛法、佛学院，利人济世的大事，他们哪里懂得；他们只知道做经忏、放焰口，就是出家人的本分事业；稍有志气的，住两年丛林，希望当了执事，就算出头有名了，那一种口头禅的生死开示，也糊糊涂涂地讲起来了，这一种人，既是可恨，又是可悯。但是我们要想去唤醒他们的迷梦，又非各地方丛林准《僧伽制度论》（教团）中（甲）"每宣教院者"一条，积极创设一个宣教院，用宣化的方法不可。一般乡僻得很的地方，即向来应酬经忏的寺院，也须与他们改革准其（戊）"每支提者"的办法才好。如此促进，庶得使他们有觉悟的一日。

3.振兴佛教事业——僧众如此盲昧，不能觉悟。当然是丛林太不振兴的原因，若把丛林旧制度拿来振兴了，僧众就要觉悟了；促进僧众的觉悟，两三年以后，佛教的大事业，就可以大有喜色。但是这个振兴标准，必完全要采用《僧伽制度论》的制度及其办法。这一种改造呢，虽说不是一时会办得到的，也可以逐渐入手，且准各县佛教联合会简章草案办法，先由一县丛林寺院联合，僧众团体联合，进行上两项的事。然后联合各县、各省，然后联合中华全国，然后联合世界（其第七条"事业"尤要积极从事）。

如是佛学院（及一切佛教学校）的前途进步，不是一一县一一省都可以办得到的吗？进一层讲《僧伽制度论》的限度办法，不是完全举行了吗？不过现在小地方上的丛林和寺院，腐败得那个样子，以及僧众的智识程度陋劣到极点，谁望他们去改造促进，就是出广长舌、运劝化力，一会也办不到的。我以为还是靠着大些的丛林，有佛法常识的人们，要去积极力求提倡联合、改造、促进。但是这个菩提心，这种无畏力，又不知能有几个菩萨肯发肯行呢？唉！我说一句最激烈的话，凡是主持丛林的和我们热心学佛的人，都是应尽的责任要务。若能够抱定这个标准，无论处于什么环境，无论受了什么激刺，总是要去精进改造它，必使达到目的而后已。哪怕佛教事业不大大的振兴么（凡尼寺也要准此改造，如建设女佛学院是）？

4. 佛学院与丛林的关系——论到这佛学院与丛林的关系，本来是没有什么隔阂的地方，也没有什么冲突的地方。因为现代丛林的固陋，委实不合佛法态度，所以才创设这种佛学院、佛学校以供给时势的需要，自不致感受今日耶稣小教的侵侮。现在一般有智识的人，也都觉得提倡宏扬的好处，但提倡宏扬、改造、振兴的，只是佛学院与佛学校，那一般丛林，还是他们的固陋专制丛林，毫没有一种改造促进的表示。所以，现在趁着佛学院发达的时候，就要营求佛学院扩充的进步。看到丛林固陋的地方，同时也要改造丛林促进其进步。那么再把它合拢来，成立《僧伽制度论》的制度办法就不难了。如是佛学院与丛林既没有隔阂冲突的表现，也实在同是代表僧众的机关。那时博得全国佛子的同情，不但好振兴佛教前途，就是丛林将来决定也不会失败的。

以上所说四步办法，果能一一改造、促进、振兴、联合，丛林不会不有了进步吗？丛林进步，学佛基础就可以统一巩固而完美了。

今日我偶然讲到这个佛学院与丛林的问题至此。并非赞扬佛学院而反对丛林的，也不是依止佛学院即批评丛林的，委实是"随宜设教""应病与药"

的两句古语，才发生这个讨论的动机。但问我的意思也毫无一点成见。不过现在的佛学院与丛林，还请诸大善知识确实地观察一下，有不有这几种比量呢？并且我们有不有这一种责任呢？假使我们不积极去鼓励他们改造、促进、振兴、联合，我们还成个佛教一份子吗？

阅者见谅：我这几句话，今天附登在这个地方，不过是劝发鼓励各地方上丛林僧众，希望他们早一天改造、促进、振兴、联合，使佛法早一天普遍，使有情早一天觉悟，实没存什么成见和其他用意。作者附识。

理想中的僧教育丛林[①]

最近记者接到湖南善因法师讲述南岳祝圣寺设学的办法，颇与我们理想中的僧教育丛林相似。善因法师说：

> 窃念当此青黄不接之秋，欲期丛林尽变为佛学院，不啻不能实现，而且实不敢言。此所以只得——
> 就故有丛林之清规（祝圣寺清规较诸方严缓适中），不另立学规。
> 就故有本常住之寺产，不另筹经费。
> 就故有之禅堂作寝室，除跑香外，并不虚歇常住功课。
> 就故有之斋堂作食堂（祝圣寺向用桌斋）。
> 就故有之衣单费作津贴。
> 就故有之说法堂作讲堂，仅添几套桌凳。
> 就故有之《起信》《楞严》《教观纲宗》为课本。

并称"其所增者，仅一二法师教员之薪水及学僧之纸、笔、书籍等费"。善因法师是一位僧教育家前辈，好多年都没有见他发表言论，这一次虽仅写了一些片断，但在这片断的几个"就故有"中间的意思也就很深长了。

我们也常常说过：佛寺丛林本来就是僧教育道场，因为丛林已不能负其使命之故，所以才要另起炉灶来设办佛学院；而所设之佛学院的实际生活也就是丛林，甚且比丛林还要严整，还不单是"严缓适中"而已。就拿武昌佛学院说，在其全盛时代——民国十一年至十四年，院中的学僧上课都要身着大袍（海青），上殿、过堂、坐香等等，在丛林中认为美德的事，佛学院也都能一一行之。之后，各处所设的学院，大多皆附设于丛林之中，其丛林原

[①] 《海潮音》第十六卷第三期，1935年。署名为僧忏。

有规模，也并未因僧教育而失去丝毫，此为实事也。

在我们理想中的僧教育丛林，除去善因法师所言及者，还有几个要点：

一、丛林本身就是僧教育道场，如果丛林不讲僧教育以造就僧材为第一要务，则完全失去丛林建立之意义，根本也就不能称作道场。就是专修一宗，若禅宗、净土宗等，但僧伽当其修学佛法之初，亦非先受僧教育六、七、八年不可。就是非受过律仪与普通教理的教育不可，此实为每个僧伽必修之程序。因此，我们并不一定要"丛林尽变为佛学院"，我们只要"各各佛寺成为僧教育的丛林"。

二、丛林制度须将《百丈清规》改良。十方寺产应该固定限于成就大众僧材之用；明白点说，凡系十方招提之物，应该供给十方衲子修学之用。如此，所有寺产，舍办僧教育外，无有比较再亟须的了。至于僧教育丛林的规制，我们以为一面要不违背佛制之戒律，一面也须适合现代之需要。

三、僧教育原理，在修学并重，故应修持者则如法行之，应闻思者则精勤学之。惟丛林原有上殿、诵经、持咒等一切仪式，当仍旧者则仍旧，当更动者则不妨更动——如丛林朝暮课诵均称念阿弥陀佛，似有未妥；除专修净土者，应改念本师释迦牟尼佛，方为合理。以此类推，需改正之处尚多。总之，须以不背皈依佛、法、僧宝之旨为原则，赞诵则当随愿行之。

四、功课须扩大范围，单独研读《楞严》《起信》几部经论是不行的，至少安居每一丛林之僧众，对于普通教理，要悉皆研究，若五乘共教、三乘共教及大乘性相行果有关之三藏（参阅上期拙作《理想中的僧教育系统》一文）非至通达不可；此为我们理想中僧教育丛林的最紧要之一点。其他如世间一切语言、文字、常识等等，亦应常学；非如此不足为丛林的标榜，不能称作道场（如有真实习禅修净之佛寺，可作别论；但僧伽非要做到最低限度受完普通教理之教育，不得习禅修净）。

五、上面所说"凡系十方招提之物，应该供给十方衲子修学之用"，此语所包者广；通称"依止常住""具足常住"者，就是对于常住中所住衲子，须负完全责任，若教若养，若衣若食，皆要合乎所谓四事供养的意义。现在一般丛林，不但对于大众已不负教学责任，除粥饭而外，一无供给；试问一个学僧，志在求法，已离弃一切外缘——不管经忏等等，则他个人之衣服、书籍、医药、零用等费，又从何而来？而子孙派在为师者，大多数不愿意成就弟子向上，悭吝不拔一毛者实居多数。我们理想中的僧教育丛林，不但在教学方面，须加意注重，在学僧个人生活方面，亦应注意考察，如遇有无师长津贴之学僧，须设法补助，方能令其身心相安，矢志向学。此点亦甚重要！

六、总之，僧教育丛林，在我们理想中是二而一的。就现前设办僧教育的丛林而观之——如南岳祝圣寺与镇江超岸、竹林等处，尚在以丛林设办僧教育。这已是第一步的整理。我们总希望，将来能再进一步使那些道场成为僧教育的丛林。而到达我们最高理想的成功，是要在中国佛寺中，没有一个丛林不办僧教育和没有一个僧伽不受僧教育！

二十四年三月十三日

僧教育论[①]

一、佛住世时僧教育的概观

我已证得,甘露之法,我今能知,向甘露道。我即是佛,具一切智,寂静无漏,心得自在。汝等须来,当示汝法,教授于汝,汝应听受。如说修行,即于现身,得尽诸漏,智慧明了。解脱而住,梵行成就,所作皆办,不受后有。(《方广大庄严经》)

这是我释迦牟尼佛成等正觉之后,初度五比丘时,所施行的僧教育法之言教。

既出家为僧,当然是不能不受僧教育的,我们仍看佛陀初度五比丘时的僧教育论吧!佛说:

出家人有二种障:一者,心着欲境,而不能离,是非解脱之因;二者,不正思惟,自苦其身,而求出离,永无解脱。离此二边,乃为中道,精勤修习,能至涅槃。

这中间所讲的"中道",就是八正道——正见、正思惟、正语、正业、正命、正精进、正念、正定(八圣道)。八正道,就是初等僧教育学原理。

佛陀观大地众生,沉迷众苦,不求出离,乃为大悲心所感发,巡行教化凡四十五年,全不休息;无论对于出家或在家,聪慧与愚钝,悉皆各以善巧方便摄受教化,总期以"改善心性,去恶进德"为救济一切众生的迷梦。当

---

① 《现代僧伽》第四卷第三期,1931年。

时（佛陀应世时），这种僧教育的史迹，使我们从经藏中于每一部经典里都可以看到那种可敬的大规模的道场（僧教育机关）与受僧教育的人数的众多。这里举几条史实来作例吧。如：

> 一时，薄伽梵住王舍城鹫峰山顶，与大苾刍众千二百五十人俱……复有无量为数菩萨摩诃萨众。（《般若》）

> 一时，佛住王舍城耆阇崛山……与大比丘众八千人俱……后有菩萨摩诃萨众八千人俱。（《宝积》）

> 一时，佛住王舍城耆阇崛山中，与大比丘众万二千人俱。（《法华》）

> 一时，佛在王舍城耆阇崛山中住古诸佛本所住处大塔之中……与大比丘僧六万八千。（《大集》）

> 一时，佛在拘尸那国力士生地陀利罗跋提河边娑罗双树间，尔时世尊与大比丘八千亿百千人俱。（《涅槃》）

我们读了这几条的史迹，我们可以知道佛在世时，为佛一人所倡行的僧教育是如何的发达了！在佛陀说法教化的四十五年之中，由初度五比丘而到他入般涅槃的那年为止，受僧教育（经云闻法）的学僧（经云比丘、大比丘）自五人增多至八十亿百千人（比丘尼、优婆塞、优婆夷等众尚不在内）。这在人类教育历史上是亘古今绝无仅有的纪录！

佛陀为欲度一切众生，佛陀为施行僧教育的普及，悲心苦口，说法四十五年，无少宁息，直到他临涅槃时，犹再三地告诫他的诸弟子，曰：

> 我昔为汝等所说诸法，宜常思惟，诵习勿废，修习净行，护持净戒，以福利世间诸天人民！我昔为汝等所说之法，思惟勿懈，所谓三十七道品，谓四念住、四正勤、四神足、五根、五力、七觉支、八圣道支，汝等善勤修习，能到解脱！
>
> 汝等当知有四法，若不通达，永堕生死轮回。何者为四？谓戒、定、慧及解脱。
>
> 汝等弗谓失师主，我逝以后，所说法律是汝等师也。（《涅槃经》）

我们看佛陀在世直至临涅槃时，谆谆告诫所施行的僧教育是怎样？佛陀深恐后世为佛弟子的人懒惰懈怠，所以他这样说："我昔为汝等所说诸法，宜常思惟，诵习勿废。"并且很恳切地训斥他的弟子，若于佛所说法"若不通达，永堕生死轮回"。佛陀深恐后世为佛弟子的人自私自利，不能够以弘法为家务去普及的弘扬，所以他这样说："以福利世间诸天人民。"佛陀深恐他涅槃之后，他的教徒失却师主，失却僧教育的标准，所以他这样地说："我逝以后，所说法律是汝等师也。"

总而言之，佛住世时的僧教育，极其发达。综观佛陀所说的教法：以种种无量无边法门，教化种种无量无边众生，如何是应当念修、学习、多作的，如何是不应当念修、学习、多作的，无量的法义、行门一一的开示众生，无非要令知众生一一的得以悟入。佛陀总期世间所有一切众生个个都受有僧教育的机会，个个都能修习菩萨法行，个个都由受僧教育而进之于明了佛的知见，悟入佛的知见，证到佛的地位。这就是僧教育的结果！

二、中国僧教育的一瞥

在佛住世时，佛所施行的僧教育是普及的，出家在最大规模道场的那烂陀寺，我国玄奘三藏法师曾留学于此寺，彼时那烂陀寺"每日讲座百余，性、相、密三鼎足传宏，小乘外道无一不备"。

然则佛教传至中国，中国僧教育的情状如何呢？兹分别略论如下：

（一）经教的僧教育

中国初期的僧教育事业，最发达的是"译经"与"讲教"，从摄摩腾、竺法兰译经与朱士行出家讲经以后直至隋唐，这种僧教育事业并未稍衰。当时因译业兴盛，所以出家学僧多以研习经律论三藏为出家的目的。因此讲肆林立，凡大小寺院，悉皆请师讲经。译经师既相继翻译，译无虚日；讲经师则从事布教，席不暇暖。译经师有一人译至数十百卷的，而讲经师则有讲一经一论至数百遍的。在学者方面，亦多真实从事于学业者。我们知道在罗什以后隋唐以前，中国虽尚未有明显的宗派可言，而宗派的形势，于各人所研习的宗旨方面已暗中形成，如研究"三论"的人则以三论为宗旨，研究《成实》的人则以《成实》为其研究宗旨等等的局势。但在罗什一系之人，对于各经论，如三论、四论、《成实》《涅槃》《法华》，则一概兼习。今观佛教在中国最初成为宗派的毗昙、成实、三论、地论、涅槃、摄论等，均以一经名、一论名而成为宗派之名的，已可想见当时出家学僧确有多数从事于修学者，殊非禅宗兴起之后，以临济、曹洞、沩仰等专以门墙而成为宗派的可比了！如法显、玄奘等译经大师。

译经事业，至唐为极，宋后即渐衰落而至于绝响；此时虽经四大翻译以后，三藏俱备，学者已不患无书研读，但以学僧为学的渐少，亦系很明显的事实，因此由得少即足而至于不学。困循至今，虽仍有"讲经"的风尚，可是实际上多为"求功德""种善根"起见，绝少以研究为目的的。至于发扬光大，更非此末世讲经者所想到的责任了！

（二）律制的僧教育

佛教初传至中国，学者多从读书阶级及士的阶级而出家学佛的；所居住的寺院、兰若，并没有制度可言。实际上大家皆以研习经律或讲经论为日常工作，最初尚没有专为吃饭而入佛门的所谓莽流等僧，所以也用不到有什么制度。

律仪是僧教育的基本教育，若这种僧教育基本律仪教育不兴，则一切僧教育——如布施、忍辱、精进、禅定、智慧，皆无法增长成就。故曰"戒为一切母"。在两晋南北朝的时代，僧伽同居的寺院，多以律仪为制度，当时颇能行佛制之戒，所以赖律制以安居乐业的，因为僧伽大概都能真修实学。虽然至唐已有行试经度僧及设僧官治僧等事，但尚未如禅林制度代替律仪制度之后，律制的僧教育完全扫地净光！中国佛教至今衰败不可收拾的地步，就是因为律仪已经破产，当初律制的僧教育未能兴久，根基未曾建树稳固久远之故。这是很足叹惜的一事！而今中国僧教育难以改革健全的缘故，亦俱与律仪的僧教育的过往历史有关。

（三）禅林的僧教育

禅林的僧教育本来是代替制律的僧教育的，但不幸因禅林的僧教育一兴，译经与讲教的僧教育事业就一落千丈，这是无可讳言的史实。自菩提达磨来到我国，慧能之后，趋向于禅门的学僧风起云涌，不数传由五灯而至数十家之多，这时候有马祖道一以寺院创为丛林，其门徒百丈怀海则制定清规来代替以前的律制（其实《百丈清规》非百丈所作）。由是僧教育最大权力悉集中于丛林制度之下了。平心而论，《百丈清规》无论是何人手造及何时代的产物，若就僧教育的一部分而言——如大众应守规约及一切规则等，尚不失为一种有秩序的团体制度，但因此而致经教的僧教育衰落，降至明清一蹶不振，与夫律制的僧教育终至破产，实又非禅林僧教育初兴的诸师所预想到的！

禅林的僧教育维持的局面，连兴盛时代亦不过上下四百年的历史，宋以后亦无复有维持的力量了。因为禅宗的分灯宗派，将全中国的佛寺夺据之后，唐以前已形成的毗昙、成实、涅槃、三论等各宗，已全部无形解散，及天台、贤首两系子孙，亦多有归摄于禅宗某某宗之中的，其过往的禅林制度势力之大已可想见。

禅林的僧教育中落之后，直至清末，就是僧教育全部衰败的时期，讲经、持戒、习禅等等，都失去了僧教育的本旨！于此期中，丛林虽仍顶着"禅寺"的招牌，虽仍有几家维持当年禅教育门庭的，虽仍有最少数号称向宗门求了生死大事的人，但欲求了生死大事而不先求知生死大事的原理，徒然身在禅堂，心在云外，又有何用？而末世禅门学者向尚口头禅而不根据教理，胡卢摸象，以盲引盲，元明清数百年全部僧教育的衰败，其因亦即由于禅林制度的弊害而成！

三、民国以来僧教育的改进

中国最初的"经教的僧教育""律制的僧教育""禅林的僧教育"递变遗留下来的"讲经""传戒""坐香"，都只剩了空"讲"、空"传"、空"坐"，似乎都变做"空"宗了！都注重于外形而不求其内实。民初曾有日人至我国考察佛教的，见我国古刹名寺，只具形式，称为"今日中华可谓为无佛教之国"，是何言欤？

因最初"经教""律制""禅林"的僧教育都失去了僧教育的本旨之故，在民初国体革新之时，前后曾有一二先觉寄禅和尚、月霞法师等创办僧教育会及僧师范等，学校、学舍名称亦随世潮而起，然均为短时间或无一定僧教育的主旨，而没有什么成效，而致少有受其影响者！

民国十一年，太虚大师于武昌创办武昌佛学院，为民国以来僧教育改进的第一建设。十年以来，相继而起的有成都、安庆、厦门、北平、九华等佛学院，及相类似的僧学院、僧学校、研究社等，亦能见时而起，僧教育渐有改进气象。惟因所兴之僧教育机关内无系统，外无团结，论各处成绩虽有，论全部成效尚无；而且还有的为应付外境而设办的，亦有一二年即停办的，所以改进僧教育的领袖太虚大师，近年又深为僧教育前途焦虑，尝计（有脱文）持佛教的"僧宝"，又非如此不足成就其真实僧宝人才！

我在上面说过："律仪是僧教育的基本教育；若这种僧教育的律仪教育不兴，则一切僧教育——皆无增长成就。""中国佛教至今衰败不可收拾的地步，就是因为律仪已经破产。"太虚大师积极主张以律仪为僧教育基本教育的。因只有律仪才能养成"外面的形式""内心的实德"两全的僧宝。考佛住世时的僧教育，教化众生的就是为要具足这"外面的形式"（相好庄严）与"内心的实德"（功德法财）。大师对此曾讲有《僧教育要建筑在僧律仪上》一文，兹将其全文录下，以供改进僧教育家的参考；并以知大师对于僧教育改进恳切的悲心与深望。（原文有附文，此略）

四、今后僧教育的计划与实施

经过十年的历史，经过几处的施设，而所改进的僧教育机关——佛学院等——成效仍很有限。一则因为所建立的佛学院迄今为止其建立的经费，多非原有的佛寺教产中支出的，所赖以开办维持的，除从募捐而得，即从举国设办长久而有成绩者，实未数睹。因佛寺有教产的，均不肯支出于正当的"宣传教义"的用途，致僧教育虽已改进而无法推展。次则因为举办的各佛学院，困于经济以致不能维持长久，动辄中止，以此受僧教育的学僧则易一聚而散，一曝十寒，不能作长时间的修学，安身安心于道中得大成就。次则因各佛学院外表虽同为改进僧教育机关，而开办的动机及其目的则各有差异；动机与目的既各有不同，当事者则纵联络亦仍各行其是。于是，僧教育的方针就不能统一；方针不能统一，僧教育就无系统可言；无系统，则已改进的僧教育就不能发展；不能发展，则整兴中国佛教之大事因缘已将永无希望了！基此三因，已经改进的僧教育——佛学院等，故论其全盘成效实有限！

然则，今后的僧教育，应该怎样的计划呢？

（一）僧教育的统一计划

考中国僧教育衰败的原因，就是因为佛教徒不能一致团结，僧寺不能互相联合，教产不能化私归公所致。现在的僧教育，既从久已衰败破旧的垃圾里救活起来而渐至改进，则应该将改进的僧教育统一联合起来。当知今世已非昔比，僧教育差不多是要从已死的佛教中树立起来的，是绝非如隋唐最盛时代可以各立所宗、各学所学的时代了！现在整兴中国佛教的唯一方法，就只有改进僧教育的一门可走，所以统一今日的僧教育，实为救教的唯一妙道，不二法门！

（二）僧教育的系统计划

在佛寺教产未能从"和尚（有脱文）僧教育改进普及"，实属难事。故就僧教育现状而论，不能不根据"未成办者令其速就，已成办者令其增长"的僧教育原理，就已改进的僧教育机关——佛学院、研究社等，作一系统计划。统观在全国佛寺中，平均一千佛寺没有一寺办僧教育的；在全国僧尼中，平均一千僧尼没有一人受僧教育的。试问：假定一个僧教育机关要代表一千佛寺，假定一个人受僧教育的要代表一千僧尼，怎么能够不有一系统的僧教育制度的组织，使得僧教育机关连接成为一完备的僧教育学院，使学者得按诸阶梯程序修学，成就其应受的各等级的僧教育呀？！所以僧教育的系统计划与统一僧教育同为最急切的要务！

（三）僧教育发展计划

佛法贵在平等，佛教贵在普及，所谓"佛法在世间，不离世间觉"也，佛言"大地众生，皆能成佛""愿一切众生，悉皆成佛"；这都是每一个佛教徒所应深晓的，这都是每一个佛教徒应有的弘化责任。中国佛寺本来应该兴办僧教育，但为封建传统的制度所封守，佛寺早已就脱离了僧教育的范围，将十方佛寺都变为"和尚家庭"了，将十方教产都变为"和尚私物"了！虽然如是，本我佛教徒的使命和责任，于僧教育能统一成一有系统的组织，亦当计划求其发展，期以改进的僧教育的成绩而行感化，总望全国佛寺悉皆回复到原来的僧教育道场的建设！

上列三种计划，是就荦荦大者而言，欲求这种计划实现，又应该有怎样实施的方法呢？

今日欲求中国僧教育有统一的系统组织，其实施的方法，只有由现已成立的各处佛学院、研究社及讲修佛学的团体，开一"全国僧教育会议"，组织一"中国僧教育联合会"，以求僧教育统一系统组织之一法。因形式上已组成了三年的中国佛教会，不但在佛教全部毫无建树，且对住持佛教正统的僧教育亦全然漠视不问。今日苟不欲中国佛教灭亡于一般狮虫之手，在已办理负责僧教育的先知先觉的贤者们，舍去亟谋僧教育之联合统一及有系统的组织，期以僧教育挽救中国佛教，整兴中国律教，则无异于袖手坐待中国佛教之亡！所以"全国僧教育会议"的召集，"中国僧教育联合会"的组织，是刻不容缓的事情。站在僧教育立场上的贤者们，大家联合起来吧！不但今后改进僧教育的计划与实施的责职，都在大家的肩上；整兴中国佛教的大任，亦惟有诸僧教育家是赖！

兹将我所拟的《全国僧教育会议组织法》与《中国僧教育联合会组织法》附列于后，以供全国僧教育家参考！

（附拟）全国僧教育会议组织法

第一章　组织

第一条，全国僧教育会议由各省市县之僧教育团体（佛学院、佛学研究社等）选出之代表组织之。

第二条，左列沙门、居士得列席全国僧教育议会；

　　一、曾任及现任僧教育机关之教职员；

　　二、曾为僧教育机关之董事；

　　三、僧教育会议主席团特许之人员，其资格由主席团定之。

第三条，全国僧教育会议出席者互选三人至五人组织主席团，掌理左列事项，除本法另有规定外，依主席团之商议，经过半数之同意行之：

　　一、关于前条第三款之特许事项；

　　二、关于议题之厘定，议事之进行及议事程序之整理事项；

　　三、关于僧教育会议之行政事项；

　　四、关于僧教育会议代表之惩戒事项。

第四条，全国僧教育会议主席团，于每次开会时，须推定一人为主席。

第二章　会议

第五条，全国僧教育会议会期定为五日至七日，但于必要时得延长之。

第六条，全国僧教育会议之议事，须公开之。

第七条，全国僧教育会议之议事，非有到会代表过半数之出席，不得开议。其议决以出席过半数之同意决之。

第八条，会议之表决方法，主席得斟酌情形，以举手，起立行之。

第九条，全国僧教育会议设下列各委员会：

　　一、代表资格审查委员会；

　　二、提案审查委员会；

　　三、特别审查委员会。

各委员会之组织另定之。

第十条，全国僧教育会议议决案，由中国僧教育联合会分别办理之（中国僧教育联合会由第一届全国僧教育会议大会组织成立）。

第三章　事务

第十一条，全国僧教育会议设秘书长一人，承主席团之命，处理全会事务，由会议主席团推定之。

第十二条，设秘书、事务员、书记员若干人，由大会出席代表分别推荐（中国僧教育联合会组成之后，由联合会委派）。

第四章　誓约

第十三条，全国僧教育会议代表于举行僧教育会议开会式时，应举行宣誓，其誓词如左：

　　○○敬以至诚代表中国僧伽，奉佛遗教，住持正法，弘扬大教，依照律仪，参与世情，谋中国僧教育之统一与建立，并遵守僧教育会议之纪律！谨誓。

第十四条，僧教育会议代表于宣誓后，应于誓词签名，盖章。

第十五条，出席于僧教育会议者，在议场内，就讨论（原文缺）

第十六条，出席于僧教育会议者，于会议中有违背会议宗旨，紊乱议场秩序者，主席得警诫或制止之。

第十七条，出席僧教育会议者，对于有紊乱议场秩序时，得促主席之注意。

第十八条，主席团对于紊乱议场秩序之情节重大者，得特组审查委员会，交付审查，以出席者过半数以上之议决通过后分别惩罚之。

第十九条，惩罚如左：

　　一、告诫；

　　二、于议场中表示相当谢辞；

　　三、停止其出席；

　　四、撤销其出席资格。

第二十条，出席僧教育会议代表，无正当理由继续二日以上不出席，经主席团去函催请又不申述正当理由者，得撤销其出席资格。

第五章　附则

第廿一条，本法之解释权属于召开僧教育会议最初发起之团体（中国僧教育联合会组或之后，则属于联合会）。

第廿二条，本法自定期举行开全国僧教育会议之日施行。

（附拟）中国僧教育联合会组织法

第一条，僧教育联合会依据中央之人民团体组织法组织之。

第二条，僧教育联合会由各僧教育团体代表开全国僧教育会议组织之。

第三条，僧教育联合会依据佛陀教法，实施僧教育以造就住持佛教之僧宝及弘扬佛化之事业。

第四条，僧教育联合会经费，由各联合之僧教育团体抽常费百分之五至百分之十，及会员会费，为联合会经常费。

第五条，僧教育联合会以曾任及现任各佛学院、研究社等之教职员为会员。

第六条，会员无论出家在家，有选举、被选举权。

第七条，会员须遵守全国僧教育会议大会之誓约及应尽之义务。

第八条，僧教育联合会选举执行委员七人，执行全国僧教育会议大会议决案。

第九条，僧教育联合会选举候补执行委员五人，遇执委有缺出递补之。

第十条，僧教育联合会选举监察委员五人，监察执行议决案。

第十一条，僧教育联合会选举候补监察委员三人，遇监委有缺出递补之。

第十二条，执行委员、监察委员由全国僧教育会议选任，其任期为三年。

第十三条，执行委员中互选三人为常务委员，处理常务。

第十四条，僧教育联合会办事处，设秘书一人，编辑一人，会计一人，书记二人，庶务二人，由执行委员会议聘用之。

第十五条，僧教育联合会之职权如下：

　　一、关于僧教育之立法事项（如立各级学院组织法、教职员登记法、学僧考试及奖惩标准、僧教育宣传法、佛教图书馆组织法、佛学书籍审查标准等等）；

　　二、关于僧教育之设计事项（如编制各级学院课程、学制、预算经费、布置设备等等）；

　　三、关于僧教育之审议事项（如审查各级学院进行状况、学僧成绩、教职员勤怠等及议决处理等等）；

　　四、关于僧教育之指导事项（如指导各级学院组织改进等等）；

　　五、其他特别规定之事项（如规定教职员资格、学僧资格等等）。

第十六条，僧教育联合会每三年开全国僧教育会议大会一次，每半年开执监联席会议一次，每三个月开执行委员会一次。

第十七条，僧教育联合会出版月报，专载僧教育理论及佛学学理与各级学院进行状况之消息。

第十八条，（有脱文）。

第十九条，本组织法各项施行细则另定之。

第二十条，本组织法经全国僧教育会议议决，呈准中央党部内政部之日施行。

二〇，八，二。写于闽院。大醒。

此篇所写，第一、第二两章略述明佛住世时僧教育的建立与中国僧教育初期的发达及递嬗衰落之后的（有脱文）及有求更进一步以臻完善的必要。所以第四章即期望联合全国僧教育团体，谋僧教育统一先成一有系统的组织，同时并求有所发展。故先拟成两种组织法，意想于最短期间能开一会议，组一联合会。其他关于僧教育的"学制""学程""设计"等等重要计划，以留后来再述。

作者附识。

理想中的僧教育系统 [1]

僧教育在近年来之设施,从表面上看是一年兴盛一年,然从僧教育效率上看,则非常迟缓。因此有许多受过僧教育的学僧,在佛学基础上都未有坚固的建筑工夫,这不能不说是僧教育进程中的隐忧!

太虚大师对于僧教育的系统,曾作过精密的思考,制定了一个"三级制"的系统,以十年受完三个阶段的僧教育,兹表列如下式:

僧教育等级	学程	学年
普通教理院	第一年五乘共教 第二年三乘共教 第三年大乘相性 第四年大乘行果	四年
高等教理院	分别研习各种专门教理观行	三年
参学处	律禅净密修习一行	三年

同时,拟定的普通教理与高等教理各系的课程系统也非常周详;现在先把普通教理的四年课程抄录如下:

第一年五乘共教:

1. 经:《佛本生经》《大乘本生心地观经》

2. 律:《优婆塞戒经》《净心诫观法》《沙弥律仪》

3. 论:《马鸣庄严经论》《本生丛论》《佛学概论》《五蕴论》《百法论》《六离合释》

4. 文史:国文、宗派源流

第二年三乘共教:

1. 经:《杂阿含经缘起诵》《四十二章经》《遗教经》

2. 律:《四分律》

3. 论:《俱舍论颂注》《异部宗轮论》《因明入正理论》《摄大乘论》

---

[1] 《海潮音》第十六卷第二号,1935年。署名:僧忏。

4. 文史：国文、印度佛教史

第三年大乘相性：

1. 经：《楞伽经》《如来藏经》《解深密经》《大般若》第五分

2. 律：《瑜伽菩萨戒本》（并研究律藏）

3. 论：《集论》《二十唯识论》《观所缘缘论》《辩中边论》《十二门论》《中论》《三十唯识论》

4. 文史：国民常识、中国佛教史

第四年大乘行果：

1. 经：《华严离世间品》《法华涅槃迦叶品》《无量寿经》《弥勒上生、下生经》，《大日住心品》

2. 律：《梵网经》《整理僧制论》（并研究律藏）

3. 论：《大乘庄严论》《涅槃论》《十地论》《法华论》《净土论》

4. 文史：世界常识、各地佛教史

上面的课程，最重要的在第三年的大乘相性，前后共以四年为教学时间，就时间上分配也可伸缩。总之，可算很完备了。不过这里有个非常的难关，就是学僧要先已受过中等（中学）的国民教育，并且于出家之后亦已先受三年律仪教育（初等僧教育），乃能渐次修学五乘与三乘共教而进于大乘相性以至大乘行果。如果没有中等的国民教育作基础，则在讲、习两方面都感受异常之困苦：第一文字未通，先须注重在文字上补习；次则普通常识——算学、史地、自然、社会不懂，对于世法又不能完全茫然无知。所以四年的普通教理，虽按其学程教授，事实上的成绩，势亦必不能合乎理想中之所期望的一样，这就近数年来各方施教的实况可以考察得到的。

因有如上所述的难处，所以在现前设施教育者，应要注意此种僧教育之系统：

第一，在上面的一个系统上，学程不妨分成两级，就是因为所受僧教育之学僧，平均以十八岁以上的沙弥或比丘为准，则不但不能得若干曾受中等国民教育的程度或有同等之学力，即求诸已曾受有完全小学教育之资格，亦不可得。故补救之方法，即第一将普通教理的四年学程，分成两级，展为六年：前三年为一级，施五乘与三乘共教；并以三分之一的时间，教授国民教育应受的□□，□□□特别在国文方面去下一番功夫，国文为治佛学之一大工具，若国文不通，则一切经律论皆无法使其通达。后三年为一级，将大乘相性的课程分在两个学年中教授，同时仍注重文字上之练习；在此时期，至少在文字上要能使学僧能够点读佛经及整部章疏，为入高等教理研究之预备。最后一年施以大乘行果。

第二，在学僧的学龄方面，可以十七岁至二十二岁为准。大概读书的记忆力，在十七岁至二十岁为最丰富，如训育得法，不使学僧之思想受外界之牵动，于此时中聪慧者必能得最速之进步。而学习文字，大概到二十岁以上才作基本练习，在效率上难得百分之三十能够畅通。故往往二十三四岁的学僧每不及十八九岁的学僧进步之速，确为实证。限制年龄，亦为僧教育系统必需顾及之一重要点！

学程与学龄既能确定，在设施方面切忌躐等！考现在一般主办僧教育者有两个缺点：一是限于三年毕业，一是把课程排列高下不就。因有前者的原因，就不得不多列课程，若《唯识》，若《俱舍》，无不入之。因有后者的原因，所以在成绩的实际上，所能做到的并不如所说到的那样容易，而且学僧的程度高下不齐，就是因为把课程排列得高下不就。如果再不在这种系统上去矫正，吃力不讨好，僧教育进步的效率，则无从设法了。

再从国内现在一般青年学僧的实况而观之，在我们理想中的僧教育系统，实以上面所举的普通教理的一个阶段为最迫切、最需要。至于高等教理的一个阶段，可以迟缓一步举办，因受过完完全全的普通教理的人数——如我们理想中的一种普通学僧程度的人，尚不甚多。同时因为要救济初学的学僧，应该多设前三年的一级，以后三年一级毕业的学僧去作前三年一级的教师，实在非常要紧。最近记者接到两处学院信息，欲觅一二能分担国文与佛学的教师，好像就颇难得相当的人才，这就是上面所说的两个缺点的关系。一面不会有切实讲大乘相性、大乘行果的教育，一面又不确定在普通教理前半阶段上设施五乘和三乘的教育，故也就弄成学级高下不分、教师高下不就的局面，这是最值得注意的一件事实！

这里，我们可以再举个例子来证明：有一位法师他曾连续做过三处道场的主任，三处道场的课程都是一样，有《深密》《唯识》《因明》等课，学僧有几个也就随同住过三处道场，也有的毕过两回业，然而事实上的成绩，《深密》《唯识》《因明》等等，虽一而再、再而三地讲习，也并不见得有几个人真正弄得通；这是什么原因？不消说，这就是没有注意僧教育的系统！

僧教育中，现在最应注意的就是僧教育系统。在主办僧教育者，要去除高下分别之心，要就当地所来求学学僧的程度作施教的标准。如果办普通教理的学院，办前三年一级者亦可，办后三年一级者亦可，能办完全六年者更好。在僧教育普通教理的一阶段，正如国民教育的中等教育（中学）一样，受过六年的普通教理的僧教育，则等于国民教育的初中和高中卒业一样。能成为一个中等学僧，即须受完普通教理的五乘共教、三乘共教、大乘相性、大乘行果的学程。在未曾得到完全受过国民中等教育的学僧以前，则不妨将虚大师所拟定的四个学年延长为六年，分前三年级与后三年级，这样，事半功倍，一定能得到相当效果的。

在眼前，我们就希望在理想中的僧教育系统，先来实现这个"普通教理"的一个阶段！

二十四年二月十日

学僧的三阶段 [①]

何谓学僧？在一般人的眼光，以为凡是出家的青年、正在读书的僧众，就叫作学僧，其余的僧伽都不是学僧。那是一种错误。要知道凡是出家人，无论老少都是学僧，不过仅有沙弥、比丘、菩萨三种学级的不同罢了。比方从现在一个年轻的小沙弥说起，乃至一直到文殊大士的地位，这中间所经过的都为学僧的阶段；或者说从最初开始学佛起，一直达到成佛以前的一刹那为止，这中间通统称作学僧。所以，不但在沙弥的地位称作学僧，就是已登如文殊、普贤诸大菩萨的地位的，也还称作学僧；只有已经圆满果位了的佛陀，才能脱去学僧的名称。我们根据这点意思，就可以明白学僧的界限，不但研读教典的青年僧伽是学僧，就是念佛、参禅的禅和子也未始不是一个学僧；无论是宗下的、律下的、教下的或者是沙弥、比丘、菩萨，只要他们在心性方面是在修学佛法的，一概称作学僧。可以这样的说法：沙弥是学比丘的，比丘是学菩萨的，而菩萨又是学佛的，到了佛便再无所学了。沙弥、比丘、菩萨都还要修学，所以称他是修学的学僧；佛乃最极圆满，已证无上正等正觉，自然谈不到学了，所以只有佛陀才能摆脱学僧的名称。这是学僧的范围，我们首先应该要认清楚！

学佛的途程很长。一个童年到老年的数十寒暑之间，这本是很短的时间；从具足信心以至老死，这不过是学僧阶段的一小段，要生生世世不断地去修学佛法的，才能算是学僧过程中一个较长的时间。所以学僧的途程，不仅是在现在的一生之中，而是从今以往，乃至尽未来际，直到成佛的时间的。现在我们这里要讲的学僧的三阶段，是单就现生而讲的，就是从青年到壮年、老年的这一生，把它划成三个阶段。

[①] 《觉津杂志》卷2，1936年。大醒讲，圆觉记。

第一个阶段是"体解大道，发无上心"。我们积集了几世的善因才能来做佛陀的弟子。古德云："人身难得，佛法难闻。"这就是说明人生得闻佛法是需要具足殊胜的福德因缘的。佛法浩如大海，无量无边，这里的"大道"两字，可以说是把佛法包括尽了。这两句的意思，如用白话说，就是要我们学佛的僧众，首先个个应该要对于佛法的大旨有个认识：譬如我们为什么学佛？学佛究竟有什么好处？学了佛应该要做些什么事体？我们要怎样地去作佛事？对于这些问题要都能相当了解；了解了这些问题以后，才能负起"身为佛子应作佛事"的天职。假如有人从发心以来，就不断地去实行本愿，不改初心，而且已能体认佛法的真谛的，这就是已经完成第一阶段的工作了。完成这个阶段并没有固定的时间，一年也可以，十年二十年也可以，或者就是终其生都不可以的，这完全看人的行法如何为定□。如果很认真地精进实行，那一年也可以走完这个阶段的；反之，不切实地地去"体解大道，发无上心"，那虽经几十年，也还是不能走完这个阶段的。但是体解容易发心难。我们体解大道尚属容易，要是能发无上菩提心的却很难了，所以在体解大道之后，我们还要注意发菩提心。现在有很多的僧青年已经学佛数年了，忽然又舍佛跑到邪路上去，这就是因为对于"体解大道"不彻底和没有"发无上心"的缘故。所以我们这里还应该要注意彻底的"体解大道"和切实的"发无上心"！

第二个阶段是"深入经藏，智慧如海"。这一个阶段就是已经对于佛法有了相当的认识了，而且已具足了大菩提心，而后应行的一个阶段。要能智慧如海，必须力求深入经藏，因为许多的经藏，都是智慧如海的佛陀和诸大菩萨说出的。我们的智慧与佛虽然原是一样的，所谓"一切众生皆有佛性"，佛性既具，智慧当然也是和佛一样的；但是事实上却不是这样的，我们原有的智慧与佛性都被许多尘垢障蔽着了，使我们长久的堕落在黑暗的苦海里，完全失去了智慧的作用。所以我们现在就应该去努力图取如海的智慧。但是向什么处所去努力图取呢？这就不能不发心修学佛陀的教义。因为诸佛菩萨以及诸大祖师的慈悲心切，他们既经自己觉悟了，还要去苦口婆心的教化有情大众，以他们内心所证得的一切智慧来方便施设出许多的离苦趋乐的法门；我们现在只要能够深入经藏，马上就可以彻悟第一义谛。不过深入经藏，并不是简单的一回事，不但是要研究经藏，体解经藏，简直要把己身埋葬于经藏之中；博览精研，熟虑深思，这才算是深入经藏。这里还有一点也要明白：深入经藏是为弘法利生的基础，我们之所以要深入经藏，完全为自利而利他，尤其是因为利他，就不能不去深入经藏作为弘法利生的准备。这一个阶段的时间，如其一个学僧从二十岁到三十岁或者到四十岁，中间已能做到"深入经藏，智慧如海"的成绩了，以后便可以踏上第三阶段。不过这个阶段的完成也并没有固定的时间，也完全是看人的行法如何为定。

第三个阶段是"统理大众，一切无碍"。这个阶段就是对于佛法已经深入了，而且已经把弘法的学行德能具备了；而后就应该要实行的利他的工作。自己无论一言一行一举一动都要能利人，教化一切众生不为一切烦恼贪瞋痴业所障碍，使向唯一的目标——涅槃果迈进！并且在佛教中要为大众服务，统理大众，使各各如法承事三宝，随力随分作一切佛事。行到了这个阶段，才算是能尽了一个学僧的责任！完成了一个学僧的使命！

这上面的三个阶段，是我在夜深人静的时候骤然想起的。本来这几句话是我们每天所必读诵的三皈依上的文句，猛然看来似乎不觉得怎样重要，可是细细地一想，才知道这是我们学佛的人安身立命的法宝。文字虽然仅仅二十四个字，可是它的含义已经把做学僧的道理和责任完全讲尽了。平常我们都把这几句话看得平常，现在想起来的确是后悔嫌迟；从今以后，我很愿同我们做学僧的同志，奉行此语，依照着这三个阶段去勇往前进！

二十五年十二月七日

佛学中需要的模范学僧[1]

以佛教的现状看来，需要佛教的人才，是一件很重要的事。但是什么样子的人才才是佛教所需的人才呢？既不是社会上一般在家人，也不是笼罩在云里雾里的一般僧众，而是我们现代修学的学僧。所以我以前曾有过这样的主张：

现代的学僧要做到四点：一、住持现代佛教；二、整理现代僧伽；三、建立现代佛学；四、化导现代社会。

这是我以前的主张。虽然能够做到了一点，但还是很空洞，并未能完全行诸事实。这种空洞不切实际的话，就等于虚发四弘誓愿一样，单靠口头上是不行的，所以我们现在要切实地去造就确实能做这样大事的模范学僧。

为什么我要提出这个题目来讲呢？就是因为十几年来的经验告诉我，现在不是办普通教育的时期，而是要真实的造就一班模范学僧的时候。这里有一个很好的例子：在前清的时候，中国的教育是科举制度，后来自从接受了西洋的文化以后，就废弃了科举制，经过几次的变动改进，于是中国的教育到现在才勃兴起来，而大量的人才也才产生出来，我国现今无论什么学科，本国人也都能自己教授了，无论什么大事和难事，本国人也都能自力更生地苦干了。但是我们要知道，并不是中国以前没有教育，不过以前的教育是呆板的，现在的教育是进化的。我拿这例子来说明佛教以前并不是没有教育，不过那种教育制度的确是不良的，所以我们十几年来对于僧教育所努力的，可算完全是用的改革旧制的工夫。自从有了武昌佛学院的建立之后，全国各处也产生了不少佛学院，在这个时期当中，可算是佛教新陈代谢的时期。虽

---

[1] 《觉津杂志》卷5，1937年。大醒讲，圆觉记。

经十数年的努力，但仍无显著的进步和发展，最感觉到困难的还是人才的缺乏。我们把十几年来的工作，可以当作中国教育初期接受西洋文化的一样，现在的佛教可算已走上了新的阶梯——已经算是稍有进步了，但如拿社会普通的教育来一比，就立时感觉得落后很远。我以为我们老在人家后头跑，到底不是一个办法，我们现在要进一步地去努力，加紧我们的工作，去造就模范的僧材；有了模范的僧材，才可以建树佛教里所需要的各种教育，也才可以赶得上普通社会的教育。

现在讲的这个"模范学僧"的名词，不是要少数的几个人去做的，也不是限定哪几个人去做，要凡是现在身为学僧的人都一齐去做。但是什么样的学僧才配称作模范学僧呢？到什么样的程度才算是模范学僧呢？关于模范学僧应具的几个条件，现在把它分成三类说明。

第一是关于修的方面。在修持方面又可分出两点来讲。第一点是修持戒法。戒是佛教里教人怎样修学的一种必具条件，所谓由戒生定，由定发慧。就是说，凡是学佛比丘，起初应该严净毗尼，由严净毗尼之功，可以发生定力，再由定的力量，才可以生出无量的智慧来。照这样说，戒是学佛人的一种必修科，不但我们学僧应该要照这条件去做，就是凡是称作佛教徒的人，都应注重这个戒字。修持戒律是不论轻重的，不过要完全严守，恐怕事实上所不能做到，如果能从大处做起，小处也就能够做到。比方比丘受的二百五十戒，起初当然是不能完全严守，一定会在无意之间触犯；但如能从十重戒守起，后来渐渐地加增，也就可以全盘的严守了。现在我们不论老少，要一律地、严格地遵守戒法，要想做成功一个模范的学僧，更应该去严格的修持，因为戒是我们修学的基础。对于基础，如果不十分坚固，那学佛的一切程序就无从成就，所以我们要造成模范的学僧，在修持方面的第一点就是要修持戒法。第二点是修养品性。要做一个模范学僧，品性方面也是要特别注意的。假使道德、学识都好，而品性不佳也是不行；或者志向虽高，而人格不高尚，也是不行。所以，不但对于戒的方面要注意，就是对于待人接物的各方面，也得要随时检点。但是品性要怎样的注意呢？就是说，对于人没有一点对不住的地方，不使人家对我看到有不诚实的心。因为我见到很多学识丰富的学僧,只因其性情特别,不能随众缘,一意孤行,结果不能应世弘化。所以我想做一个模范学僧,品性比道德学问尤为重要。

第二是关于学的方面。模范学僧所需学的有两种。一种是佛学,就是佛教的圣典,这是我们根本的教义,应该要去研究入髓,彻底认识。但是要怎样地去学佛学呢?那就不得不知道,凡是佛经和古德所作的论疏,我们都要去广博的研读,我们所研究的并不分宗派,也不限于哪一种。但是要学到什么程度,才够得上称作模范学僧呢?并不限定要博通了三藏的教典,只要对于佛教最基本的学理能够了达和应用就行了;比方无论听过一部什么经论就要通达,就要明解,对于内中所诠的真理,就要能彻底地领悟并能转示于人。不过佛学是比其他的学问不同的,不但在文字方面要能通顺,就是在文字之外的密义也得知道才行。所以我们在学佛学方面,第一要注意依着程序,所谓由浅至深地去研究;第二还要离去文字向内思惟。第二种是学世学。单通佛学不明世学,那是不能够做利他的工作,也不能够去负起弘扬佛法的责任的,所以在学佛学之外,还得去学世学。不过学僧学世学,一定是赶不上普通人的。现在我们要争口气非赶上普通人不可,普通教育所有的功课,我们都要去学,要比普通人学得更精明,普通人一年读完了的书,我们半年就把它读完;不但对于本国的文字要重视,就是科学,乃至世界所有的一切知识,我们都要去学。对于外国文字我们至少要通一国或者两国,都要把它弄懂。僧众在现今社会要想站得住脚,就不得不注重世学。对于世法通了,就可以感化社会,普通人所有的知识,我们也都具足了,这样普通人自然不敢轻视我们,也无理由反对我们了。为什么要这样做呢?那么我们要知道,古来很多大德之所以得到多数人的崇拜与信仰,就是因为他的一切学问都能超过别人;唐太宗之所以信仰玄奘法师,也无非是因玄奘法师的学问道德都超过一切的国人之故。现在我们也应充分地去修学一切学术,以普通大学学生为我们模范学僧的水准,要赶得上普通大学的学生程度,才可以算是一个模范学僧。现在我们的学僧程度,还没有能够赶得上这水准,还是在水准下面生活着,这使我们万分的惭愧!我们现在要自觉,赶快去学习,先赶上普通的学生,同时再在佛学上求深造,以期成为我们佛教中所需要的模范学僧。

第三是关于做的方面。做的方面也分作两点。第一点就是我以前所说的：住持现代佛教和整理现代僧伽。我们模范学僧修学到了相当的时期，如果遇到一种因缘，就该去做有利佛教的事业。所谓住持现代佛教，必须要做有利社会的佛教事业，使正法昌明于人间，使人生各被其益。对于佛教中如果有流弊的地方，就要去发心整理，不是做了一个地方的住持以后就独享私乐的，也不是住在深山之中修道，就不去做宣扬佛化的事业的。我们应该知道，所谓"既为佛子，当作佛事"，住在深山修道，或者住持一个地方不去做有益佛教的事业，这都是自私的表现，对于佛教、对于自己两无裨益，这不是我们模范学僧应有的态度。第二点也是我以前说过的：建立现代佛学和化导现代社会。前面说的住持现代佛教和整理现代僧伽，是对佛教内部的工作，这两种是对外的工作。所谓建立现代佛学，就是宣扬佛学要适应时潮，要以最简单、最科学的方法，深入浅出，见机说法，以化导现代的社会。假使做了一个学僧而不能负起弘化的责任，那还成为一个学僧吗？现在我们要想做模范学僧的人，应该要负起建立现代佛学和化导现代社会的责任。这两点是就做的方面说的。

从上面三点看来，能够称得起佛教中的人才，就必须要做到这三方面。但欲做到这三方面，并不是一年两年的工夫。在家的学生可以六年在中学毕业，四年在大学毕业，我们的学僧则不限定。但是在家的学生，就非要有六年的工夫，才可在中学毕业，他们是有固定的时间；像我们僧教育里并不如此，只要是能够精勤修学，所谓朝于斯夕于斯的埋头苦读，把佛教最高的学理懂得了，对于世法可以应付了，马上就得毕业，这是很快的。在现在的一班的青年学僧，十八岁以上的固不必谈，假定都是二十多岁的，再来学十年，也不为迟。在二十多岁的时候，自然是不宜当寺院住持，但是现在偏偏有很多的年龄还不及三十岁的人，学问未成先存做教员之心，或者是中方丈之毒，同在宝华山住的僧众存了一个开堂之心一样，这实在是不对的。现在我所讲的模范学僧应该免去这些毛病，好好地安心读书，人家一年读完的书，我们要半年就把它读完了，这样是很快的。过去的不谈，来者尚可追，只要我们能够发愤努力，将来都有得大成就的一天，何况做个模范学僧。

我时常为佛教作杞忧：感到没有人才，感到人才的太缺乏，感到人才的不健全，要想弥补这个缺憾，当然是希望赶快造就一班模范的学僧人才来！而且我绝对的相信，佛教中最需要的是模范学僧！

二十六年三月十五日

理想中的自修学僧[①]

世尊在雪山行道，实行自修生活以来，历代高僧用功得力之处，莫不是从自修而得来；菩提达磨面壁九年，即其一例。在僧教育未普及之前，学僧自修工夫则非常重要，盖不自修无以求其进益。

同时因为僧教育没有系统，在学僧求学方面感受许多困难，这样，自修之学僧的数量一定要超过求学之学僧。但自修学僧，并非凡失学之学僧皆可自修，须已有相当学力，确能自己过"闭户读书"的生活，这才可以。如其程度尚低，自问对于普通教理及文字工具俱未到自修之能力，这样的学僧，仍宜就学为是。否则玩时丧志，甚为可惜！苏州有个我们的旧学僧——永泉君，他几次写信来要我给他找一个求学的地方，最近来信甚至说到要我"搭救"他。再看他写给慈舫、永学二君的信上说：

> 我现在可算是中途失学，最可怜的一个苦恼子！对于佛法说不懂呢，又能晓得一点，要是知道吧，又似乎不明白，弄得半途而废，非牛非马，不知怎样好？辍学以来，迄未得一良好学地安心就学，连我也无法想。倘是教我过两铛一铃的生活吧，又不大弄得来，这种因果钱，收了却有些寒心，将来不知是怎样还给人家？如住丛林吧，又觉得年纪尚轻，不曾到做老禅和子的时候，无故地把点光阴白送到那些地方去，又有点不确当。我心中越想越难过，犹如刀割一般，我真是个业障鬼子，不能时亲善知识。唉！

从上面的信上看来，他固然是个有志向的青年学僧，但是摆在他面前的只有两条路——"求学"与"自修"。无处求学只有自修，无力自修就当求学，

[①] 《海潮音》第十六卷第二号，1935年。署名为僧忏。

这是非常简捷的办法。如其两方面的环境都不许可，自己的志向再不坚定，那前途就不很光明了，这全靠自己要有果断！

现在，我们避去求学不谈，单来谈谈自修。我认为自修的学僧，至少要注意以下各点：

一、如想自修，就如平常说的"闭户读书"一样，最要紧的先要问自己有没有自修的能力，如阅读经论，就要能读通注解，明了文义。否则如乡下人听一哲学家演说，不知所云，毫无受用！

二、有了自修的能力，也要得到环境的许可。我与几个同学以前曾住过南京金陵寺，一共七八人。该寺住持僧机本和尚欢迎供给食住，自由读书，身心安乐，实为一时胜缘。如果得不到一个清净场所，自修亦不可能。因如今所有佛寺大都要靠所谓"两铛一铃"的收入维持其生活，故非与住持僧有甚深感情者，决难让你隐居一室去自修，不为寺务稍尽职责。故自修的环境，亦须求其适宜者！

三、既得一安适之环境矣，就要自订一种自修的课程。对于普通教理已了解的，不成问题，可以择一系一宗派的经论学说去深入研究。但若普通教理尚未十分通达者，就要订一种与自己学力相当之课程，按步修习，不可躐等，切忌囫囵，非对于一经一论之义理确实了解者，决不放手！否则，茫然头绪，如入宝山空手回，不可不自珍重！

四、自修尚有一难题，就是图书问题。住大丛林，尚或有《藏经》参考；小寺院若无藏书，就非自己多备参考书不可。一般学僧处于今日僧伽不良制度之下，师长蓄徒既不负教养责任，学僧限于律仪又不能另谋职业（如半工半读之学生一样），十九为经济所困。常年的粗布衣单费皆无着落，何处更得多量购备图书之金钱呢？故自修者尚需顾及有一点相当的购备书籍之费！

五、闻思修，是僧教育学的原理。个人自修，单做思与修的工夫，似已离去闻的机会；其实不然，若其自修学僧程度尚浅，对于拟修之经论，以个人学力决难体解的时际，则非请教于人不可。所谓学问者，学而不问，实为学者之大病。我们学僧既已受过数年僧教育，在师友之中，当然有不少可以做我们师资的人，于自修途程中不妨函请一二人作为导师，遇有疑难，俾从请益。决不可空腹高心，我慢自居，致使自己自修之业，结果一无成就，而虚度时光，此尤为自修学僧特别注意之一点！

在我们理想中的自修学僧，总说一句，自修成绩的效率，至少要超过求学的成绩一倍至数倍以上，这才不负是一个自修学僧！

二十四年二月十一日

学僧的自觉[1]

现在中国的青年学僧,虽没有一个确实的统计,究竟有多少人数,但是就现状看来,青年学僧是一天多是一天了。在这一天多是一天的当中,学僧多半是出于自动的,只有少数是被动的,这是很可喜的现象!能够知道做个出家人不读佛书是不行的,和做了佛子而不做佛事也是不行的,这可算是现在学僧的自觉。

前年我到日本去考察佛教,暗将中国的青年学僧与日本的青年学僧一比较,觉得我国的青年学僧太不及他们了;他们的僧教育道场是很多的,而且很完备的,差不多个个丛林里都办有僧教育的事业,所以在日本的青年学僧的读书问题,是不成问题的;而我国的僧教育呢,真是目睹心寒,不堪言说了!所以在中国的青年学僧的读书问题,我觉得只有一条路可以走,就是"刻苦自修"四个大字。当我初从日本回来的时候,就有个学僧——智藏,写信问我:从日本回来对于中国学僧有没有什么感想?我当时答复他的一句话,就是说我们青年学僧要"刻苦自修"。现在中国僧教育道场实在是很少很少,在这极少数的道场当中,能够办得十分完备的,那更是很少到没处再少了。这种情形,在办理僧教育的人自己是明了的;可是在一般的学僧就十分的不满意了,往往要不安心于学,找出许多的麻烦,影响到满道场的僧众,(无论教师、职员及学僧)都不安起来,这是学僧的绝大的错误!老实说:学僧原是为求学的,学僧根本就不应该去有所反对僧教育道场及其办僧教育的人。因为学僧先是投进僧教育道场去求学,后来又对于该道场或发生不满意的行为,这是自己矛盾的地方。比方说,我们既不满意于一个道场,又何必投进到那里去呢?再说我们若嫌人家办不好,我们自己又能不能出来创一所好的僧教

---

[1] 《觉津杂志》卷3,1937年。大醒讲,圆觉记。

育道场呢？所以学僧反对办理僧教育的人或道场，根本是无理由而且无资格的！因为这点很重要，特地把它提出来谈一谈，以供我们学僧自觉的借镜。

学僧求法的目标，是为"增长智慧"。在佛教历史上自古迄今第一个勇猛精进而勤学的学僧是善财童子，他跑到五十三国去求法，他一点也不觉到辛苦；同时他所参拜的有的是比丘，有的是长老，有的是比他年纪还轻的童子，他对于这些人以及对于这些人所说的话，绝对没有不满意的地方，他都把他们所说的话，当作珍宝一样地牢记在心。这在《华严经》中讲得十分明白。做学僧的人只应该以诚敬心去亲近你所仰慕的大德，千万不能以骄慢的心去轻视大德。我们做学僧的人，都要能像善财童子那样，去参访诸方大善知识就好了。这是我们学僧应当自觉的一点！

现在普通教育界里的大学生，要经过小学六年、中学六年、大学四年的习学的阶梯，然后才可以做到一个大学生的资格。我们现在的学僧，对于世学的知识是十分缺乏的，出家以前既没有受过相当的教育，出家以后也没有因缘可以充分地读书，现在要想一旦就有大学生那样的资格，这是做不到的事。若没有大学生那样的资格，怎么能担当得起做现代的弘法的工作？假使要想使中国佛教复兴起来，学僧就必须人人具有大学生那样程度才好。这样，我们学僧就要能够以十年二十年的长期时间，去不休不息地勇猛精进的修学，能经过了这长久时间的"刻苦自修"，才可以在佛门中做个弘法利生的健将。试看现在有多少的学僧，能够发心至十年以上不断地用过苦功的？这也是学僧应该要自觉的一点！

在中国佛教历史上第一个勤学的学僧，要算是唐代的玄奘三藏法师。他那种为求法的精神和他在佛教历史上所建立的功业，实在是值得我们学僧礼拜景仰的！他曾因为不满于当时既译的佛经，恐怕有讹错的文义，他不惜跋涉万里之苦，单独地跑到印度去研究佛法；经过了十余年的勇猛精进的"刻苦自修"以后，才又从印度一步一步地跑回中国来。途中受尽了风霜雨雪和饥渴寒冷的种种痛苦，然而在他丝毫不觉得痛苦，他只知有一个求法的心，其他什么也不管。因为他有这样的精神，所以他后来终于成就了他的伟大事业。他不但是中国佛教历史上空前绝后的特出人才，就是在中国整个的文化史上也居在最高的位置上。试问现在的学僧，有没有能够像他那样的呢？最可叹惜的是现在的学僧,多数是不能安心向学,不能够向一定的目标走去,往往的半途而废。因此之故,中国佛教的学僧至今日为止,是有用之才少而无用之人多。这也是学僧应该自觉的一点!

现代僧教育道场能够说得上完备的实在不多,简直可以说是找不到,假使与日本佛教的僧教育道场来比较一下,那真是所谓"相悬天壤"了。但是这种苦境在一般青年学僧是不知道的,普通有很多能住两三百学僧的丛林,而不能够就使他办成一所能容两三百学僧的僧教育道场,虽有能办大规模僧教育道场资格的人,但是都又遇不到那样好的环境;所以自武昌佛学院创办以来,还没有能办成一个能容一百名的、完整的僧教育道场。这原因是非常显明的:一是人才的缺乏,二是丛林制度无法改良,三是佛教团体没有组织。故欲建立十分完备的僧教育道场,在现在还只有在理想中计划,还没有法子使它实现。所以学僧处于现前的佛教环境下,实在难求有阶梯的僧教育,除去"刻苦自修"以外绝没有第二个好法子。这又是学僧应该自觉的一点!

现在学僧大家都知道这一句话:"佛教将来的复兴,其责任是负在我们学僧的身上!"可是这句话不是轻易讲的,更不是夸大的,是要能勇猛精进的去实事求是,要认真负起这伟大的责任的。要谈到学僧负复兴佛教责任的话,在求学时代如没有十年至二十年的修学工夫,压根儿就谈不上能够负这么大的责任。所以现在的青年学僧如真知复兴佛教为己任的话,那么在修学的因位上,就应该准备充分的时间,放下一切,不顾一切,发起"此身不死,我志不休"的最大决心,奋勇着向我们唯一的目标——栽培福慧二种资粮方面行去!等到经过了十年二十年以后,修学的成绩已经足够负起弘法利生的责任了,再去认真地专事弘法利生的工作!到了这个时候,才可以说能够负起复兴佛教的责任;否则,我们尽管说得怎样好听,而对于佛教却没有丝毫的益处。这又是学僧应该自觉的一点!

再谈到佛教的组织,真同一盘散沙似的,在短时间内是没有法子望它改善的。我们创办僧教育的人,也只能随着自己的因缘来尽自己的责任;要想创办一个大规模的、有系统的僧教育道场,在眼前事实上是难做到的。我们学僧在这个时候,要大大的觉悟:埋头苦干!说到就要做到,做到以后再来说!不要错过了当前的因缘!不要空过了宝贵的光阴!不要见异思迁!不要懈怠因循！不要为环境所支配！不要受名利的诱惑！无论于一切时一切处，要安身安心，刻苦自修，非有三年、五年乃至十年、二十年的长久精勤的工夫，把自己的学德充实起来，把一切弘化的工具预备充足，都不停止这样的精神与工作。果真本着这样的决心来工作，我想并不要二十年的工夫，中国的僧教育道场便会发达起来！僧伽的知识程度与在社会上的地位也便会渐渐地提高起来！而所谓现代的佛教也便会建立起来，再不致有这样的一盘散沙似的衰颓现象了！现代青年的学僧们，我们要求复兴佛教，我们首先就要大家共同自觉！

二十六年一月四日。

学僧应注重礼节[①]

礼节在人类当中是很重要的，可以说礼节是推动社会进化的一种原动力。平常我们不是常是听到有人这样说吗："礼者，理也。"这就是说，我们一切的行动，都要合乎道理，都要有一定的法则，丝毫不能够离去礼节；有了礼节才可推动社会进化，所以说推动社会进化，礼节就是一种原动力。但是我们为什么这样说呢？就是因为礼节是促进人类互助的一种利器，比如说，甲与乙两个人，向来没有会过，偶尔遇着了，起初必先经礼节的介绍，而后才可以使他们渐渐发生关系；如果没有礼节从中来造成他们的关系，那么，这两个人就永没有合作的可能，也就不能造成功他们的事业了。又如在阶前有块大石头，我们因为它放在那里不很美观，就要想去移动它一下，但是因为自力的薄弱，就不能不求助力于人；如果不以礼去求人，那结果自然是难满所愿，所以说我们须借礼节的力量才可造成事业。因此，我们可以说礼节就是推动社会进化的一种原动力。

礼节在宗教间——尤其是在佛教里是很重要的，佛教徒最注重礼节。佛在世时，每逢佛陀说法的时候，弟子都是上来先要礼佛，而后再跪请如来说法，如来说法圆满，弟子又要"作礼而去"；古来许多大德造论释经，上来也必要礼赞三宝，或者启自造论的因缘；乃至直到如今，佛教的精神虽已衰微得不堪，而对于礼节依然能保存昔日之精神。于此，我们就可以想见佛教对于礼节的注重了。

我们做佛教徒的人，个个都应该重视礼节，这是我们人人不可忽略的事。谈到敬礼的意义是有多种的，现在我把它分出五点来说明：

（一）礼敬佛。为什么要礼佛呢？那是不必说的，既做了佛陀弟子，

---

① 《觉津杂志》卷4，1937年。大醒讲，圆觉记。

自然要礼佛表示崇仰之诚。故普贤菩萨十大愿中,第一愿就是礼敬诸佛。但是礼佛并不固定的是哪一尊佛,要能普礼十方三世一切诸佛。故《礼佛忏悔文》中有云:"所有十方世界中,三世一切人师子,我以清净身语意,一切遍礼尽无余。普贤行愿威神力,普现一切如来前,一身复现刹尘身,一一遍礼刹尘佛。"这是普贤菩萨礼佛的一种标榜,意思就是说:不仅礼一佛二佛三四五佛,还要去普礼十方三世一切所有诸佛;还不但要在身行一方面要表现出礼佛的诚意,就是在言语意念之间,也要执持一种绝对的清净信心。

(二)礼敬法。我们对大慈大悲的佛陀,既然要以绝对的清净信心去礼敬他,那么,对于他说的言教,自然也应该去礼敬了。所以平常稍有行持的修道者,他们每每要闭关禁足,在僧寮里拜经,或一句一拜,或一字一拜,这种拜经就是礼敬法。还有平常有许多僧伽,每于读经时,必净手漱口,或者清洁衣冠,或者严束身心。像这些,也是对法尊敬的一种礼敬法。但是这里讲的礼敬法,也是和上面一样的:不但要在身行一方面要表现出敬法的诚意;就是在心理方面,也还是要具足清净信念的。

(三)礼敬僧。佛法固值得使我倾心拜服,但我们又为什么要礼敬僧呢?这是因为有许多的僧伽,他们的确是如来的忠实信徒,他们既能信解佛法,而又能行比丘所应行的;以他们这种正知正见而又勇于实行的大德,哪里不值得我们来倾心拜服地礼敬他呢?所以我们初发心的学者,对于老戒,或者知识道德比我们高的人,无论认识与否,都应该去礼敬他们。而且我们去礼敬他就等于礼敬佛一样。佛陀涅槃以后,有人能荷担如来家业者,他就是代表佛陀化世的。所以,只要是真心为佛教而又热心佛法教化事业的僧伽,我们都应该去礼敬他!况且在禅和子之中,往往有大菩萨应世,我们如果不向普通的所谓禅和子当中去礼敬,那忽略了大菩萨,岂不是坐失良缘吗?所以我们还要不问何方僧众都要普礼才对!

(四)礼敬师。这一条与上面一条大致上是相同的,不过我因为他有特别另成一条的需要,所以这里又加了礼敬师的一条。师可分为四种:一剃度师、二戒师、三法师、四教师。这四种师,无疑地就是我们的法身父母,所谓"育我者色身父母也,教我者法身父母也"。剃度师是接引我们出家的第一个师长,论关系的重要,当然要占第一个位置了。戒师是我们受戒时候教授我们戒法的人（包括得戒十师）。法师是教授我们修学佛法的人，换句话说，就是为我们讲解佛法的人。教师本可以说是出家的法师，但为简择在家的教世学课的先生，就又在法师以外加了一个教师。这四种师与我们有极大的关系。所谓法身父母者，就是给我们增加智慧的恩人。因为我们与他的关系密切和接触的时间多，所以我们应该随时随地都要向他表示敬礼，不可有丝毫的苟且与虚伪！并且对于他们愈有礼节而获益愈深；比如为徒弟的，对于师长处处表示恭敬，那么，为人师者对于他的子弟当然要加一倍的爱护了。同时，我们现在对于自己的师长能礼敬，将来才可以博得自己的徒弟对自己的礼敬，这是因果报应的必然道理。

（五）礼敬友。佛教徒常说："三分师徒七分道友"；反之，七分道友之中，就有三分的师徒；在我们同学同参中间，只要年纪比我大、学识比我高、品行比我好的人，他就是我的师长，我应该对他尊敬！孔子所谓"三人行必有我师焉"，三人之中尚且找到为我师的人，何况在很多的同学之间呢？所以我们在许多同学之中，不妨认定几个人假定是我的师长。我们如果真能本着敬友的目标做去，将来是着实可以得到相当利益的。古人交友，多彼此互相得益，所谓"如切如磋，如琢如磨"，终能以互相获益为结果。如明末的憨山大师与紫柏大师，他们就是这样的。像我以前在闽南和芝峰法师住在一处，我当时认为他的一切，都足以做我的师长，我非常地敬重他；这种恭敬之心一直到如今，只有日渐加增，没有退减，因为我得他的益处着实不少。我们要知道敬友与敬师是一样的重要的！

上面讲了五点，就是谈的礼节的意义。我们做学僧的人，应该知道：佛力不可思议，他在我们个个有情的身上，施下说不尽的恩德，我们应该向他礼敬！法力也是不可思议，他从黑暗里指点了我们一条光明的康庄大道，他可以说是黑暗里的明灯、苦海里的慈航，我们是应该对他礼敬的！僧与师和友的功德也是极伟大的，我们只要仔细地想想，就明白这话说得不错了。我们如能敬僧、敬师、敬友，将来定可以使我们获得许多的力量，因为无形中就已经得到他人的助力，不过这完全要看我们能否礼敬三宝以及师友为定哩！

二十五年十二月三十日

谈培养国际佛教的人才[①]

——复法舫法师印度书

法舫学长：

八月十三日来函，读悉一是。附件均分别转交。

你说：

> 国际佛教之沟通与建立，非有人才不可。弟今只知此项事为急需要而本身仍非一健全工作者。惟今日国内同门中已有不少人才（如惟幻等于英文，芝兄等于日文），只须有一好组织即可引导矣。次要者为培养新人才，在今后十五年，非大量培养精通日文、英文、德文、法文、巴利文、梵文之人才，不足以言国际佛教，不足以继大师事业。

你又说：

> 世界各国，尤其是英、美、法、德、俄、日、意、印度，对佛学之努力研究，均有大成绩，决非现在国内佛徒所可想象者！国内大学教授姑不论，即就吾人而论，即日开始培养新人才（新学僧）研究世界佛学，建立大师理想中之世界佛学苑，非有三十年至五十年之时光不可，故我愿劝兄即时行动，与芝兄、会觉兄、法尊兄及苇舫等商量，研究佛学须另开新路，即所谓研究世界佛学，不单单研究中国之线装佛书。中国之线装佛书，重要者已为各国学者所研究矣；而他人之所有者，吾人尚不知也。……开始之工作，可加学

---

① 《觉有情》第 195、196 期，1947 年。

英文、日文、法文、德文。

你又告诉我了参、光宗二师在锡兰近来已很安心。我对座下最近两次来信，捧读数过，座下语重心长，发人深省。忆自大师初创武院时，即注重国际佛教（开始授英日文）之一课题，民国十四年"庐山学窟"之试设，民国十七年大师游化说教于欧美各国，归国之后理想中的世界佛学苑即当时萦绕于老人脑际，所以制有世界佛学苑组织之体系，乃至最近领导康居士于西安设巴利三藏院等之努力。不知者以为大师之心愿特大，殊不知大师实以观察苟欲化导全世界人类去恶向善使其安定康乐，非宣扬佛法遍于国际不为功耳。座下今发大愿，我于赞叹之余当然是百万分的同情。

培养国际佛教的人才确为当前时代所最极需要者。不过现在一切还是决定于经济的时代，故对你前一信中所拟向中国佛教会建议的各案，我实无勇气把它提出。我告诉你，在十几年前我第一次为淮阴觉津寺住持时，我就认清了，我们大师有许多好的理想都为经济阻碍了；然而，大师的理想仅仅受到经济的阻碍，却没有为经济否定。所以，在我万分同情于你继承大师宏愿的这个原则之下，我愿意对你提出的培养国际佛教人才的计划来略为谈谈：

第一，你不是拟于今年冬季离印回国吗？你预备先到星洲再经过香港，并且想在以上两处小住些时。我希望你到星加坡和慈航法师切实商谈一下你的计划。我觉得慈航法师在南洋群岛的人缘、法缘都还好，况且他既热心而又有勇气，他如果能发心为培养国际佛教人才而努力，实较为最适宜、最妥当。培养的人才不问多寡，也不分出家在家，可以先办英文一组，但时期最短要有八年至十年。若能招集对英文已有相当基础的学者，则可缩短为四年至六年。总之，以能传教及翻译为一段落。请你告诉他，我很希望他能发这样的大菩萨心！你到香港，我希望你再与陈静涛居士从长的讨论讨论。我相信静涛居士可能发起这个大心来。以他在港粤及海外侨胞中的地位，要能发心组织一所培养国际佛教人才的道场，在他应该是一件颇容易成办的事！

第二，你的意思，武院与汉院可加添英文等课。我的意思，汉藏院对藏文有现成师资，且已有成绩，仍以专攻藏文为是。武院可增授英文，亦是大师原来之计划。待你回国后再为努力强调。尊意已转达法尊学长、苇舫法师。枯木长老主持之武林佛学院，且待将尊意贡献。芝兄现从事译著，南传大藏中之中部经典已出若干卷，近又将有译本出版矣。关于国际佛教人才培养之问题，最好如座下所说"须有一好组织"。近日接得一学友来信，他说："我深通英、日、梵、德四国文字，然在中国找不到立脚地点。"慨乎言之，这样的人才在佛门中扬弃了，实在可惜！我所知道的有几位通英文、日文的朋友都为谋生走出山门去了，这是被佛教不良的制度斫丧的结果！我们应该要如何来弥补这损失？只好也待你回国后再商讨办法吧。

第三，等你回来，对培养国际佛教人才商订一个具体的计划，向佛教的僧界、居士界（我想居士界中必有能发如是广大慈悲喜舍无量心者！）以及国内文化教育界联络，或向政府当局建议组设一研究机构。如遇时节因缘成熟，得一有心人愿护法成就功德，亦未可知？即将此一理想付诸"人能弘道""事在人为"的悬想之中，又何尝不可呢？从今以后，我愿于朝暮佛前祈祷课中再加上这一祈愿！

此外，你所说的"中国之线装佛书"，实际上对之也极其需要整理爬剔的工作。因为许多三藏中的佛法真理窒息在丛林中的藏经阁里，已久远不被活用到人类社会去发生饶益众生的"大用"了。我觉得未来的新中国之新佛教有两条路线：一是向国内普及传教的路线，一是向国际展开弘法的路线，最好并驾齐驱。不知法眼的看法又如何？

身体也是我们传教弘法的本钱之一，本来是不值得重视的臭皮囊，可是如座下任重道远的人，应该要注意调摄它。高血压不一定就会脑出血，有人是一时的高，有人是经常的高，全视血管硬化与否为病症险夷的诊断。我有六七年都在一七五至一九五度之间，最近已发现血管部分硬化，所以我随时随刻都预备在办结束了。

祝你健康！弟大醒拜上 三十六年九月三日

三、佛教组织

"佛教联合会"进行的意见书[①]

前几天，我读了《中华佛教联合会宣言》和《通启》，这里面的意思，得未曾有，我是很欢喜的！但我想我们现在普通学佛的人多半是学问浅薄和常识缺乏的；所以我趁着假期的时间，要把这个问题，来研究一下；不过是对于我国贤哲长老和我同参同学诸大知识，发表一点的意见。

"佛教联合"会的动机，是今夏庐山牯岭大林寺暑期讲演会中发生的。当时由太虚法师与日本真言宗权田火僧正代表等中外三十余人，联席会议成立了一个世界佛教联合会（连日议得议案数十条曾揭载《海潮音》第七期）。同时江、浙、皖、赣、湘、鄂、蜀七省佛教领袖的干事，分发各省进行中华佛教联合事务。虽然如是，七省所属的县区与未加入联合省人众，未必全得了这联合消息，亦未必全公认"佛教联合"这个联合问题。在一般有佛法智识的人，当然首肯称赞，但尤以县联合而后省联合，省联合而后全国联合、世界联合为重要。所以现在中华佛教联合会筹备处，发出《中华佛教联合会宣言》和《通启》四则（见十期《海潮音》）。我就读了这《宣言》《通启》后，不觉五体投地，恭恭敬敬下了几个祷祝，祝它积极地成立，永久地实行，在世界上多么光大呢！我又暗暗地在这个问题上，发了一种大愿。

讲到这个"佛教联合"问题，是很可以研究的，是最有价值的，我自己毫无学问，因这个问题实不配我来讨论。但是我想要说的话，并不是著书立说，不过把我今日对于这个问题要讲的意思，信口发表罢了。大家如果"不以文害辞，不以辞害意"来看我，那我也顾不得东摭西拾的就将一点诚意，分述如下：

[①] 《海潮音》第五年第十二期，1924年。署名为机警。

（一）佛教

"佛教"的意义，是凡为佛法僧有相关系的——一切法——经、像、图书等，皆是"佛教"，这不过是对于普通人讲的。究竟"佛教"是什么？就是受持佛所教人的一切法，拿来救世界——度众生——方便教化，以自己所了知的去教他了知，以自己所解悟的去令他解悟，把佛所说的一切法，一一地表彰教化他人，使一切众生都悟入佛之知见，这才是"佛教"的本旨（如佛学院、佛学校及种种兴教利他事业是）。

由是观来，这"佛教"是积极的不是消极的了，是救世的不是厌世的了。就是这两个意思，去年梁任公先生为佛学院欢迎在中华大学讲演佛学的一天，梁先生曾讲道：

……佛不是消极的，如说消极，定转到外道。近年来全国士大夫多发心学佛，很有高兴，不过大多数的动机不对，流为厌世主义，成脱离、悲观、无聊态度，逃而学佛。我认为大大不对。假如佛是消极的，为什么说法四十九年，每年除夏日安居外，天天为社会教化主，在世界活动，一点厌世没有？在现世界行教义的，许多出世者，脱离生活，其实对于佛教前途，有极大思想，因扩充向上，不能不摆脱牺牲，以去一切障碍，佛教言大死一回再来，所死者不是死了，是去了障碍，才与高尚理想相合。学佛须大勇前进，如带消极，是根本上已错了，故厌世的不能自安慰佛，又安能安慰你呢？故厌世的把佛消遣懒惰怯迁，定不能入佛门，望信仰诸君，勿以消极看他，佛的真相在积极的。……

梁先生讲的这些话，很是对的，很是痛快，我很敬信的，真是大善知识，能宣扬佛的本怀。可惜梁先生是对于大多数居士讲的，是对于有智识的人讲的，使一般下根听了，还是执迷不能开悟。

梁先生这样讲，想想我们出家的人听了，有没有一种惭愧的感想？是不是仅图清净、寄迹沙门、主持梵刹、保存古迹的目的呢？究竟"佛教"不是厌世的消极的了！既然不是厌世的消极的，那么，我们无论环境怎样，总要积极地用佛法来救世，才是道理。救世就是要把"佛教"来"应时设化"。

这"应时设化"问题，太虚法师于《佛乘宗要论》中，也曾讲了几段：

>……"应时设化"者，佛法普度众生之功用也，不能"应时设化"，则失佛法之功用。不宁唯是，若不能"应时设化"，以发起世人之信心，而昌明教义，则世人对于佛法不能了解，际此末法之世，众人之心，大多散乱，纵其毁谤，恣其戏弄，嗜欲横流，失于正念，永沉苦海！……

近年来，因西方文化昌明，东方文化未能改造，科学偏枯，道德凌夷；既不能匡扶政治，改良社会，又不能挽回世道化导人心，中华国土，混浊到极点，差不多等于灭亡！究其原理，都是万恶的人心，万恶的社会所造。如此不是无救吗？但是"佛教"是可以救的，何以呢？当知我佛如来一切所有之法，于种种经典宣示显说："能大饶益一切众生，能令一切众生离苦得乐，得大安稳，如寒者得火，如裸者得衣，如子得母，如民得主，如药除病，如炬破暗。"所以"佛教"与他教性质不同，梁先生讲的"在科学昌明时代，全世界精神饥饿，抉我们的佛学精神，可救全世界精神饥饿"（梁先生有《论佛教与群治之关系》一篇更有价值）。想想我们现在的佛学精神有不有可救全世界的精神饥饿呢？

现在要救全世界精神饥饿，必先要培养振作我们佛学精神，这培养振作的方法，就是要"应时设化"我们的"佛教"；"应时设化"，就要来从"佛教联合"下手。

（二）佛教联合

"佛教联合"是什么？是会合佛教分子，统一融洽我们的"佛教"，简直就是僧伽六和"戒和同修，见和同解，身和同住，利和同均，口和无诤，意和同悦"的主义。"会"即如佛住世的祇园、王宫、阿耨达池、熙连河、黄竹园、拘留城、楞伽山，乃至忉利、兜率、灵山、龙华等会的意义。现在这个"佛教联合"的"会"呢，是由县联合会而后省联合会，由省联合会而成立中华联合会、世界联合者。至于各县、各省联合的方法，可以就《中华佛教联合会大纲》，分析而言。

县联合第一

县联合的组织有二种：

1. 关于联合方面的宗旨

  a. 联合全县人众的智识而推定联合干事

  b. 增加全县人众的信心而实行佛教事业

  c. 整顿全县寺院的规约

  d. 护持全县寺院的财产

  e. 接济全县僧众生活的培养

  f. 帮助全县慈善事业的建立

  g. 改造全县社会不良的风化

  h. 提倡全县佛教光大的文化

2. 关于佛化事业方面的筹设

  a. 中华佛教某县联合会（设城厢）

  b. 中华佛教某县佛教中学（设城厢）

  c. 中华佛教某县佛教小学（四校）（女校一）（第一与女校设城第二第三分设市镇）

  d. 中华佛教某县佛学研究社（设城厢）

  e. 中华佛教某县慈济园（设城厢先办施药等事）

  f. 中华佛教某县莲社（设城厢）

  g. 中华佛教某县禅宗、律宗各一寺（可择原有寺院整顿）

  h. 中华佛教某县佛学通俗宣讲园（设城厢分员向各市乡布教）

  i. 中华佛教某县经像图书馆（设城厢）

  j. 中华佛教某县佛化报社（设城厢）

（以上各项可量力而渐次组织）

省联合第二

省联合的组织也有两种：

1. 关于联合方面的宗旨

  a. 联合全省县区的干事而进行一切事务

b. 整顿全省僧伽的制度而筹设一切事业

　　c. 保护全省县区的寺产

　　d. 扩充全省县区的佛化

　　e. 辅助全省慈善事业的建立

　　f. 促进全省信心人士的趣向

2. 关于佛化事业方面的建设

　　a. 中华佛教某省联合会

　　b. 中华佛教某省佛教大学

　　c. 中华佛教某省佛学院

　　d. 中华佛教某省各宗寺

　　e. 中华佛教某省大莲社

　　f. 中华佛教某省正信会

　　g. 中华佛教某省佛教医病院

　　h. 中华佛教某省佛教慈儿院

　　i. 中华佛教某省佛化宣讲堂

　　j. 中华佛教某省经像图书馆

　　k. 中华佛教某省佛化报社

　　l. 中华佛教某省佛化女学院

中华联合世界联合的宗旨和筹设方法，中华佛教联合会干事，已经组织。现在各县、各省的联合，要积极成立，预备于明年（乙丑年）佛诞日，世界佛教联合会开会的时候，就可以齐集会议表决，同时成立中华佛教联合会了；我想各省干事已公认的和将推定的也无什么疑问？

　　（三）佛教联合进行

讲到这个问题，大多数人都是在"形式"上办联合，做就错了。若从"实际"上来求联合，那就不是成了一个难问题吗？但是这个问题也不是难办到的，这个问题，当下就可以解决并不要待将来的。这个问题，却有两种要明白的，就是：

"佛教联合"的理由——"佛教联合"的要素。

中华佛教联合会宣言，对于"佛教联合"的理由，讲的是很充足明白的而有价值；大家就在这个理由上，要加一种审察。现在国土怎样！社会怎样！世道怎样！人心怎样！我们佛教分子，对于这国土社会上、世道人心上，有无一种慈悲的观念？有无一点救济的心愿？所以梁先生说"把我们的佛学精神，去救全世界精神饥饿"，这就是"佛教联合"的理由。佛说"有一众生未成佛者，我誓不成佛"，这是佛教化人、救度人的主义，差不多"佛教联合"的理由，就是这个意思。现在有这个理由来联合，是先要统一精神，然后去做那救世度人的事业，方合使"一一众生悉令成佛"的意思，也才合乎我们佛教分子的本分事！

对于这个问题，现在有三个要素，就是：

1. 县联合的要素

各县的智识要积极联合推定代表，会商省联合会分向各县的干事，组织联合事务。（限定乙丑年二月成立县联合）

2. 省联合的要素

由中华佛教联合会筹备处已推出各省的干事，现在就要筹设成立省联合会，帮助分向各县干事进行联合事宜，准备于乙丑年佛诞日，齐集筹备处，筹商组织全国联合办法，公订正式的确章程，及实行各省各县一切事业。

3. 筹备处的要素

筹备处已经推定分向各省的干事，当请积极就道进行，未得干事的几省当速推定干事分发进行，以征统一的联合。

（四）佛教联合会进行的意见

现在要研究这个问题了。研究这个问题，要来从"永久"方法上着想，首先不能图"形式"上、"外界"上好看，在"形式"上、"外界"上是联合了，在"实际"上、"精神"上也就要得的确的联合，方生效果。对于这个问题，第一不能勉强，第二不能敷衍。假使勉强敷衍地出场来办联合，如果已经从这勉强敷衍地来联合了，总难免"扶得东来又倒西"。试把我在以上说的"筹设佛化的事业"几项，去征求各个人答案，恐怕也要得多数人的同意赞成这种"实际""精神"联合。

所以要求这种"实际""精神"的联合，才是"永久"的联合，若是从"形式"上联合下去，那"实际"——"精神"——就难圆满了。现在的"佛教联合"，的确要从这"实际"——"精神"——着手，决定不能办那"形式"的、"外界"的联合。

这个"实际""精神"的联合，人都以为难办到的，其实不然，若仔细观察一下，不但"实际"上、"精神"上能够圆满，就是上面举的那些事业，都可以办到而达"永久"的目的。所以我现在要把这个由"实际""精神"上圆满的标的，得"永久"的主张，再来说几种"根本"的——"实际"——"精神"。这"根本"的"实际""精神"是什么呢？就是从"根本"问题来解决。据我看来，约有三种：

1. 联合佛教应从主张方面做起

"佛法垂秋，人心不古，世道日下"这一类话，是佛法中人通常讲的话，我看没有一人不知道这几句话的，没有一人不听过这几句话的，没有一人不会讲这几句话的。可是知道的、听过的、会讲的人们，却少有人得"精神"上的感化，求"实际"上理解，不过同一种了生脱死的口头禅一样罢了。大家对于这一类话，并不"主张"研究佛法怎么会垂秋的，人心怎么会不古的，世道怎么会日下的；又毫不"主张"怎样挽救，也不"主张"思察究竟怎么的，平常在口上讲讲就算了。我以为这就叫作没有"主张"，何以呢？假若有"主张"能为众人说出这一类话，人心、世道两问题，姑且置之勿论。但是"佛法垂秋"一个问题，为什么不力求改造进化呢？所以现在"联合佛教应从主张方面做起"。或曰："主张是自己可以作的，经济却不能主张。"换一句话讲，就讲"经济问题"：

经济真是个大问题，讲到这个"经济问题"，大家一定又要不约而同地说是——困难——骇怕！其实我又不以为然。一个人活在世界上，最不可缺乏的当然是——衣——食——住三个问题，我们学佛的人，虽说色身是四大假合的，但是现在要他修行佛道，却也是少不了一样的。若都为了这——衣——食——住三个问题的阻障，似乎就没有经济去办"佛教"事业，大家思维到这个地位，我以为大大不对。试问我们在未联合"佛教"，未办那事业以前，大家每天曾有两餐果腹呢？曾有屋避风雨呢？曾有衣御寒气呢？现在要联合办这些事业，不是另外去筹划经济，就是从原有的不动产上择事务所，从动产中提经常费；那么，自家的出产，还是自家来使用，不过改良了一番。所以这个"佛教联合"问题，我的意思就是要"主张"这样地做起。我想大家也会有同意的、公认的，何以呢？谚语"十方常住十方僧"，佛法本来"平等"，不是个人的，我们一切事、一切法向来都是讲"平等"。佛说"一切众生皆有佛性"，佛就是教"主张""平等"。佛说"一即一切，一切即一"，就是教"主张"联合。想想我们那里有什么分别的地位，如果"主张"这样的方法，各县、各省对于联合的"经济问题"，可算解决了。"佛教联合"，也可以达到"实际"目的！也可以保持"精神"常态！

2. 联合佛教当打破我们的我见

以上讲的欲办联合必要从"主张"方面做起。所以今日"佛教"不能振兴的原因，就是缺少"主张"。这"主张"失掉的原因，是由我们妄想分别而不能"平等"；这种分别性，分明就是"我见"。讲到这个"我见"的意义，准经论上的解释很多很长，现在来"一言以蔽之"就是第七末那识。恒审思量，固执八识见分为我常与贪嗔痴相应，倘我们这种的"我见"不除，还讲是学佛的人格吗？还合乎学佛的态度吗？若说我们已除"我见"，不但我不能自信，我对于大家也不敢完全相信；这个"我见"的话头，我也不必细细地说。我现在只把一种"我见"粉饰的话，来报告两句，就足以证明"我见"了。我在江苏的时候，听得大多数的人讲"自己未度，何能度人"，我为了这两句话，起初很以为然，后来我把他成日的思维研究了几天，却忽然从这个动机发生了一种感想！是什么呢？我想我们现在总是恪守"我见"态度，要不"打破我们的我见"，想达到"自度"的目的，然后再去做那"度人""教化人"的事业，只怕待到慈氏菩萨下生总不能如愿，看来过无量千万亿劫，都没有"度人""教化人"的一天了！就是"在世界上最高最上的大乘佛教"，恐也难免不消灭了！至于"自度"的希望，我看还是一个问题！佛说："己已得度，回向度人，是谓佛行；自己未度，而先度人，是谓菩萨发心。"我们现在迷执这个"我见"谓是佛行呢，谓是菩萨发心呢？我以为："发菩萨心的人，脑筋中要有"度人"二字！修菩萨道的人，心坎上要无"我见"二字！"所以真实内"发菩萨心，修菩萨道"，第一非"打破我们的我见"不可。"我见"

早一天打破,"佛教"即早一天联合,事业即早一天实行,就可早一天"自度""度人"。

3. 联合佛教应实行佛化的事业

"什么是联合佛教?""佛教为什么联合?"这两个意思,上面略略说过。现在这"联合佛教应实行佛化的事业"问题,当然由中华佛教联合会和各省、各县联合成立了再讨论筹设,又不配我来预先研究。但是我想要把将来"实行"时候对于各个人的"态度",用最简括的几句话,写出来,就是:

当去我见的态度——而取平等的、公开的态度
当去形式的态度——而取实际的、精神的态度
当去破坏的态度——而取互助的、建设的态度
当去消极的态度——而取积极的、精进的态度

以上说的四条却是联合"佛教"的要素,才是联合"佛教"的趋向,但是很粗略很简单的几句话。至于对于"佛教"前途,究竟应该怎样联合?联合的方法怎样?联合的计划怎样?乃至联合筹设的事业怎样?希望各省干事、我国贤哲长老及我同参、同学诸大知识,都不可不有明确深切的观念,都不可不有思想"永久"的办法。希望万万不能抱"无可无不可"的观念和"态度","佛教"前途,那就万幸了!那么,奄奄一息之僧界!茫茫万恶之社会!总可以趁此因缘放大光明了。

——"佛教""佛教联合""佛教联合会进行""佛教联合会进行的意见"四层的大旨,是我们今后的急务,就是要这样去联合"佛教"统一;我们今后的"自度""度人"目的,也是要这样去实行"佛教"事业。我们有这个"佛教联合会"做标准,应当积极筹设发愿实行,千万不可再存那"危而不扶,颠而不持"的心罢!……

二九五一,十一,七日,哭厂于武昌佛学院初大

中国佛教会之组织[①]

一、发言

上海的中国佛教会已由筹备会而开执行委员会，时间方不及两月，空间尚未及全国各省，实际似已由浓厚的空气而进至确切的事实。这在有心佛教前途的徒众，应该视为是一种好的现象，至少在一班头脑清醒的人，是已经看得清楚的。

中国佛教会的事实，至现今为止，开过第一次执行委员会，并向国府请愿取消廿一条《寺庙管理条例》一事。以后，中国佛教会能否根据其会章、会务逐渐举行，则在视中国佛教会委员的努力与否而断定；我们纵然可以预测，也是可靠不可靠的。但至现今为止，我们还没有看到中国佛教会确定其组织的方针及其作业的步骤为如何。大醒不敏，敢以个人的短见，贡献于关于全中国佛教兴亡的今日之中国佛教会，事理当否，则在我佛教徒众公平采择耳！

二、中国佛教会之组织

自青天白日旗飘扬全国，全国各业民众莫不争先恐后从事结合团体，组

[①] 《现代僧伽》第二卷合订本，1929年。该文同《中国佛教会进行之计划》，《中国佛教会公报》1929年第2期。

织会社，以望集中力量，相互合作，求人事与国事并进。惟我佛教徒，涣散不进，致能促成人类觉醒为己任的佛教，落伍人后，非但不能使民众以信教的信仰而团结一致，并且连自身亦各散沙。故所以近一年来，各处"提取庙产""打倒佛像""勒僧还俗"的风潮一起，大有岌岌不可保也之势；同时佛教亦已给社会民众认识内部之"无能为"，于是以"废物""分利分子""阻碍社会进化"诸说而加害于我佛徒，虽经我佛徒一部分智识分子极力抗争，但近年以来佛教之损失，已非道里计矣。

今者，中国佛教会结合之开始，我们对之有无限期望，确信现在佛教如无一有组织的集合，全部佛教只有任人割取灭亡而后已。但从过去的佛教徒集合之成绩而观之，实又不能使我们全无忧惧而坦然心安了。佛教集会当依据佛教戒律之原理而组织。佛教在始兴之印度，并无集产之制，佛教初兴行于中国，所以集产，亦不过便于我佛徒安居生活修学之原因，初并不若今日之将教产而完全变为私产之性质。佛教衰败的第一大原因，即因教产一变而为私产之害。现在欲使全国的佛教整个的新兴起来，使全国的佛寺全部地结合起来，即当以确定教产之权为佛教徒公共保管享用处理之所有，不得再迁就积弊，舍本不治而逐末！

佛教在印度，原无集产之制，因国土风尚之不同，中国信佛民众不同印度民众之信佛好施；而且因时趋进化，人事日繁，学佛道者不克全遵古制而行乞食，故因此而有教产之集。因为佛教徒无有系统的组织，千百年来形成一"尔为尔，我为我"的局面。现在整理佛教，首即欲打破此种局面，而开辟道路归到佛教原来之和合（僧伽）制度。因此，对于全国教徒不得不谋求一个有系统、有组织的佛教整个团体。现在的中国佛教会，方在开始组织；对于此种组织，非严密周详而易于集合施行不为功。如何组织？请先列一表而后述之：

表中说明：

（一）"X"系代某某省或某某县的意思。

（二）省区所立佛学院，名"X省高等佛学院"。如不止设立一处，则加"第一""第二"字样。

（三）"农林场""工厂"，依照各地方之寺产富饶与否，而施设一处或多处，但须加以"X县佛教徒第一工厂""第二工厂"，以示一贯。

（四）各部办事职务，本表本文皆不及论列。

中国佛教会之组织

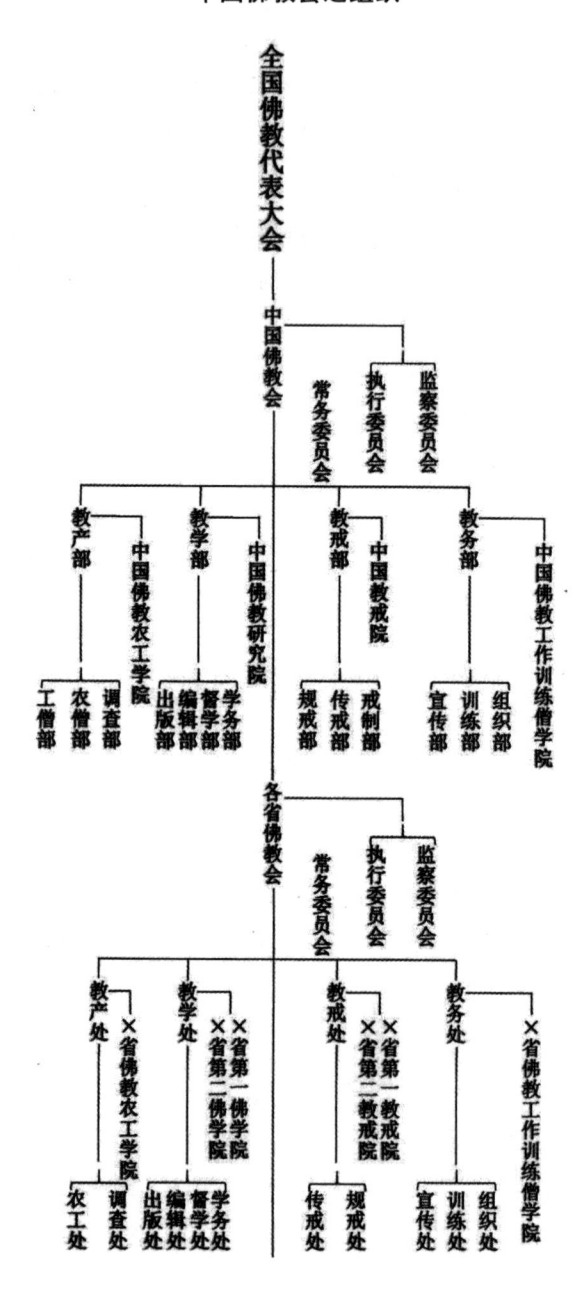

```
全国佛教代表大会
    │
  中国佛教会
    ├── 常务委员会
    ├── 执行委员会
    └── 监察委员会
         ├── 教产部
         ├── 教学部 ── 中国佛教农工学院
         │         ├── 工僧部
         │         └── 农僧部
         ├── 中国佛教研究院
         │         ├── 调查部
         │         ├── 编辑部
         │         ├── 出版部
         │         ├── 督学部
         │         └── 学务部
         ├── 教戒部 ── 中国教戒院
         │         ├── 戒制部
         │         ├── 传戒部
         │         └── 规戒部
         └── 教务部 ── 中国佛教工作训练僧学院
                   ├── 宣传部
                   ├── 训练部
                   └── 组织部

各省佛教会
    ├── 常务委员会
    ├── 执行委员会
    └── 监察委员会
         ├── 教产处
         ├── 教学处 ── X省佛教农工学院
         │         ├── 农工处
         │         └── 调查处
         ├── X省第一佛学院
         │         ├── 出版处
         │         ├── 编辑处
         │         ├── 督学处
         │         └── 学务处
         ├── 教戒处 ── X省第一教戒院
         │         │   X省第二教戒院
         │         ├── 传戒处
         │         └── 规戒处
         └── 教务处 ── X省佛教工作训练僧学院
                   ├── 宣传处
                   ├── 训练处
                   └── 组织处
```

中国佛教会之组织

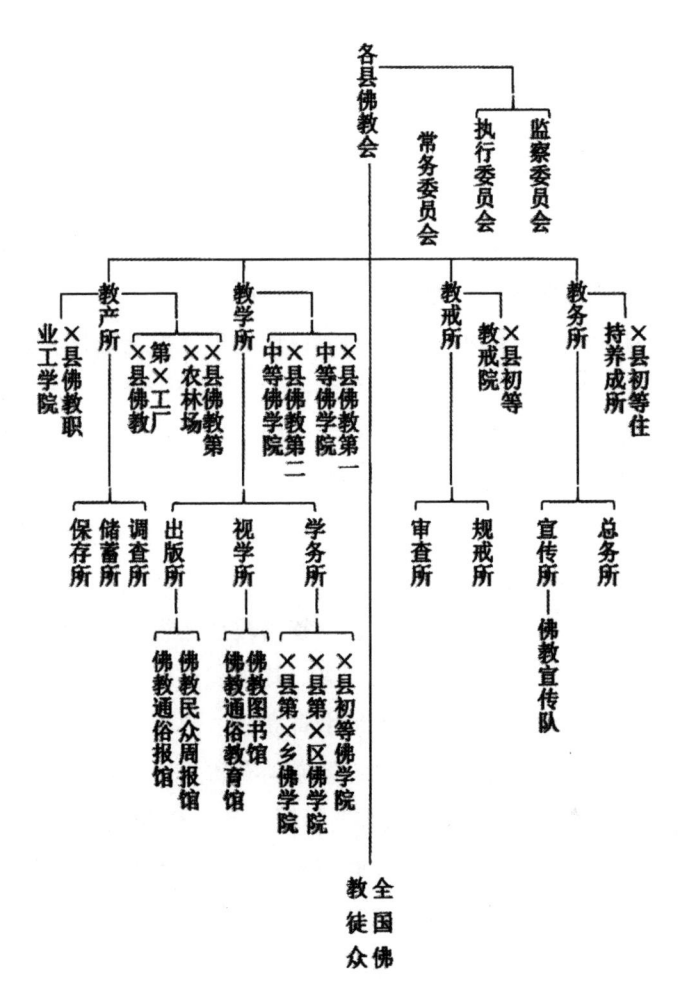

```
                          各县佛教会
                    ┌─────┬─────┬─────┐
                监察 执行  常务
                委员 委员  委员
                会   会    会
    ┌────────┬──────┴──┬────────┬────────┐
   教产所   教学所    教戒所   教务所
    │        │         │        │
  ┌─┴─┐   ┌──┼──┐   ┌──┴──┐  ┌──┴──┐
  │×县│  ×× ×县 ×县  ×县    ×县
  业 佛  第× 佛 佛教  初等   初等
  工 教  农 工 教学  教戒   持养
  学 职  林 厂 学院  院     成所住
  院      场  第  第
              二  一
  │  │  │  │  │    │  │    │  │
 保 储 调 出 视  学 审 规   宣 总
 存 蓄 查 版 学  务 查 戒   传 务
 所 所 所 所 所  所 所 所   所 所
              │  │          │
           ×县 ×县          佛
           第× ×区          教
           乡  佛            宣
           佛  学            传
           学  院            队
           院  │
           │   ×县
           佛   初
           教   等
           通   佛
           俗   学
           教   院
           育
           馆
              ×县
              第×
              图
              书
              馆
                 佛
                 教
                 通
                 俗
                 周
                 报
                 馆
                 佛
                 教
                 民
                 众
                 周
                 报
                 馆

        全国佛教徒众
```

我国僧伽之数量虽无确定的统计，但至少亦在数十万人以上，更加信佛民众总不下百万。以百万人数信仰皈崇之佛教，应怎样使此团体总结合起来，为法为人而求一有系统、有组织的机关耶？

今我国政府的国体与政体，已皆由我国民个人为单位而组织之。我佛教组织亦当以"佛教徒众"个人为单位，故全国的"中国佛教会"即由全国佛教徒众开代表大会，组成此最高机关。我国土地之广，僧众与信佛民众人数之众，全国寺院之多，又绝非能以一"中国佛教会"管理得周到，实有根据省县区治之法而分以阶段，切实整顿而管理的必要。兹就上表分述说明如下：

县佛教会以全县佛教徒众组织之，归省佛教会直辖。会务由执行委员会、监察委员会会议执行。在全县佛教寺院应皆听其执行应兴应革之事。县佛教会立教务、教戒、教学、教产四所：教务所除管理一县之佛教行政案件外，关于登记、宣传等事，皆隶于此。并得设一"佛教初等住持养成所"，以养成一县各区乡寺院之住持人才；此项人才亦须由"中等佛学院"毕业而复经过此番训练者。教戒所只限于传习沙弥戒及其律仪。全县佛教徒出家在教务所登记及在初等学院毕业后，皆须由教戒院传授戒法，并得随时受其审查所审查；设有不守规戒者，则由规戒所训诲或斥退出佛教徒之外。教学所除在一县中组设"中等佛学院"数处、"初等佛学院"若干处外，须在一县中设立"佛教图书馆""通俗教育馆"，及"佛教民众周报馆"与"佛教通俗报馆"各一处或二三处。教产所处理全县教产及生产事宜。一县至少须开设"农林场""工厂"数处，以维持一县佛教徒众生活。对于全县佛教寺院之财产、法物，皆由其保管、储存之。

　　由全省的县佛教会组织一省佛教会。省佛教会之组织以县为单位；上禀全国佛教会的议案，下令县佛教会的行事。其组织法设教务、教戒、教学、教产四处：全省十方寺院的住持，皆须由省立的"佛教工作训练僧学院"训练毕业，由组织处会同训练处委任之；但亦须有省立佛学院毕业资格，方得受其训练。凡比丘戒须自省立"教戒院"传授；因一省的地方广阔，得设"教戒院"数处或设分院，传授比丘戒法。每省至少须设高等"佛学院"二个以上，备由各县中等佛学院毕业者升学。"农工学院"仍附于"教产处"，以求发展一省佛教农工事业焉。

　　中国佛教会为全国佛教最高机关。全国佛教应兴应革之事，则由一"全国佛教代表大会"会议，交"中国佛教会"执行，故"中国佛教会"即执行全国佛教事业之最高机关。"中国佛教会"有执行、监察两委员会，并常务委员会，处理全会会务。但全国各省县佛教会之各部分事宜，则设教务、教戒、教学、教产四部分工合作办理之。省佛教会委员会，须经由"中国佛教工作训练僧学院"训练后始得当选。"菩萨僧"须由"中国教戒院"传授戒法。设"中国佛学研究院"为全国最高之研究佛学之学府。全国佛教之教产，皆归"教产部"登记保存。更设"中国佛教农工学院"，以教育专门人才，设计全国佛教教产之发展和生产事业。

上列县、省、国三级佛教会系统中，各级的教务、教戒、教学、教产四机关，兹更作一简略之说明：（一）教务。乃专办理会务；训练各大小寺院住持人才；宣传佛教利益人世。（二）教戒。凡出家在家七众徒众之所受戒法，均须经过沙弥、比丘、菩萨三戒阶级之"教戒院"传授后，由各级"教戒院"给以凭证，其他寺院不得私传。（三）教学。佛徒求习佛学，均由学院讲教。一县设"初等佛学院"若干处及"中等佛学院"一二处；一省设立"高等佛学院"一二处或若干处；专宗至高等方能分系教授。至"中国佛学研究院"，则除研究佛学各宗学说以外，仍须研究各国科哲等学问。各级佛学院除授佛学外，亦照国立、省立各级学校之学课，并教兼授。（四）教产。统一全国各省、各县佛教所有教产；设法开辟农林，创办工厂，以维佛徒生产及其生活。其余各部务，此处不及详明矣。

三、组织中国佛教会之步骤及其办法

在全国佛教徒众未能完全认识时代的时候，当其初组织佛教团体，不得不先靠少数先觉者来鼓吹提倡，出任巨艰。因是全国佛教团体，其第一步只有开一代表大会而先产生一"中佛教会"。但若其仅仅成立一中国佛教会做中国佛教中一个大幌子，无论于佛教本身事业及社会都无补。应作有系统的运动，进一步组织各省佛教会、各县佛教会，方足收团体互助之效。今且请略言其组织之步骤焉：

中国佛教会成立之后，在三个月内各省佛教会组织成立；省佛教会组成之后，再三个月组织各县佛教会。各级佛学院，则在一年以后同时开办。各级教戒院，于省或县佛教会成立时，即可先组成而检查戒行（第一步只能检查以合格者为准）。同时各级"佛教工作训练学院"，非即举办不可；因大小寺院住持非受训练，不堪胜任也。教产登记，亦为最急亟之工作。

各级佛教会，皆设于每省每县之首刹。各级佛学院，亦即择一省一县最大之寺院改组设办；全视寺院之大小，教产之多寡而设施之。

各级佛教会、各级训练院、教戒院、佛学院、农工职业学院等经费，由教产中抽百分之七十充用之。佛教所有教产，皆为佛教公有，任何人不能把持独占而为私有。当一县佛教会组成之时，即须举行寺院人口及财产登记。譬如一县之教产，仍用之于一县的佛教事业中；但以拨百分之几归省佛教会，拨百分之几归"中国佛教会"。无论大小寺院支出教产不能过于生活费以外。收入、支出皆须月报或年报佛教会。无论亏余，皆归佛教会处置。在寺院本身无权享受也。

各大小寺院之制度，由"中国佛教会"教戒部——戒制部制定制度，于全国县佛教会成立期颁行。大小寺院一律改组；除在县城、省城、国都之大寺院悉数改为各级佛教会、佛学院等外，凡十方丛林皆改为委员制；小的寺院仍以住持制用之，惟全部教产则皆归佛教公有之物，无复再为私有矣。

四、我对于中国佛教会之希望

我对于上海此次集开之"中国佛教会"，抱有无限希望，也可以说是最终的希望。佛教衰败的事实随处都有得证明；佛教危亡的推测，在近两年来各处反佛破迷声中都可以证明；佛徒不能自振，唯有待诸消灭，这也是从各宗各派佛徒本身表显的态度上可以证明的。现在，我所有的希望，不是在这一次的几十个人的集合，也不是看到挂起了一个大招牌，更不是如报载中佛会代表晋京向国府请愿一类的事。我的希望，是在"中国佛教会"能成一有系统、有组织、有力量的佛教团体；能使千百年来湮没在一般无知无识的僧众手里的佛教把它夺回转来，宣扬而光大之。过去的无知无识的僧众，他们把佛教认为是他们吃饭的捷径、赚钱的门路、享福的天宫；现在我们不能再让佛教"长此以往"地衰颓沉黯下去，我们为求佛教反转过来，现出他的光明来，救人救世，我们实不能再容一般无知无识的无聊无法的僧众这样的鬼混。我们只有希望——

（一）我佛教中的先觉者，永发悲心，为教牺牲，为国谋利，为社会谋安宁，为民众谋幸福。首要组织佛教整个的团体，做社会各法团一个"合聚和谐"的标榜；次要整顿佛教全部教徒皆成为德学具足的人格，做民众忠实诚爱的模范，因为这才是教徒的责任。所谓"佛法济世利人"，其价值就在这里，先觉们应将如何负其责任来做佛法济世利人的事业？根本就只有从组织"中国佛教会"的一法。

（二）中国佛教会组织，应"通盘合算"，使全国佛教寺院，皆成一系统的组织；使全国佛教徒众，皆成一整个的团体。做这样的大事，又非具一种勇进的力量和精神不可。佛教是佛教徒的佛教，离去佛教徒已无佛教可讲；寺院是佛教徒的寺院，离去佛教徒就不必要什么寺院；教产是全部佛教徒的所有，离去全部佛教徒去管理、享受，根本就无须要有教产。现在，中国佛教会在组织之初，丝毫不能讲什么人情，只要合乎佛法，合乎时代，只要与佛法有益，与社会民众有益，组织全国佛教机关，革新佛教事业，这是千应万该的。谁敢来阻碍进行，谁敢来把持教产，就得请谁走开！

（三）佛教不能兴起，要晓得不是别的什么阻碍，原来就是因为佛教是里面的人才不齐，思想不同，龙蛇混杂。现在，中国佛教会已由代表大会而开执行委员会。中国佛教会的组织，以我的浅识短见，除去能照我上面所拟的那样的组织系统组织，中国佛教终究都没有整兴的一日；我们的希望亦将从此打断念头！就是先觉们也不必再费苦心了！这是我希望的忠言，逆耳是不免的。我自己也晓得所谓"人微言轻"，但是讲的话实在是与佛教有益，这是我敢自信的。组织中国佛教会的先觉们倘不以刍荛之献，不妨采择采择！

末后，还有附语数则：

一、我写这篇东西是专为贡献"中国佛教会"的。

二、文中讲的"佛教徒众"或"佛教徒"，是把出家在家二众并指的。讲的"先觉们"，当然有"居士"在内，并且老少都在内，因为先觉并不一定指的老年。

三、因为我担任了闽南佛学院的教务，现正忙大考，时间上不能容我尽量多写，意有未竟，只好付诸来日。

大醒
十八年，六月，二十五日

对于"中国佛教会整理委员会"之期望[①]

据十二月二十二日《申报》重庆讯,中国佛教会整理委员会定于本(二十二)日在渝成立。无论在沦陷区(已光复)与大后方的僧徒们闻此讯息,莫不喜跃万分!现在,既由社会、内政两部呈准行政院有"中国佛教会整理委员会"之组设,我们想对整理委员会来贡献几点意见:

一、关于会务整理进行者:

第一,整理委员会的"整理"二字,顾名思义,很明显的就是要把中国佛教会以及各省县的分会、支会一一都加以整理。我们认为整理委员会第一个工作,首先就要将中国佛教会"会章"拟定,呈请政府备案后,立即颁布。关于会章,旧佛教会所定者太略,二十五年民训部所拟者又太繁,但原则应该采用后者而加以增删为宜!在会章中,所应注意的是整委会不但对于中佛会以下各级佛教会会务需要整理,而实际上的任务是要对整个佛教需乎负责指导整理,故会章中非确定对于中国佛教应兴应革之各种事业不可!

第二,整委会第二个工作,要将各省市分会和各县支会的规程订定,呈请政府备案后,立即颁发。应指导各县支会与各特别市分会,限于文到后组织整理委员会,迅速负责整理,于四个月内整理就绪,定期选举并成立大会。并将整理经过情形呈报中佛会整委会。其次,待至四个月之后,各县支会整理成立后,各省分会即筹开省代表大会,由筹备召集至开省代大会选举等手续,为期亦需四个月,各省分会方可成立。

第三,中佛会整委会经过八个月的整理工作时间以后,此时各县支会与各特别市分会均已整理就绪,并且各省分会业已由各县支会派代表选举成立,整委会□三个工作应即开始,就是要定期召开中国佛教会全国代表大会。因

[①] 《海潮音》第二十七卷第三期,1946年。

为远地，如东北九省及台湾省等处交通未便之故，则不妨将大会会期定至四个月之后或至六个月。如此，则中佛会整理委员会之整理时期，却需时一年或在一年以上焉。

二、关于人事方面者：

第一，佛弟子本有四众，即出家二众和在家二众，出家者为住持佛教之责任者，在家者为护持佛教之责任者。佛教会之组织，有了深信佛教的宰官、学者、居士们加入作中坚，于佛教应兴应革的整理方案，求其易于推动进行，这也是一种方便。

第二，但是我们要请中国佛教会整理委员会注意下面的三件事：一者，要在会章中确定会员有二种，沙门为"当然会员"，居士为"随意会员"，而居士会员至少以曾受三皈依者为合格！二者，抗战前各地方佛教会中并无居士任理监事者，仍应随其习惯。在会章中，会员选举理监事不可以限定沙门若干人、居士若干人，反之应该要限定理监事以及常务理监事在总数中居士不能超过三分之一以上！三者，会员费无论"常年费"与"特别费"，居士会员与沙门会员应共同负担！对于加入佛教会为会员，沙门为当然会员，凡沙门——比丘、比丘尼、沙弥、沙弥尼均须一律加入，居士则不妨随喜加入也。

第三，各级佛教会之理监事的人事问题，于会章中应该确定其年龄、资格并加以说明。各县佛教会支会的理监事，其年龄应在三十岁以上，曾任十方丛林住持或德学俱高为全县僧尼素所信仰者，方可当选。各省（特别市）佛教会分会的理监事不得兼任县支会的理监事。中国佛教会的理监事不得兼任省分会的理监事，省代表由县市支会大会选出，全国代表大会之代表则由省分会特别市分会选出。无论县市支会、省分会以及全国代表大会之被选居士，亦务须为一县一省德高望重之正信居士！

三、关于会员会费诸问题：

第一，中国佛教会会员分两种：一、当然会员，凡出家之比丘、比丘尼、沙弥、沙弥尼为当然会员，必须全数加入。二、随意会员，凡曾受优婆塞、优婆夷戒者，应劝其加入；凡仅受三皈依者，则任其发心，谓之随喜会员可也。会员登记，由县市支会、各特别市分会办理，发临时会员证，但正式会员证，须于全国代表大会选出中国佛教会理监事后方可发给。

第二，中国佛教会会员应缴之会费分两种：一入会费，二常年费。另外可定一种事业费，随缘乐助。会员会费之数目与分配，须于会章中定明。县支会之经常费与事业费，由全县各大小寺院分担。市分会亦如之。关于省分会之经常费，由各县支会分担。至于中国佛教会之经常费，除于会员常年费中抽提若干外，务须募集特别捐以充之。总之，关于经费之筹措，应列为首要，非通盘合算不可。无论经常费、事业费，皆需有整个的预算，否则会务不能推行矣！

一盘散沙之中国僧众，经过八年抗战的时期，所有沦陷区的佛教寺院，一则受尽了敌伪匪徒焚毁与破坏，到处所见，满目凄凉！即处在大后方的僧徒，日子也不见得怎样好过，并且曾闻有提取寺产的风波？如今抗战虽说是胜利了，而尚有若干地区人民处于水深火热中待救！国人望治之心甚切！我们僧徒除去一心盼望建国以外，尤加希望有领导中国佛教的中国佛教会早日组成，而进一步组织健全的各级佛教会，使未来的新佛教生长于新中国，在整个的国家建设中不要做一个落伍者，这是我们唯一的期望！但是这个重任，我们固然首先是期望中国佛教会整理委员会的领导有方！同时我们还是期望每一地方的佛教会的同仁共同努力！

三十四年十二月二十八日，上海

关于中佛会分支会的组织及其他[①]

一、前言

　　佛教会的组织，若要考察中国的佛教徒对于它的依赖，至少是多半并不需要佛教会。说明白点，就是有绝大多数的人对佛教会不感兴趣，就连笔者也是如此，但是我们应该有这样的看法：为了个人，为了一个寺院，各人自扫门前雪，的确无须乎佛教会的组织，如其为了大众，为了一县一个地方以及整个的佛教寺院僧众们，仍亟须要有佛教会的组织！

　　若使拿时代的眼光来说，现前已由二十世纪到了原子时代，在希望"造成我国家为现代国家，率导我国民为现代之国民"的原则之下，我们希望组织佛教会，使我佛教成为现代的佛教，训练我僧伽为现代之僧伽，这也不能算是过分的要求！再说现在整个的国民，无论哪一行哪一业都莫不有其团体、同业公会之组织，而况我们的伟大佛教？而且佛门正在多事之秋，为着佛教有点教产，四方八面也不知道有若干贪婪的眼睛看着它哩？而且还有许许多多不在法理欺侮僧徒的事件，正需要有团体的力量给予协助哩！因此之故，中国佛教会整理委员会去年十二月二十二日在重庆成立，这实在是佛门中一件可庆幸的事！

---

① 《海潮音》第二十七卷第四期，1946年。

二、关于分支会的组织

根据二十八年内政部发下的《修正中国佛教会章程》第一章第四条条文，佛教会的组织系统是三级制，其分支会的名称应该是这样的——

省会应称"中国佛教会某某省分会"，

市会（院辖市）应称"中国佛教会某某市分会"，

县会应称"中国佛教会某某省某某县支会"，

市会（省辖市）应称"中国佛教会某某省某某市支会"。

国内的名山区域，认为必要时，得由中佛会呈准社会部设立"中国佛教会某某山分会"，其组织等于省分会。

中国佛教会整理委员会因为有若干省市县在沦陷区，根据社会部订定的办法，凡沦陷区人民团体应先设整理委员会，必须经过整理阶段，因此整委会拟了一份《中国佛教会分支会组织通则》，正在呈请社会部核准备案中，而在大后方的分支会，即无须经过整理。现在各省市县的分支会决定办法如下：

一、大后方的各省市县分支会，应先统一名称，照常办理会务。在抗战期中会务停顿者，应即复员，但要备文呈报备查。

二、沦陷区的各省市县分支会，除统一名称外，（一）会所由所在地迁往后方者，会务因抗战完全停顿者，一律"复员"。（二）如其在伪组织下曾活动会务者，急需设整理委员会。省市分会设整委五人至七人，由社会处或社会局指派，并请其及总会派员指导。县支会设整委五人，由县政府指派，并请其及省分会派员指导。分支会整理委员会应依据《分支会组织通则》（待颁发）办理。

三、无论省市县，向来未有分支会组织者，应即依据整委会所订之《中国佛教会分支会组织通则》组织之。组织程序：（一）省市分会须有三十人以上为发起人，先备文（附发起人略历表）呈请当地主管机关及中国佛教会整理委员会准予筹备后，成立筹备会，推筹备员五人至七人，筹备员中再互推筹备主任一人；（二）征求会员，办理会员登记；（三）然后即可定期召开会员大会，选举理监事，正式成立分会。县支会程序同上，惟发起人只要十五人以上，筹备员三人至五人，其中互推一人为主任。当发起时，须依据社会部《非常时期人民团体组织法》及《中国佛教会分支会组织通则》《会员入会规则》等办理为要。

三、举办会员总登记

凡是人民团体，征求会员，办理会员登记，总是首要的任务。查《中国佛教会修正章程》第三章第九条有下列之规定：

本会会员分列二种：
一、僧众会员（比丘、比丘尼及沙弥、沙弥尼年满二十者）；
二、信众会员（在家二众信奉佛教者）。

第十条又规定：

凡僧众（比丘、比丘尼）皆须登记入会为会员，
信众得依入会规规则自由加入为会员。

看了上面的两条条文，规定得很明白，出家的二众，简直是当然会员，非入会不可的！办理登记的分会、支会应该要负责任，按照条文的规定，指导比丘、比丘尼全数都要登记。至于信众，则任其自由加入，不过至少须要正式受过三皈依，所谓皈依之后才能入三宝数。若是已经求受五戒者，则又应劝其入会为宜。

现在，中国佛教会整理委员会的组织规程是由行政院院会通过转令社会部颁发的，第三条规定的任务第一项，就是"举办会员总登记"。以笔者个人的臆测，关于会员登记这一件事，也许社会部还要有令文来命令督促办理这一件任务的？

会员登记，或许有人以为多一张会员证有什么用？其不知当然有相当用处。会员证即等于身份证，假若你在僧众资格上以及法律上发生了问题的时际，一张会员证不是没有帮助的。至于有无权利呢？有的，修正的章程也有规定的，第十三条会员之权利如左：

（一）选举及被选举权；

（二）僧众会员受具比丘、比丘尼戒满五年以上者，有充任寺庙住持之权；

（三）关于会员间因教务上发生争议时，得求本会或分会调处；

（四）寺庙或本人有被非法侵害时，得请求本会或分会援助。

所谓"举办会员总登记"者，是无论在大后方、在沦陷区的分支会，是无论复员的或经过整理的，乃至已曾登记过的会员，均一律要登记。在这一次的总登记，有一份登记须知，希望办理登记分支会的人员，能够详细地为登记的会员们详加说明与指示！比如说在前已经入会，再举行一次总登记，又有何妨？已缴过入会费者，此次即可作本年（三十五年）度的会费，所以入会费也可以就当作三十五年度的会费。

登记时要交相片，以大一寸半身科头者为限，因为才适于粘贴在会员证上，过大过小的皆不相宜。这些，在登记的时候虽然觉得不免有点麻烦，可是随后有一张会员证在身边，那就到处方便了。

还有，办理会员登记，初看似乎手续方面相当麻烦，其实并不然，只要有办法，比如在各县习惯上，也有很多地方向来依着行政区域设置某区办事员的，高邮县过去就是这样办的。登记这一件事，不妨把各区乡镇就托付一个地点适中的寺院住持僧办理。在市区一地区中更加好办了，将总会颁发的会员登记表复制印好，即行通知全市或全县的寺院僧尼到会登记，在很短的时期里是可以登记完竣的。应加特别注意者，凡年满二十岁以上之僧尼是必须加入为会员的。办理登记的人员可以参阅"登记须知"！

四、会员大会与选举

　　最近中国佛教会整委会因举办会员总登记，曾令各省市分会并转饬所属各县支会，限于文到后两个月内，办理登记完竣。如果会员登记办理完竣之后，各市分会与各县市支会就可以召开会员大会。关于会员大会，市分会最容易办理，因为所有会员均在一市区之内，召集大会一天开不完，两天也可以完了。县支会有四乡分区，或因地方遥隔，不妨先来一个分区选举办法，即由分区代表选举县支会理监事，也是一种方便的办法（二十八年内政部修正之《选举代表规则》亦有此规定）。本来做事——尤其是关于选举一类的大事，非得要合乎法令不可，但是因事制宜，或因人事与地方的关系，也未尝不可以变通办理？

　　各县支会无论是复员或经过整理者以及筹备组织者，一律待会员登记完竣后，即召开会员大会，呈请主管机关及本会省分会派员指导；依法选举理事九人，候补理事四人，监事三人，候补监事一人；理事九人中互选常务理事三人，常务三人中互选理事长一人，监事三人中互选常务监事一人。这里要注意，理监事由出家会员、在家会员分任之，但名额在家会员不得超过出家会员三分之一。这一次的会员大会，在大后方的各县支会，就作为"改选"可也。选举后，凡县支会经过整理者即将整理委员会呈报结束，筹备者即行呈报成立县支会矣。

　　各省分会于所属各县支会呈报改选或选举及成立后，应即定期召开代表大会。省分会代表大会的代表：（一）以省分会现任理监事或整理委员为当然代表；（二）所属各县市支会代表，以会员人数比例，其会员总数在五百人以下者，得选代表一人；五百人以上一千人以下者，得选代表二人；过此每加五百人，递加一人（依照《修正选举代表规则》）。开会日期，省分会应于一个月前通知所属各县市支会。各县市支会接到通知应派代表人数后，应由理监事联席会议推选代表，或者省代表开会员大会时（即选举分会理监事时）同时一并选出亦好。

省分会代表大会中，选举理事二十五人，候补理事十二人，监事七人，候补监事三人；理事二十五人中互选常务理事七人，常务七人中互选理事长一人，监事七人中互选常务监事一人。各市分会的会员大会召开的办法，依照县支会选举。而选举理监事的人数，则依照省分会，院辖市市分会应该加以注意。

五、后语

各省市分会选举之后，中国佛教会整理委员会才可以依法负责召集全国代表大会（关于全代大会的办法，另篇再谈）。所以笔者不知惭愧，不惮其烦地写出了这一篇谈话，却有四个虔诚的希望：

第一，希望各省市分会与各县支会能够迅速地复员，或设整理委员会以及设立筹备会！

第二，希望各市分会与各县支会能够迅速办理会员总登记！

第三，希望各县支会与各市分会能够迅速召开会员大会！并望各省分会迅速召开省代表大会，将各分会、各支会完全成为一个健全的组织！

第四，希望能够在半年以内，使中国佛教会整委会依法负责召开全国代表大会！

至于"修订中国佛教会章程""整理并改进教规""研究关于佛教应兴应革事宜"等重要任务，都还需要全国代表大会来负责讨论议决哩！

佛教团体的组织是如何的需要？僧徒信仰的自由应如何的争取？山门是怎样的多事？时势是怎样的迫切？我们不是为了个人，我们不是为了一个寺院，我们为了佛祖的偌大宝贵的遗产（三藏学理），我们为了全世界人类的慧命，我们要建设现代的国家，我们要建设现代的佛教！全国的诸山长老和青年僧众们！大家应该激发良心来为了整个的佛教尽一点力，尽一点心。

三十五年三月七日，写于南京

关于中佛会分支会的四五事[①]

一、统一名称

在未有中国佛教会以前,在清末各地有"僧教育会"的名称,到了民初有"中华佛教总会"的组织,各地好像是称"支部"。迨至民国十八年,"中国佛教会"成立,各省市县皆将"佛教会"三字以上冠以地名,无形中成为三级制的一个系统。但于二十五年,中国佛教会忽然把各省的佛教会取消了,把各县佛教会一律改为"分会",美其名曰《新章》。因为行《新章》曾引起各省的反对。主张这个两级制办法的人,是很大的错误,理由非常简单,就是召集全国佛教徒代表大会的时际,有什么办法要全国各县分会选派代表出席,事实上怎么能办到?这是过去的事,这是过去的错误,现在不必谈了。

此次,中国佛教会整理委员会的设立,我们认为在"改组或指导设立中国佛教会各地分会"的任务一项之下,应该要恢复三级制,应该要组成一个有系统的组织。在中国佛教会所隶属的省市(院辖市),一律称为"分会";凡隶属于各省分会的县市(省辖市),则一概称为"支会",就决定了这样的办法。虽然还有人提出,省应称支会,县应称分会,我们以为这个没有多大关系。

就因为二十五年、二十六年间所行《新章》,各地皆改为分会之故,名称上发生许多麻烦,比如说浙江省分会改选的时候,而各县代表出席者亦称某某县分会,在行文字面上是多么不通?所以,中佛会整委会曾训令各省分

[①] 《海潮音》第二十七卷第六期,1946年。

会转饬所属各县支会应统一名称。这一训令发出之后，呈报改正名称者有之，依然如故，各县仍称分会者亦有之。这样弄得系统不明，名称不统一，似乎不可？各级分支会应该立即改正！

改正一个名称，并不是什么难事？各省分会在收到中佛会整委会的改正名称之训令后，应立即遵办，依照旧有图记式样自行重刊（文曰："中国佛教会某某省分会图记"十二字），并将启用日期、拓具印模，呈报主管机关——省政府社会处及中佛会整委会，请鉴核备案。同时转饬所属各县市支会遵办，并令将办理情形具报，手续就办完了。

或许有人说县支会的会名牌字太多了？但不妨照下面的写法：

江苏省 中国佛教会 镇江县支会

江苏省 中国佛教会 杭州市支会

以此类推，把某某县支会五个字写大些，以醒眼目，也是一种办法。欲求其佛教成为人民团体中的一个强有力的团体，必须先使佛教会做成健全而有系统的组织才对！

二、推进会务

组织先有了系统，然后才能望其健全。组织如何能有系统而达到健全？这就要看推进会务的效率了。中佛会之于分支会，则犹如首脑之于手足。笔者日前在上海与诸山道友商谈总会、分会会务时曾作一譬喻：中国佛教会譬喻是一寺之住持，各省市分会譬喻是各班首首领，各县支会譬喻是各寮职事，全国寺院则譬喻是清净海众。全国佛教徒能否使其身安心安修学办道，则全靠总会统理有方，一切无碍？各省市县分支会能否调处得当，负责训导？所以推进会务是刻不容缓之事！

分支会以各省分会责任最重，省分会要承上转下，会务比较繁复。如其有人肯负责，纵然是烦难的事也变为简易了。换句话说，若是办理会务——身当理监事或整理委员的人不肯负责，则虽说是极其简易的事也觉得烦难了。所以说"天下无难事，只怕用心人"，就是这个道理。

经验告诉我们，大凡是私人的事，工作起来总比较公共的事效率来得快。如果将办理会务当作一寺之事务，我相信这个会一定办得有精彩。笔者从来未曾办过会务，可是曾在两个县城为僧家尽过义务，自信还有一腔热血，遇到各寺庵有了急事，只要自身力所能逮，无有不勇往直前地为教为众去服劳，失败的事件固然不少，而成功的事件却也有很多。我生成是一个急性子的家伙，自从到南京来为中佛会整委会服务，却巧又遇到同事的多才多能的雪嵩组长，公事虽不甚多，大家都喜欢随到随办，甚至做夜工，于是就不喜爱坐冷板凳，两手抱着膝头盖来谈天说地。明知道交通是这样的不便，但在工作方面终觉得有点不够紧张，并不敢一定说是分支会的推动太嫌迟缓，而且又深信全国的同袍对于当前的中国佛教比我们的认识更要清楚，对于佛教希望整理，希望有新的建设的情绪还更迫切？

中国佛教会整理委员会与各省市分会、各县市支会的会务，是建国大业中正在运行的一班火车，我们开始的站头是破坏残败的佛教之城，我们的终点——目的地就是建国大业中的新中国。我们在行运的遥远的中途，不但不容许"脱节"，并且要希望时时地向前推进，要努力刻苦地向前推进！

三、人事问题

中国佛教会在系统组织方面，有总会，有分会，有支会；在人事方面，有整理委员，有常务委员，有理监事，有常务理监事，有理事长。前者是因为人民团体"有级数之组织者"，不得不规定有省（市）分会与县支会的办法。后者在人事方面并无等级可言。笔者曾经说过："我们不是为了个人，我们不是为了一个寺院"，所以办理各级佛教会的人，首先应该把在佛教会中当委员当理事的虚荣心去掉，才能真正为了佛教、为了大众来负责服劳。

佛教会的各级委员或理监事，对于年龄、学历等虽没有一种规定，但在常理和常情说，如总会的理监事，至少于道行的修养、学识的造诣，以及他个人与弘法的成绩方面，确实皆能为全国佛教徒具有相当的认识和信仰。又如省分会的理监事，于学行、资望各方面，也得要为全省诸山所素知，实有负领导全省各县之责任能力与资望者，方不致自误误人。至于一县支会之理监事，也非得选举为全县僧尼之所共同信仰的人才，不足以统理大众。谈到"统理大众"，谈何容易？比如说一个没有领百十众人的经历，一旦要他领导全县甚至全省的会员，希望能收获到"一切无碍"的效果，恐怕不是一件容易的事吧？

关于各级会的理监事，本来都是以合法的手续选举而产生的。按理说以票的多数为当选，理监事人数多寡，则依次当选，可是常务理事通常是互推，我觉得还是以票选为当。而最要注意的有两点：各县支会与各市分会的常务理事，需要选其居住近于会所所在地者；各省分会的常务理事，则必选其住处与省会交通便利者。至于理事长一职，县支会与市分会须选住于当地者为宜。省分会则不论，但须以能驻会为准。凡为省市分会理事长者，最好以年高望重者为推选的标准，倒不必以票数的多寡为定，凡是年轻票数多者要有谦让之心。

本来办理佛教会务，都是"吃力不讨好"的苦差，既无名，又无利，甚至自己还要贴钱。于是，有能力负责者多不愿干。反之，无能力或资望不够跃跃欲试者，也许大有人在？其实真实发心愿为佛教大众服务的人，并不限定要有理事长与常务理事的名义，就是供职一个职员，只要认真负责，也可尽心尽力，得到为教为众功德。假名，根本就不值得放在心上！

有道德、有学问、有经历、有资望的长者大德，遇到为大众所推选到了，也不必故意推辞，应该在这个教难时期，出任艰巨。好在无论分、支会，都有理事会与常务理事会，其执行的决议案，都是大家的意思，至于办理会务自有各职员分工合作。只要选贤任能，灭私奉公，处理会务"依法不依人"，自然而然的无有过处。笔者在《致全国长老书》中曾说过，"能服众望、能做佛教会领袖的就推选他当领袖，应该当随众的就当随众"，我们对于佛教会各分支会的人事问题，应该要这样的办法！故我以为，各级佛教会的人事压根儿就不会成为问题的！

四、团体会员

"团体会员"这个名词，我想一定有许多僧众不大了解？《非常时期人民团体组织法》第四条有这样的规定："各种职业团体依法许其有级数之组织者，其下级团体均应加入各该上级团体为会员。"根据此项条文，佛教会虽是宗教团体，因其是"有级数之组织者"，故应于个人会员外，定有"团体会员"。我们佛教会的团体会员，应如下列之规定：

凡一县之寺庙庵院、佛教学校、居士林、正信会、念佛社等，皆为县支会之团体会员。（省辖市同）

凡一市之寺庙庵院、佛教学校、居士林、正信会、念佛林，及佛教文化慈善机关等，皆为市分会之团体会员。

凡一省所隶属之各县（市）支会，皆为省分之团体会员。

凡各省市分会，皆为中国佛教会（总会）之团体会员。

至于"个人会员"，无论系在各市分会或各县市支会登记入会者，一律皆为中国佛教会之会员。

或者以为团体会员在佛教会的过去，似乎无此名称？其实早已有之，不过是"有实无名"耳。过去佛教会的习惯在各市各县召集开会，百分之百都是以寺庙庵院为单位，（一）通知单均写寺名庵名，（二）凡出经费亦复以各寺庵分别负担，这是事实。

现在中佛会整委会把会员分为团体会员、个人会员。个人会员是使每个佛教徒都有参加中佛会为会员的机会，每个佛教徒都有权利可享，有义务可尽。团体会员是使无论属于一县或一市之寺庵等僧尼及居士团体，都要分负县支会或市分会的责任。一县的个人会员，除收其每年之会费外，只能劝捐或随喜乐助；一县的团体会员，则需负支会不足之经常费及事业费等等。一县一市的寺庵等团体会员，应以百分比的比例公平派定出费之成分，免得遇事就要临时摊派。

五、经费办法

谈到"经费"，我们真是感慨多端了，觉得我们僧徒是可怜又是可耻！

一县中的寺庵，一个寺或许有寺田千亩，一个庵或许有地数百亩？而一县中的佛教会从表面上与意义上，它是全县佛教徒的团体机关，但是它并没有财产。扩而大之，一个省的佛教寺产无须统计，这个数目总有可观了，就是一个大的寺院也许有两百人，可是一省的佛教团体——佛教会省分会几个办公的人员的伙食却得不到一个寺院肯发心供给，这真是天大的笑话！反而一县的支会有些地方还能得到会所所在的那家寺院供给。省分会甚且连房屋都没处借用，但有的大寺却情愿被各种机关强占，这是可怜呢，还是可耻！？

我们深知抗战后各地方佛教的情状，一言以蔽之，曰"不景气"。大多数的僧众生活苦恼到极度！但我们绝对不能相信办理佛教一县支会的经费，就当真无法筹集！说来真要惭愧煞人！僧徒所讲的是"大我"，而所行的是"小我"。所讲的"布施"，是要人家布施于他，不是他自己布施于人。所讲的"慈悲"，是教人家对他要慈悲，不是教他自己以慈悲待人。正因为如此"自私"，佛教才没落到如此不振，寺屋才被人家如此侵占，僧徒才成为被宰的哑羊！这是可怜呢，还是可耻！？

现在，各省、各县发生了一件使僧徒不安的事，就是内政部拟定的《寺庙举办公益慈善事业实施办法》，各县皆相继的成立委员会，这个办法是内政部对佛教徒不平等的待遇，无论从哪一方面看都是不合法的。人民宗教信仰之自由，僧徒也是人民，对于信仰佛教的人民，内政部来这一个办法，字面上是提取，实际上却是没收，我们实在不知道这是根据国家政府现行法令的哪一条？至于说根据的《寺庙监督条例》，根本《寺庙监督条例》就是剥夺人民自由的一种单行法规，应在废止之列。关于此一问题，当于另文述之。这里，我们应该要问各地的僧徒，为什么对于这种剥夺佛教徒信仰自由，非法的单行法规不起来抗议，而对于各地与切身有利益的佛教团体——佛教会，反而视若与己无关？这是可怜呢，还是可耻！？

以办各地各级佛教会——分支，而认为经费没有办法的人，全是"自私"的见解。时代告诉我们，积极地为佛教组织坚强的团体，才是谋生图存的大道；消极的为了一人一寺的苟安，那是等待灭亡的死路！我们要知道邻省、邻县佛寺僧徒们的被迫害事件，我们不能认为这仅仅是可怜，我们要惭愧，袖手旁观、隔河观火的我辈实为可耻！

谈"经费办法"，越谈越野了，高血压惹动了肝火，就此收住吧。

三十年四月二十日

四、佛教与社会

佛教在人间[1]

"佛法在世间，不离世间觉"。

佛说的一切教法——佛法，都是为救济世间——人间而说的。佛教是人间的佛教。

佛说的一切教法——佛法，都是由佛智觉察观照到世间——人间所需要的。佛法也就是世间的一条觉路，世间是不能离去佛法——离开这一条觉路的。所以佛教是在人间的。

此所谓"佛法在世间，不离世间觉"！

佛教传到中国，上下有了一千八百多年，自汉朝至如今，所有的一切文化，无一没有受到佛教的好的影响。

从正面看，佛教对于中国文化的贡献，至大且广；决不是如今浅识不学的人三言两语所可抹杀的。

这是历史上的事实告诉我们的！

但是，中国人民一面信仰了佛教，一面于深染着的多神思想未能净除，所以在一般人思想中的佛教似乎是有点神秘而离开人间的。

而尤其是在一班号为有智识的文人的冥想之中，把佛教看作隐遁或非人世的。佛教就被这一班文人分离开，好像不是人间的了。

因此，本来在人间的佛教好像不是人间所需要的东西了。

一方面也因为佛教的教徒本身不善于随顺众生，观机设教，使佛教放大光明于这人间世，使人间离不开佛教。这也是使人间误解佛教的一个原因。

同时，佛教在过了译经时期之后，一味将就中国原有的多神及道教等的习俗，专从事于以经忏荐亡的一途，少作利生的事业。这也是使人间误会佛

---

[1] 《正信》第二卷第十八期，1933年。

教的又一原因。

由此，人间的佛教渐离开人间渐远了。其实错误的，并不在佛教，都在人间！

现代，真是一个大时代，一切的一切都在迷茫之中：不迷于心，即迷于物；邪说遍世间，问题满人类，既茫无所从，又没法解决！

再观现前的中国，这样破碎了的河山，一切的一切都在苦厄之中：不陷于火，即困于水！内忧外患一时俱来，既无力攘外，又不能安内！

在这当儿，试问除去用慈悲无我的佛教来救济这五浊的人间以外，别的还有什么法门？

我们要大声疾呼佛教在人间！在这五浊的人间，惟有佛教能救中国！能救世界！能救人类！

二十二，一○，六

大醒病中写

我们理想中之人间佛教的和乐国[1]

一、序分

"佛法在世间,不离世间觉",释迦牟尼佛"为一大事因缘出现于世",所为何事?还不是为的要教化这人间世吗?因为这人间世的所有,无一不是"恶"的,无一不是"苦"的,所以娑婆世界就成了一个五浊恶世诸苦毕集的世界。

释迦牟尼佛的一代教化,住世四十九年,说法三百余会,又所为何事?还不是为的要把众生度出这恶浊苦聚的人间世吗?舍恶向善,离苦得乐,本来是人世间的众生所各具有的觉性,但因众生从无始以来为无明习染所障蔽,所以明明知道恶而不肯舍恶,明明晓得苦而不愿离苦。佛为大觉,为大慈悲心所驱使,乃不惜横说竖说,凡关于民众的教育、社会的生活乃至国家的政治,没有一事一物不作究竟胜义的解说,没有一言一句不是从佛亲证觉悟中说出来的,这样全部三藏十二分的佛法,就成了上下古今人间的唯一宝典!佛教传到这人间的我们中国,也已有了一千八百余年的历史,佛教的教法——学说思想,影响于我国的文化,不消说的历史告诉我们是很深很大的了。虽然如此,可是众生共同所有的那种明明知道恶而不肯舍恶,明明晓得苦而不愿离苦的习性,在我国的国民性中也是占据着的;因之,佛教的学说思想对于我国的全般的文化上虽然有了很深刻的影响,而直接对于我国的民众教育、民众生活以及国家政治实际方面的关系,仍未能把佛教的精神完全灌输进去

---

[1] 《海潮音》第十五卷第一号,1934年。

显扬出来。换句话说：佛教在我国还没有人间化——佛教人间化，人间佛教化！

佛教是在人间的，人间也是离不开佛教的，尤其是在我国。我国国民虽同具有一般众生迷而不觉的习性，但我国国民性的慈忍柔和，那是与佛的教法很相近的；这征诸过往的历史是确实的。现前的我国国民已经处于万恶的环境之中苦得不可言了！在记者理想中有一个人间佛教和乐国的憧憬，今发愿以国民一份子的资格，贡献于我国与佛有缘的为国为民的诸贤哲之前。

二、正宗分

人间佛教的和乐国要怎样建立？这可以以

1. 建立人间佛教的民众教育
2. 建立人间佛教的民众生活
3. 建立人间佛教的国家政治

三方面来施设，因为这三事是与安定国家政治为造成和乐国家的三大基础。

（一）建立人间佛教的民众教育

民众教育的意义："系对于凡未受过系统教育的学校教育，与凡缺乏做现代人所应有之道德、知识、能力之民众，而施之普遍必要的文化教育。"所谓教育者，是"凡足感化身心之影响，俱得云教育"。人之生而为人，就有学习的本能，因人之生而无能，乃有学习的要求，所以教育因此而产生。但因随各人习性求知的不同，故教育亦有种种不同；就教育的性质而言，也有各种高低深浅、特别、普通的差异。兹所举之民众教育，乃是为做人所必受的教育。

我国的教育宗旨，自古以来是"乐得天下英才而教育之"的，就"英才"二字看，似乎是一贯的特殊的高等教育，其实以"天下"二字冠其上，又是普及的民众的教育。到了清末政府学部才定出了一个"造就全国之民"的教育宗旨。由此而后，民四有"以道德教育为经，以实利教育、尚武教育为纬；以道德尚武教育为体，以实用主义为用"的教育宗旨。民八有"养成健全人格，发展共和精神"的教育宗旨。乃至十八年国民政府将三民主义定为教育宗旨：所谓"发扬民族的精神，提高国民道德，注重国民体魄锻炼，提倡科学的精神，推广科学的应用"。如是种种，其唯一对象，都是为的民众；概曰民众教育，亦无不可。于此中间民十二又有平民教育的倡立，平民教育就是民众教育。这是我国教育由英才教育而进至民众教育的大旨。

然则我们要问我国的教育曾否惠及全民呢？所谓"造就全国之民"，曾否做到呢？尤其是"以道德为经""养成健全人格""提高国民道德"的教育，曾否"行顾其言"的做到呢？可是不幸在现在已经使我们听到有"中国教育已经破产"的呼声了！因此，教育界里也有一二志士倡乡村建设咧，布衣运动咧，想从乡村建设、布衣运动等教育方法下手，以改进现前不良的教育施设；然究其效果，乡村建设既转变不动都市虚靡的学风，布衣运动也影响不到青年奢侈的习染。其余种种，也就可以不言而喻了。

现在，我们想建立人间佛教的民众教育，并不是说佛教教育的方法一定可以来补现前的民众教育所不足，但我们要想建立一人间佛教的和乐国，不得不希于建立人间佛教的民众教育来作根本的基础。今按教育实际方面分智育、德育、体育三方面来讲明人间佛教的民众教育的建立：

一、智育

智育，在普通讲作知识教育，在佛教则称为智慧教育；其智慧教育的宗旨，以八正道中的"正见""正思惟""正精进""正念"为体，以五明——"声明""工巧明""医方明""因明""内明"为用。

正见，是了解宇宙人生事理因果的真理知见，以无漏之慧为体。正思惟，是既见宇宙人生的真理，须加以研讨而使其智慧增长，以无漏之慧心所为体。正精进，是发用智慧而修觉悟正道，以无漏之勤为体。正念，是以真智忆念正道而无邪念，以无漏之念为体。盖佛教智慧教育的方法和程序，约有三种：一是闻，二是思，三是修。闻而后思，思而后修，再加之精进忆念，这样才可得到真理及一切无漏的智慧，比较诸"学而不思则罔，思而不学则殆"的方法又加了一种"修"的工夫，确圆满得多了。教育的宗旨，有了教育的本体，当然要得到教育的效果，而苟欲得教育的效果，则须于所学非加一番修的工夫不可了。

五明的声明，就是要明文字与语言学、历史学等。工巧明，就是要明工艺、算术、物理、化学、自然、社会等科学。医方明，就是要明医药学。因明，就是要明论理学。内明，就是要明一切哲学及佛学。所谓明者，就是要阐明各种学术的宗旨与意义及其效用。以上五明，为治佛学的学者必宜学习之处。《西域记》云："七岁之后，渐授五明大论"；以此可知五明的教育，是由小学教育而进至高等教育的必须讲学的学科。而五明就是现在的所谓"实利教育"，而且是很完备的教育，并实有高过于普通智育——知识教育之上之处。

如上所说佛教智慧的教育，以八正道中的四种正道为体，就是以道德教育为体；以五明为用，就是以实用主义为用。至于"提倡科学的精神，推广科学的应用"，亦已摄尽无遗了。

二、德育

在普通称为道德教育或行为教育，在佛教则尊为道行教育。普通的德育——所谓"以道德教育为经""提高国民道德"的德育，讲的只是些"修身""公民""法律"而已，以"大学之道，在明明德，在新民，在止于至善"，足可为证。可是我国历来的教育家就很少有这种道德教育的精神，大概多以《礼记》为德育的范本，所以仅仅在一种行为的外表上的礼节方面做到；而可惜到了晚近连那种外表上的礼节都已看不见了！佛教的道行教育，以十善为体，以四摄为用。

十善者：一、不杀生，二、不偷盗，三、不邪行，四、不妄语，五、不两舌，六、不恶口，七、不绮语，八、不贪欲，九、不瞋恚，十、不邪见。这十种的善又称为十善业道，是佛教道行教育的根本善法；凡要做一个良善的人，是必须要具有这十种道行：要永离杀生、偷盗、邪行、妄语、两舌、恶口、绮语、贪欲、瞋恚、邪见！不杀生，是广义的，不但人不能杀人，凡一切有生命的动物都不能杀；不但不能杀生，还要注意保护动物。不偷盗，凡是以不正当的手段而取得的财物，都为偷盗；若以自己的强力而去争夺他人的财物，更为不可。不邪行，就是不邪淫，除了正式合理的夫妇外，均不应邪淫（此就在家信徒说）。不妄语，就是不能作虚妄之语，是不可"见言不见，不见言见；知言不知，不知言知"。不两舌，就是不能作离间之语，不当"在此言彼，在彼言此"。不恶口，就是不作粗恶之语，如骂詈他人，皆是不应当的。不绮语，就是不能以花言巧语，文过饰非。不贪欲，就是不可贪图一切非分的欲求。不瞋恚，就是凡遇一切事都不可瞋怨恚恨，所谓"不怨天，不尤人"。不邪见，就是不可起一切不应道理的邪见。前三属于身业，中四属于口业，后三属于意业。能具有这十种道行，在佛教中就称为三业清净，为成就无上菩提的正因；在普通就叫作"养成健全人格"。

四摄，又称为四摄法：一、布施摄，就是若遇到有人要我帮助他什么，当尽我的力量帮助他，使其因此生起亲爱的心来依我学习道行；二、爱语摄，就是以善言慰喻而去感化不学习道行的人，使其来学习道行；三、利行摄，就是起身口业的三种善行来利益人群；四、同事摄，就是要"和其光同其尘"的来在人群中随机教化，使人群同受道行的教育。这普通称作"同情心"，在佛教就称为是"同体大悲"。

所谓"养成健全人格"，所谓"提高国民道德"，现在所行的教育制度，虽设有训育——训练德育，而究属仍为小善，不过仅在一时的行为上加以训导检点，而于心性上的善行，还是一无所有；唯有佛教的道行教育，才是"养成健全人格"和"提高国民道德"的德育。

三、体育

我国近世教育的制度，凡百施设，都是采用的欧美的；体育运动，亦复如此。至最近始加有国术一门。体育是"注重国民体魄锻炼"的，而佛教对于体育的教育，锻炼体魄是从锻炼"心体"下手的。锻炼心体，就是修习禅定；锻炼体魄，就是散步经行。

"禅定"，就是静虑的译意；静虑，是"心体寂静能审虑之义"。要强健身体，第一先要强健其心体，身体的强健必须要有强健的心体才得真实的强健。不然，身体虽强健，心体不强健，一旦受外境的诱惑，心志一发生动摇，则一件事俱不能成就。志强体弱，固不能成大业；身强心弱，亦不足成大器。而且强身尚易，强心却难，唯有修习禅定能使其心体寂静，定止一境而不散动；能够心定止于一境，已无杂念可生，杂念不生，则身体已不强而自强。要求教育"止于至善"，修习禅定确是不可或缺的学科；大学所谓"知止而后有定，定而后能静，静而后能安，安而后能虑，虑而后能得"，就是这个道理。佛于菩提树下苦行六年，不避风霜饥寒，而一无疾病，终至成道，盖即因其深修禅定心力坚强之故。

"经行"为佛教体育运动之一种，佛教教育制度，每于饭食之后，必需散步经行。散步经行与修习禅定皆立为每日必修之体育课；前者为强其心体的方法，后者为强其身体的巧便。这种经行的体育运动，比诸田径赛运动的径赛，一者为静的运动，一者则为动的运动；前者静中有动，后者动中有静。而且经行运动于每饭之后行之，既不荒废时间，又不妨诸学业。观今日的体育运动，凡偏重好乐于运动者，大都需要荒弃其学业的多半时间，锻炼不成，尚武未然！"一动不如一静"，强身需要强心，唯有佛教中的体育是尚了。

释迦牟尼佛本是二千五百年前的一个经验极丰富的大教育家，在佛所说的教法——《大藏经》中，可以说都是关于教育的，皆是当时佛教化他的弟子及其印度各国民众的教法。以上所举，不过是大海水中的一滴；而我们果能建立成这样的人间佛教的民众教育，民众受到这样佛教的教育，从事学习、训练、养护佛教的智育、德育、体育，未尝不是我国民众教育的一条新生之路！

（二）建立人间佛教的民众生活

生活为人生所必需，在人生生活中所必需的，上面所说的民众教育，就是一种；生活的范围很广，凡衣食、言语及一切动作，固皆为人之生活的构成要素，而思想、习惯、信仰等，亦复是人之生活中的主要动力。因此，生活大体可分为精神的生活、作业的生活与资生的生活的三种。

观夫我国的民众生活，关于精神方面，自来以"天命"的思想为其精神生活中心，凡事都以"天意"来安慰生活。关于作业方面，我国民众虽有百工而为之生活，然自古以来皆是"以农立国"的，故于民众生活，仍以农作业为中心。关于资生方面，则亦素依重"天命"的思想，所以富者纵或不仁，而贫者却能安贫，因此人之资生生活虽有贫富的悬殊，但都能以"天生成"三字而恬然过活。可是到了现在有点不同了！现前我国的民众生活：言精神生活，已不能以"天命"而使其得到安慰，父命早已归天了。言作业生活，"以农立国"的农业已告破产，百工亦凋落难兴。言资生生活，除去极少数的富裕之户，在都市中过着尖锐化的西洋式的生活外，大多数的贫苦小民啼饥号寒，处于水深火热之中，欲求一饱半温已皆不可得了！于是为生活而发出的各种不同的呼声，在现在也就充满了这个人间的虚空！所谓"朱门酒肉臭，路有冻死骨"，就是现今资生生活的写照。

现在，我们想来建立人间佛教的民众生活，其目的就在为欲解决我国当前的民众生活问题。

一、精神的生活。普通所谓的民族精神，就是一国民众有一个民族的精神，我国向以儒家的智、仁、勇三者为代表民众的精神。"智"在佛教中曰"智慧"，"仁"在佛教中曰"慈悲"，"勇"在佛教中曰"大无畏"。智慧，就是前面所说的教育。慈悲，就是"无缘大慈，同体大悲"的意思，这种慈悲的精神是很普遍的，凡于一切都以慈心、悲心去摄受，较之儒家的"仁者爱人"的精神要广周得多了。大无畏有四种无畏；所谓无畏者，就是化他的心无有所怯，没有恐怖。从这三种的精神而可以产生一种正信的思想，有了正信的思想主持着精神的生活，就不致去迷信外道邪教，去依托天命，去走投无路而无归宿了。

二、作业的生活。我国土地广大，自来"以农立国"，实为至当；就今日的时潮而论，工商业固为现代最需要的生产业，而我国的农业亦更宜加以振兴，以解决最急切的民生问题。佛教的作业生活，有"正业""正命"二种：正业、正命亦为八正道中的二种正道。正业就是要作正当的事业，不作不正当的邪业。正命，就是不去经营各种不如法不合理的事业而为活命的生活；不如法不合理的事业，那种事业就是邪业，以那种邪事业而为生活，就是邪命生活；受佛教教育的民众是不许去做的。邪命生活在佛教中说有五种为不正当的：一为诈现异相，就是在社会上专以诈现奇突之相（如倡伶等）而营生活的；二为自说功能，就是以专称自己本领（如变魔术、戏法等）而谋生活的；三为占相吉凶，就是以占卜而说人的吉凶（如占卦、相命、测字等）而求生活的；四为高声现势，就是以大言威势（好倚势流氓等）而为生活的；五为以利动人，就是于彼得利，则于此称说；于此得利，则于彼称说（如说客、媒佣等）而为生活的。除这五种外，余如屠宰、捕鱼等业，凡足以障蔽清净三业的，都不能为生活而去造作。习惯在生活当中，虽占有很大的势力，但并不是不可以改造的。

　　三、资生的生活。资生生活最重要的，当然是一衣，二食，三住。现在的人在一生之中全部的精神与作业，差不多都是为这衣食住的生活所劳碌。其实人之生应为做人而生活，并不是单为生活而生活的，这在佛教的生活中是看得空彻一点、淡泊一点。但资生生活又不可少，不过不必过事贪求罢了。人的欲望本是贪求无已的，假使一味为贪着资生生活的满足，而不于正当作业的生活上努力以求贡献于社会和求精神生活的解脱，则人生生活已全为一私利的奴隶了。普通的人于资生生活，富于资产者：衣服必求其华饰，饮食必求其味美，居住必求其大厦洋房；而贫者的竹篱茅舍，一缕之衣，糟糠之饭，倒也甘心。虽然如此，而习俗奢侈，时尚所好，每人的一切消费恒较衣食住超过数十百倍，国民何得不穷？佛教的资生生活：衣不好华饰而求粗朴，食不贪味美而求洁净，居住为供养佛故而求庄严；其教徒一人的生活费用，极为节少。我国民众的资生生活，倘能依佛教化，布衣蔬食及戒绝一切奢侈嗜好过清淡的佛教化生活，从事工作正当的生产建设事业，亦绝不致一个人的衣食住的问题总无法解决吧？

　　资生的生活，应该要少欲知足，佛曾说过："多欲之人，多求利故，苦恼亦多；少欲之人，无求无欲，则无此患。……少欲之人，则无谄曲以求人意，亦复不为诸根所牵。行少欲者，心则坦然，无所忧畏，触事有余，无常不足。""知足之法，即是富乐安隐之处。知足之人，虽卧地上，犹为安乐；不知足者，虽处天堂，亦不称意。不知足者，虽富而贫；知足之人，虽贫而富"。（《佛遗教经》）这是佛教贫富论的少欲知足的方法：惟其少欲知足，才能"贫而无谄"。佛教虽把精神的生活与作业的生活看重于资生的生活，但也没有轻忽资生的生活。因为人的作业生活有勤有怠，所以就有贫与富的分别，佛教为打破那种贫与富的阶级，就主张教人行布施的一法，以布施而成就人群互助的功德。

　　总而言之，佛教的民众生活，在精神的生活方面，是要民众由一种正信的思想和信仰，使精神生活得到"轻安"。在作业生活的方面，是要民众皆精勤工作一种正业正命的正当事业，使作业生活"无懈无怠"。在资生生活的方面，是要民众少欲知足、布衣蔬食、安贫乐道，使资生的生活"不放逸"。

由此三种生活以安定民众的心身，而建立人间佛教的和乐国的基础。

（三）建立人间佛教的国家政治

以上所说民众教育、民众生活二事，尚非社会生活的全体；全体的社会生活乃是政治。政治是一个国家内部的构造与活动，也就是一个国家与别一国家——国际间的关系。民众是散漫的，所以要有政治的组织，有了政治的组织，民众才能各尽其力、各取所需而共成一整个社会生活的全体。就普通一般而言，一国的政治为统治一国民众的工具；在佛教中的意思，政治就是民众和谐合聚的一条轨道。在佛教中虽没有显明纯然的政治主张，可是因为人事亦处处讲到有关政治组织的方法；比如在佛教本身一个僧团的组织，把它放大开来，就是政治的组织，乃至可为国际的组织。盖以佛教的观念，视此一人世间为一法界，固无所谓分为种族、国家、社会、政治乃至教育、生活的，所谓法界众生平等，"无人相，无我相，无众生相，无寿者相"。而因为人与人中间的关系，必须要有一种政治组织——行政法律的组织，才能大家相安于无事，由一种组织而成为国家的政治，这种政治并不是谁个人或少数人的统治工具，这纯是民众的一种维持和谐合聚的秩序和规律。这是就佛教无人无我的大同思想而言者。

佛教僧团的组织法，其法律——戒条，虽由五戒而至二百五十条戒，其组织原则，只有六则：

一、身和同住。以同一国族的民众，在其国内均有居住的自由。所谓"身和"者，就是民众大家都要有和谐合聚的民族精神。如今我国民众全没有了民族的精神，"兄弟阋墙"，同室都要操戈；"身和同住"，都不能做到，要望一国的政治上轨道，那太难了！

二、口和无诤。这是言论的自由，但需要根据民族和谐合聚的精神。所谓"无诤"，不是见到国家坏处不讲话不诤论，是要依据法理和为和谐合聚的原则而诤，不要为自私自利而诤。如今我国民众所诤者，没有大公至理，都是为的私利和私见。

三、意和同事。政治是代表一个民族精神的，所以政事也要集合民众大众的意志。所谓"意和同事"者，就是一切政事要取决于国民大会的会议。如果不是这样，而民众的意志就不能一致，和谐合聚的精神也就会失去。如今我国政事多不能集取多数民众的意志，实为一大缺点！

四、戒和同修。戒是戒律，普通即谓之法律。所谓"同修"，就是无论何人均有修持遵守由国民大会所定立的一切法律（如宪法等）。政治的行政运用能良善与否，当以看法律的效用如何？如法律尽施之于多数的民众身上，而少数为民众服务执政的人，不但不守法律，而且以法律做欺压民众的工具，使一国的全体民众不能受同一法律的权利和保障，则根本已失去法律的效用；而民众中一切不和谐合聚的现象，一定有无数的不好事件发生。如今我国的政治腐败不上轨道的第一个大原因，就是国家没有法治的精神，不能够实行"戒和同修"。

五、见和同解。从事政治执政的民众，如其见解不能依共同道路去行，或妄生知见，或主见太深，或邪见不正，就会和其他的意见相左，因此是非人我，人我是非，辄见丛生，无有宁日了。如今我国的政局，支离割裂，连和谐合聚的影子都被黑暗遮蔽不见了，就是因为大家没同一的见解而自信的缘故。

六、利和同均。佛教主张戒贪（贪财），又主张布施，对于财利是看得很空的。人世间的一切恶事，可以说无论大小没有一件事不是为的财利的关系，俗话说的"人为财死"，描述人们执迷于财利者最当。财利虽然不可贪着，但民众资生的生活，总要使它得以解决；而且一个国家的福利都要使民众享受均等，所谓"平均地权"，就是"利和同均"的一项。如《国民政府建国大纲》第二项说的："建设之首要在民生，故对于全国人民之衣食住行四大需要，政府当与人民协力共谋农业之发展，以足民食；共谋织造之发展，以裕民衣；建筑大计划之各式屋舍，以乐民居；修治道路运河，以利民行。"民众也只要能足衣足食就行了，就安宁了。凡是国家所有的利益，都为全国民众所共享受，共享共荣，国家哪有不兴的道理？

我国国家现在亟须改良政治；政治改良，国家才有进步，政治改良，民众才得安居乐业。但是政治之道虽多，就我国二十年来内部自相战乱的因果而观，要真能"扫除国内之障蔽"，"开化全国之人心，而促进国家之统治"，这种希望，已渺茫难期；盖欲"开化全国之人心"，非有一种真实不虚、大公无私的政治不可，这，似乎佛教中的"六和"主义，颇为适当。

佛教虽无政治主张，而佛在当时所说的教法，完全也是随顺人事而说的；如果把这些佛说的法应用到政治方面，就是很清明很真善的政策；如应用到建国方面，就是很完美很圆满的建国方略了。不过一向佛教徒是不问政治的，我国因蒙藏的关系，政治与佛教只有一种接近的因缘；而佛教中关于人间国土建设的许多善巧的方法，一点都没有影响到改良政治的方面。可是到了现前，国家的本体已是百孔千疮，实有建立人间佛教的国家政治的需要了。

我国政府现前正在从事"立宪"，"立宪政治不仅在国民常识之丰富，并需要政治道德之发达；盖道德乃立身之本，知识仅为一种工具，故国民仅有政治知识，而无相当之政治道德，则尚不能期以政治之完成并其基础之确立"。(《教育大辞书》)上面所举的六和，亦即是政治知识，亦即是政治道德，亦即是政治的基础！

三、流通分

上面所说的是一点很平实的意思，在佛教的教海中，那仅是一点滴，不过举出了几个"法数"——名词，来约略加了几句新的解释，当然还没有能穷尽其佛法的万一。

佛法有二种：一、世间法，二、出世间法。世间法，是随顺世间应机而说的，那都是有关于人事的，就是人间佛教。出世间法，也并不是离开世间的，是由人间佛教——也称人乘佛教——而进至天乘、声闻乘、缘觉乘、菩萨乘的一种拣别的说法。人间佛教亦世间的亦出世间的，亦非世间的亦非出世间的；比如上面所说的建立人间佛教的和乐国的三大基础，能将佛法实现运用于教育、生活及国家政治中，则出世法亦即成世间法，非出世间的；世间法亦已成出世间法，非世间的。

在现前新思潮最蓬勃而易于转变的今日，全人间都在静待着新时代的变动；我国民众处于内忧外患的国难之中，无论在教育方面、生活方面、政治方面，皆正期冀有一种新的改造、新的建设，化苦恼而为和乐，这是我国民众所急切共同要求的。因此，我们理想中之人间佛教的和乐国，也算是要求国家的一种新的改造，一种新的建设！

最后，我愿更发愿言：

我们愿我国的民众，人人皆信佛教！人人皆是菩萨！

我们愿我国的国家，国事皆依佛教建立，国土皆成极乐庄严！

我们愿全人间的人人皆信佛教，皆是菩萨！

我们愿全人间的所有国土，皆依佛教建成一个华藏世界！

二二、一二、二五，于世界佛学苑图书馆编译室

"不离文字"①

一、佛教与文学之关系

从佛教的历史看起来，佛教是离不了文字的。在这里的"佛教"，也可以说为"佛学"。佛学与文学的关系，在普通人的认识上，大多以为是没有什么的，其实呢，关系却大得很。

我们平常说，佛陀因众生有种种根机，说种种法，度种种众生，所谓"对机说法，应病与药"。在这里已分明把法喻做了药。可是药是苦的，众生是不喜欢吃的，所以现在药铺里，在苦乐的外面，例如□宁丸，敷有一层甜的糖衣。那么，这糖衣拿佛学与文学的关系来说，便是文学。

在佛陀灭度后的七百年中，佛经曾经过先后好几次的结集。当佛陀在世时，有没有写过文章，虽不得而知，但佛陀是个文学家，这是可以断定的。何以呢？若佛陀不懂得文学，则后来结集经典的一班当记录的大弟子们，如何能产出在印度当时称为最高贵的许多文学作品呢？印度的原文不好，则翻译经典的诸大德，又如何能译出很好的华文来呢？因为译经的诸大德，皆很忠实的，并不是随随便便地凭着自己的意思瞎说瞎写的！佛说的经典文学是这样。后来到了无著、天亲等一班大论师造的论，亦皆是很优美的文学。其文字都合乎论理，现在所谓逻辑。要晓得，这不单是靠他们的智慧辩才，并且都是有文学修养的人，否则怎能造出那样的妙论来呢！

这样，由佛陀第一，阿难等一班大弟子第二，诸论师第三，他们皆是文

---

① 《海潮音》第二十七卷第九期，1946年。大醒讲，圆明记。

学家。传到中国来,有道安法师、慧远法师,他们也皆是文学家。由西域来的,如鸠摩罗什法师、求那跋陀罗等,他们也皆是文学家。其次,如中国高僧到西域去留学的法显法师、玄奘法师,和其他留学回来有成绩的,以及后来有著作的人,他们统统皆是文学家。假如我这话说得是相差不远的话,那么,佛学不离文字,是可以概见的了。

二、不立文字之误解

佛学既然是不离文字,那么,我们回过头来再看看有所谓不立文字的话,对不对呢?那是不对的,那完全是后人的误解!我们看,自永平八年,汉明帝夜梦金人,把佛法引流到中国来,到今年有一千八百七十八年的历史。在这中间,自迦叶摩腾竺法兰白马驮经来中国始,经过后汉、三国、两晋、南北朝,直至隋唐的八百多年当中,乃是佛学与文学最盛的时代。此时一般在家的信徒,有绝对的多数都是文学家。就拿两晋来说,鸠摩罗什法师门下,即有四圣十哲,若僧肇、道生等三十几位文学家。在当时的《高僧传》里,要是把前三卷打开来,很少的高僧不是文学家。不但是通文学,写文学,并且都很好!又如慧远大师的莲社里,有十八高贤,皆是文学家。假使慧远大师不通文学,则这一班文学家的高贤,如何会与他来往呢!再从反面来说,在这时,社会上的文学家,每个人起码总有几个僧侣朋友,即如唐时的韩愈,他是个最不信佛的人,但在他的集子里,却也有几个和尚朋友。所以,佛学与文学的关系,自古以来就有不能分离的因缘。

六朝时,达磨祖师西来,传心印与二祖,以《楞伽》四卷印心。由此可见,不立文学,也不是他所倡说。非特他没有倡说,并且传到六祖以后,称宗诸师皆有很好的语录文学,所以他们也皆是文学大家。那么,照这样说来,六祖大师,他是个舂碓推磨的人,一字不识,也是个文学家吗?不错,他确是一个文学家!假定他不是个文学家,没有文学修养的人,他那"菩提本无树,明镜亦非台。本来无一物,何处惹尘埃"的偈语,怎能做得出呢?《六祖坛经》,

是不是他写的，固另一问题，但为他所说，是不可否认的。那不是说得很好，很有文学价值的作品吗？所以他们，皆不曾说过不立文字。

这次大师（太虚大师）要我去浙江奉化雪窦寺接任住持，在那边住了十四天，其中有七八天，看了一些宋人的语录。禅宗在那时，尤其是北宋时代，可称盛极一时。可是语录中的文学意味深长，绝不是普通文学家所能梦想到的，而且其中就没有看到"不立文字"的。

我们再从美术方面来说，金石为美术之一，而碑记又为金石之一门。日本有一部《美术大全》，在"金石"的一科目中，有一门碑帖，其间百分之七八十，就完全是佛教的碑铭等类。大而言之，寺院浮图的建筑、雕刻、绘画等等，等等，无一不是佛教的文学，佛教又何尝不立文字？

有宋一代，禅宗最为兴盛，当时所有的禅刹道场，大多有明眼知识主持，所以产生了语录文学，而且著述很富，成了佛教中绝好的文学。凡是禅宗门庭，总是到处讲学，也不曾说过不立文字。那么，这情形你看见的吗？不错，我是看见过的：在雪窦显禅师的《颂古百则》里，是可以见到当时交通千里以内的禅和子，都是要到他那里去游学的。听讲的学僧，与现在不同，起码总有五六百人。所以提倡白话文的胡适之说，中国白话学的始祖是和尚，一点也不错！尤其是寒山诗与一部分语录，都值得奉为语体文的祖师的。试看白话文的祖师是和尚——禅宗的和尚，又何得说为不立文字呢？

可是在这里，我们要来问一问，这不立文字的误解，究竟是何时而发生的呢？这大概是在翻译经典终了，至宋以后，禅净特盛的时期，大家不讲究文字，加之元朝蒙古的喇嘛过来，更不注重于文字，于是乎不立文字的误解，就在这里发生出来了。后来到明太祖，虽想来力挽此弊，可惜已是积重难返了！然而，莲池、憨山、紫柏、蕅益等几位大师，亦皆是此时佛学与文学最有深造和修养的杰出人物。直至有清一代，最为苦恼，间或虽也有一卷半卷语录在世的人，可是谈不上什么了。现在的禅宗，可以名之为腿子禅。"禅宗"两个字的意义，根本是不会懂的，还谈什么文学？在明朝末年，那时的禅宗还有点规模，至今还有禅的渣滓，已经是被紫柏大师骂得不亦乐乎。现在呢？只有叹息！

就是拿一宗的要旨来说，亦须先不离文字，然后才可以不立文字。不离文字，才能够由信解而起行。由不离文字而不立文字，才能够自行而去修证。假使一味地不立文字，试问"自皈依佛，体解大道"的体解，又作何解？体解些什么呢？又怎么样能够体解呢？那么，好了，我们就专门来谈文字吗？不，我们在不离文字后，也要来个不立文字。如我们的教主释迦牟尼佛，他说了四十九年的法，不离文字，最后来一个否认，说一字未说，又不立文字，就是这样的意思。因为误解了不立文字的意思，也不知误却多少好汉！现在习禅念佛以及学密的人，都不注重讲学，这是非常危险的事。

三、佛教文学之代表作品

或者有人说道，如你所说，由佛陀一直至现在的太虚大师，皆是文学家，好了！但是要请你介绍一些关于佛教文学代表的作品。有的。关于佛经，如《佛本行经》《四十二章经》《楞严》等经。《佛本行经》，乃是用一种五言偈颂，像中国的诗体所组成的。此经为佛教文学中最重要的资料。与此经同类的有《本生经》。《四十二章经》，据梁启超先生说，中国的现藏本是晋人伪造的，原本流在朝鲜。现在不问他伪不伪，要总是佛教里非常短好的作品。《楞严经》终据欧阳竟无先生，以唯识法相宗的道理来格量，也说是伪造的。现在也不论其伪不伪，其文字义理之优美，曾为科举时代一般文人之必读。关于论中有《成唯识论》《因明论》《起信论》等论。《成唯识论》可包括《摄论》《辩中边》等论在内，都是用四字、八字或十二字组成的句法，句法整齐严肃。《因明论》是论理学，文体另有一法。《起信论》是散文式的组织，其笔调词句，叙理可以深入浅出，引人入胜。

佛法传到中国来后的代表作品，有《慧远大师集》、玄奘法师《大唐西域记》、雪窦梦师《颂古集》、憨山大师《梦游集》等，总集有《弘明集》等诸作品。《慧远大师集》里有《不拜君亲论》等诸篇，为现代僧青年之不可不读。《西域记》实是玄奘法师的亲笔，游记体，文字好极了。憨山大师的《年谱》，我曾批评过为前无古人。集中的《紫柏大师传》，真是好到极顶没有再好的文章！《颂古集》，总名《雪窦四集》商务印书馆有单行本，以上皆是每人必读的作品。

还有《心经》《八大觉人经》，皆是极好的短篇文学。简单二百余字的一卷《心经》，其文字真是妙极了。若是现在人，要用数万字才能写出，恐怕也不能写得圆满。即如"色不异空，空不异色，色即是空，空即是色，受相行识，亦复如是"的一段，这"受想行识，亦复如是"的两句文法妙极！本来应当要说"受不异空，空不异受，受即是空，空即是受"乃至"识不异空，空不异识，识即是空，空即是识"。可是当真的这样写出来，那就笨了。就这样，你要是说它太省略了吧，即又明明白白，虽说得明明白白，而文字却又省略。这一种文法，以及佛学中的四料简法，是普通在家的任何人所不能想到的，即以孔子的聪明，也不曾有这样的办法想出来。还有"往昔所造诸恶业，皆由无始贪瞋痴，从身语意之所生，一切我今皆忏悔"的一首忏悔偈，以简单的二十八个字，包含着翻来覆去的无穷意义。可以当忏悔论或业力论读。

四、研究佛学必先研究文学

我们要来研究佛学，必先从研究文学入门。要是一个全不通文学的人，那他一定是不能研究佛学的。这里面的关系，上文已经说过。那么，我们来研究文章，又应当从何研究起呢？这在欧阳修先生已有多读、多作、多商量的"三多指示"，即第一要多读文学书，所读的书，应当先易后难。如文言文应当先读梁启超的文章，白话文应当先读胡适之的文集。如读佛学作品，与其读欧阳居士的，不如读熊十力的书。第二要写文章，我的主张，读文章要新旧兼读，而写文章还是写语体白话文好。因为这样才能大众化，亦即所谓深入浅出。第三要多请人改文，改文章本有自己改和请人改的两种。自己改并不是说要改过十遍八遍，划去了几大段，从头再来，那样我是不赞成的，只要把要紧的文句和结构的地方，加以整理整理就好了。请他人改，并不一定要超过我。苏东坡先生说："文章本天成，妙手偶得之"，所以往往有拉黄包车的人，目不识丁，偶然间说出两句有意义的话来，也有文学的意味。文学这样东西，不是呆板的，是要活用的。

讲到文学要活用，就是要有实用。如上所说的许多经论，各有各的体裁，如果我们来写作时，那么，究竟用哪一种呢？这在上面已经说过，就是要用白话语体。但这语体的分类，在实用方面也有很多种。现在略说几类出来：一、说明文，如四大五蕴，三皈五戒，四摄六度等法数，皆可以用这一类的文字来把它说明。但说明文，绝不能越出它的题目范围之外。二、辩驳文，三、批评文，这两种似乎无大分别，实际上确是不同。辩驳人家的理由说错了，批评是批评人家的文章或好或丑，是有分别的。四、理论文，这在佛教的著述上，用之最广。五、记叙文，例如游记、叙事等项，就要用这一类的文字来描写。这一类的文字，宜乎不加议论。六、随笔，这是由于见闻所及，观感所致，随意长短地写出来的文字。于中第一种属理，第五种属事。其余的四种，皆可通于事理的两种。文学有了这六种，在实用的方面，总算可以应付得了。

想起来，做现在的和尚，真是苦恼极了，样样总不够用。语言、文字，尤其是最重要的两点。其实语言便是有声的文字，文字便是无声的语言。不过在作用方面，稍有点不同：语言只能在当时，听者只有有限的人，文字则不限于当时，而能传入无限人的耳目。所以文字比较语言，还更重要！一个不通文字的人，第一点人家写的看不懂，第二点人家说的听不懂。反过来，便是自己写不出，说不出。看不懂听不懂，使不能自利，写不出说不出，便不能利他。不能自利利他，那我们佛教徒最大的使命和目标，便不能达到了。

三十五年七月十二日 西竺寺

议政而不干治[①]

现在，去佛时遥，邪说横行，不分善恶，所谓人类进化、人类文明，皆是好听的名词，皆是讲强权不讲公理、适得其反的宣传工具。现在，不特我国人民处于水深火热之中，全世界人类都困在烦恼苦痛重围之内。我们佛教徒应该要本着教主释迦牟尼佛的大无畏的精神，实行为人主义和提倡布施运动，以期达到改善社会、安定人心，乃至建设新中国而求谋世界永久和平的目的！我们竖起了这个"议政而不干治"的路标，我们将唤起全国的佛教徒共同走上我们教主走过的一条老路——救度众生之路！

我们树起了这个"议政而不干治"的路标，我们预料可能有一班粗知佛教皮毛的少数教徒的惊讶。若以出了家的佛教徒也可以参政为疑，笔者本文尽足答复；若以出了家的佛教徒不应参政为疑，笔者敢负此责有问必答。这里所提的"议政"，诚然我们遇到时缘，佛教徒是要"参政"，是要"议政"的，并且还要"论政""评政"，但是我们佛教徒绝不想做官，所以标明"不干治"。比如我们要批评他党的"独裁"，不是为的好谈己党来"独裁"，我们没有这种野心，不作攻讦异己的□□妄见！比如我们同情"政治民主化"，但是我们不能盲目地同情，凡是"口头的民主""纸上的民主""党派的民主""独裁的民主"[英国文豪韦尔斯氏一九三四年，曾赴美国谒见罗斯福总统，后又赴莫斯科谒见史达林（今译斯大林）元帅，他见俄国的社会主义转成"独裁制"，颇为失望云]，我们不能盲目的同情，我们只同情真正的"全民的民主"和真实的"议会的民主"！同时我们决定不提出"佛教的民主""为人的民主"。索性再用一个简单的譬喻说明我们"不干治"的态度吧：甲党张某的部长政绩不好，调任乙党王某或丙党李某都好，总之我们出家佛教徒某某根本就不

[①] 《觉群周报》第1卷第10期，1946年。

乐意做部长官儿，君不见释迦牟尼佛视王位如敝屣乎？

或者有人要问：佛教徒"议政不干治"，有党的组织否？答曰：无。或者又要问：那么，佛教徒议政的政见如何？答曰：简要言之，一者对于人民，根据佛的"为人"主义，希望每个人民都本着"为人"的道理做成有学识、有技能、有道德、有人格、诸恶莫作、诸善奉行的标准新国民！二者对于国家，最近朝野一致的主张，所谓"政治民主化，军队国家化"，极表同情！不过以后的政治，务须尊重"民为邦本"的古训，以人民为第一，以及以"不害众生"为原则！民主的政治最需要的是"平等"！民主的人民最需要的是"自由"！至于社会风气的改善，如其政治走上了正轨，人民能安居乐业，自然而然地会趋向于平和、宁静、朴实、纯良，风气等于风向一样的会转变的！

最后，我写完本题，有三个愿望：

一者，愿人民及全人类永离烦恼，永无苦痛，永恒地得到安居乐业！

二者，愿我国家不分党派，不起执着，共同努力建设新中国！

三者，愿全世界永息干戈，永享和平，联合组成天下一家的庄严世界！

三十五年九月二日
雪山

实行"为人"主义[①]

释迦牟尼佛住世四十九年，说法三百余会，救度无量众生，这是每个佛教徒都知道教主这段简单历史的。我们的教主当初以太子的身份住在净饭王的皇宫，为什么会厌弃了荣华富贵的享乐生活，一个人偏爱去过山林生涯，在雪山上修那种一般人所不能忍受的苦行，这是为的什么？

这是佛的"为人"主义的开始。

佛出家修道之后，经过数年的参究，从他本来具足的智慧光明中，彻底觉悟了人生之谜、宇宙之谜，就运用他的智慧辩才，到处去讲演"为人"之道——"为人"主义。

在释迦牟尼佛的观察，觉得整个的世界都是恶浊的，整个的人类都是苦恼的。尤其对于人类透视得非常明了，看到所有的人类为了生活的奔劳，为了名利的角逐，为了权势的霸持，为了阶级的争斗，没有一时一刻的安宁！再看人民与人民之间，由于身、语、意三方面发生的杀、盗、淫、两舌、恶口、妄言、绮语、贪、嗔、痴等种种恶业——不善的行为；乃至国家与国家之间，由于各各主义的不同，思想的狭窄，往往两不相让，不能互相谅解，随时都有动乱、争战、杀伐的可能，发生若干不堪设想的恶果。因此之故，释迦牟尼佛发宏誓愿，以慈悲仁爱的出发点，以救人类、救世界为己任，树起佛教的旗帜，以说教的姿态，出现于人群之中。佛首先订立了一个简单的教条，告诉人民佛教是什么："诸恶莫作，众善奉行，自净其意，是诸佛教。"（《法句经》）于是就实行他的"为人"主义。

佛为了要实行他的"为人"主义，就行脚教化，到一处设一处讲座，毫不吝惜他的慈悲仁爱。对为生活奔劳的人讲"苦"，对为名利角逐的人讲"空"，

[①] 《海潮音》第二十八卷第一期，1947年。

对为权势霸持的人讲"无常",对为阶级斗争的人讲"无我"。佛又觉察到,人之所以有如许烦恼,而不知求其解脱的原因,都是由于人心浮妄而不定的造作;于是拈出"一切唯心造"的原理,一切都用"唯心"来解释,以为作诸恶与行诸善,莫不皆由于人之一心。不特人民的一切烦恼由于心造,就是社会国家以及世界的一切动态与纷乱,也是人心所造成的,所以佛的教化要人人"自净其意"。苟能每个人自净其意,则即可以不作诸恶。诸恶之中以杀为首,故佛又订立戒条,以"戒杀"为第一!

佛更觉悟到,一个人的作恶,并不是单独在行动方面感召人类能发生效果,关于思想方面的关系也非常之大,所以讲戒杀又讲到"意杀"。本来是的,思想杀人比较用武器杀人还要恶毒百千万倍哩!佛又将"为人"主义第一戒条"不杀"强调为"不害众生",佛认为"为人"之道要以"不害众生"为原则:

如若要人人"不害众生",则务必要使人人养成慈悲仁爱的心性不可。《法句经·慈仁品》云:

> 为仁不杀,常能摄身,是处不死,所适无患。
> 不杀为仁,慎言守心,是处不死,所适无患。
> 彼乱已整,守以慈仁,见怒能忍,是为梵行。
> 至诚安徐,口无粗言,不瞋彼所,是谓梵行。
> 垂拱无为,不害众生,无所娆害,是应梵行。
> 常以慈哀,净如佛教,知足知止,是度生死。
> 少欲好学,不惑于利,仁而不犯,世上所称。
> 仁寿无犯,不兴变快,人无诤扰,慧以嘿安。
> 普爱贤友,哀加众生,常行慈心,所适者安。
> 仁儒不邪,安止无忧,上天卫之,智者乐慈。

一个人的心性既能养成慈悲仁爱,就不致于杀害众生,一个"不害众生"的人,相反的他就能够"利益一切众生,安乐一切众生"。所谓"己所不欲,勿施于人",自己不愿意身受的烦恼和痛苦,绝不会加害于他人之身了!

佛本来就具有大慈大悲的大愿力,于是为了实行他的"为人"主义,更加以鼓励性发挥广大的慈悲和普遍的仁爱。不但他认为"一切男子是我父，一切女子是我母"，一切众生无有不是眷属；一个受着从无始以来的业力牵缠，于六道轮回中，头出头没，谁能知道不都是我们过去世的父母、兄弟、姊妹以及儿女眷属呢？因此把仁爱扩大，推及到未来的因果论方面去，不但对人类如此，即对于畜类亦作如是观，所谓"等量齐观"，这种伟大的慈悲仁爱，试来比较儒家父慈子孝的伦理宽狭相差诚不可以道里计矣。

其于"慈能与乐，悲能拔苦""不害众生"，无上仁爱的观念，成立了"为人"主义的理论。但如何成为实际的行动呢？乃又由慈心、悲心更进一步喜心、舍心，由喜舍心而发展"布施"的行动。谈到布施运动，在释迦牟尼佛一代教化的历史中，最值得叙述的。人为万物之灵，人类之所以异于禽兽者，就是人类是理智最高的动物，同时也是富于感情的动物。人类的文化进化到相当地步，人类在许多地方都能以感情用事的，这是历史告诉我们的事实。可是有一件事非常地奇怪，自私自利都是人类无始以来的习性，也可以说，自私自利是人类与生俱来的劣根性。人类一直进化到如今，人类的种种美德都很具备了，而自私自利的劣根性尚没有方法去除。佛教教主于二千五百数十年前，就看清到人类德行的这个缺点！于是一方面发明"无人相，无我相，无众生相，无寿者相"无我的理论，一方面极力提倡"布施"运动！

因为人类无有一人不执着"我"，有了人我之见，就有私利之见，以此，人与人之间小者发生种种争执，大者发生杀害不幸事件。佛认为要使人人相亲相爱，互相恭敬尊重，仅凭空洞地讲些仁义道德的理论是无济于事的，一定要作诸实际行动，因此极力提倡"布施"。在《佛说布施经》，说布施法有三十七种。经云：

尔时舍卫国王白佛言："世尊，我等云何而行布施？"佛言："大王！若求胜妙福报，而行布施时，慈心不杀，离诸嫉妒，正见相应，远于不善，坚持净戒，亲近善友，闭恶趣门，开生天路，自利利他，其心平等，若如是施，是真布施。"

佛的布施运动，当时在印度的结果很好，不独一般大富长者尽其所有，将资财物产布施于人民，并有许多国家的国王、大臣作种种布施，能做到安乐一切众生，使人民的生活，大家得到苦乐的均等，皆能安居乐业，奉行佛所教化的"为人"主义。这样，当其时的佛教，固然是获得全印度的人民信仰，而全印大小数十国的混乱局势，也各各得到了和平宁静。

关于"布施"的意义非常广大，后来被一般教徒误解了，把它仅作为狭义的解释。现在，不独救人类需要行布施法，就是救世界也极其需要行布施法。这里，我们想再引一段经文，使人们对于"布施"的意义多加几层了解。《大乘宝云经》云：

佛言："善男子，菩萨摩诃萨具足十法修行檀波罗蜜。何等为十？一者法施具足，二者无畏施具足，三者财施具足，四者无反报施具足，五者怜悯施具足，六者不轻慢施具足，七者殷重施具足，八者供养施具足，九者无所依施具足，十者净洁施具足。

"善男子，云何菩萨法施具足？善男子，菩萨无希望心受持正法，不为利养不为知识不为名闻种种因缘，但为欲灭一切众生剧苦因缘，以无着心于诸众生而为说法，一向平等无二心故。如于国王王子朝臣富贵之处而为说法，施旃陀罗及下贱人，平等说法亦复如是，无二心故，何况于诸万民都邑一切众生，如是说法不生骄慢。善男子，是名菩萨法施具足。

"善男子！云何菩萨无畏施具足？善男子，菩萨自身舍弃一切刀杖，不令一切众生生怖畏，以所行法传劝化他，于诸众生生父母想、眷属妻子想、善知识想。何以故？如佛所说，生生世世流转无始，无一众生非是汝等昔时父母眷属妻子知识，乃至蠕动一切众生四生之类，是故应施其无所畏，割肉饴之勿令怖畏，何况于大众生？善男子，如是菩萨无畏施具足。

"善男子！云何菩萨财施具足？菩萨若见众生心性弊恶行不善业，即施财物，施财物竟，止其恶业，令修善行。后更思惟，如来所说菩萨行施，即灭三种恶法，所谓嫉妒、悭吝、贪爱，是故我等依如来教而布施，如是行施不生傲慢。善男子，如是菩萨财施具足。

"……"

佛发挥布施的道理，完全是希望达到他的"为人"主义的目的。佛一开口便以一切众生为重，佛之所以重视一切众生，教化人民行布施，行"为人"主义者，还不是为了看到要这个世界永久的和平吗？

首先要安定人心。安定人心的方法，就是以行诸善来感化人民不要作诸恶。悭贪心，也是诸恶之一，布施是对治悭贪的。我们细作思量看，自古至今，世界每一次发动的战争，作怪的那些主角，其动机不全是为的一个"贪"心不足吗？所以大思想家的佛，觉察到安定世界先要安定人心。安定人心的方法，正面在倡行"布施"，反面是制止贪心，这样就叫作"利益一切众生"，"安乐一切众生"。佛希望每一个人民都能安居乐业，都能享受利益！

末法时代的佛教徒以为替死灵诵经、拜忏、放焰口就是"度众生"，或者以为念佛七、讲一部佛经也算是"度众生"，甚且以为启建水陆道场、贴一张黄纸榜示也就是"弘法利生"，对于佛的说法度生的原意都失了，那真是"差以毫厘，失之千里"了！须知今日一般佛教徒的所行所为，称为度己则可，称为度鬼亦可，称为"度众生"则万万不可！试问有几种"做好事"式的举动，如买几担黑鱼放生，以及专门施粥、埋死尸等等也能称为"度众生"吗？那简直是不懂得佛教的真谛！那简直是侮辱佛教的伟大！

佛对人世间的社会观念，佛主张用一种菩萨心来处世待人，所谓菩萨心是怎样的心肠呢？经云："不求自利，但求利他，是谓菩萨发心。"如果在一个社会当中，每一个人都能用菩萨心来处世待人，试问人与人之间的秩序，还要用什么法律一类的条文来管理吗？这种完全以"利他"为前提的社会哲学，可以说是最圆满的。前面说的"布施"，就是菩萨行之一种。"发菩萨心"的人，继之就要"修菩萨行"，佛书上常见到的六度万行，就是修菩萨行的课目。

这里，略谈谈六度的意义。六度，布施、持戒、忍辱、精进、禅定、智慧是也。这是六种善法，可以对治六种恶法：布施度悭吝，持戒度恶业，忍辱度瞋恚，精进度懈怠，禅定度散乱，智慧度愚痴。前一全为利他，后五虽属自利，实亦利他。故所以修菩萨行者，纯粹为的服务社会。如今号称为"社会贤达"者，多半是在社会上善于活动的分子，真实的贤达之士具有如上的菩萨行者能有几人？又如今日被人人称作"万恶的社会"之社会，曾有几位社会贤达设法想把社会的万恶改造万善的计划？

道德沦亡，人心不古，世风渐趋日下，社会风气萎靡，这是我国一班有心人为当前人心与社会感叹的论调。这并非无病呻吟，我国社会风气的萎靡以及道德的堕落，问题实在相当严重！笔者上面所谈的佛的为人主义以及佛的社会观念，对于人民社会皆有偌大的帮助！查佛教传至我国将历一千八百年，在历史上于学术、思想、文化、生活各方面均有极宝贵不可思议的贡献！孙逸仙先生认为"佛教可补法律之不足"，对佛教有相当了解，梁任公曾著有《佛教与群治之关系》，所论尤觉鞭辟入里。佛法中讲的五戒、十善、六度、四摄、七觉支、八正道等等方法，无有一法不是安定人心的单方，无有一法不是改善社会风气的良药！但是这个改善社会风气的责任，今后是在我们佛教徒的肩上！在我们欲发心"议政不干治"之前，不妨用一部分力量做改善社会风气的宣传工作，以求获得"为人"主义的实效。

一般的人把佛教出家的教徒，认作方外之民，这是很大的错误！佛教诚然讲的是出世法多，可是究竟的出世间法是不离开世间法的，若离开世法亦无出世法可说。譬喻人世间若无一切恶法，则亦无一切善法可说了，这是相对的；佛说的法，大概都是相对论。出家的佛教徒，不过是研究佛学的教徒，纵然身居山林，心求出世，根本并未离开这个现实的社会，方外仅是一名词而已。

释迦牟尼佛从太子时代割爱离亲、出家修行、证道传教之后（这个证道的"道"，也有约略说明之必要，就是"为人"之道、"菩萨"之道，乃至"佛"道），他的父王屡番三次的派遣大臣，去劝他回宫预备接替王位，而佛自从参透了人生真理与宇宙真理，已将那王位视若敝屣，哪里还有眼看那渺小狭窄的一国的王位？他有他的崇高无上的思想，他有深湛无比的智慧，他要为全世界人类去摄受教化，他要感召所有世界人民接受他的"为人"主义，进而修行佛道，他要希望全世界全人类蠲除烦恼究竟解脱，同佛本身一样得到"无上正等正觉"，他要希望由于"为人"主义造成庄严极乐的世界！一个专为自私自利的渺小王位又有什么稀罕？

依此讲来，不是佛已牺牲王位脱离了政治生活吗？话虽如此说，可是佛专讲"为人"主义而外，也常常受各国政府的访聘，正如孔圣人有时遇到齐宣、晋文、梁惠王等一样地发表政见。佛的政治主张，是以"为人"主义为经，以"利他"策略为纬。佛主张以"正法治国",正法就是一切善法;治国的国是广义的,指的国际性(世界)的国家。佛的理想中的政治机构,只有世界,没有国家,因为国家这种组织太偏太狭,不免限于私利,不合佛的"为人"主义。而且佛的主张世界政治的集权机构,不是管理统制人民的,人民实行"为人"主义,已不须政治的管理了;他的职务完全属于建设方面的,所谓"庄严世界"是也。

虽说佛的思想中只有世界没有国家,然而有时遇到一国的国王,为着"随顺众生"起见,也发表一些政见;所谓政见还不是那一套,一张大图案再缩制一张小的罢了。在《金光明经》与《最胜王经》中有几节佛答复地神坚牢谈"治世正论"的偈言:

> 各以己德,分与是人(人民)。
> 远离恶法,遮令不起,安住善法,修令增广。
> 若有恶事,纵而不问,不治其罪,不以正教。
> 舍远善法,增长恶聚,故使国中,多诸奸斗。
> 坏国恶法,奸诈炽盛,他方怨敌,竞来侵略。
> 为自为他,修正治国,有坏国者,应当正教。
> 为命及国,修行正法,不应行恶,恶不应纵。
> 所有余事,不应坏国,恶因多奸,然后倾败。
> 是故应顺,正法治恶,以善化国,不顺非然。
> 宁舍身命,不爱眷属,于亲非亲,心常平等。
> 正法治国,人多行善。
> 当远恶人,修治正法,安止众生,于诸善法。
> 教敕防护,令离不善,是故国土,安隐丰乐。
> 是非顺正理,治摈当如法,若见恶不遮,非法便滋长。
> 令彼一切人,修行于十善,率土常丰乐,国土得安宁。
> 王以法化人,善调于恶行,常得好名称,安乐诸众生。

总而言之,佛认为"若无正法,不能治国,安养众生",这就是一个法治的国家,事事都不能不合乎法治。治国的第一个条件,就是要能使全国人民安居乐业,这正合我国一句治国的名语"民为邦本"。一个国家对于人民不能令其"安住善法""远离恶法",让一班危险分子胡作乱为,使人民流亡受苦,求生不能,欲死不得,试问还成什么国家?还谈什么政治?佛所提示的"正法治国,人多行善",反之政治如其不上轨道,所行非法,则奸匪迭起,多行作恶,一般善良人民不能安居乐业,感受痛苦,在佛教中虽有一"五浊恶世"的名称,但是责任方面依然要国家政府负担的啊!

僧众服兵役与训练[①]

上一个月有一天我遇到两位主办民众服兵役的司令官——一位是淮扬师管区司令杨挺亚先生，一位是淮阴团管区司令王德溥先生，当时谈到民众服兵役的办法，偶然谈到僧徒应否服兵役的话，我说："我们僧徒将来于必要时，可以做后方救护的工作。"后来在《申报》上看到一则电讯，称训练总监部已核定要僧道一律服兵役，这件事是值得注意的。（据一位同学由重庆来云：成都现已实行。）

上月《申报》载无锡"县长陇体要，拟举办僧众急救训练班，即令佛教净业社卫质文等筹备组织，训练时期，暂定三个月"云云。这也是一种预备救护的工作。

七月二十二日的《申报》又载"松江僧道训练班开学"的消息，原文云："县政府呈准第三区行政督察专员公署，举办僧道训练班，先从城厢各寺入手。县长公安局长兼正副主任，县府秘书沈宗梁兼训道干事，筹备就绪，业于二十日下午二时，在杨家桥小学行开学典礼。学员六十人，均穿白色制服，颇见整齐。由李县长主席，行礼如仪。王专员亲临训话。县党部代表沈玉旋等，相继演说。学员推普照寺住持密传代表致答词。礼毕散会。明日起五时半升旗，继行训练两小时，学科三小时。一般受训僧道，颇为兴奋。闻各庵尼姑，亦将参加受训云。"

从上面的消息看来，似是救护训练，又似乎是军训。前两月在《东南日报》上也见到有浙属某县僧徒受军训的事。无论是作救护训练或受军训，以出家僧徒来做这种工作，总是希有的事，总是值得研究的事！

依照佛制的戒律讲，僧徒是不应参加一切有军事的动作的，纵然是救护，

---

① 《海潮音》第十七卷第八号，1936年。

也颇勉强。然而在现在，在中国整个民族存亡的关头，佛教徒的意志虽想超出三界，事实上在生活环境的各方面，我们还不能与依报的国土脱离，因此，国家全体人民实在到了求生存而不得的时际，僧徒也应当随顺国家全体人民取一致的行动。

佛教主张慈悲的，视一切众生平等无二，设或我们的佛教徒，遇到人家对于我们加诸残害时，恐怕我们僧徒当中，也没有多少人可以行布施，给别人家割截身体的吧？总之，我们情愿以慈悲待人，无奈人不以慈悲待我何？！

究竟在国难期中，我们僧徒应该要负一点什么责任？我希望，我们佛教的团体，可以自动地切实研究一番！

家庭佛化谈（三）[①]

在家学佛的正信徒众，有一个大前提要把它认定：就是在家学佛非比出家，出家已无家，在家是还有家庭的，故其处境既然不同，思想观念应当要积极的：

一、要有出世的意志；

二、要用入世的精神。

有了出世的意志，就可以如法修集菩提，长养功德。用着入世的精神，才可以齐家治国，弘法利生。

假使环境许可，家产裕如，儿女成人，国家社会的各种事业都已经历一番，觉得处世做事都不能如己意，此时一心放下，专意修行佛法，那还可以。如或不然，强而行之，不但使家庭不能安定，使儿女成家立业，而且自己纵然跑到深山穷谷中去，或者幽居独处，试问自己心中果无挂碍否呢？！

所以在家佛徒，并不必要如僧徒生活一样，应该是要负有弘法利生的责任的！而弘法利生之最切近、轻而易举者，又莫过于教化自己的家庭眷属。换言之，在家信徒，对于佛教真正信仰三皈五戒之后，第一件大事，不在了生脱死（能求了生脱死是好的，不过那应在以后求之），是在以佛法来感化家庭中的眷属，要使家庭完全佛化；能把一个家庭做到一个和乐安康，实行五戒十善，则家庭就已成为一个庄严清净的道场。然后再由自己一家推行化导一切亲戚眷属，再由亲戚眷属的共力去同化社会，由一社会而推至一地方，才能造成人间净土。我们的导师常常讲的创造人间净土，那种负责创造的份子，不靠以个人为单位，要在以家庭为单位的。由家庭佛化而到社会佛化，由社会佛化而进到地方、国家佛化，乃至国际佛化，则人间净土即可实现了！

[①] 《正信》第五卷第二期，1934 年。署名为行愿室主。

孔子说："十室之邑，必有忠信。"现在在十家之中，纵有一个忠信的人如孔丘其人，也不能去感化其一邑；如果在十家人家，有一个家庭完全佛化了，必能感化其他人家，方能收效。欲证明我的说话，且举一事相告：

我有一个姑母，她初不知信佛，在我发心学佛后，她很受感动，于是就先从素食起而受三皈五戒。不上二年工夫，她的全家吃素，她的两个已经出了阁的女儿也全家吃了素，我的两个姊姊起先就跟她吃素念佛；由此，她的远房族的侄女、侄媳、老妯娌们、姑嫂们，都自动受了感化，直接间接足有五六十人之多；并且由信佛闻法，如法修行净业，诵经持名。一个家庭简直成了一个道场，女儿回家先进佛堂礼佛，然后再说家常；亲戚到门，寒暄数语后，亦必步入佛堂礼拜；一日二课六时念佛，无论来客多少，老人小孩，都一齐邀入佛堂课诵念佛。这种家庭已完全佛化了！推其感化之力，并非在我的姑母一个人身上，实际是在她的一个家庭纯粹佛化了的功效啊！

破邪显正是每个佛教徒的责任[①]

破邪显正，转迷成悟，这是我们释迦牟尼佛徒初转法轮一生中教化众生的责任。佛教徒爱护佛教可以说是天职，等于一个国民爱护他的国家民族，同为一种天生的义务。本来是每个佛教徒的责任，现在大多数人却把它放弃了！所以我们可以时常见到有误会佛法、淆乱佛法、诽谤佛法，甚至侮蔑佛法之事。佛教徒大都主张行忍辱波罗蜜的，纵遇此等事件，也以容让态度处之，毫不介意；这种风气，无疑地养成了佛教徒消极的怠性和消沉的意志！

最近见到上海佛教青年会为了"翁仲"偶像被社会上一般无知之徒附会到佛教的信仰问题，首先致函市政府说明石翁仲与佛教根本无关，做了一次刷洗的工作。又见到《觉有情月刊》社为了大东书局出版的教科书中有"佛教徒只限于和尚"一语去函更正，该书局复函答应再版时改正，做了一次纠正的工作。前者是为破邪，后者却是为显正，这是值得赞喜的两件事！

我们知道中国社会的文化思想，虽说旧有儒家思想与道家思想，后来又有佛教思想，但人民对之只有肤浅的信仰而已，并没有宗教明确的意识，也没有宗教热烈的情绪。比如林语堂本身是一个读书人，他可以随意写"子见南子"，寻二千数百年前的孔子开玩笑；引而申之，中国社会为了迎合一般低级趣味，就编演《火烧红莲寺》，试看这种文雅的开玩笑和低级趣味，不是同等恶作剧吗？据说在欧美国家社会里就很少见。至如北新书局为出版侮辱回教的书籍而遭其教徒捣毁，在西方有宗教的国家中根本就不会发生。

语云"物必先腐而后虫生"，一个宗教徒如其对于本教的信念不正，正既不显，遑论破邪？抗战以前，上海某寺某和尚，他一面以中华佛教会副会长自居，他一面在寺中大设乩坛，且自称与济公为师兄弟。诸如此类似是而

[①] 《海潮音》第二十九卷第九期，1948年。

非的外道行径，自己不特没有正信和正知正见，反而自己转入到迷信中去，一味的作邪知邪见宣传，此所谓"一盲引众盲，相牵堕火坑"了！最近，记者接到江西信丰一位道友来信，他告诉我说，信丰全县外道有四十余种，所有佛教寺庙四百余所，均已全被外道霸占，所有僧众多数皆信外道，不知正信三宝云云。最后，他要记者请中国佛教会去令制止。中国佛教会本来应该要做这种破邪显正的工作，可是现在它的力量还不能达到！

有人说：破邪显正，固属是中国佛教会的责任，而各地方的分支会也实有重大责任，因有许多事件，务必就地处理；并且有关佛教邪正不分的问题，还得要向佛教徒本身先行纠正起。比方以最近农历七月的中元节说吧，各处做"盂兰盆会"，这种盂兰盆会既没有根据《盂兰盆经》的设施，有些地方又与道士们合为一流而称为"太平公醮"，街头巷尾，高唱小调；佛教的僧众们每见参加，三宝弟子一变而与吹鼓手等量齐观，试问此等事件，又将从何处去破邪显正呢？这虽是现实的一种讽刺，然而破邪显正工作，我们不妨用种种方便善巧随缘设化。

我们又知道破邪显正是多方面的，我们不妨先从两个方面着手：一是文化思想方面，一是社会民俗方面。过去记者主编的《现代僧伽》颇注重这一课题，本刊也很注意。现在本刊限于经济，报纸刊物不能多所购备，编者见闻不广，我们希望各地佛教会、佛教文化教育机关，以及每个佛教徒（无论僧徒、居士）来通力合作，大家负责任，作此破邪显正的运动！

现在普通人大部为了个人家庭的生活在奔忙，爱国好像成为好听的官话，这是一个民族最危险的现象！一部分佛教徒不意也受了现在社会的影响，"无我"的精神已减弱到零点，于是爱护佛教的情绪也不大奋迅，就形成了"各人自扫门前雪"窄狭的自私！这里，我们希望，全佛教徒把大乘佛教的无我精神重新热烈地振作起来！因为破邪显正是每个佛教徒的责任啊！

三十七年八月十九日，延庆

五、佛教修持

人间佛教闲谈（一）①

——信仰是学佛的基础

问：请问学佛应该用怎样的步骤？

答：学佛的程序，最好是从佛说的"信""解""行""证"四个阶段，作为四个步骤，比较妥当。因为具足了正信，则免除迷信；从学理方面去体解，去认识，则免去误解；能够依教奉行，用行持工夫，则免得盲修瞎炼，而且才能实证到预期的结果。

问：对于一种宗教，的确是要从信仰入手，学佛当然也不能例外。不过又应该怎样使人们对佛教发生信仰呢？

答：所以"信"是学佛的第一步骤，佛经上说的"信为道源功德母"。信仰是学佛的基础，一个人没有信仰，要他对于佛教有若何的修学，有若何的贡献，有若何的建立，乃至有若何好的结果，那无异于建七级浮屠于沙滩浮桥之上，不甚稳固。信仰贵乎要坚定，故所以怎样使人们对佛教发生信仰，却是一个先决问题。

问：我的意思，就是这个问题，就是要怎样才能使人们对佛教发生信仰？

答：这里，我们应该有两件事要使人们先行明了的：一是"人生问题"，一是"宇宙问题"。这两个问题，应该是每一个人都需要弄明白的，在未能确切明白以前，人们大多总想走到宗教去寻求解决。如其有了这种想念和需要，可以诚恳地告诉他，佛教却能开示他对于人生问题，或宇宙问题的答案。

问：如其人们不能信你的这话，而且他对于生等大问题，根本就没有成为问题的感觉，那怎么办？

---

① 《人间佛教》1947年第1期：1947年。署名为随缘。

答：比如就说人生吧，你问他：人生是快乐呢？抑系苦恼呢？你告诉他：人生在世，一百件事至少倒有九十件是苦恼的！人生原来就是烦恼的！他若再不明白，那么，你可以用佛教史的老本子开导他，人之一生的生老病死，一切的一切，哪一件不是烦恼的？综其一生，数十寒暑的一本总账，烦恼的项目占了绝对的大多数。试问人的问题这样严重，难道说不值得人们怀疑而去研究的吗？

问：就谓从人生谈起吧，佛教中讲的人生问题是怎样讲法？

答：一般的人在没有知道佛教的学理之前，总以为佛教是宗教，也不过和其他宗教一样，很简单的，不过揭示人们一条向善的路，其余还不是神话一大套，不是讲天堂，就是谈地狱。可是，佛教虽说是世界上的宗教之一，佛教的学理却是哲学——一部人生哲学。正因为佛学是人生哲学，故所以能解决人生问题。

问：佛学既是人生哲学，应该要直截了当讲有关于人生各方面的问题，我们揭开佛经一看，老是读不懂经中的内容；而有些讲佛经的法师们，又喜谈玄说妙，多与现实无关。请问所谓人生哲学的佛学，是要从什么地方讲起？

答：释迦牟尼佛教化众生方法，是因为一切众生有种种根性，才为设种种法；等于一个医师见有种种疾病，才开种种药方一样，并非死执一法的。佛当年为弟子们说法，说有人乘、天乘、声闻缘觉乘、菩萨乘，乃至佛乘，所以有许多法师们讲经，都巴不得使人们一蹴就登于菩萨乘、佛乘，多讲菩萨道及佛道，就是教人们如何学菩萨道，践菩萨行，乃至希望一切众生皆成佛道，如讲《华严》《法华》等大乘经典，都是取的这个方式。本来导人入佛，切忌谈玄说妙，对未入佛门的人，就讲"毗卢性海华藏玄门"，或用"九句谈妙"的方法来接引，结果必使人们不得其门而入了！讲佛学应当首先从学"做人"讲起，其次讲学菩萨道，其次再讲修学佛道。我们做"人"还未学得做好，做得完全，遑论菩萨及佛！

问：现在有人提出"人间佛教"来，这个人间佛教的标名，是不是专讲人生问题的？

答：太虚大师在二十年前曾提倡"人间净土"，后来有人又拈"人间佛教"这一名词。其实"佛法在世间，不离世间觉"，原来佛教是在人间的。

再说佛教教主从降生修道应世说法教化众生一生的历史，也完全是在人间的。所以这个刊物——"人间佛教"，我想应该是根据佛法——佛学的理论，指示做人的道理，大概是注重讨究人生问题的。

问：佛教指示人们做人的道理，是不是"诸恶莫作，众善奉行"？

答：是的。佛说的"诸恶莫作，众善奉行"这是一个概论，也可以说就是佛教的宗旨。可是诸恶与众善的"诸"字、"众"字，就不简单了。譬喻拿法律说，法律是一本书，但条文很多，你要是只知道国家有一本法律，谁不知道哩，若是条文不知道，一个人往往因一件小事也会触犯它。本来一个人能谨守法律，再具备了应有的道德，也就可以称作守本分的好人了。但是你如果再加信仰一种宗教，尤其是信仰佛教，那么你的美德则更加充实，你的人格则更加伟大。还从什么地方可以表现出来呢？这个，不但是自利方面能安分守己，能达到你做人的道理；在利他方面也才能竭尽你的智慧能力为社会人类服务，能完成你的伟大的人格。

问：如此说来，一个人应该是要有宗教信仰的。如其不信仰宗教，又怎样呢？而况佛教的学理又太高深，普通的人总觉得不易领会。

答：全世界人类，不一定全有宗教的信仰，而且所信的宗教，又各有不同。不过一个人能有宗教的信仰，精神方面才有一个寄托和归宿。如其不信仰的话，也没什么。比方说，做一个人——在此二十世纪大时代中做一个人，总要具有丰富的学识和时代的眼光以及科学的头脑才行，可是世界上大多数的人不能接受这个好话。劝人信仰宗教，亦复如是。毫无学识的人，他不知道有学识的益处，对宗教尚未信仰的人，他怎么能明白宗教的好处呢？尤其对于佛教，这个智慧的宗教。不错，佛教的学理太高深，只能说有一部分的学理太高深，可是佛教教人做人的道理，并不难懂，一般人们都可以使其明白的。

问：佛教要得到人们普遍的信仰，要将佛教的方法改善，先要使人们对佛教有相当的认识，然后才能令人发生信仰。你说是不是？

答：诚然，这一点我很同意。三皈依的文句，一皈依佛，就是要入"体解大道，发无上心"。这就是说先要认识而后才能发生信仰。体解是认识，发心是信仰。这里，可以这样说法，善根深厚的人，可以由信仰而进至于认识；一般的人，要由有相当认识而后才能发生信仰。这等于游山一样，有由游览以后而认清路程的,有由阅读地图而辨识路径的,而能达到目的地则一。总而言之,学佛,应以具足信仰为第一条件。此所谓有了信仰而后才能生出力量来。什么是力量呢?是能像你由"体解大道的功夫"……乃至达到"悟入佛之知见"的境地,这,中间有一大段路,就是做人的道理。

大醒写于三十五年十一月十四日,雪山

人间佛教闲谈（二）[1]

——学佛先从做人起

问：上次听你所讲，一再地谈到做人的道理，这样说来，好像学佛就是学做人了？

答：正是，被你一语道破了，学佛的确就是学做人。是这样的，第一学好了做人，其次再学菩萨，然后才好学佛。可以用这样一个譬喻，学做人是受初等教育，学菩萨是受中等教育，学佛是受高等教育。在当日释迦牟尼佛的教化时代，先后由讲人生教育讲到菩萨教育，虽然没有一定分作什么等级，可是在接受佛教教育的弟子们，却有种种程度方面的差别。我以为我们以做人的立场来学佛，还是要从做人学起比较稳当些。

问："学做人"，这是一个新名词，倒很有趣，真是愿乐欲闻了！

答：谈到学做人，说有趣倒是有趣，但并不是一个新的名词。如《大学》中解释"大学之道"说："大学者，大人之学也。"这就是说大学的教育，本来是要教人做成一个受过大学教育程度的人。所以在《大学》这本书中，一开篇就是教人"学做人"。

问：佛教教人学做人，与儒家学做人的方法是异是同呢？

答：有的地方相同，有些又不尽同。不过儒家不及佛教识得究竟，佛教讲得详细些、圆满些。比如，儒家教人"明明德"，"明德"是什么，至多把它概括到一切道德方面去，算作道德的概念，而一般的人却很难明白这是关于人生觉性问题的。佛教可不然，就如说是讲一个道德的问题吧，一定要讲清楚道德是什么？做人与道德有什么关系？最后还要得到一个结论。

---

[1] 《人间佛教》1947 年第 2 期：1947 年。署名为随缘。

问：现在就请讲关于做人方面的事吧？

答：学做人，不是如何学吃饭？如何学穿衣？如何学一切知识？如何学各种技能？乃至如何学交际营谋？如何学创业作事等等？这里，你必定要惊奇产生疑问了，现在在整个的人类社会中，谁也少不了为的现实生活问题，做人除去求学知识、技能、事业以外，还有什么更重要的？且慢，却有更重要的学做人之处！

问：这就奇了！做人还有比吃饭、穿衣、知识、技能，以及事业更重要的事，真是太奇了？

答：我且问你，做人究竟为的什么？其意义与目的究属何在？我国有句谚语"读书明理"，这个明理是明的什么理？还不是要明白做人的道理吗？可是，今日全世界上的人有谁没有读过书？再看全世界在人的立场的社会里是讲的什么理？你想到这里，你就会恍然大悟了！做人，如其一定只为了吃饭、穿衣等生活问题，人之所以求学知识、技能以及创立事业，也无非为了达到解决生活问题；惟其如此，人乃称为高等动物，充其量人类也不过比动物高了一等。其实，做人却有做人的究竟道理：一个人不特要有相当的知识技能，并且要具备善美的德行，要养成崇高的人格；凡是人间不应有的一切不合理事件，既不自做，亦不教他人去做。由此，更进一步为人类服务，凡是一切与人类社会有利益的事，都能见义勇为、当仁不让。这才是做人的究竟目的！也才是做人的真意义与真价值！否则的话，做人还有什么意味？

问：一个人的知识技能，我们知道如何去学得所谓善美的德行，则从何下手呢？

答：佛教对于人生教育，最注重的就是德行，在佛经中称作善行。所以佛对弟子的称呼，皆曰善男子、善女人者，表示佛所希望于人类的，事事总要合乎善的标准。一动念，一开口，一下足，一举手，无有一件不皆有一个善的规律。佛所讲的善的准则，比较孔子主张的"非礼勿视，非礼勿听，非礼勿言，非礼勿动"，还要严肃周密。譬如一个人杀害了人的生命，这个人的身体当然是犯罪了；佛的看法不仅如此，身体上犯了罪称作"身业"，言语上犯了罪称作"语业"，心意上（包括思想与意识）犯了罪称作"意业"。故所以一动念，一开口，都与做人的道德方面有密切的关系，讲到佛教开示人的善行真多，做人先要明了十种善业，能从修学十善业着手，则无善不备了。

问：是哪十种善业？

答：有一个前提，我们先要明白，"人生在世，无非造业"，这虽是一句俗语，恰有至理，也颇合乎佛法。经云："一切众生心想异，故造业亦异。"业有三种，如上所说，身业、语业、意业是也。作业又分"善"与"不善"，善业的反面就是恶业。善不善业，一切皆由心造；善与不善，一反掌间耳！所谓十种善业，是：一不杀生，二不偷盗，三不邪行，四不妄语，五不两舌，六不恶口，七不绮语，八不贪欲，九不瞋恚，十不邪见（邪见亦名愚痴）。在学做人的时际，能勤修学此十善业，则使三业清净，永离一切烦恼。不但一切善美的德行因此具足庄严，而崇高的人格，亦于无形中完成了！

问：所谓不杀生乃至不邪见，看起来似乎不难，要做到永离烦恼，倒颇觉不易呢？

答：故所以皈依佛曰："体解大道，发无上心。"解释佛教的道理实在不难，难的是要身体力行，而且要发无上菩提之心啊！古人说过的"三岁小娃道得，八十岁老翁行不得"，佛教就是这样，能说不能行，是为说食数宝，得不到真实受用的，佛教是贵乎力行的！即如十善业中的大小十件事，要真真实实的能做到，则非勤修勤学不可。记得有这样的一个故事：据说古来有一位修禅的禅和子，平日非常精进，颇见功夫；某日因大解不慎，将腰袋中所珍藏的一锭金元宝，堕入坑内，因此他站在解房里入定了，双目圆睁，树立不动。某禅师有神通，差工人把一坑便溺挑出，却发现有一个虾蟆紧抱着那只金锭，结果，某禅师将金锭送到禅和子手掌中，他这时才出了定。这则公案，说明了纵然是见道的禅僧，只因有一念的贪欲，尚不免为贪烦恼所缚，不能获得无碍的解脱，此之谓"放不下"，可知断除一切烦恼，实在是件不容易的事了！

问：我以为身语二业的七种善业，倒还易修持，关于意业的贪欲、瞋恚、邪见，可就难修难学了！

答：诚如所言。所以佛经中将贪、瞋、痴譬喻为三毒，表现其害人之甚！经云"往昔所造诸恶业，皆由无始贪瞋痴"，这是众生的根本烦恼，根深蒂固，非彻底忏悔不为功。而且这三根恶业，范围非常之广，影响非常之大，由其所引起的一切祸乱灾害，实非譬喻算数之所能知。试看过去的二次大战之起因，很简单的，就是日本黩武者和德国希□几个罪魁发动了贪瞋痴的邪念，结果竟闯下了这么大的祸，迄今还不曾有方法来收拾！

问：请问贪瞋痴既是每个众生的根本烦恼，所谓学做人，要想教人们永离这些烦恼，不是也很困难吗？

答：俗说"天下无难事，只怕有心人"，所谓六道三途，只在吾人当前一念而已。我们有心学做人，我们就能做成一个十全人格的人；我们发意要学菩萨，我们也能修菩萨、学菩萨行成为一个自利利他的菩萨；我们要学佛，只要具有"佛道无上誓愿成"的宏愿，不断地广修六度万行，则我们将来又何尝不可以成就自觉觉他、觉行圆满的佛果！即如谈的学做人，要修学十善业，不杀生乃至不邪见，也并不一定是难事，诚然贪欲等三种意业是最炽甚的，只要自己能觉悟，能反省，就能控制自己！比方自己生起一种贪欲的念头来了，就能觉悟，加以反省，这是于己不利、于人有损的事，立刻来控制自己；这样至多发生思想上的谬误，可不致铸成行为上的大错了！其他对于杀生、偷盗以至瞋恚、邪见等，由此类推，亦复循用此种控制自己的方法来控制自己。控制自己，在佛学中名为降伏其心。由于能控制某一造业的力量，才能达到永离某一烦恼的目的。

问：如此说来，修十善业，确是控制自己的好方法；控制自己，就是做人的唯一方法了。

答：不，这是学做人之一种，也可以说是做人的根本；不杀生、不偷盗、不邪行等，难道不能算是做人的根本吗？其他做人的枝枝节节，还多得同牛毛一样的多。俗话说的"做人难"，做人的确太难！不过在□平做人的无量无数的□□之中，我们可以紧捏着、谨记着一句古言："己所不欲，勿施于人！"这就是说凡是我们己身觉得的不自由、不平等乃至不愿意接受别人家加诸于我的一切逼迫侵害事件，我们切切不可加诸于别人之身！再说明白点，凡是我们自己不愿意受到的一切烦恼，我们也决不愿意以一切烦恼给别人去受！至于做人，难处实在太多，一时也谈不尽，请即以"己所不欲，勿施于人"为原则，大概总能随时随处学得做人的道理了。

三十五年十二月十四日写于奉化之雪山

学佛的基本条件及其最大责任[①]

一、体解大道　发无上心
二、深入经藏　智慧如海
三、统理大众　一切无碍

现在无论什么事都要先讲条件，出街时人力车先要论价，工人做工要讲定工资，学生上学要缴足学费，习商要有保人，从政必须证件，就连僧众挂单也得要有衣钵戒牒，这些都是条件。学佛难道说还有条件吗？有的。基本条件，即"三皈依"是也。不过学佛的条件皆是出于"自愿"，此即所谓"信仰自由"耳。

说起来真够惭愧，学佛的人谁不是每日朝暮持诵着三皈依文，但百分之九十九强俱犯了"三岁的娃娃道得，八十岁的老翁行不得"的毛病。也许过去还不曾有人发现三皈依乃是学佛的基本条件之故？三皈依的文句见于《华严经》中，一共有十二句四十八字，实际重要的只有上面写的那六句二十四字。这六句如果让智者大师来讲，恐怕比九句谈妙的意义还更深邃？现在因为我的智慧条件不够，连大海中之一滴也没有把握住，所以几句话也就说完了。

我们对于任何一种信仰，必得先对它有深切的了解，方不致落于迷信或盲从，何况信仰一种宗教，即普通对于一种学说主义，也须由了解而发生信仰。这种信仰，就是信心。佛经上说"信为道源功德母"，可见信心更是学佛基本条件的基本了。佛教中讲"发心"，原来就是"发菩提心"，或称"发菩萨心"，简称为"无上心"，实则是"阿耨多罗三藐三菩提心"。如果对于佛法不能了解其为众生的"大道"，这里所谓大道，所包者广，凡是佛说的一切世出世法，大至宇宙问题、人生问题，小至社会家庭、衣食住行等问题，

---

① 《觉群周报》1947年10月号，1947年。

佛学中都有最究竟、最圆满的分析解说。佛法，只要人们能由信心而了解它，再能由信解而身体力行，就能止一切恶，修一切善。凡是学佛的人，必须以自己所了解的教理，宣扬弘化，感召世人同走向诸恶莫作、众善奉行的大道，非求达到发无上心之目的不放弃这一心愿，这是学佛的第一个条件。

佛学浩瀚，实非浅学之士或略识之无者之所能了解，虽说只要传教者能善于运用方便善巧，使学佛的人依教奉行一四句偈，皆能成佛道。这种说法依佛口亲宣的指示，当为无疑。惟学佛却以深入经藏、悟入佛之知见为最高希望，佛住世时常呵斥得少便足的弟子们为焦牙败种，这一点足见佛的教育方针之一斑。再看佛所定的教育学科的范围，除去佛学（内明），有文学、语言学、音韵学（声明），有物理、工艺、数学（工巧明），有医学（医方明），有论理学（因明）等，这在二千五百年前的教育，不能不算是希有奇迹了！释迦牟尼佛不能不算是世界史上的第一位大教育家了！学佛的目标既然为欲解除世界的纷扰、人类的烦恼，故不得不对世间所有学说有彻底的研究，以期收到观机设教、应病与药的效果；因此，学佛的人非需求至高无上的智慧不为功，这是学佛的第二个条件。

学佛一方面为的求其自觉自悟获得自利，一方面也为的要以佛法觉悟他人、利益他人，终其极还是利他最为紧要。佛经中讲到"饶益众生"的地方，几乎每一部经——每一次法会，佛都会恳切叮咛地讲过。所以佛为小乘根机的人说小乘法，那是不得已的方便。私利主义是佛教极端反对的啊！佛说的三皈依——学佛的第三个条件乃提出"统理大众一切无碍"来，意义深长。原来"僧"之一字的定义，为和谐合聚义。俗说僧众的"众"字与"聚"字，皆从三人，表明三人以上方"入僧数"，若是单独一个人，便不能叫作僧。佛看透众生唯一的劣根性，是自私自利，人类好斗争，人与人之间失去调和合作、互助互爱的美德，因而用一种"僧"曰组织，欲使人类大众都统一联合起来，无分你我彼此，大家一切都不相妨碍，成一和谐合聚安宁的人群，互助互爱康乐的社会。这个认识，学佛的人更非明白不可，这是学佛的第三个条件。

三皈依，以我的看法不特是学佛的三个基本条件，并且也同是学佛的最大责任。做人各人有各人的责任，学佛应该也有学佛的责任。学佛的责任是什么？就是要体解大道，要深入经藏，要统理大众，尤其是对于大众要能调摄使其一切无碍。至于大众的范畴，小至一寺一刹，大至一地方一教会，甚至全国佛教徒乃至全世界人类，都应当负责摄受之调和之。统理完全是法治，不是独裁。佛教中六合僧众的法治精神，绝不是世间各种政治制度所能企及的。

"地狱未空，誓不成佛，众生度尽，方证菩提"。佛的大慈大悲大愿力，总以整个世界众生为对象的，所以学佛的人们应该也要具有这种大慈、大悲、大愿力，对于佛教最大的责任才能够算作尽到。

编者自按：自三十五年三月至本年九月，本题曾于南京古德佛学院、观宗佛学院、武林佛学院、上海佛学院四处，先后讲说四次，大意相同。惟三皈依为学佛的最大责任，为此次在上海佛学院临讲时所想到，尚希诸方善知识予以指正！

三十六年九月二十日，在玉佛寺

学佛·要从菩萨学起 ①

诸位在家菩萨：

这里，我所想要用通信方式来和大家谈谈佛法的原因：一是因为我最近一年住在香山养病，遵医师所嘱，对于在家的道友和信徒们常常来信都未答复；二是因为我对佛法教理的研究向少心得（特别见解），以及对佛事各方面的看法也都浅薄，或者说还有偏见，不敢来以盲引盲，对于各位提到的许多询问的问题，一时也不能尽量来研讨。

现在，想在这里提出几个问题来随便谈谈吧。

释迦牟尼佛从印度的一个王子出家修道，由于他的大悲大智地愿力大觉大悟成佛后，为了救度众生，辛苦了四十九年，说法——横说竖说——教化。后来集成三藏法宝，使我们后人才得到佛法的最圆满的最究竟的真理。

佛法，是最讲平等的佛法。既然人人能学，于是人人皆能成佛。成佛，本来是我们佛教徒学佛法的最高的目的，但是佛以那样慧足福足等种种庄严，过去尚经过修了三大阿僧祇劫，我们尚是凡夫众生，业障满身，想希望由学佛而即成佛，谈何容易？所以能先发心，学菩萨道！从菩萨学起，即属难能了！

这里，我所指称的菩萨，在佛教徒方面可以说是很通常的。出家的学佛法者，不管是出家的沙弥、沙弥尼、比丘、比丘尼，皆可以称菩萨。即在家的学佛法者，无论是优婆塞、优婆夷，甚至是童男、童女等，凡是信受了三皈依的人，也皆可以菩萨称之。佛经中有"新学菩萨"之称，我国传戒期中亦有"新戒菩萨"之称；这些，都成了口头上的习惯了。

《华严经·入法界品》中有关于善财童子发菩萨心学菩萨道的故事，大

---

① 《海潮音》第32卷春季号，1951年。署名为随缘老人。

可参考。所谓学菩萨道，先要从发菩萨心起。菩萨心即是菩提心——阿耨多罗三藐三菩提（华言："无上正等正觉"）心。"发无上心"乃是一个略称。

信受三皈之后，即可称"在家菩萨"，也可称作"新发心菩萨"，实际说就是"发菩萨心"耳。但是发菩萨心只是发菩萨心，并不能把自己的一个凡夫众生，就当作已登了菩萨位的菩萨。菩萨的学位本有"十地"——从初地到十地，如观音菩萨、地藏菩萨都是些十地以上的菩萨了。这等于初入小学的学生，绝不能同于已登博士学位的学生等量齐观。况且由一个凡夫众生入佛以后学菩萨道的期间，成就菩萨资粮的次第，从六度四摄要实行自利利他的万行，绝不是一跃而得的。学菩萨道的一条大路是很长很长的，确非勇猛精进不可！

太虚大师讲的《菩萨学处》曾说过：

"菩萨"的名称，人人都知道，但其真正的意义，多数殊不了了。通常人率以偶像代替菩萨，如见泥塑、木刻或浮雕、金铸、绘画、纸扎的形象，都叫菩萨，甚者指洋囡囡为洋菩萨，这是含有错误的，而后者更成为习俗的最大的错误。要知偶像中固有菩萨的像，但也有比菩萨更高阶位的佛像，也有较低的古圣先贤的像，甚至有牛鬼邪神的像，不能笼统地都称之为菩萨。同时，菩萨与菩萨像决不能混在一起，我们活着的人倘具有菩萨的心肠和菩萨的善行，这个人便是菩萨。"菩萨"，原是印度语音的略译，具音为"菩提萨埵"："菩提"义为"觉"，"萨埵"义为"有情"或"众生"，合之为"觉有情"。

"菩提"的原义，是指能发菩提心的有情，有大智慧上求菩提，有大悲心下济众苦，这便是菩萨。所以我们能从菩萨心为出发点，以此上求，以此下化，不唯只有理想，且贵能实践履行，是名真实菩萨。故菩萨是觉悟的有情；人能自觉，复以之觉他，使自他向无上大觉之境进行修习，即是觉的有情。这显然不是无情的偶像是菩萨，而是具有菩提心的我们才是菩萨。

学习菩萨之道，并非高推圣境，远在净土，就是从我们凡夫为起点，一步一步进向圣境，创造净土，从浅到深，转劣为胜。最初是大心凡夫地的菩萨，及其优入圣域，终入金刚后心，则成为最高等觉地的菩萨。我现在所倡导的菩萨学处，是重在启发菩提心愿的菩萨，旨在要人尽其能成为大心凡夫的菩萨，不是顿期超过二乘的菩萨。

国内具有菩萨心行的人，如过去山东的武训、台湾的吴凤，就是先后的两位菩萨。大师在前文所说的"菩萨的心肠和菩萨的善行"，完全要在我们的思想和行为上面来表现。这种菩萨的心行，不同于世间的一切可以虚伪的、可以自欺的，更不可以挂羊头卖狗肉的招牌来学菩萨道的！

四十年一月一日

谈修心[1]

我们学佛的人，普通皆称之谓修行人。究竟是修行呢，还是修心？这倒是一个不成问题的问题。今天就来谈谈这问题：

在过去的祖师们讲，都是以"修行"的意思为多。于是，大家对修行的人，称之为"行者"。《释氏要览》记载说，经中多呼行人为行者；《观无量寿经》云："读诵大乘，劝进行者"；经典上也有"饶益行人"的话；禅宗六祖慧能大师，也曾被人称做卢行者。由这种种，我们可以看出来，"修行人"是加给行持者的一个名词。称作"修行"，固未尝不可，而从实证佛法讲，应该还是称"修心"为当。

学佛之人必要的程序，首先就要皈依。皈依这件事，《华严经》中有皈依三宝的偈颂，《净行品》说："自皈依佛，当愿众生，体解大道，发无上心。"（或作"发无上意"）这里所说的"发无上心"，就是发阿耨多罗三藐三菩提心，也就是发无上正等正觉心。"无上"正是"无上正等正觉"的缩写，"发菩提心"也是这个意思。因为"阿耨多罗三藐三菩提"，是佛陀大觉亲证，仍然保存原音，经中未便直译之故。无论说是"菩提心""无上心""阿耨多罗三藐三菩提心"，说法不同，发心则一。由此观之，修行实在是修心了。

现在的思想界或说哲学方面，有唯心论和唯物论的两种说法。唯物论者以为，一切都是由物所起，也就是说，以物质为宇宙的根本原理，据此而说明一切现象。其实，在中国很早便有所谓"物"的道理，孔子曾讲"格物"，格物就是要说明一切物理，格物、致知而后才能诚意、正心、修身。儒家的诚意、正心、修身，佛法讲的修心，悉皆包摄在内。佛法讲"一切唯心造"，一切唯心或说万法唯识；这唯心与唯识，可以说是二而一、一而二的。《法华经》

---

[1]《海潮音》第三十一卷二月号，1950年。大醒讲，李瑞爽记。

说："心如工画师，能画诸世间。"一切都离不开"心"，所以唯物论者，或者说是科学家，若是不用"心"（思想），他们研究所得，则不知其是什么结果了？根据佛法的道理，一切唯心，唯物也是唯心，至少是唯物包括在唯心之内的。

谈到《大学》讲的"正心"，我在六七岁的时候，实在不太懂得何谓正心，等到先生教我"心正则笔正"的书法，才开始知道正心是有这种功夫的。原来要心正，必得要会用心。用心的时候，可以不致心猿意马。后来渐渐又知道"视而不见，听而不闻"的心不在焉的道理，由此证明一切还是要用心的。

《法华经》云："心佛众生，三无差别。"心是凡夫，佛是觉者，凡夫不曾觉悟即是众生，已经觉悟就是佛。由此可见，心之一切，能呈现不同之境界与现象。虚大师说："前念不生即心，后念不灭即佛。"又说："着一切相即众生，离一切相即佛。"这就是说，众生之所以为众生者，在一个心；佛之所以为佛者，亦在一个心。俗所谓"放下屠刀，立地成佛"，也就是在一个心。做屠夫的心，天天只知宰割，一旦把心转变过来，放下屠刀，由"诸恶莫作"的心转变成"众善奉行"的心，当然就能从众生之心，而渐次修成佛心了。

《华严经》中说："修诸佛法，心净如空。"这分明是说修心。天台宗的一心三观，也是用心去观空、观假、观中。佛法讲戒定慧，三学中的"定"，修心即修定，故定学亦讲心学——"增上心学"。"增上"乃是"修"的意思，"定"（心学）是凝心于一处；《阿弥陀经》上的"一心不乱"，也就是要人修治一心到不杂不乱的境界。

《金刚般若波罗蜜经》云："不应住色而生心，不应住声香味触法而生心，应无所住而生其心。"这就是说要"如何降伏其心"的。禅宗讲"即心是佛"，"直指人心"的，所以菩提达磨考验慧可等时，亦曾以安心为题，有"将心来，与汝安""与汝安心竟"的说法。卢行者在广州法性寺有"不是幡动，不是风动，是仁者心动"的公案，后来乃成为"心心相印"的宗风。善慧大士《心王铭》曰："净律净心，心即是佛，除此心王，更无别佛。"心王，原来是心的岗位，若是心离了岗位，则连食东西都不知道什么味儿了，何况要去修道、要求开悟呢？

学佛的人，由发菩提心而圆满成就菩提，务须能把握住"心"。《金刚经》所说："过去心不可得，现在心不可得，未来心不可得。"谈到用心时，心不在内，亦不在外，亦不在中间，正如永嘉大师所说："恰恰用心时，恰恰无心用，无心恰恰用，常用恰恰无。"这，由用心到无心可用，这种境界已经不可思议。既真实地达到无心用时，却已能把握自心，已能降伏自心，已能生清净心，六祖大师所说"道在心悟"，此时之心已能悟道了。

善财童子为了学菩萨行，修菩萨道，曾参访五十三处善知识，于请教解脱长者时，解脱长者对善财童子说：

> 当知菩萨，皆由己心，得诸佛法，修菩萨行，净一切刹，教化众生。……诸佛菩萨，一切自在，无碍境界，皆由己心，具甚深智，了一切法。是故善男子！以诸善根，增长己心，雨甘露法，润泽其心，于境界中，令心清净，勤修精进，令心坚固，专念正法，令心不乱。智慧明净，远离心垢，明净慧光，照察其心，生自在心，发广大心，与诸佛如来十力，以照其心。（《华严经·入法界品》）

读了此节经文，可以作为修心的准则。

综言之，所谓修心者，由于发心到修心、用心、降伏其心、生清净心，乃至发广大心、生自在心，而获得阿耨多罗三藐三菩提心，无非皆由己心具甚深智，得诸佛法，以及教化众生而已。

三十九年一月一日

在净土修行会讲，讲后记

惭愧说[1]

我们以前读了许多古人的书，总看到不少的大德有生惭愧的句子。那么我们就要问：古来大德们的德行、智慧、功业，都是非常的圆满，为什么还要有惭愧的地方呢？这就是因为大德们知道惭愧的重要——知道惭愧是修学佛法的基本要素。如现代净土宗的领袖印光大师，他的外号就叫作"常惭愧僧"。像印光大师那样高洁的道德、超人的智慧，难道还有不完备的地方吗？然而他处处总要显出惭愧的样子，这也是因为他晓得惭愧是能生一切善法的缘故。我们从古今大德都要以惭愧为修学的基本要素的一点上看，就不能不使我们注重惭愧，而我们也就不得不知道惭愧的重要了；所以我们不想成佛作祖则已，苟欲以佛祖自期的话，换句话说，就是要想做一个真实的佛弟子的话，那就不容我们不大大地生惭愧了。具足惭愧心，可以生出许多善法功德，无论布施、持戒、禅定，乃至智慧诸功德法，都可以从惭愧心中增长；可以说，有一分惭愧心，即能生出一分布施等善法功德；如能生起百千万分的惭愧之心，即能成就百千万分的布施等善法功德。什么道理要这样说呢？就是因为无论做什么事，尤其是做一切利益众生的教化事业，要能常常存着一个惭愧之心，对于有欠缺的地方——不能满众生之愿的地方，心里就该生大惭愧。这个惭愧心是我们做一个学僧的人，人人都该知道的！

现在的一般僧众，无论是大寺的方丈、小庵的住持，或职事、清众等，可能下一个总批评，就是"不知惭愧"。因此，佛法不兴，就成为理所当然的事。所以，我们既做如来的子弟，就应该要能够荷担如来家业，这是理论上无论如何不可否认的。我们凡是真心出家要想做个真正的佛教徒的人，都应该于一切时一切处生大惭愧，一举一动、一言一行，要能谨慎小心如临深渊如履

---

[1] 《觉津杂志》卷3，1936年。大醒讲，圆觉记。

薄冰一样，不使稍有忽略。以下要讲为什么要惭愧——就是说明发生惭愧的各方面，分七点说明之：

第一点，对于未尽孝养双亲之责的地方，应该引以惭愧！平常做一个家庭中的子弟，总要以能孝养双亲为天职；现在我们既已舍俗出家，做了佛陀的弟子，时时刻刻自己要在道业上用功，自然没有机会再去孝养双亲了。试想父母费尽千辛万苦，才养成我们一个能活动的、具有意识的人，这恩德如同山高海深，我们如果一天不能酬报，就不能有一天忘掉惭愧！

第二点，对于未报十方常住三宝大恩的地方，也该生大惭愧！我们从皈依披缁以来，生活问题，都仗着三宝之力——十方常住替我们解决了。我们对于十方常住对我们有恩惠的地方，就应该速思酬报，如果没有做到已酬报的时际，决不可抛弃惭愧的意念！

第三点，对于诸佛祖师的威德，应该生起慕念之心，同时看看自身的德学，就应该要生大惭愧！我们从出家以后，读诵诸佛的经典和古来大德的论疏，知道诸佛祖师为众生的苦心，他们一生的光阴，都是牺牲在弘法利生和绍隆佛种上面。我们学佛的人，对于佛陀以及历代大德这种重大的厚赐，应该心感不尽！我们自己的道业不能有十分的进步，什么时候才能学到古大德那么一样呢？我们一天做不到如古大德那样，心里就该惭愧一天！

第四点，在学德上有不及人的地方，无论哪一方面，只要是人家比我优长的地方，我们都应该生惭愧心！就如在禅堂两眼不识一字的禅和子，只要他能坐几枝香，我们都应该对他生起惭愧心。所谓"法门无量誓愿学"，不管哪一样，我们都得去学，有一样学而不及人者，皆要自知惭愧！

第五点，对于功业没有成就的地方，也应该要生惭愧！天生我材必有用，人人都会有他的用处，世界上就没有一个人是不能做事的人。如我们现在虽然苦恼，不能亲值佛世，可是在末法期中能够出家学佛，也是有莫大因缘的，已经是从往昔栽培得来的了，既有善根因缘造就我们现在的僧伽地位，则不能不发心替佛教做一点相当有功于佛教的事业。我们如果在一生之中，未能做出一些有利众生的事业，试想我们该当怎的惭愧呢？

第六点，对于佛教之不兴，或佛教稍有流弊的地方，我们都应该引以自咎！我们身为佛子，不能体解大道，不能替佛宣扬，统理大众一切无碍地去整顿佛教，这当然是我们自己的惭愧；佛教中纵有不良分子，这是因为我们不能以威德去感化他们所致，这个惭愧的责任仍旧是加在我们身上的！

第七点，还有对于现代社会不安的现状和人心恶化的趋向，我们把这些根本原因，也要拿到自己身上来，因为我们佛教徒的使命，就是要度脱一切众生——化导一切社会的，如今我们却都放弃了这弘化的责任了！现在，眼见世界不安和人心恶化的程度已到了极度了，我们佛教徒依然取旁观态度，总没有人作一种为社会国家谋福利比较有效的运动，这实在要令我们惭愧死了！

上面的这七点，把它仔细想想，能容许我们不生惭愧之心吗！平常有许多的出家人总以为僧伽人众，并不限定要找一个人生惭愧心去作"弘法利生"的事，这是不对的。要知弘法利生乃是凡佛教徒都应做的事，并不限定任何个人！地藏菩萨之所以说"我不入地狱谁入地狱"，这就是因为他知道以"弘法利生"为己任的缘故。又，地藏菩萨之所以发愿——地狱未空，誓不成佛；众生度尽，方证菩提——这无非是菩萨因受惭愧心之策动，而不得不发这样的大愿。现在我们是学做菩萨的学僧，应该就要学菩萨行，以菩萨那种救人救世的精神，作为自己修学的标榜。菩萨尚因惭愧而发愿，何况我们初发心的青年学僧呢！

学僧在求学时代唯一的要求，就是要求增长智慧和培植未来的德本，与养成救世利人的慈悲心，但是惭愧心比这些还更重要。我们只要有了一分惭愧心，就可以得到一分的福德智慧，乃至有百千万分的惭愧之心，就可以得到百千万分的福德智慧。学僧之有惭愧，犹如人们之有财宝。我们须以惭愧心做道德的中心，以惭愧心为学僧唯一的美德！

二十五年十二月二十七日

居家学佛之途径[①]

佛教徒有四众，即出家男女二众与在家男女二众是也。无论出家在家，其学佛的目的是相同的，自发心学佛乃至如愿成佛。但是，在这个遥远过程中的修行方法，是各各不同的，这从最初受戒的一事上就可以看到了。

出家学佛与在家学佛，在途经方面有着截然不相同的地方：出家的僧尼，在行为方面要受戒律的约束，生活方面也有一定的范围；在家的居士，就不然了，他们虽或在三皈之后也求受过五戒，然则居家学佛是绝对的自由，既不要受教团的规矩，以及师长的教导，又不与社会大众生活而有别相，所以，居家学佛实比出家学佛为方便。最近有两位朋友要出家，我劝他们且居家学佛，又有两位朋友要皈依三宝，以此因缘，我想起有写几条居家学佛之途径的必要。

居家学佛之途径，我以为必须要知道的：

（一）发心学佛。第一对佛教要有相当的信心。如果是在一时受了一种刺激，或者因为环境的变化，或者因为所志不遂，或者是一时的兴趣，或者是以为习尚时髦，这样的发心学佛，都是暂时而不能够持久的。一定先要对佛教有相当的信仰，信仰佛教，确实有高超的学理，可以解脱你的烦恼。你确实有信仰佛教，以及做一个佛教徒的志向。这样，信心才能一天一天地渐渐增长起来，兴趣也会一天一天地浓厚起来；也才能由信心一直发生出"信力"，此即所谓"以信能入"。

（二）皈依三宝。既决定发心学佛，就要如法皈依，祈求明师教授三皈，开示三宝真理，以及皈依的意义。现在，中国的高僧皈依的徒众最多者有三人：一是印光大师，一是太虚大师，一是班禅大师。如其有缘依止这三位大师，

---

① 《佛教月报》第1卷第7号，1936年。

最为殊胜。不然,各大都会地方、各大名山、各大丛林,都有戒高德尊的大德僧,堪为学佛人们的师资。据说,颇有些在家教徒是在乩坛上受皈依的,这未免太神化了,在佛法上是不合理的。

(三)修学佛法。佛教不同其他宗教教义之简单,佛教有博大精深的教理。佛住世四十九年,就主办了四十九年佛教的教育;由这种教育学说遗留下来的,就是"法宝",所谓"一大藏教"。教法如大海,应该从何入手呢?应当以体解佛法的真理为初步,依教修学,这是最平稳的用途。如其对于佛所说法茫然不知,固然是找不到修学的方法,而且也易入歧途。往往有人名曰修行,其实是做的旁门外道的邪功,一点作用都得不到,甚至于屡遭魔障。故居家学佛者于皈依三宝之后,仍应亲近大善知识,随时请益,方获成就功德庄严。

(四)弘法利生。佛教徒本以弘法利生为家业。居家学佛的人,一方面在家庭中,要使家庭佛教化,如何应行,如何不相应行,一切的一切,都依据佛法而设施,成为一个清静和乐的庄严家庭;一方面从事社会事业,无论所事为党、政、军、学、农、工、商等等职业,于自己的事业精勤劳作以外,还要勇猛的随机设化,以期达到弘法利生的目标,要认清学佛不是消极的,应该要较不信佛的人达观些、乐观些,做起事来认真些、负责些,这才是佛教的本旨。

(五)护持三宝。既然做了一个佛教徒,居家学佛,自然而然地就会与佛教及僧徒发生关系。也有一班隐居的居士,深居简出,与世间不相关系、断绝往来的。学佛之后,完全不与佛教的社会,及僧徒的集团相往来,似又不对。现前,居家学佛的居士,大概有以下各种的动态:

一种与僧尼来往,帮助僧尼,或自己布施,或为僧尼攀缘,做这种护法兼布施的人,以女居士为最多,男居士较少。

一种负宣扬佛法的责任,直接、间接协助僧徒弘法利生,做这种事业的,大都多是男居士,而为数并不甚多。

一种是居士们自己开设道场,从事自利利他的工作,有的常年请大德僧指导,有的间或请法师讲经,有的就简直不与僧尼往来。

一种是居士们单独做佛教文化的事业,如流通佛书、发行刊物等。

一种是居士们与僧徒们合作，如组织佛教会一类的团体，这完全是男居士们的事，与女居士无分。

居家学佛的居士与佛教的社会及僧徒，虽有种种或合或分的情形，然而居家学佛的居士却有一个"护持三宝"的共同使命。这个使命要认清楚，只是护持三宝，并非做管理僧尼、住持三宝的事！

佛教的四众弟子，从历史上观察起来，居家的数量总是多于出家的量数，这正是佛教兴盛的现象。中国现代的佛教徒众，居家的较之于出家的人，一定要多过数十倍，虽无统计，也可以这样预测的。到了将来，佛教能往整理的路上走，居家学佛的信徒一定会更多的。

中国佛教的近状，大体说是已由衰败转变到兴盛的运途了，一方面居家学佛的人日渐增加，一方面出家学佛的人又日谋整理。但是，不幸的有一件事，出家的僧尼还没有能使多数的人，负起"护持三宝"的责任来。所以，在无系统组织的这广大佛教的徒众中，眼见要将由不大庄严齐整，而进于紊乱的状态了！在这种状态下，我很盼望居家学佛的居士们，认清了自己应走的途径——新发心皈依三宝的居家学佛者，尤其要先确定一个学佛的途径。

二十五年九月十三日在淮阴

用出世的思想作入世的事业[1]

在家菩萨：

自从释迦牟尼佛以净饭王太子的身份出家落发，经过修证成道后，世间上才有了这个出世的思想与出家的行动。一个人要做佛教徒，有两种方式：一种是在家的，一种是出家的。在家的而能受持五戒者有男女二众，男众名"优婆塞"，女众名"优婆夷"。出家的有男女四众，受沙弥戒者，曰"沙弥""沙弥尼"；受比丘戒、比丘尼戒者，曰"比丘""比丘尼"。在家与出家虽不同，其为佛教信徒则一，戒条各别而已。惟在家者可以婚嫁，出家者绝对独身。佛教徒之所以有在家出家两种的原因，因在家教徒，一者组织家庭，可以生产；二者延续民族，可以强国；三者利生事业，可以护持。而出家教徒，一者无家室虑，可以清修；二者专门研究，可以教化；三者一心传教，可以悟道。

佛住世时，在二千数百余年前，印度社会平定，人民安乐，佛所创行的乞食（托钵）制度，在印度行得通。况且时当佛教倡行之初，正风行布施供佛及僧，对于乞食制度算不了一回什么事。印度婆罗门教据说早已有乞食之风气。及至佛教传到中国，《百丈清规》创制于唐时，正在禅宗盛行禅林初建时期，虽未行乞食或托钵制度，但积集广大僧团的财产，也并非难事。前后经过一千五六百年的传承，佛教的历史在中国总算开过不少光辉灿烂的花果，佛教寺院到了近世纪来，虽还没有一个有系统的完整制度，但苟延残喘也维系到了现在的这个末日。

在我个人的看法，未来的中国佛教徒众，出家众的数量要极其减少，在家众的数量不妨增多，不分在家出家都要生产，至少每个人都要各有一职业，最低限度每个人总要能维持自己个人的衣食生活。在家教徒固应如此，出家

---

[1] 《用出世的思想作入世的事业》，《海潮音》第三十二卷夏季号：1951年。

教徒亦须如此。非如此不足以改革过去惰性的寄生惯习，非如此不足以一新佛教积极的精神。再说，根本行菩萨道之六波罗蜜，若教徒不谋职业或不事生产，则试问檀波罗蜜何从行起？现在据说仍旧实行的托钵制度，在锡兰、暹罗、缅甸东南亚三个国家，则全赖往古惯例，情形特殊，我们中国的佛教徒已无此种福分，已绝不可能再想有坐享其成的受用了！

一般人有宗教的信仰，本来是属于思想方面的，我们佛教独有一个出世的思想——出家的思想。这种思想是要由个人主义乃至家族观念扩大到为人类为世界，尽量地放大无我精神，以天下为公。

在二十几年前，我初出家时，曾听师长作薙度法语云："出家有三点意义，一是出世俗家，割爱辞亲，剃除须发；二是出烦恼家，无无明尽，无忧悲苦恼；三是出生死家，了生脱死，得大解脱。"当时领悟出家之难，可以说难于登天，断断不是剃除一头乱发，披着一领袈裟，就算是出了家了，原来出家还有深意在。后来，又知道"出家有四种：一者是身虽出家而心未出家；二者是心已出家而身不出家；三者是身心俱未出家；四者是身心均出家"。其时又觉悟到如今出家者虽多，大都皆为第一种型的，能成为第四种型的出家人，诚如凤毛麟角。其时本人已由"愧煞诗人羡煞僧"半热情半疯狂的态度出了家，纵更敬慕第二种型的"心已出家而身不出家"的佛教徒，已感无及。所以，我从出家之后，二十八年之间始终未敢收一薙染僧徒者，就是不敢误人耳。相反的，半生以来最喜劝人信佛学佛，但从来却不赞成别人出家，实因"出家乃大丈夫事，非将相之所能为"也。

在家与出家，佛教徒有此二众，这个区别人人都知道的。不意到了台湾，在家与出家，却以居住在家庭中谓之在家，以居住在寺院中一概称之谓出家。在家信徒，男众通称谓"菜友"，女众通称为"菜姑"，既不名为"优婆塞""优婆夷"，也不口语"佛教徒"或"修心人"，反而倒听到说作"吃菜人"。这里，我要批评台省过去的大德们，他们为什么不加以纠正。若称"佛教徒""修心人"，可以顾名思义，还不算轻视我们佛教徒，若仅以"吃菜人"称呼我们佛教徒，无异看作我们佛教徒的目的终其极也不过是一个吃素菜的人而已，一语道破，实在是轻视之极。

出家本是一件大事，不特要剃除须发，且欲易其形服，在古时用文言称落发出家谓之"薙染",就是说不特薙其发,且欲染其衣。出家一事,在中国整个版图上到处一样,并没有什么不同。不想台湾省的佛教徒中四众弟子,不分在家出家——即不分别优婆塞、优婆夷、比丘、比丘尼,只要是住居在寺院里一律皆称之为出家。假使有人说他们是在家人,他们(她们)还要老大的不高兴。因此,有许多僧制都被他们(她们)破坏无余,不知者悉以台省曾被日人占领五十余年,佛教中的一切,似乎也是为日僧所坏,其实日人占领台湾数十年,日人对于台湾的文化风俗丝毫都未改变。比如台湾的神佛不分,外道"龙华先天"混杂等,在日本并未见有此例。

中国佛教,今后应该到了划时代的时节,无论是住持佛法和护持佛法,这个责任要在家菩萨肩起,实责无旁贷。在家菩萨,要用出世的思想作入世的事业!在家菩萨,要用慈悲喜拾四无量心为着全世界全人类发挥大雄无畏的精神!

我对于净土宗的信念[1]

我对于净土宗有甚深的信心。

我不但对于净土宗信仰，我对于佛教各宗都具有信心。

我虽然有似乎说过在现在专门念佛是无用的一类话，那是为护持佛教，要随顺世间一方面的说话，又正是对专以口头念佛来装门面或为应赴超度的一班人所说的话，我对于净土宗的信念只有过一年增长一年，绝没有变动。

我信仰佛教各宗的祖师，他们能观机设教，为弘法利生，为我们后来者开辟了许多修学佛法的方便门。但我对于信仰一宗或专扬一宗的人，以为一宗就包括了佛法的全体，扬此抑彼，我却颇不以为然！我于净土宗，当然也是这样看法。

我在童年的时代，我就知道"阿弥陀佛"，茫然的，看到大殿上佛、菩萨、罗汉，一律都认作是阿弥陀佛，甚且见到和尚，也当作是阿弥陀佛。一直到二十岁时读到憨山大师的《梦游集》，才知道阿弥陀佛以外还有佛法。跟后读了一本《梵室偶谈》，才知道佛教的宗派有"宗""教""净""律"四大类。

从民国十二年，随众念阿弥陀佛，约一年余。第二年冬天，大勇法师在武昌传密法，我学了一个真言，以后就念文殊菩萨，为求智慧之故。后来，在南京，因对普贤菩萨之十大愿发生了极大信仰，以为四弘誓愿广泛而不切实，唯有普贤十愿才是学佛始基，就诵《普贤菩萨行愿品》及持念普贤菩萨名号，将一周年。后来，我想到，像我这样的人，最宜于生生世世做和尚，我也只想能够这样，此时适持诵《瑜伽菩萨戒本》，所以就念起弥勒菩萨来了。同时又想到，像我这样造业的人，地狱中一定有我的位置，就又每日称念地

---

[1] 《净土宗月刊》第二十三册，1936年。

藏圣号；地狱中的罪苦众生实在太苦了，我念地藏圣号，并且是要为地狱众生求地藏菩萨救离众生苦。一直到现在都是持念的弥勒、地藏二菩萨，但随众上殿，也念本师释迦牟尼佛、阿弥陀佛及观世音菩萨。

我自己虽然没有以念阿弥陀佛为恒课，然而，我对于净土宗的信念，却仍在时时增长，丝毫没有退失。

中国佛教各宗的发达史，各宗均放过超绝一代的光彩，在时间方面最长久，在空间方面最普遍，在信徒人数方面最众多者，当首推净土宗；不但在过去与现在是这样，我相信在未来也是这样。

佛法修习的程序，是"信""解""行""证"，所以佛法不是单靠说的，说了还要注重行的。各宗之中对于"行"的方法各有不同，或修"观"，或参"悟"，或求"通"，可是都没有净土宗"念"佛法门的简捷方便；因为如此，净土宗在各宗中就成为最发达、最殊胜的一宗了！

我对净土宗自信颇有"信"心，但是我并不"愿"往生西方，也不曾实"行"念阿弥陀佛。

这好像是一个笑话，我自己不念阿弥陀佛，不求生净土，但有时我却极力劝别人念阿弥陀佛，求生净土：我曾劝过老年人念佛，我曾劝过中年人念佛，我曾劝过不少在家人念佛，我也曾劝过若干出家人念佛；除去善男子、善女人以外，连小孩们都曾有因我的劝说而念佛者，其中最难得者，是有由念六字大明咒被我劝转来念阿弥陀佛的人。我以为修"行"的工夫，最稳当、最有效力的方法，只有念阿弥陀佛，求生净土。因为人事劳劳之中，一般在家信佛之士对于修观、参悟、求通，实在是不相宜的，唯有净土一法门才是捷径哩！

我介绍了很多善友皈依三宝，皈依在太虚大师座下的人很多，皈依印光法师为弟子者也不算少，我在俗的亲属——如我的姑母、姐姐、弟弟等人，就都是印老法师的信徒。我以为弘法利生的人任随弘扬哪一宗都行，若专为自利，得自受用者，应该老实念佛，求生净土！

我曾替念佛堂订立过规章，我曾劝过居士道场以念佛为宗旨，我也曾上书印老法师劝请其编印《净土宗全书》，这都是我对于净土宗的一点信念。

还有，《净土宗月刊》出世以后，有人听说我也是创办人之一，有的颇为怀疑,有的简直奇怪了。其实呢,庐山的轿夫,天天抬人家上山避暑,西湖中划船的人,却天天摇着别人去游湖;虽然抬轿的自己没有机会避暑,有时也可以在牯岭过一宿风凉之夜,划船的自己虽不是为的游湖,同时他也可以饱尝一些山色湖光。我劝人家念佛求生净土,自己又不念佛,似不免有"跛和尚说法,能说不能行"之讥,然亦不妨与抬人的轿夫、渡人的舟子作同等观耳。

在我的净土信念中,我惟愿人人念阿弥陀佛,我惟愿人人得往生净土!

六、中日佛教

日本佛教视察记[1]

序 一

推开十二分教的法藏，很明显地提示出两种法门：一是根本的义理，一是方便的机用，就是通常所谓实教和权教；最后结归在权实不二，不二是佛法着重的中心点。虽然，佛教纵的时间是有两千多年的历史，横的空间遍亚细亚，现时且有渐及全球的趋势了，但是这不二的重心点稍有离异，佛教在这个人间就呈露着偏枯偏荣的现象而失却整个佛教的体用。换言之，佛教在人间失了调和，不是太高超玄妙，便是走入平凡堕落，都与这人间没有了教化的力用，甚至成为人间的赘疣，消灭了佛教的真义，所谓过与不及，其失均也。若是适得其分，机调平匀，虽高超而不失平凡，在平凡而进入高超，灵与肉打成一片，心和物冶为一体，体用如如，权实不二，才达到整个佛法的圆满境界，为有益于人生的佛教，净裸裸地赤洒洒地托出佛教存在于人间真实的意义和价值来。

根据上面的理论，去观察过去佛教流行在人间各区域的盛衰历史和现在的种种情形，那么，将来的新趋势怎样也可大概地在意料之中了。记得日本佛教某学者（名字忘记了）他把印度、中国、日本三国佛教的特点提出来，这样地说：印度是佛的佛教，中国是法的佛教，日本是僧的佛教。这位学者好像——不，也许是我的思想揣摩的解说：印度佛教是佛教根本的策源地，指示出佛教在人间的意义和价值，显出权实不二的法门；到了中国，依印度

---

[1] 行愿庵发行，1936年2月。

原有佛教，加以探究发扬，更稳固了佛教理论的基础；日本佛教，本印度、中国已指示了、稳固了的理论，把它充实起来，施设应用到人间，活泼泼地调协了佛法和人间，这是僧的佛教。这种理论，在肤浅地观察，好像是颇有成立的可能；但稍深一层地去探索，不难观察出这是片面地、肤浅地或挟有主观夸大性地故自炫耀地了。

过去三国佛教历史事实上所告诉我们的，正当繁盛的时期，无不将佛法与人间调和到适得其分；一落离异之迹，佛教就展露出衰退，甚至灭亡。

我们读到大小乘的律藏，心中不期然地会回想到释迦牟尼在世的时候及当时诸弟子众的理论和行为的生活，在在都显明地注重事实的环境，乃至穿一件衣裳，打一个喷，都要和人间一般生活相调和，使一致地趋向于最高道德的标准，合于有价值的、有意义的、理性的生活。次之，阿育王时代和迦腻色迦王的时代，都能够了解这点意义，以佛教的不二法门，力使教化政治协调的作用，造成了印度历史最光荣的永耀；流风余绪，仍蕴蓄在暹罗、缅甸等诸小国里，至现代还不失其当时之面影。更次之，马鸣、龙树、无著、天亲诸大士，阐发了大乘的绝唱，声震全印度，根据佛教的理论，融摄当时因袭的、新兴的思想而成为佛教的大机大用。至后，由龙树学说的另一部分自成为密宗，一切都模仿婆罗门的怛特啰教，流为通俗的，渐渐地思想堕落了，行为也变相地秽亵了——这一系的佛教，现在还仍行于蒙、藏、康、海等处，但已经过了阿底峡、宗喀巴诸大德的改革——表面上尽夺去佛教其他各宗席位，实质已全是怛特啰的密教了，致整个的佛教一蹶不振，以至于佛教的灭亡。自然，这里有最大的原因：在根本的理论方面，太高超、太玄妙化了，失却了人间的基石；在方便的机用方面，流于太通俗，而下趋于秽亵了，失却佛教的真义；两者离异太相悬远，结果，印度佛教只有归到灭亡之路！

观察中国佛教盛衰之迹，也无不适合于这种理论的。在方便上，吸收中国原有的儒道的思想和崇拜祖先的慎终追远的孝行；学理方面，虽产生了天台宗、华严宗、禅宗、净土宗，门庭施设尽管有不同之妙，而根本的教义，还是纯一无杂地未失印度的本真。所以佛教自后汉末年到明清，也曾遇过很大的阻碍，竟不折不挠地，上至知识阶级，下至愚夫愚妇，都深受佛教的熏陶，普遍地深入人心，形成一思想、风俗、习惯等等，支配了全国人民的思想和行为，这是佛、孔、老融合的产物。到了清朝中世至末年，佛教的大德宗匠，继起无人，根本教义的十二分法藏，全成废纸；方便应世的施设，失却重心，变为只剩有躯壳没有灵魂，最大的流毒原为化俗归真的孝思，而成为送尸度鬼的应赴法事；全国的大小寺院僧众，通统靠这种生活为生活，几不知道佛、法、僧是什么意义的了。无论僧众或俗人方面，形式上虽有佛教的存在，实际的精神，已趋落于衰灭之途。

日本佛教，自圣德太子揭开兴隆三宝一诏以来，一直到明治维新以前，关于佛教的学理研究，教化施设，都亦步亦趋地依于中国的佛教，或派高德学者留学中国，或欢迎中国各宗派高僧去日本传教。虽传去的宗派也有特别的发达起来，如密宗、天台宗、开展出的日莲宗、净土真宗等，这无疑是适合于日本的特殊的国民性，和谐地融化陶铸了日本的国民风俗习惯等等而成为日本佛教的特色。

照上列举三国佛教的历史事实观察所得，印度佛教、中国佛教、日本佛教，在兴盛时期，佛、法、僧三宝，都是一体不分，无所偏倚，一至衰败的时期，成为割裂不全的支体。印度的佛教，我们现在不必去说它。但就中国和日本目前佛教的情形来看：有许多人是硬说中国现在的佛教比日本好，因为日本佛教太通俗化了，换新的名词来形容，是太社会化了；中国的佛教，还能保持古道，不失佛教的面目。日本的佛教，下去再说；中国现在的佛教，是否不失了佛教的真面呢？稍是有惭愧心的和没有犯夸大病狂的人们，应当自求奋发，本佛教根本的教义，作如实施设应化的方便，以摄化现代的社会，以提高人生的价值和意义！

日本佛教自明治维新以来，住持佛法的僧众，虽努力于社会教化的运动和摄化现代的新思潮，将佛教的一部分的义理，实现到国家社会的事业和国民的思想；然就在住持僧众的意义上讲，显然地是失却真相了。这，在日本某佛教学者，也许是自傲为"僧的佛教"；在明达的佛教学者，必有很多的自觉慊然。如福田尧颖僧正和大醒法师谈论到戒律的问题，他说：

> 明治维新时，政府要废佛教，强逼僧侣还入俗籍，对于出家生活，许可食肉带妻，所以使僧侣无规律做成了在家佛徒，以后日本佛教就大坏了。明治政府想废佛教，实际上就是"僧侣全废"的运动。……

你们来到日本看了佛教风习之后回国去,将来对于中国佛教改革的时候,请小心!不要像日本明治改革佛教失败似的。

日本佛教的现状和将来的趋势怎样?在大醒法师这部《日本佛教视察记》里绘出一个轮廓来;同时也就是我们中国佛教需要改革时期的一面很好的照面镜子。我们要知道,现在的中国、日本两国的佛教,都是偏枯而非不二的了。

大醒法师,以仅仅一个月的游历日本,能把整个佛教的真相全用客观地写出,思想的深沉,目光的敏锐,实可惊人!至于这部《视察记》内容怎样?无须介绍,让读者自去翻阅。

民国廿四年七月七日
芝峰写于四明延庆寺

序　二

谈起日本来,就会使我们感觉到不舒服:因为在这十几年来他们给我们的恶辣的教训太多了!弄得我大好的中华民国百孔千疮,民不聊生,这虽是我们自己不长进,不好怨天尤人,然而他们的一种侵略的野心,残酷的行为,总是昭示若揭!

虽然,这也许是他们那些少数偏狭的政客和短视的军阀的不良存心,但能够表现出这惊人的力量的,自有他们整个民族的精神为基石,如文化之发达,科学之进步,生产之富强,建设之美备,佛寺之庄严;而尤其是他们的人民之能守礼节,崇尚佛教。假使以这种民族精神,推广发扬到全人类,这未始不是全人类的幸福了。所以我们因他们这些少数的政客和军阀所给予的不良印象,在他们的励精图治,沉毅实干的精神,确足以为我们的模范。我们国人对于这点,也似很了解,试看国内的名流学者每岁之往日本的真如过江之鲫。在这种意义上我也是信仰日本之一,时存向往之心,可是为着多方面的关系,总是空叹无缘,而只有红着两眼羡慕别人而已。

大醒法师是现代佛教中思想最活泼，学力最丰厚，而且是最热心佛教，最慈愍众生的一位青年领袖僧伽，他怀着火一般的热心，负着救民振教的使命，此次以私人资格，东渡日本，视察佛教，时间虽仅仅一个月，而举凡彼邦的民情风俗、宗教、文化等等都收入眼底，纳入胸中。自然，他特别地对于他们的佛教有精细的考察、更深的印象，归国后，作了这一部《日本佛教视察记》，以公同好。

　　这次，我真庆幸，获读本书之优先权！他一边写，我一边读；他写完，我读完。他一页一页地写，我好像跟着他到日本去朝礼名山大刹一样，一步一步紧紧地随着；他还恐我不明白，故每写到一处胜景，或一所大寺，以及观察所得的感想，就检拿了他带来的照片，和日人所赠的各种书籍，如教员指点学生，导师引示游客一般，一张一张、一种一种地讲给我听。这二十多天中，我虽未离跬步，而实际我已神游日本了。现在我不但十几年来羡慕他人的心得了安慰，而且还自骄傲别人呢，因为我不花一钱，不走一步，而整个的日本，已被我适适意意地游到看过了也；天下便宜的事情，哪里有过于此者？

　　这部《视察记》虽这样厚厚的一本，可是照他告诉我所见所闻的详详细细的写下来，那就再来那样厚厚的一两本或者还恐写不了呢？现在因为有些于佛教不大重要，或于国际间有些关系，而又为写作时间逼促，他只好从略了。他告诉我说，将来写《东游百感》时，再来补充。那么，在《东游百感》未出世以前，则《视察记》的读者只能读《视察记》以内的事，而我尚能听到他《视察记》以外的种种很有趣味的故事，这也是我足以自傲的一点吧！

　　这一部虽名《日本佛教视察记》，而实际我们可以当作日本佛教史读；同时它能引起读者对于中国的佛教作无穷的感想，感想是事实成功之蕴藉，故此书之作，不单予中国佛教有莫大的利益，而予中日国际间亦有莫大的影响。至于大醒法师文字之精妙，笔调之润美，犹其余事也。

　　我写下了这一点不像样的东西，当作我优先恭读本书之殊胜因缘的纪念，算序不算序，我却不管。

民国廿四年七月五日
定光寺文涛

中日佛教之比较观——代自序

一

我的脚初踏到日本的国土,眼与耳才和日本的一切事物接触,虽不同刘姥姥进大观园一样,但我的心灵震撼得自己都听得到响!为什么?感到了不可名状的惭愧啊!以后,看见了日本的佛教事业,把它与中国的佛教事业一比较,惭愧在心头上简直同一块重量的石头一样了!

二

以前听说日本有位学者说过:"印度是佛的佛教,中国是法的佛教,日本是僧的佛教。"其实后面的两句话颠倒了。我到日本去一看,才知道原来中国是"僧"的佛教,日本是"法"的佛教。不信吗?日本的佛法,不能说它不兴;日本的僧侣,说他是居士,我想也没有什么不妥当?可是中国呢?各省、各县、各乡、各村都看见所谓圆领方袍的僧侣,而"法"却早已就没有装在"僧"的躯壳里了!

三

在以前日本有位井上圆了他著了一本书,书名叫作《佛教活论》。我想如果我们要来写一册描写中国近代佛教的史书,那很可以把书名称作"佛教死论"。

四

日本许多佛寺都办有社会事业,如什么学校、医院、幼稚园、妇人会等等,他们在慈善的方面首先总要把佛教的牌子抬出,而他们自身佛教的事——如文化教育等是已经先行做好了的。中国可不然了,自从有一班号称慈善家的人混入了佛门,近来时闻有办慈善之名,可是糟透了,一班糊涂和尚跟在慈善家的居士们后面跑,都成了"数典忘祖"之流,反置佛教本身"家业"于不顾;这样,与其说是他们一味地讨好于社会,毋宁说他们是慈善家的孝顺信徒!

五

日本佛教的大学与专门学校有十几处，每年以学士资格卒业的僧侣至少有四五百人，这是各宗办学的恩惠，这也是他们为师长的慈悲吧（日本亦有从别姓子弟来薙度为徒者）。中国的佛寺很多，不但没有大学和专门学校，连完完全全的中学都没有一个；青年学僧的遭际——受其师长的待遇，是如何呢？我在日本有几次想到这里，曾替我们青年学僧流了不少的泪！

六

有一天，在一个茶会席上，日本朋友问我："普陀山与高野山差不多，为什么普陀山不办大学？"我却厚起脸皮来回答他们："敝国的普陀山上没有树，贵国的高野山它在树木上的出产每年能卖三十万至八十万元。"我不这样说法怎样说呢？

七

我在国内跑过的大小丛林佛寺约有二三百处，除去两三处有明版藏经和三五尊古铜佛像以外，很少见到有隋唐时代的法物。走到日本，凡是有所谓"国宝"的一个佛寺里大概都有一两件中国隋唐时代的法物，当然的也皆作为他们的"国宝"了。

八

我早就知道日本的僧侣富于美术思想，把佛教的美术作为专门的学问在认真研究。到了日本之后，游览各地佛寺，参观各大书店，到处都看到美术的建筑、美术的雕塑、美术的装饰，以及美术的专书，而在中国现代的佛寺中，实在找不出一点有美术价值的东西。就谈佛像吧，中国佛殿上的佛像，背后照例都是不雕刻的，所以我常常说如被刀削去了半背似的；日本的佛像就没有这种幼稚不通的毛病。

九

日本僧侣公开食肉娶妻，视为应分之事，我知道这绝不能用戒律去和他们论什么比丘的资格的；于是与日本朋友一谈到这个问题，我总说这是国家政治与僧侣习惯上的关系。我也曾大意对人这样说过："僧侣做社会事业，在谋职业上自力自给，那是很好的，不过关于戒律也要顾到一些才好。"谁知道也有人这样的回答："日本僧侣食肉娶妻，是公开的；中国的僧侣食肉娶妻，不过是不愿意把人家知道罢了！"

十

在日本许多认为国宝的法物中，我最赞喜不置的，是小型的舍利塔；单是塔的样式，我看见的足有七八十种之多。在这些舍利塔中间至少有大半是中国去的。可怜我在中国一个也没有看见过，仅有的宁波阿育王寺的一个舍利塔也觉得太粗笨了。

十一

今年东京有一位净土宗的信徒——友松圆谛氏，他是多年弘扬净土最力而最有权威的著作家，他忽然做了一篇文章反对净土，大说其西方极乐世界是虚无的。说来也有点奇怪，因此，他反而还得到更多的人崇拜。我有一天正想去看他，他适在前一夜往京都去了，据说到车站送他的人有三百多；因为日本人已目他为是一位佛教的怪杰了。当时我这样想：这个人与这件事如其发生在中国，一般人的眼光不晓得是怎么样呢？

十二

日本佛教各宗之间有些是融洽的，也有些是相对立的，他们在暗中也有战斗；可是他们的战略是在文化教育的各方面，比方甲宗发行刊物或创办学校，乙宗马上会跟在后头办得比甲宗还要好。中国僧徒可不然了，只有在意气上、财势上比高下，你若办文化教育等事，站在你对方的人只会力图破坏和捣乱。拿这一件事来比较，中国佛教实在是没落了！

十三

谈玄法师他同我在东京一跑进书店的门，他就愤然地感叹着说："中国现代的佛教在文化方面至少要相差日本的佛教四十年，日本四十年前出版的佛书比现在中国佛教中的书籍还要多、还要好！"

十四

凡一种事要得它好，制度（法则）良好大有关系，中国佛寺的衰败，就是没有一种善良而合乎时代需要的制度！僧侣如一盘散沙，"各人自扫门前雪"，无一件事能协力合作。日本的佛寺是有系统的，如曹洞一宗大小末寺多至一万四千余寺都是一个系统的。日本一宗的僧徒，皆依一宗之管长一人薙度，余可想知。

十五

日本僧侣各有职业，在现前经济的时代，于经济独立的原则上，这是对的，不能一定称为"俗化"。因为如果遵行佛制，事实上现前的时代已不是二千五百年前印度佛教特兴的时代。中国僧侣的职业，除修持研究者不计外，经忏一门，能否依靠它当作正当的职业与生活，在现在实在成为问题了！

十六

中国一般的佛教徒对于日本的僧侣，有两种批评：一说是不守戒律，一说是太俗化。日本一般的佛教徒对于中国的僧侣，也有两种批评：一说是无信仰心，一说是没有知识。我认为全有错误！我以为要对中日两国的佛教及僧侣加以批评，非从全中国或全日本的佛教历史去研讨一番不可，因为中国与日本的佛教现状不相同的原因，并不是用简单的话语可以概括的。所以日本有许多佛教徒，他们要我批评日本佛教，我都没有说什么话，深恐开口便错。

十七

回到上海，去访范成法师，他问我："这一次游日本对于佛教教育有什么感想？"我说："日本的佛教教育，中国的佛教教育固然不能同它去比较，而中国的佛教教育也完全没有可以采取它的地方。"他问我："为什么？"我说："根本上中国佛教就没有组织；我们国家的政府对于佛教压根儿也就不管不问，简直把我们出家的僧众不当作国民看待，日本不是这样的。"

十八

日本僧侣他们得到受高等教育的机会，得到国家的种种助缘，且有大量的研究参考资料，一个研究的人员，上有指导员，下有助手，他们的成绩自然会蒸蒸日上。回顾中国僧侣所处的环境，真是相悬天壤。中国僧侣人才之所以缺乏，固然是佛教徒自身未能设化造就之故，但是我们国家的政府也要负一半的责任！现在，我们看看人家，回过头来再看看自己，说空话也无济于事。我们中国的僧侣——青年学僧为爱护弘扬之计，眼面前只有一条"埋头苦干"狭窄的路，不必去求赶上人家，只求其能够自树自立，把中国佛教整兴起来就好了！这是我视察日本佛教以后的一点感想。

——从《东游百感》中录出——

目　录

序一（一）

序二（九）

中日佛教之比较观——代自序（一三）

二十四年五月五日（一）

发足之前　发足

六日（三）

视察日程　长崎一瞥

七日（五）

抵神户　转大阪　观大阪夜市　宿又一村

八日（八）

光德寺善邻馆　四天王寺　圣德太子与日本佛教　参观高等女学校至奈良　住东大寺龙松院

九日（二五）

日本第一戒坛——戒坛院　东大寺寺内一览　鉴真和尚与唐招提寺　夕游药师寺

十日（三四）

博物馆等于佛教法物馆　兴福寺　法隆寺　与佐伯定胤僧正夜话

十一日（四五）

参观《性相学圣典》编纂部　游东院　中宫尼寺　上高野山　参拜弘法大师灵庙　礼显荫法师塔　住天德院　访金山穆韶阿阇梨　讨论传密问

题　遇净德法师

十二日（五六）

弘法大师与真言宗　访高冈管长　水原教授　结缘灌顶　至灵宝馆遇加地哲定先生　与安藤寿师谈话

十三日（七一）

再向金山阿阇梨请问密教　参观高野山大学及图书馆　在修道院午斋　中学匆匆一览　下山至大阪　佛教社会事业社欢迎茶会

十四日（八五）

一个大规模的制香厂　朝日新闻社　遇一奇士　至京都　挂塔大德寺聚光院　观京都夜市

十五日（九十）

牧田君来访　参观大德寺　养德院看祭祖仪式　冒雨参观净土宗专门学校　夜访铃木博士

十六日（一百）

参观妙心寺　日本之临济宗　临济学院　净土宗总本山知恩院　尼众学校　真宗东本愿寺　西本愿寺

十七日（一二六）

游览京都全市　观三十三间堂　清水寺　南禅寺　银阁寺　金阁寺　赴一休庵大西良庆僧正斋会　夜游圆山公园

十八日（一三一）

购买念珠铜磬　赴铃木博士斋会

十九日（一三三）

上比睿山　传教大师与天台宗

二十日（一四六）

谒传教大师塔院　参观睿山学院　至福井

二十一日（一五一）

游曹洞宗永平寺　去东京

二十二日（一五七）

抵东京　访好村春辉、谈玄、墨禅诸友　寓日华学会　访文化事业部冈

田部长　访蒋大使

二十三日　（一六二）

参观帝大史料编鉴所访鹫尾顺敬博士　游上野公园　天王寺

访福田尧颖僧正　游浅草寺观音堂

二十四日　（一六九）

游增上寺　筑地本愿寺　参观大藏刊行会　佛教思想社访野依秀市国际佛教协会访友松圆谛均未遇　下午斋藤居士设斋偕乐聚餐

二十五日　（一七四）

参观大正大学　日莲宗本门寺

二十六日　（一八七）

再访雨岩大使　斋藤居士邀游平林寺　川越喜多院

二十七日　（一九一）

游日光

二十八日（一九三）

孔子庙一观　至东方文化学院访常盘大定博士　访矢吹庆辉博士　购《大般若经》一部

二十九日（一○五）

在大正大学讲演　武藏野女校访高楠博士不遇

三十日（二一一）

游镰仓觉寺　建长寺　礼大佛　大观音　游龙口寺　时宗　游行寺　憩柴庵

三十一日（二一七）

游明治神宫　总持寺　参观大法轮社　晚翠轩会高楠博士　至青年会联盟事务所遇浅野研真师

六月一日（二二四）

晤近藤宗治先生　出席全日本佛教联合会等四团体之欢迎会　夜别东京

二日（二二八）

过京都与中村上人话别　过大阪福田居士送行　长崎丸遇糟谷领事与藤井上人怅然而别　又值陆露沙先生同舟

三日（二三〇）

读《日本佛教史》　游观长崎崇福兴福二寺　隐元禅师与黄檗宗　日本佛教十三宗五十八派一览

四日（二三八）

回沪

跋语　（二三九）

日本佛教视察记

沙门大醒记

发足之前　发足

民国二十四年五月五日

数年来欲游观日本佛教的梦想，现在居然一旦实现了。

在发足之前的准备，一是与日友藤井草宣上人之约会，因为要请他翻译之故，他也乐意伴我行脚；商定之后，第二就是请驻汉日本领事馆介绍，想到日后可以免去许多麻烦。驻汉总领事三浦义秋先生，系我在厦门时的旧识，访见之下，他非常客气地为我写介绍函。同时承汉口同仁医院院长藤田敏郎与泰安纱厂经理近藤宗治二氏指点我，使我知道许多游日的必要手续。到了上海，又得万岁馆馆主相川守正氏替我买船票、发电报。这都是很难得的助缘！

我此次欲游日本，在事前，一方自己准备，一方全没有公开地告诉别人，连虚大师都没有向他禀告，就是在武昌同住的学友也不大知道。这原因，因为我以私人的资格行脚，在旅费方面要自己去筹措，深恐无旅资不能成行。多承亦幻、宽道、觉斌、吉堂四友的资助，才使我如愿发足。

此次行脚，随身携带之物，仅一手提箱，带布衣数件、纸、笔、照相机、地图、药品、草鞋等各物，盖取其简便耳。

五月五日，由上海搭上海丸发足，送行者只雪亮法师一人。上午九时起碇，经吴淞，出江口，入海道，风平浪静，得未曾有。

上海丸载量五千四百八十余吨。客舱分一、三两等，我住的三等客室。上海至神户，票价日金十九元。三等客室的大舱共有四个，我住在C室。同室者俱是中国客。室中有中国给仕（茶房）二人。船中定七时朝食，十一时午食，五时夕食，一日三餐，菜是荤的，另有萝卜小菜。室中备有枕头，若租用毛毯（日语称"毛布"）每条半元。客室虽为三等，设备尚好，便所浴室颇为清洁。

同船遇上海陆露沙医师及山东杨宝恒、四川曾继远二君。陆医师陪一王君至福冈参观日本工业博览会，杨、曾二君去东京视察教育的，云水有缘，相谈甚欢！

卧览《关西旅行案内》，凡关佛教寺院古迹，加以圈点，备作参考。去年王揖唐氏游日曾著有《东游纪略》，书中多载日本佛教之纪述，在沪向各书店遍购不得，不然先一读之，于视察上总要占点便宜了。

视察日程　长崎一瞥

六日

视察的日程，由藤井师预订的，预备以一个月的日期，到神户、大阪、奈良、高野山、京都、比睿山、永平寺、名古屋、丰桥、镰仓、东京各处。

六日下午一时，船抵长崎，与杨、曾二君登陆散步。在长崎下船与登陆游览的搭客，均需经过警察之检查，方许上岸。

长崎背山面海，为日本水道第一门户。港口内外小岛林立，形势与浙江镇海相似。山岛不高，遍植树木。陆路有铁道通门司，渡一夹海，由下关可以至神户、大阪直接东京线。

长崎埠上，房屋均不大，马路亦不大整平，有电车通行，行人并不多。登岸步行街市数里，三时半归舟，四时离长崎。

长崎本为日本的军事港，船中张有布告，禁止搭客在长崎一带摄影写真。但是很奇怪，在它的港口内外全看不见一支军舰。

抵神户　转大阪　观大阪夜市　宿又一村

七日

日本习惯无论冬夏，均以冷水洗面。在船中两日，初次洗冷水颇不惯，经过两三次后，也好了。日人洗面，用两手掬水洗濯，肥皂洗擦后，以干手巾揩抹，手巾不落水。刷牙，不用水杯，也是以手掬水噉之。

船过长崎，气候转变，温度六十二，较上海低十度上下。

下午，船上发出告白，说四时零分抵神户。三时入港，徐徐而行，是时船客各各收拾行装，三等舱颇有些纷乱之状。

将抵埠，茶役邀中国搭客立于一等舱甲板上，待受警察检验。

四时，抵神户，藤井上人已候于船埠，随即上船，为我通译。

登岸后，与藤井上人同来接待之丰岛钦尔上人、福田宏一居士相见，一面步行，一面寒暄。丰岛上人的禅院在大阪市外，他现任中外日报社的记者，驻苏俄多年，精俄语。福田居士素研汉学，曾至我国游历，能说华语，为大阪最负盛名之居士。他们特与藤井上人同由大阪来接我，感甚！

坐自动车（汽车）去大阪。神户至大阪六里，约合华里三十六里，有火车、电车、汽车，往来极便，雇汽车二圆五十钱（五角）。

顺道游凑川神社。凑川神社之建筑，完全是新修的。所祀之神，为大楠公。今年五月适逢其六百年纪念，正筹备开"大楠公御殉节六百年大祭奉赞会"。日本对于有功国家之文臣武将，死后立神社，每年祭祀。此种神社，犹如我国之关岳庙一样，亦等于普通的烈士祠。

神户至大阪，至福田居士家，汽车约行四十分钟。茶饭之间，丰岛上人问我："对于在神户所见之神社的感想如何？"我说："佛法本来是无神的，如凑川神社，所奉祀者，并非是神，实在是人。因为一个人有功于国家社会，后人立社奉祀，原是纪念他的意思。这种在历史上的人物，决不能同佛菩萨等量齐观。以佛法立场论之，平常人所谓神者，至多是人天乘中的贤众而已。"

好村春辉居士自东京来电慰问，丰桥市石洪山师赠诗欢迎。

有林彦明、牧田谛亮二师来。林彦明师现正组织"日华佛教研究会"，会所设于京都，去冬曾央蒋雨岩公使介绍，致函虚大师，拟征求我国佛教徒加入研究。林氏为净土宗僧侣研究法相唯识的一个学者，年约六十岁，为净土宗之耆硕。相见后，彼称不日亦将赴我国考察佛教云。

夜间，与藤井、丰岛二上人游观大阪夜市。在最繁华之心斋桥一带游览，行人如织，灯光如昼，较上海南京路尤为闹忙。此处有一种好处，最闹的几条经纬街路，不通汽车，一律步行，非常安稳。

至一最大之"大丸"百货公司，购信笺、信封、笔记簿、应用品数件。后至一料理（点心）店，饮咖啡，坐歇片时，由地下铁道电车回。中途丰岛上人别去。

至大阪，第一最感便宜者，就是汽车，起码三十钱。驾驶座前有一价目表，开车时，把电表开开，驶行若干米，电表的数字自动地由3字跳出4字或5字、6字；到达后，视表中所显示之数字，照值付钱，不需讲价。其车价最低价为三十钱，比较上海便宜至四分之三。

是夜即宿于福田居士之又一村楼上书斋中。书斋中藏书甚多。席地而坐，席地而卧，生平第一遭，觉特别方便也。

光德寺善邻馆　四天王寺　圣德太子与日本佛教　参观高等女学校　至奈良　住东大寺龙松院

八日

八日上午七时，藤井、福田二氏偕游，先参观光德寺善邻馆。至该馆，馆长佐伯祐正师招待甚殷，带领参观各室。时在早晨，幼儿园学童刚刚到馆，一般朝气，生趣盎然。

佐伯师素以从事社会事业著名。光德寺为净土真宗之一派，所谓善邻馆之意义，顾名思义，已可概见。其唯一宗旨，乃在爱邻，使近邻各人，无论幼年、老年、男人、妇人均能精神相爱。它立了三大要目：一是"保健的改善"，二是"福利的向上"，三是"教育的启蒙"。

善邻馆的事业分为两部：一是宗教教育，二是社会教育。宗教教育下有说教、讲演、赞仰会、妇人会、女子青年会、日曜学校。社会教育下有图书馆、幼稚园、夜间裁缝部、各种讲习会、音乐部等等。以外社会事业方面，还有食券补给、法律相谈、眼科诊疗所。总之，凡是邻人所需要而不得的事情，善邻馆均能辅助成就，这种事业很要紧的。

善邻馆由佐伯师私人所办，从大正十年设立，迄今已有十五年。全馆现有职员有薪的十一人，无薪的三十五人。

内部之设备，房屋虽不多，却能应有尽有，如佛殿、钟楼、客室、家族室、事务室、集会室、教室、裁缝室、保育室、图书室、宿泊室、青年宿舍、谈话室、运动场等，均备。

佐伯师性爽直，虽见生客，有些话也会很坦白地说出。他说："现在的寺院好像是私有似的，我把我的这个寺院做成公共的了。"从这一句简短的话语中，使我知道日本佛教的寺院原来也有把寺院当作私有的！

他们欢迎我照相，从园庭中唤来二十多个天真活泼的儿童伴我一同照了一张相。

福田居士特别请我去照相，因为他要我一张相片。据说日本的礼节，遇到友好，送他一张自己的相片，是很恭敬的意思，对方也是很欢喜的。

四天王寺，是日本最初建筑的一个佛寺，历史上的地位，正同我国洛阳的白马寺一样。寺建于推古天皇即位之翌年（纪元一二五三），约在我国隋朝初年。考日本佛教最初之传入，在钦明天皇七年（西纪五三八），我国南北朝时期梁大同四年，初由百济带去佛像经论。至推古时代，厩户丰聪耳皇子——圣德太子摄政，日本佛教传入已五十余年，至此乃揭开"三宝兴隆"之幕。

圣德太子与日本佛教的关系极深，若日本无圣德太子其人，可以说就没有佛教。但是在圣德太子之前，佛教已传入日本，从桥川正氏著的《日本佛教史》中看来：

一、佛教传入日本之时期，确为日皇二十九代钦明天皇七年（西纪五三八），当我国南北朝梁大同四年时代。

二、日本人出家之嚆矢，是三个女尼。最初出家一尼，乃从高丽僧惠便得度，法名善信；同时善信度二弟子，一名禅藏，一名惠善。

三、日本最初归佛之天皇，为用明天皇（第三十一代）。

但考桥川正氏所著同一书中，载日本佛教之输入，实远在第二十六代继体天皇十六年，我国梁朝派遣司马达赴日，已经携去佛像，日本在大和国高市郡坂田原结草堂招待司马达，并安置佛像，已有人皈依礼拜了。此中相差有七十年。据此，关于日本佛教之输入，最初乃由我梁朝之传入者。

在日本佛教传入之初期，当女尼善信等出家之前后，即已有崇佛废佛之两派。结果，烧毁佛像之外，善信等三尼法衣被夺，遭受禁锢，处以刑罚。

用明天皇既曾归佛，则圣德太子之崇信三宝，亦未尝不是受的用明的影响。

以上述圣德太子以前日本佛教初输入之史实，大略如此。

当推古女皇即位元年，太子摄政，此时他才二十二岁。他在难波（即大阪）荒陵山创建敬田院、悲田院、施药院、疗病院四院，并首先建立四天王寺。翌年下"兴隆三宝"之诏，营造佛寺。推古三年，百济僧惠慈、惠聪至日，此二僧博学多闻，深通教典，太子从惠慈研究佛典，求受五戒。嗣后立宪法十七条，第二条乃明定"笃敬三宝"之法规，更制《法华经疏》《维摩经疏》《胜鬘经疏》。佛教在日本古代的展开，皆圣德太子之功也。

关于圣德太子之过去的历史很有趣，在历史上、传说上都说圣德太子是南岳慧思禅师之转身，兹录我国天台山思托法师所著《上宫皇太子菩萨传》如下：

《上宫皇太子菩萨传》　天台沙门释思托撰

昔陈朝有南岳慧思禅师者，亦说大隋思大禅师，盖一人也。谓陈、隋二国并化也。其南岳（恐有脱文）即说陈之土境，隋高祖令第二子汉王，领四十万众，平陈入隋；即说隋南岳衡山思禅师。其南岳，灵应甚多，百岭相隈，千岩盘郁，桢松仙桂，亘岭侵云。其岭崇迥，人莫窥寻。五通仙府，十仙窟宅。儒生辐辏，玄侣云集。常有五千僧修道，多并头陀苦行，坐禅诵经。或口宣三藏，心味四禅。或振锡衲衣，携瓶揭钵。或冬夏袒膊，洗足经行。或隐居岩穴，餐松噉柏。或常坐不卧，宴默夷真。各擅己能，俱求会理。其山门有廿里松径，有一异人，守护此山。若恶人入山怀劫夺者，至松径，异人即出，提手牵入松林谿中而言："汝过去无量劫中，作恶业，今且坐禅入灭尽定。"以一手提石压脚上，更不得起。假令凡廿余人，举彼一手之石，不能得动。形貌与凡无别，亦无栖泊处。若有恶人即现，无恶人不现。时共目为大梓（按：梓作祥）渴，其山中有千年梨树，树若发华结果，即有圣人应生。于一时，梨树生华结实，其思禅师来彼山修道，即自竖一石记之："余一生来此，迄耆年坠齿舍寿零形。"在后其树又发华结实，又竖一石记，自云："余第二生，于此间修道。"在后即云："余今往东方无佛法处，化人度物。"至今唐朝时人皆云往南岳观思禅师三生石，其树唐开元年中发华结实，至天宝八年，有住桧和尚久在彼山修道。其年造大讲堂，急催造毕，即都会山中僧，设大斋庆堂。其日住桧和尚，至堂礼佛毕，合掌东西，看众僧毕，即归房，斋毕，用杨枝竟，回头向昆仑。近事云："我（按：恐脱师字）婆臈，去哭昆仑，唤死作婆臈。"即报告堂中诸僧，用杨枝毕，便住堂中，诸僧举哀。从此众僧始知住桧和上应千年梨也。思大和上，即佛在灵山听《法华经》僧也。然灵山同听《法华》，有思禅师在南岳山，智者在荆州玉泉寺，定光禅师在天台华顶峰，然此三人，各异于时。思禅师威棱最甚，定光禅师耳零天盖，智者目有重瞳。

思禅师后生日本国橘丰日天皇宫，度人出家，人皆不从。即云："奴不能舍离眷属。"太子云："汝若出家，与汝高位大禄，不制孀房。"自是出家甚众，渐后制三皈五八戒等。是知菩萨方便，善巧多方。经云："先以欲钩牵，后令入佛道。"次发使往南岳，取先世持诵《法华经》七卷一部，一部一卷成小书，沉香函盛经至，即作疏四卷释经。又作《维摩经疏》三卷、《胜鬘经疏》一卷。于是迹穷智境，文饰鸟章，心磬玄律，几研秘术。发挥名教，旷（按：旷，一作扩）千古之未闻，昭晋礼容，瞻百王而有祐。遂得宝偈西从，爰开石室之阙；金牒东流，逸龙宫之海藏。又讲件疏，香风四起，华雨依霏，御吻才彰，流耀泛焰。于是《法华经》创传日本。菩萨忽时入禅定，或一日、三日、五日，于时世人，不识禅定，但言太子入梦堂，制以白事进食。先造大官寺，又为弓削大连起乱。于摄津，造四天王寺，度人出家。而弓削殂殒，大祚克宁。又造法隆寺，及皇后宫寺，及橘寺、妙安寺、般若寺。造僧寺三，造尼寺五，合八所。又记言："从今近二百年，当有传持，戒律大兴，律仪严峻。"是知圣人记事无差。

但太子龙楼不御，鹄驾长飞，弃劣仙而成大仙，超等觉而升妙觉云云。

思托法师，是在唐朝随鉴真和尚弘律而至日本的。上文"从今近二百年"之悬记云云，意即指鉴真和尚之至旧弘化的因缘。

四天王寺之沿革，创立以来，几经兴废。建筑物有金堂、五重塔、讲堂、太子殿、唐门、颂德钟楼等等。日本称大殿皆曰金堂，现在正在修造。五重塔五层高百四十七尺，此塔不幸于去年秋间为大风灾吹倒，顾鉴旧影，不胜无常之感！颂德钟楼，是在三十余年前——明治三十六年才造的，内悬大梵钟一口。颂德云者，乃是奉赞圣德太子一千三百年忌辰之纪念物，歌功颂德，亦应做之事。大钟身高二丈六尺，周围五丈四尺，口径一丈六尺，厚一尺六寸，重量四万二千贯，钟楼占地六十四坪，实为我平生所见之第一大钟。

我们至寺务所，住职（住持）不在寺，由执事坂本实哲、冢原德应二师招待，款以茶点，导观各处殿堂之后，旋至四天王寺私立之高等女学校参观。该校创立于大正十一年，迄今已有十三年。教育方针，以圣德太子之信念精神，养成温良贞淑有为之妇人。教育方法，本众生皆有佛性之旨，使学生理解，陶冶个性，于物于心，皆求净化，勤劳作业，重于自学自习。设立者，为四天王寺前住职僧吉田源应师。新校舍建筑费三十万元。常年费约六万元，学生的学费（日本称作"授业料"）一项，收入五万四千余元，现在已不要寺中补助。现有教谕（教员）四十六人，男女各半，内有僧侣四人，尼僧一人；学生约有一千人（据昭和五年之要览，为九百八十五人）。学科除普通应备之学科外，有修身科，就是佛学的功课；并且每月二十二日要参拜太子宝殿一次，读诵经典和研究经典；另外还有赞仰会一次。学生的校友会，有学艺部、杂志部、图书部、音乐部、运动部。女生大多为佛教信徒的女儿，照昭和五年生徒家庭宗教之调查，属于净土真宗之信徒最多，为四五一人，于此可以想见日本佛教信徒之众多。天王寺执事告诉我，他们的特别信徒有二千户，一般信徒有二三十万人。在女学校，教务主任泷藤准教师司事森鹤吉君陪观各处，一一说明，费时一时四十分。

天王寺古称七堂伽蓝，占地三万六千坪，至昭和三年大阪市划出二千坪，仍不失为一大规模的佛寺。惟别院五所（一音院、东光院、静专院、吉祥院、中之院五院）僧侣只有五十余人，似嫌太少。

在天王寺，见四天王像的脚踏在鬼身上，鬼为仰卧式，在我国并未见过。另外有"一切经藏"，储藏一室，有人去推转，则等于读诵一遍云。

四天王寺属于天台宗，住职亦名贯主，也称方丈。住职由天台宗全宗选举，任期不限。

四天王寺除设立之高等女学校以外，并设施药疗病院一所。

四天王寺新出一种月刊，即名《四天王寺》，很别致。女学校出有《塔影》等刊物。

在四天王寺昼食。食后，为寺僧写字六七幅。临别，有谷汲山华严寺老僧市川圆常师来见，并赠谷汲山绘叶书数套。别去，至福田居士家收拾行装，二时五十分，搭电车赴奈良。日本电车有两种，一种在马路上行驶，一种系走铁道行驶的。车身很大，一行车可以有十辆八辆，用电力较烧煤的火车便而且速。神户、大阪间，以及大阪、奈良、京都间，均有此种电车。据说日本铁道省之计划，在一二年内欲使全国皆用电车，将废去火车不用，以取其轻便、经济而又快速云。

沿路风景甚佳，田野中有割麦者，有插禾者，最奇者耕田的是马非牛。一路电线纲织。田农多半兼作工业，所以见各乡村中货车往来不断，农产物与工业品，同时同地产出，实为日本一大优点。

车行五十余分，抵奈良，转乘合（公共）汽车至东大寺。入南大门，经大佛殿，折西转北，松林深密，由一斜径通龙松院，访筒井英俊师。筒井师导往大佛殿礼佛。至宗务所访华严宗管长云井春海上人，询悉（一）华严宗现有三十二寺。（二）东大寺内共有十七院。（三）计有僧侣约五十人，尼僧没有。（四）信徒在二月堂的有十万人。（五）社会教育事业，设有金钟学校、夜间学校、幼稚园，均在寺内。时已七时，乃顺道至金钟学校，适夜校开讲，一个教室在教商业，一个教室讲授汉文——《论语》。夜幕已遮，步回龙松院住宿。

筒井师夜晚伴谈良久，关于东大寺与华严宗的历史极详。

东大寺以前为金钟寺，圣武（四十五代）天平八年（唐玄宗二十四年），我国道璿法师渡日，时新罗僧审祥请师止于金钟讲《华严经》，并授审祥《探玄记》。三年期毕，于是道璿传华严宗与审祥，审祥再传与良辨僧正，树立日本佛教第一宗派者，即华严宗也。

天平十三年，下诏各国（日本各县在古代均称为"国"，现仍有沿用国名者）建立国分寺，此种国分寺，亦直接受了我国国家建寺的影响。日本天平之前的一百四十余年，当我国隋仁寿元年（西纪六〇一），雍州以下三十州，曾各建塔分置舍利。到了唐天授元年（西纪六九〇），则天武后又诏东西两京及天下诸州各建大云寺一所。以后唐中宗神龙元年（西纪七〇五），又敕诸州造中兴寺。至玄宗开元二十一年（西纪七三三），更令天下州郡各建一大寺，以开元寺与龙兴寺为名。所以天平十三年（西纪七四一），适在我唐玄宗敕令天下州郡建立开元寺、龙兴寺之后，此种圣德王风流传日本，故日本圣武天皇亦有诏建国分寺之举。东大寺，即其国分寺之总国分寺也。

东大寺建于天平十七年，大佛殿建于天平十九年，而大佛殿之大佛乃于十五年铸造。

东大寺之大佛殿与大佛，亦为我生平第一次见到之大殿与大佛（因我尚没有到过龙门、云冈等地）。那种建筑与铸造的工程，规模宏壮，实在伟大。最近重修自明治二十三年组织大佛会，至三十六年修理事务所开始着手进行，至大正二年，经过十八年，始全部完工。佛殿高度为一百四十尺一寸七分余，东西阔度一百八十八尺一寸六分，南北深度一百六十六尺六寸；共用木材二万七千三百一十四本，铁材八百十五英吨，瓦数十一万二千五百八十九枚；职工二十四万五千九百二十八人，统计总工费七十二万八千四百二十九圆三十六钱七厘。修理时，单上屋架设费八万一千六百余圆；完工后，设备防火用水道费六千五百八十余圆，避雷针费四千八百余圆。因为修理工程之细密坚固，所以去年大阪、京都关西一带的大风灾，大佛殿丝毫未曾摇动。

大佛是卢舍那佛，最古所造者，佛身高五丈三尺五寸，镕铜七十三万九千五百六十一斤，炼金一万四百三十六两。大佛之莲台大小莲瓣共五十六叶，莲叶上阴刻的细线华藏世界图，含一叶一世界的意思，每一叶又有一大释迦像和无数小释迦像，雕刻精美，甚为稀有！

圣武天皇当时造此大佛,是他理想的表现,据《日本佛教史》的著者所说,图示如下:

　　理想……卢舍那佛→莲叶上之大释迦→百忆之小释迦
　　现实……天　　皇→诸　国　国　司→国　　民

这是很有趣的事,原来圣武天皇的理想,是要把佛来作他的理想的表现的。

关于大佛之铸造,原来也是仿造于我国的,唐高宗咸亨三年(西纪六七二),费时三年余,于洛阳龙门造立卢舍那佛石像一躯,佛身高八十五尺,较东大寺之大佛则尤高出三丈一尺五寸矣,不过一为石刻,一为铜铸耳。

大佛殿内部之布置,卢舍那佛居中位,左有如意轮观音坐像,右有虚空藏菩萨坐像,各高三丈。东北与西北殿角,有四天王像。殿外走廊上塑一宾头卢尊者坐像,传人病眼者一摸拭尊者之眼,即愈。殿下有一铜灯笼,是一千二百年之古物,八角玲珑,灯上雕伎乐菩萨像极精,极有价值!

殿前有中门,两傍绕以回廊,四围总长二百二十三间,中道铺碎砂石子,道傍冬青整齐;院内外古松耸立,细草如茵,与红蜀花相映,庄严中又表显着幽雅的样子。

日本第一戒坛——戒坛院　东大寺寺内一览　鉴真和尚与唐招提寺　夕游药师寺

九日

龙松院早起,朝食后,藤井、筒井二师相偕出游。筒井师本与一净琉璃寺有约今天要去的,特为要陪我,改变不去了,其情可感!

出龙松院,朝日初升,大佛殿后万松林立,群鹿游行。藤井师告我,谓十年前我虚大师来此,见诸鹿散步林中,称东大寺为鹿野苑云。大佛殿后原有大讲堂一所,毁去多年,现础石尚在。我语筒井师曰:"东大寺要把大讲堂修复,要住一千僧侣,才能与此大寺大佛相称。"

观转害门,此为东大寺最古之一门。转西南入戒坛院,四围院墙,中建一殿。殿中戒坛纯木造,造法大小与我国之戒坛相仿佛。坛凡三级,惟上下阶梯四面有七处。戒坛院，为孝谦天皇所建立。胜宝六年——我唐天宝十三年，扬州鉴真和尚受日僧普照之礼请，抵日住东大寺，日朝野上下，举国欢迎。孝谦天皇特亲诏曰："大德和尚，远涉沧波，来投此国，诚副朕意。朕造此东福寺（按：东福寺似于东大寺外另有一寺），经十余年，欲立戒坛，传授戒律。自有此心，日夜不忘，今诸大德，远来传戒，冥契朕心。自今以后，受戒律，一任大和尚。"并于东大寺，置戒坛院。其年四月，天皇率皇后、皇太子，亲登坛受菩萨戒，全国僧尼悉皆受戒。日本之有戒律，盖自此始。而戒坛院，则为日本第一戒坛矣。

戒坛中央有塔式佛龛，龛中奉释迦佛与多宝佛二坐像。释迦与多宝二佛像并坐，在我国尚未前见。鉴真和尚带去之像，现仍存宗务所之宝库。坛四角立四天王像，像为天平时代所造，在日本认为最有价值之木造像。

我问筒井师戒坛院有多少年不传戒？他说现在三五年尚传戒一次，不过都是传在家五戒。据筒井师云，他也是在此戒坛上受的戒。

我有一事怀疑而不能决者，日本僧侣，初出家谓之"得度"，所谓得度等于我国之受三皈。各宗僧侣得度须由各宗管长度之。闻僧侣也有受戒之事，但僧侣多半公开结婚，不知所受者究为何种戒律？比丘戒固然讲不通，就是《梵网经》中的十重戒，在出家比丘菩萨仍为绝对的"不淫"戒！大概日本僧侣之对于戒律，在镰仓时代完了。禅宗与真宗兴起之后，律仪已渐为僧侣所不重视；迨明治维新，排佛之风甚盛，勒僧还俗，至此，僧侣对于戒律益加远离了！

东大寺图书馆，由金钟中学校门进口，藏书约三万册，有我国宋版《法华玄义释签》《一切经目录》等，为福州版，亦不全，并藏有日本最古之木活字。图书馆桥本圣准师招待茶点，有一种蕨草饼，别有风味。

走南大门，该门为日本佛寺最高大之大门。复至宗务所，参观宝库。宝库中藏有鉴真和尚带去的释迦、多宝二佛并坐像、铜如意、铁钵等宝物，现在皆定为国宝了。

东大寺寺内小院共有十七院。至总持院参观，内有一尊由我国请去之法藏菩萨像，庄严无比！有二月堂者，为开山良辨僧正之根本道场，通称为"本堂"。三月堂靠近二月堂，内供观音菩萨，人民来此焚香膜拜者长年不断。附近有净土堂、三昧堂、行基堂、钟楼等。钟楼悬一大钟，游人欲撞，须先纳金五钱，然后才能一击。普通人以叩钟所发声音之大小，测其运途之通塞，则未免近乎迷信矣。在二月堂后之食堂午食后，坐自动车往郊外唐招提寺。

唐招提寺，在奈良郊外之北方，离市二十三丁，道路平坦，自东大寺车行三十分钟即达该寺。寺为扬州鉴真和尚开山，为日本律宗唯一之本山。开山至今，已一千一百七十余年。入南门，进大殿，后有讲堂，两旁有钟鼓楼；鼓楼在左，钟楼在右，与我国相反。东北有开山堂，即鉴真和尚之住室。西有戒坛，坛系石造，大小样式与东大寺戒坛院之戒坛一样，是露天的，没有殿屋。从墙外视之，坛石尚新，想必重修了还没有多年。寺务所在东北角，寺中无多僧，管长外出。满院有凄凉景况，一望而知律宗在日本已不兴矣。由寺役通报一青年僧导至开山塔——鉴真和尚塔，通一曲径，过一小桥，至小丘，鉴真和尚塔在宿草中，我趋前合十敬礼。塔系方式，塔字、塔铭均无，塔前只有石灯台一对，小树五六株，四周正在新开河沟。我与藤井师坐于塔前，筒井师为我们摄照一影，以留纪念。我在塔前，徘徊围绕，有无限感慨！我对藤井、筒井二师说："千一百余年前，鉴真和尚航海来贵国，吃尽千辛万苦，创开律宗。今律宗在贵国与各宗比较，真是一落千丈。在千一百余年之今日，鉴真和尚的同乡和尚行脚至此，瞻礼之余，实有无限沧桑之感矣！"藤、筒二师相对无言，吊古之情，几欲下泪！

金堂与讲堂中的佛像，均为尘封，盖已半作古物陈列，且多数残缺，古像皆已定为国宝。鉴真和尚有木身像一躯，现正在装修。日本的木像，雕刻精美，像多不贴金，用一种涂漆涂之。在我国见不到的地方，是他们的木像之两眼上均加以玻璃，一见两目炯炯有光，一如生人。鉴真和尚之像，据说仍是一千年前为其弟子忍基所自雕者。像有照相，乃购和尚造像及金堂的照相各一张。

鉴真和尚，扬州人，俗姓淳于，生于唐中宗嗣圣五年。十四岁，投大云寺，依智满禅师出家。初学天台，受具戒后，居扬州大明寺。近人日本常盘大定博士考大明寺即为平山堂旧址，曾于平山堂立一碑追记其事。和尚因日本留学僧荣叡、普照之劝请,乃发愿东渡弘传戒律。经过十二年,发足六次,几回漂流遭难,卒以和尚愿力宏深,终能如愿以偿,于天宝十三年一月达至日本。同行弟子,有扬州白塔寺僧法进、泉州超功寺僧昙静、台州开元寺僧思托、扬州兴云寺僧义静、衢州灵耀寺僧法载、宝州开元寺僧法成、日僧普照等一十四人,有藤州通善寺尼智首等三人,扬州优婆塞潘仙童等一行二十四人。此行随带经像、舍利、法物无数,今东大寺唐招提寺所藏和尚遗物甚多。关于和尚东渡之史迹,有真人元开撰的《过海大师东征传》。日本僧俗对于和尚当年过海之化度,均极感德,尊称为过海大师,或称唐大和尚。以前我国虽已有僧侣东渡,但至日开宗弘律化导群生,自古以来,实推鉴真和尚一人。鉴真和尚在一千一百余年前,以十二年长期之艰苦,东渡弘化,到了现在,由上海发足只要两天两夜就可脚踏日本,而我中国僧徒不但不能至日宣化,反而事事落后,愧对古德,诚无地可容了!

出唐招提寺,南行半里许,至药师寺。药师寺为法相宗三大本山之一。殿堂三四,阒无一人。据云僧侣均住在别院(日本称作塔头,即我国俗所谓房头者)。金堂中坐药师铜像,庄严无比。有三重塔一座,优雅秀丽,夕阳残照,绿树婆娑,四无人声,又别有一番境界。

由大阪轨道中西之京驿搭电车抵奈良,换乘自动车返龙松院,时已灯火万家矣。

夕食时,因举头见室内有一尼僧所书"日莲华藏"匾额一幅,下款有二印,一为"大知",一为"文秀女王"。乃与藤井、筒井二师闲谈,知道了两件事:

一、日本自古以来,对于"神""佛"是没有分别的。到了明治维新时,"神""佛"才分离了。当时政府之所以要把"神""佛"分离,原来有废佛的意思。日本在明治时代也曾发生过排佛风潮,提取寺产,勒僧还俗,由此各宗僧侣才公开带妻食肉;同时开办学校,使僧侣养成有独立生活的能力,所以现在的日本僧侣在外表上与从事各种社会的事业,实与普通国民无二无别。

二、在明治以前,日本皇族可以出家,并且女子出家的很多。明治以后,政府禁止皇族出家,已出家者均请返俗,所以,现在僧侣与尼僧中已无皇族出家的人了。当时有文秀女王，她已出家，独不愿返俗，因此国人对她皆非常敬仰。

夕食后，筒井师送来他所发行的《宁乐》六册，其中有很重要的史料，如《天平文化史论》，关于日唐交通的影响，论之甚详。此外有《佛教史论》，中间有很多是我国带去的文物，并赠我国宝精印之慧远大师与贤首大师像，甚为珍贵！

博物馆等于佛教法物馆　兴福寺　法隆寺　与佐伯定胤僧正夜话

十日

晨起，与藤井师散步八幡宫神社（神社在二月堂旁）。在小店购鹿角食箸和小铜鹿数件。东大寺遍地是鹿，据云有五六百头，散行于松林之中，日向游人索食，夜宿林中，亦有人管理。路中有卖鹿饼之小贩，同杭州玉泉寺卖鱼饼一样，便游人买去饲鹿者。见有小学生一队向鹿群呼"行礼"，鹿即点首行礼，盖思得一鹿饼当朝食也。佛说众生平等，人爱鹿，饲其饼，鹿亦知向人行礼，人类本应博爱如此；而不幸世愈文明，人愈野蛮，人对人反欲争闹不已，稍有慈心的人，实不能不有深慨了！

朝食后，辞龙松院，筒井师尤强欲陪往本市各处游览。先游春月神社，该社为奈良市规模最大之神社。自社门上坂，两边石灯——长夜灯排列成林。在这种地方，就可以知道日本人民敬神的人太多了。社庙甚壮观，惟神屋深锁，究不知内部为如何？登车后，询筒井师，知明治以后所有神社、神像已毁去不用，现在大都以一圆形的铜镜代表神位。

参观奈良县博物馆，我们一跑进门，所见到的都是佛像、舍利塔、写经、法器；内部计共十室，就有八室是佛教的东西。我说这个博物馆等于佛教法物馆。馆中以铜像、木造像为最多，约占全馆古物过半数，皆系千年左右之物，现均定为国宝。其中以八尺长绢画的慈恩大师像与无著菩萨、世亲菩萨像最有价值。有我国唐人所画的五百罗汉像两轴，虽不全确为珍品。有《唯识曼荼罗》一轴，中央为弥勒本尊，两边是无著、世亲、护法、戒贤、玄奘、慈恩、智周、慧沼八个祖师的像，其位置如下式：

```
          弥
          勒
     世    无
     亲    著
     戒    护
     贤    法
     慈    玄
     恩    奘
     慧    智
     沼    周
```

出博物馆，在馆外商店购得弥勒菩萨照相四种，并地藏、无著、世亲、慈恩等相片十数张，为在我国现在之不易得者。

兴福寺，在奈良布猿泽池北方，远望五层塔高耸，有无上风致。兴福寺，为法相宗大本山之一，也是南都的一个大伽蓝。在德川幕府时代，寺领有二万五千余石，境内有地二十余万坪；嗣后经过七八回灾祸，乃渐次缩小。要之，就现有之地势而言，仍不失一大刹之面貌。

我们先至寺务所，事务长佐伯良谦师接待，以他所著之《法相宗教义》一书相赠。旋参观东西金堂、南圆堂、五重塔等处。在东金堂前有"花之松"一株，树枝屈曲，如龙盘虎踞，苍老华茂，树身并不高，四周广约数十丈，是罕见之物。

筒井师送至车驿，在一料理店陪进午食后，待至一时，我与藤井师登车后，他才别去，其恳切诚挚之情，甚可感！

公共汽车行二小时，直达法隆寺南大门。进门不数武就是西园院，寺务所设于院内。我们进院访法相宗管长佐伯定胤僧正，佐伯僧正因阅报已晓得我们今天要来，所以一进门未待用名刺通报，有二侍者即导入客殿。时佐伯僧正正与一驹泽大学教谕泽木兴道师座谈，一见我们笑靥起迎。此客殿中布置为西洋式，台椅布置高雅；室外有小园，微风从池树间飘来，精神为之一爽。

佐伯僧正，年约六十外岁，身材中等，面色黑色，着紫红色僧服，眉宇间神气十足，诚不愧为日本法相宗一老宿，一望而知其为一有学养者。寒暄数语，他问我虚大师之安好并近况甚详。十三年，虚大师在庐山开世界佛教联合会，佐伯僧正曾出席；翌年日本佛徒主催在东京开东亚佛教大会，僧正为会长，两度与我虚大师聚会，故特别殷殷探问。我说我来时，发足后，才禀报我虚大师我来东游，如果虚大师事前晓得我来，一定会致书问讯的。僧正健谈，座谈一小时，亲自导观法隆寺伽蓝之建筑：入中门，四围环以步廊，左有金堂，右为五重塔，大讲堂位于后进之中央，讲堂两旁，左为钟楼，右系经楼。在此中门内的殿屋以及走廊，全部定为国宝。本来法隆寺建筑最早，在建立四天王寺第二年所造。圣德太子手建七大寺，法隆寺即其一也。相传日本佛教现在最古之建筑，就是以法隆寺的金堂、五重塔、中门、步廊为最古，所谓"飞鸟时代"之建筑物也。在日本佛教美术史上最占地位者，也就是法隆寺之建筑。僧正一一指示，均有极详细之说明。

中门，有两个门，普通的寺门，不是一个的就是三个，或者就有五个，从来没有见过用两个门，把殿门中央树一根柱子划成了两间，好像现在一般公共场所分开的两个出入口一样。门外的两个密迹力士、金刚力士的像也不是相对的，是南面而立的。

五重塔下之塑造，相传以天竺、我国与日本三国土塑的。南面是弥勒像，西面是释迦世尊金棺宝塔并诸罗汉等，北面为释迦佛涅槃像，东面有文殊、弥勒、维摩、罗汉等像共五十余躯。塔中诸像，均极矮小，最高者约三尺，矮者只一尺八寸，而且都是土塑，从外形上看并无塑造之美点。

讲堂位于正中，以我国佛寺习惯上所处之位置，此处应该是一正殿，平常所称之大雄宝殿，日本则名叫金堂。讲堂所供本尊是一药师如来像，两边安置的是日光、月光菩萨并四天王像。法隆寺在日本通称为"法隆学问寺"，考日本佛教教育实发源于法隆寺，所以以讲堂为主位，盖亦有因焉。

金堂与五重塔相并排列，在我国佛寺建筑的位置上，亦为绝无之事。堂中的本尊是释迦如来，胁侍药王、药上菩萨，药师三尊，阿弥陀如来坐像，并有四天王像。四面有最古之壁画，相传为天智时代僧昙徵的手笔。西壁画的阿弥陀净土，东壁画的宝生佛净土，北壁东胁画的药师净土，西胁画的释迦国土，佛菩萨像各在一丈七尺内外，笔势雄浑，形线优丽，在美术价值上实非凡品。金堂之画壁，一年中开放两回，四月一日至五月十五为开放期，若我迟来六七日，则不能饱我眼福矣。

金堂内有一最有名的"玉虫厨子"。据云系推古天皇之物，虽经佐伯僧正手持烛台加细说明之好处，然在我观之，与佛教并无多大关系。

日人之嗜好古物与尊重古物之精神，实在令人钦佩！即如法隆寺之建筑，因为相传是一最古之木造屋，近来以再建与非再建之问题，许多历史家、建筑家纷纷议论，认为一种最有价值之研考资料；虽一柱头瓦片，亦极重视。法隆寺且有《法隆寺之建筑》专书出版，亦胜事也！

参观纲封藏（宝库）及新修之细殿、食殿后，佐伯僧正站在中门阶前为我们述说圣德太子与日本佛教之关系。说及太子之前身为南岳慧思禅师，太子曾于梦中抄去中国之《法华经》，太子所制《法华经疏》如何透辟；太子的思想是入世的，太子曾派僧至南岳访思禅师旧址云云。总凡太子一生对于佛教的功德，赞仰无余。日人这种对于国家怀恩颂德的诚挚态度，实为其民族特性之一，我国人万万不及！

夕食后，与佐伯僧正夜话两小时之久，中间有一段谈话，把它记下：

我问："请问贵国法相宗寺院及僧尼的制度如何？"

僧正答："有僧寺、尼寺两种。各寺庵先养成雏僧，然后要得管长之认可，依'宗制'所规定之学问程度，方可得度。各寺庵住持，也要由管长委派或认可。各寺庵寺田与经费，均由信徒布施而来。"

"请问法相宗的僧侣有无一定标准的教育程度？"

"有的，须由劝学院卒业。"

"法相宗研究的机关，在奈良、京都、东京方面共有几处？"

"在本山有劝学院一所。在各宗的大学堂里，《唯识》和《俱舍》，都是当作研究的根本的。"

"法相宗有定期的刊物否？"

"没有。"

"佐伯僧正最近有新著否？"

"有原稿，尚未付印。现在正在编纂《性相学圣典》。"

"在本山亲近僧正从事研究法相学的僧侣很多吗？"

"住在这里的有二十人。"

"法相宗的僧侣也有修真言的吗？"

"有是有的，但是些不重要的人。"

至此，佐伯僧正问我：

"贵国对于法相宗研究的人，现在一定很多了吧？"

"在十年前，是少数人研究的，到了近十年中，各处创办的佛学院，皆以'大乘性相'为必修科，这是太虚大师的僧教育主张。一般大学中研究佛学的，也以法相唯识学为主。将来法相宗在敝国一定要发达的。"

"法相宗在贵国近来以何因缘而兴起的？"

"这，一是杨仁山居士曾由贵国归国后之倡刻法相典籍，他的学生又继续研究；二是太虚大师之极力提倡，创立佛学院，注重讲修法相唯识；三是一般研究的学僧，现在皆能注重历史的研究，对于玄奘三藏慈恩大师之人格均极崇仰。因此之故，在现在法相的经论已成为僧侣学者通常之读物，未来之发达，可以预卜。"

我问他：

"僧正对于敝国佛教的现状有何意见及批评？"

"贵国佛教的寺院制度应该要统一，好像要同敝国的管长制度一样才好。对于僧侣的学问，亦要注重！各宗统一了，要订立一个'宗制寺法'。在一宗统一之下，设立一个大学。最好一方要太虚大师之不断的努力，一方要政府的中心人物共同认识此种要紧之事；不但建立中华佛教之大法幢的前途，可以大大复兴。我深信在如来大智之拥护之下，在太虚大师的慧力之下，即安定中国与和平东亚，均非难事。而在贵国佛教本来多有寺田，要统一起来做这些事，也易进行。希望法师发心吧！"

"承佐伯僧正的好意，我们现在在敝国对于佛教正极力主张整理。我们只要从教育下手，使僧徒都能明了佛教教理以及僧徒之责任，在不久的将来把佛教整兴起来；所幸经过十余年来太虚大师之指导，青年学僧已能自愿地走上这一条路。至于对于国家以及全世界人类，我们本佛陀同体大悲之本旨，唯一的希望就是和平！我们总想在有佛教的国家人民，应发挥其本有佛性，减少其残暴行为。这是我个人的意思。"

参观《性相学圣典》编纂部　游东院　中宫尼寺　上高野山　参拜弘法大师灵庙　礼显荫法师塔　住天德院　访金山穆韶阿阇梨　讨论传密问题　遇净德法师

十一日

晨兴，漱洗毕，佐伯僧正在一名"新堂"的佛堂中诵经，我与藤井师随往佛堂拜佛，并听佐伯僧正诵经作法。我觉得日本许多宗派都曾受了真言宗的影响，第一是供具，第二是诵经式。待佐伯僧正诵经毕，我将此意询问他，他也认可。佛堂中本尊并非弥勒，我未到法隆寺以前，在我的意想之中，以为法相宗本尊一定是弥勒菩萨，其实不然。日本无论大小佛殿，都有四天王像，多数的位置均在佛坛之四角；而天王像，在我国一只脚下踏住小鬼，而日本天王像，皆是立在小鬼身上，鬼身作仰卧状。

朝食后，僧正将宝藏的《唯识曼荼罗》，法相宗印度四祖、中国四祖，并新画大幅之慈恩大师像，请出来给我观看，画工均甚精细。

日本法相宗有六个有名的祖师：玄昉、玄宾、行贺、常腾、信睿、善珠。玄昉曾留学我国十八年之久，当时取回经论五千余卷。尔时正是玄奘三藏翻经之后，慈恩大师与智周、慧沼诸师弘扬法相之初。玄昉在我国习法相后，归国后乃大兴此宗。而善珠为玄昉之弟子，在日本相传是慈恩转身。所以在玄昉之前，来我国留学习法相者虽不乏其人，即良辨僧正先亦曾学法相，但皆未能专事弘扬耳。

生桑宽明师来陪往性相学圣典编纂部参观，该部设在三经院，生桑师即是编纂之一员。佐伯僧正监修。昭和三年即已着手编纂，预算的费用：（一）编辑费一万七千七百六十圆，（二）印刷费（五百部）四万〇一百九十二圆。内容共收《成唯识》及四种疏——《述记》《枢要》《了义灯》《演秘》，《俱舍论》及《光宝》二记，约七千四百页，印四十册，分装十帙。生桑师将各种编纂的底本检取我看，考校工夫颇精，现正特铸印刷字模。旋佐伯僧正到来，更为我详述编纂之经过，称高楠先生监修之《大正新修大藏经》，《唯识》《俱舍》之两部分的考证，都是借的他的底本。他把金陵刻经处的《三十述记》指示我看，里面有许多文句错了的。他说杨仁山氏带回的一种版本，错字很多。他们搜罗了很多版本，精密考校，这一部《性相学圣典》，一定是很完善的了。临别，生桑师赠我初稿样的二纸，看他们的编校以及抄写、剪贴之谨严工作，心甚佩之！

法隆寺分西院伽蓝与东院伽蓝，昨日所观者为西院——也可以说是正院。佐伯僧正复陪游东院，出东大门，经过劝学院、兴善院，入东院之西门。东院主要殿堂即为圣德太子之梦殿。梦殿为八角式，正面本尊木雕观世音菩萨立像，传为太子所造。日人比圣德太子为观世音菩萨。殿中有木造阿弥陀佛坐像、行信僧都之干漆坐像及道诠律师塑像等，均甚庄严。礼堂、钟楼同在修造。

东院之东有中宫尼寺，圣德太子所建立之寺，共有七寺（四天王寺、法隆学问寺、中宫尼寺、橘尼寺、蜂冈寺、池后尼寺、葛城尼寺），通称太子本愿七寺，中宫尼寺，即其一也。中宫尼寺，亦称斑鸠尼寺，初为法相宗之寺，今属真言律宗。寺中著名的宝物，一是本尊如意轮观音像，传为太子亲自所作；二是绣花天寿国曼荼罗，相传是太子与他的母亲穴穗部间人太后崩去之后，橘大女郎发愿与诸采女等所绣者，但现在我们所见者是建治元年制造的，古的曼荼罗已存在博物馆内。至寺中观参佛堂，有二尼僧出来招待，客室整洁，台椅亦作洋式，室外花草树木，遮荫满窗。询知现住尼众六七人。以前中宫寺皆为皇族女子出家为尼所居，现在的住职尼，亦系贵族出家者，适因事外出未遇。

下午一时，别佐伯僧正，上高野山。由关西本线法隆寺驿乘铁道火车入和歌山县，换电车南行三里十八丁，至高野口驿，改由极乐桥再换乘爬山电车。上山之路，老杉古桢，排列拥道。至山上复入平地，坐乘合汽车，至女人堂前下车。高野山海拔三千尺，至此已过半矣。

女人堂，为弘法大师禁制女人入山而造的。因当时参拜大师的女人很多，大师为严肃道风之故，特建此女人堂，使女人朝山者至此为止。

我们由女人堂坐人力车先赴奥之院弘法大师御庙（我国称作塔院）参拜。自一小桥进口，老树森然，两旁骨塔无数。我们为行车方便起见，取别路小道直达奥之院的院后，经过御庙桥，到灯笼堂。堂内满挂铜灯笼，不下万数，所谓高野万灯，长夜不息者也。相传堂中有一灯，自大师时代迄至于今一千余年，未曾息灭过一次。

灯笼堂后身，就是弘法大师御庙，实即塔院。庙为一小屋形，前栏木栅。我们走到屋前合十问讯。此时正有十余人，长跪诵赞，音调悲苦，一种诚敬的态度，真是了不得！日人称弘法大师涅槃为入定，并称大师并未死去，待弥勒下生时他还要再来的。

由灯笼堂大道前行，石路如洗，森木夹道，大小石塔足有万千。上至王侯将相，下至庶民，凡中产以上人的灵骨，皆以葬于高野山奥之院为幸。据说须送相当香金，才得一塔之地，用现在的话说，这里就是佛教徒的公墓。我近来尝思要在我国提倡火葬，并劝为丛林住持的友僧创设佛教公墓，改善葬仪，亦为一佛教社会之事业。今观高野山奥之院大规模的公墓，林木郁苍，寂寞中又有一种庄严气象，不特使人死之后得一归宿地，并且可以警觉人生，起若干无常观感矣。

行约里许，由大路折向东路出口，我久知高野山曾为显荫法师建塔在山，问藤井师知之否，藤井师他说也曾见过，但不知在何所？一路上两个人向左右丛塔中留心寻觅，忽于近出口处由藤井师寻见，我们进前合十为礼。塔高约三尺许，正面刻"显荫师塔"，反面有文百十字，略叙其历史云：

显荫法师，中国江苏省崇明县（按：今属上海市）宋氏之子，师事宁波观宗讲寺谛闲师为僧。天资隽敏，少通众经，善辞章。大正十二年冬来我高野山，就天德院穆韶阿阇梨修得密教，受传法灌顶，佩法身佛心印。十四年一月回锡至上海罹病，阴历五月二十一日寂，年二十四。山中僧俗纳交者相谋为建此塔，以回向菩提云。

荫法师年少明慧，惜住世不久，不然，我教多一有力学问僧，负责弘扬矣。徘徊塔前，心怀不已！

驱车赴天德院，时已过夕食时分。茶食后，金山穆韶阿阇梨出见。阿阇梨身材矮小，着黄色海青，言动朴实。除荫法师外，大勇、密林、纯密、又应诸法师，均曾从其学密，受传法灌顶。金山阿阇梨谈及显荫、大勇、又应三师已相继示寂，嗟叹之情，形诸面目，并称他至今还时常想念显荫！

金山阿阇梨在高野山僧侣中学高德重，为天德院住职，现任高野山大学教授，著作甚富。住院从他习密的学僧有十余人，院中规律甚严，虽烟酒亦不许食。大门框上有一牌示曰："身不洁净污秽之人不许入院。"于此可见金山阿阇梨之重戒律为如何了！

我因为想到我国在近年为在家人传密的问题，闹得不成话说，我首先就向金山阿阇梨请教，我说：

"请问金山阿阇梨：在家信徒修习真言宗，可以受阿阇梨位否？"

他直截答道："不可以。"

"请问阿阇梨知道权田雷斧僧正曾授予敝国的居士王弘愿传法灌顶之事否？"

"听是听说过，真情还不大知道。"

"是这样的：权田僧正曾至敝国潮州，开传法灌顶，费时十余日，即授王弘愿阿阇梨位。此种灌顶大事，可否请阿阇梨依法判断其是非？"

"灌顶有三种，有三个阶段：一是'结缘灌顶'，二是'受明灌顶'，三是'传法灌顶'。'结缘灌顶'，是一般普通的灌顶。'受明灌顶'，是进一步的。对于在家人可以授'受明灌顶'。'传法灌顶'，是已修密法至一定程度，才能授此'传法灌顶'，因为阿阇梨是一个师位，不能做人的师范，是不可以授予的。"

"那么，受'传法灌顶'的资格，要不要出家？在家结婚的人可不可以受呢？"

"一定要出家的，在家人只能受'受明灌顶'。"

"那么，请问权田僧正为王弘愿授'传法灌顶'，不是成了一件不合法的事吗？"

"我没有听到权田师的说明，此事所以不大明白。可是对于在家人授'传法灌顶'的这回事情，我不能相信的。我想也许在那个时候，是一定对于出家人授'传法灌顶'之后，同时在那个道场里，对于在家人再授'受明灌顶'，这样的事情或者有之。"

"如或真有其事,一个得到僧正地位的阿阇梨授在家人以'传法灌顶',试问在授者与受者不是都有'破法'的罪名吗?"

至此,金山阿阇梨笑而不答,俯首作寻思状久之。我又复问:

"在家人既不能受'传法灌顶',就是没有得到师位,那么,照理他也不能再去为人灌顶了?"

"那是当然的。"

上面的这几个问答,我每一发问,金山阿阇梨答复我的时际非常慎重的样子,一语发出,迟隔有三四分钟。藤井师翻译也特别注意,替我们译说一遍,必再将华日语复读一遍,这是我事前请托他的,因为这个问题在我国现前佛教中是一个亟待解决的问题。

与金山阿阇梨谈话费时已久,他要进密坛修法,我约他明天能否再抽出一二小时的工夫来一谈,领教领教,他很欢喜地约我明天下午六时再会。

藤井师告诉我,权田僧正曾结婚三次,最后一次是在他六十余岁才结婚的,虽然他是新义真言宗的僧侣,但称大阿阇梨而结婚,且又传授在家人"传法灌顶",日本佛教徒亦颇不以为然云。

有净德法师,刚由上海来高野山不久,现住天德院近邻之大乘院中。他听说我来了,特来看我,海外相逢,倍觉亲切。我与金山阿阇梨谈话时,他也在座。他曾在上海某中学毕业,去年始从杭州摩尘法师得度出家。两个月前他发心来高野山学密,拟自费留日三年,预备读日文半年,然后再进高野山大学。相谈之下,知其怀有大志,我除赞叹他个人能发此大心以外,并恳切地劝勉他,祝他忍耐修学,将来为我国佛教的海外弘法人才!他尚年轻,方来两月,日用之日语已能说得许多了。

弘法大师与真言宗　访高冈管长　水原教授　结缘灌顶　至灵宝馆　遇加地哲定先生　与安藤寿师谈话

十二日

昨夜与藤井师约好今早步游山景,五时起身外出,信步经金刚峰寺至金堂。金堂是新修的,有僧侣一人方在堂内洒扫,平常本不开放,现在自五月一日至十二日为结缘灌顶期,故特开放,但非至灌顶时及受灌顶人亦不许入内;藤井师向堂中执事僧说明,乃许进堂参观。时在清晨,窗户四闭,并遮以帷幕,内部光线全无,幸有烛光三四处。承一执事僧指点说明,看到正面中央为本尊药师佛龛,两旁对面张两界(金刚界、胎藏界)曼荼罗,四周有金刚萨埵、金刚王菩萨、不动明王、降三世明王、普贤延命菩萨、虚空藏菩萨,并弘法大师及真言宗诸祖像。堂内木柱皆漆作金色,富丽堂皇,虽宁波阿育王寺之舍利殿,亦不能与它相比;惟系密坛,光线不透,似乎带有一点神秘性。

高野山是日本真言宗的根本道场,而创立日本真言宗的弘法大师,在全日本人民认识上有无上的信仰,认弘法大师与天台宗的传教大师为平安时代一代文化之两大柱石。

日本之真言密教,在弘法大师以前,玄昉至我国已携归秘密经典多种,不过多是断片的;而在日本密教之开宗祖师,当推弘法大师。大师一生与传秘密教之历史,约述如下:

一、大师小字真鱼,生于赞岐国多度津之屏风浦,父名佐伯田公,母阿刀氏。时当宝龟五年(我国唐代宗大历九年——西纪七七四)。幼有夙慧,人誉之为神童。十五岁,读《三教指归》,三教比较,佛教最胜;乃于二十岁时,投和泉国槙尾山寺出家,先名教海,后名如空,复改名空海,弘法大师是以后的谥号。

二、大师初生时,有鉴真和尚之弟子法进和尚,适至赞歧,闻真鱼哭声,告其父母曰:"此儿非凡,当善育之,他日必弘大法"云云。迨其出家后,二十二岁于东大寺依戒坛院勤操和尚受具足戒,勤操是鉴真和尚的戒弟子,故弘法大师,实系鉴真和尚的再传弟子。

三、大师先住奈良大安寺,研讨经论,忽然起一疑念,以为佛曾修三大阿僧祇劫,始成等正觉,要费无限时间,在他的理想中以为最好能"即身成佛"。他读《大日经》,感到意义难解,因欲请问我国大德,乃决志至我国求法。

四、大师三十一岁,与传教大师同时至我国求法,唐德宗贞元二十年——日本延历二十三年(西纪八〇四),受政府入唐求法之特许,随遣唐使藤原等一行五百数十人,于六月一日由难波津渡华,共乘四船,路中遇风,第三、第四两船覆没,弘法住第一船,传教在第二船,平安得渡;八月抵福州,十一月三日由福州经南平，入浙江，过钱塘，由杭州、苏州、扬州、汴州下洛阳，至十二月二十三日达长安。传教大师因病止于宁波，后入天台山。大师至长安后，我唐政府以国宾待遇，许可留学。初住西明寺，最后住青龙寺，从我国惠果国师学密，研读《大日经》《金刚顶经》等二百余卷；至此，遂得金刚遍照之名。

五、大师既得惠果国师临终之遗命曰："可速持两部曼荼罗，及三藏传付之品，归国传教。"大师原定留唐二十年的，至此仅二周年，从惠果国师学有七个月，于大同元年——唐宪宗元和元年三月，离长安，抵越州，遍访名僧，抄录经籍，举凡文学、美术、天文、医学、工艺等与文化有关者，一律搜抄。十月回日，带归我国之经论、章疏、法物无算。

六、大师归国后，在高野山大弘密教，说三密加持即身成佛之义理，日本的佛教到了此时，遂认密教为日本佛教中一独立的宗派；传承繁衍，至今更盛。

七、大师对于秘密教义之著述，有《即身成佛义》《辩显密二教论》《十住心论》《吽字实相义》《声字实相义》《大日经开题》《般若心经秘键》《秘密曼荼罗教付法传》，文学方面有《性灵集》《文镜秘府论》《高野杂笔》等。

八、大师寂于醍醐天皇延喜二十一年——即我后梁末帝龙德元年三月二十一日，世寿六十二岁。

去年为大师一千一百年纪念期，高野山开了一个大规模的纪念法会，我们所经山上各处，去年法会之遗痕，如纪念木标之树立等等，尚到处可见；据说去年纪念大会期中，来山礼拜之日本人民共有数十万人云。

观察日本之民族性，对于崇拜祖宗——如对国家的天皇，尊重非常；比如圣德太子，虽幼稚园的儿童，也晓得要崇拜他。佛教各宗僧侣对于本宗之祖师——若华严宗之于良辨僧正，律宗之于鉴真和尚，天台宗之于传教大师，净土宗之于法然上人，真宗之于亲鸾上人，以及临济、曹洞、日莲宗等，莫不敬崇万分；而尤其是真言宗之弘法大师，因为他曾发明创造日本字母——片假名，以及对于日本的文学、美术、天文、医学、工业、教育等一切文化事业皆有很大的贡献，所以全日本的人民对他均极信仰，那种可贵的精神，在我国人民中是找不出的！

在路上，藤井师告诉我："弘法大师并没有死去，现在还是在定中，大师曾自作预言，说当来弥勒佛下生，他还要再来高野山的。"我戏谓藤井师曰："我相信弘法大师当然会再来的，但是他再来时不见得来高野山了。"藤井师问我："为什么？"我说："弘法大师在一千年前曾造一女人堂，本禁制女人上山的，到了现在，不但女人可以上山，连他的出家弟子都与女人结婚了，我想他在定中一定是不大欢喜的吧？"说至此，已走到天德院了。

朝食时，金山阿阇梨来说，已为我介绍去会高冈隆心管长，并劝我今天受"结缘灌顶"。照例每年举行"结缘灌顶"一次，一次有十二天，今天是最后一天。我想这种因缘颇难遭遇，一则要在高野山种下一点善根，二则想借此领略领略高野山灌顶的法式，我就答应了。

稍时，净德法师来，预备一同去金刚峰寺。金山阿阇梨特派他的高弟水木瑜晃师陪我们一同去。金刚峰寺是真言宗的总本山，宗务所就设在寺内，出天德院院门对过就是金刚峰寺。我们四人同去，至则已有庶务部长高桥慈本师立候。相迓至客室，并有执行水原尧荣教授陪席，互通名姓后，进茶点，管长高冈隆心上人出见。高冈上人年龄已近八旬，戒高望重，虽已现老态，然寒暄数语，尚奕奕有神。见面即称"本来八时有一会议，因闻有中国贵客来，所以特为候待"云。我答云："今天有缘一见管长，亦不负宝山此游了。管长年高，不敢多扰精神，所拟请教的地方，好在有金山阿阇梨可以相谈。"管长坐片时，吩咐水原教授等招待，即入室去。

水原尧荣师，经藤井师介绍后，知道他现任高野山大学教授，著述甚富，谨守戒律，年约四十许。我们一方面饮茶，一方面随便作了下面的问答，我问道：

"自弘法大师开宗以来，高野山兴盛时期，分几个时代？"

"有七个时代：一开山时代，二大师入定后真然造寺时代，三以后王朝时代，四南北战争时代，五室町时代，六德川时代，七明治维新后。"他答。

"欧美各国有佛教徒来高野山修学真言的人吗？"

"曾有三个德人、两个美人、一个法人和一个英人先后来山灌顶，最近铃木大拙博士的夫人——琵琶子也来受'受明灌顶'。"

"奥之院弘法大师入定处，是否为他的肉身在内？那个屋子什么时候开过的？"

"是大师的肉身，入定后八十六年（延喜二十一年十月二十七日）开开来看过一回，以后就没有开，但每年要供养法衣一回。"（当时没有问明法衣供养在何处）

"每年来山礼拜大师的人，约计有多少？"

"平均每年有三十四五万人，去年有四十万人。"

"高野山全山的寺院有多少？僧侣有多少？"

"全山的佛寺，有一百二十一院；僧侣、正住持有七十人，役僧（执事僧）一共约有二百人，大中学生有六百人。"

"总本山的执事有多少？如何组织？"

"管长下有执行长一人，执行二人；宗务所内分四部——庶务部、学务部、教务部、财务部，有部长四人。另外京都大本山（仁和寺）有执行一人。"

"密坛内部的布置，最完全的，是否以现在的金堂布置的标准？"

"现在布置的金堂，可以算是标准的灌顶坛；但与通常的是不一样的。"

"中国的一行大师与惠果大师，是在真言宗八祖之中吗？"

"是的，都奉为是传持的祖师，在八祖之中。"

"高野山所布山地有多少？每年森木的出产有若干？"

"本山山林有二千五百町，实际上有五千町，桧树每年可售价三十万圆至八十万圆。"

谈至此，我复问金刚峰寺一年中所行的法事制度是怎样的？水原教授他去拿了一部他所编的《金刚峰寺年中行事》给我看，并说就送给我。书共六册，作一函，印刷古雅，是一种高野山特制的纸印的，漆木夹板是仿唐式做的，装订两页一连，打开来两面都是平的，装订别致。

离金刚峰寺至金堂受结缘灌顶，本要纳灌顶费五十钱，水木师说不必要。至堂前入口处，由一役僧给白布一条，布长约二尺五寸，阔五寸，作三叠系在额前，蒙蔽两眼。由一役僧（应该称作引礼师）扶进坛内，至弘法大师像前，跪在地上。他先教我们结三昧耶印，两手合掌，十指作回抱式，留两中指直竖着。又教我们念三昧耶真言——"唵三昧耶萨埵鑁"。一面诵念真言，引路者也帮同念着，声音甚高，至金刚界曼荼罗前，有二作法僧以一树叶，插入我两中指间，作答三四语（不知所云），令将树叶向坛上一抛，止诵真言，解开扎布；仍由一役僧导向四面所悬佛、菩萨、明王及诸祖师像前一一拈香礼拜。走至堂中西北角，有二僧端坐在法座上，前置小几，几上有铃杵、水瓶数法具，二僧左手执持杨枝。役僧教我们跪在他面前，他以杨枝点水一滴向我们作洒水状，并拿一小帽往我们头顶上套了一套，至此就告礼成。役僧向我们说明此次所行法式之意义，多是很普通的话，大概我们也知道了。绕至堂后出口处，有一役僧送了我们"灌顶之话""结缘灌顶血脉"各一份，另外还有一张纸包了几片树叶子，外面却印了"大日如来"四个字。所谓结缘灌顶，实际上就是受三昧耶戒。

回天德院昼食后，至灵宝馆，遇高野山大学教授加地哲定先生。加地先生华语说得很好，在大学教中国哲学及汉文，我国有人至高野山学密或旅行，多由加地先生任指导翻译，为人和蔼可亲，长交际，一望而知其为饱经世故之人。灵宝馆所藏佛像（铜铸、木造、画像）、抄经、法器等约有百数十件，其中以大幅《阿弥陀如来圣众来迎图》、不动明王画像与我国敦煌石像二件，为最稀有！

至灵宝馆馆长室，晤馆长窟田真快师，座谈片刻。

在灵宝馆侧有大师协会一所，里面是一个大礼堂，面积很大，即席地而坐亦能容一千五百人（藤井师说我虚大师曾在此堂讲演一次）。上供弘法大师像，四壁上层有大师一生事迹的壁画。这种历史画，最便于记忆，匆匆一读，较读一书省力而易明了。此会堂为一般团体来山礼拜大师或集会之用；我们去的时候，正有一人站在讲台上为二三百信徒讲演弘法大师一生的历史。

下午三时，净德法师邀至他的寓处（大乘院），据他说他住的房金，由金刚峰寺代付，初来时每月食费十四元，现在与七个蒙古僧同住，食费每月仍需八圆。我进去见水木师正在教授蒙古僧的日文，其中有一蒙僧法号毛拉玛拉巴金巴——汉文名仁忠。他到日两三月，日语已完全会说，日文亦已通十之七八，我想他一定先在东三省学过的？蒙僧留学高野山，系受伪满洲国所派遣留学者。他们住在日本，对于饮食方面，据说感觉得嫌苦。

本想闲逛山市，因下雨只游金刚三昧院多宝塔一处，乃回院休息。夕食时，与幼僧金山隆昭闲谈，知道他为金山阿阇梨俗家的侄子。他现在十四岁，在中学读书，方面大耳，眉目清秀，生得很聪慧的样子。我劝他要学金山阿阇梨修行，并且要有弘法大师的志向，他很欢喜！他一面替我们添饭倒茶，一面很有礼节地答着话，他说他一定是素食的。我同他订后约，他说等我迟几年下次再去，他大了一定还认识我，欢迎我。童年天真烂漫，心思无邪，与之谈话，可以任顺随缘。

阅报，见大阪《朝日新闻》已登载有我至高野山的新闻，日前一到大阪，京都《中外日报》已屡露布我的行踪，《大阪每日新闻》也刊载过消息。我在去年打算游日本之前，我就和藤井师通信说明：一不要佛教团体欢迎招待，二不要把新闻界知道，这因为我游日本本是以个人资格来行脚的，我是中国一个很苦恼的粥饭僧，既不敢多扰友人，又深恐新闻纸记载不正确，反要引起无谓之误会，所以一路逢人说话，我都很小心，不大多说话。我正在这样看着报默想的时候，有藤井师的旧日同学——《朝日新闻》和歌山通信局长安藤寿君来访，他也是真宗的一个僧侣。他告诉我日本的僧侣单在《朝日新闻》当编辑记者和各地通信局长的人，一共有四十多人，另外还有很多是做职工的。我说："僧侣的职业最好是做新闻记者，因为佛教徒总有慈悲心的，在现前的这个纷乱的世界上，最需要的实在并不是政治，不是经济，因为政治、经济它只能维持国家与社会，它不能安定人心，安定人心的动力，根本是要靠宗教——佛教，方便善巧则在新闻纸所造成的舆论。"他说："《朝日新闻》向来是主张正义的，尤其对于贵国特别有一种亲善的好意。"我说："所以前半月贵报社的记者驾飞机到敝国游历，敝国朝野与新闻界都有热诚的欢迎。"后来谈到新闻记者的态度，我说："新闻记者最好用圣德太子所主张的'以和为贵'四字为其标榜。"安藤君喜形于色，即向天德院索得素纸请我书"以和为贵"屏条一幅并横额一张。冒雨下山，时已下午九时，高野山还有电车下山，交通便利极矣。

昨晚本约金山阿阇梨再作一度谈话，六时后他特为亲自来向我说明，说今天晚间他有点事，不能与我谈话，改至明天早晨六点钟再会；说罢命侍者捧上相片一包，是些关于他游我国时与我国僧俗一同之照相，有几张是显荫法师的相片。

再向金山阿阇梨请问密教　参观高野山大学及图书馆　在修道院午斋　中学匆匆一览　下山至大阪　佛教社会事业社欢迎茶会

十三日

昨夜眠时大雨未止，今晨在枕上细听已无雨声，惟闻"佛法僧鸟"隔林啼"佛法僧"不已（高野山有一种鸟，禽言佛法僧，就名叫"佛法僧鸟"）。启窗远望，朝日初升，宿雨已晴。

朝食毕，进金山阿阇梨密坛参观，在许多超度亡人牌位的当中却供着显荫、大勇、又应三人的木位。有这样的师友感情，至少才真是能够忘去国界，没有分别心的了。

金山阿阇梨邀至另一客室，壁间挂着他新近替潮州纯密法师找人画的密教八祖之像。分宾主坐下，我再向金山阿阇梨请问关于密教的问题：

"学密法到'传法灌顶'要经过多少时期？有一定的学程吗？"

"'受明灌顶'之后，要经过'学法''许可'，加行期有二百日修行，再受'传法灌顶'，这种是略式的。'传法'之后，要对于密教完全能体验修行，还要再加'秘密灌顶''以心灌顶'，这种是没有仪式的，但年龄要在五十岁以上。"

"在家人既不能受'传法灌顶'，那么，对出了家而又结婚之僧侣，可否授以'传法灌顶'？结婚的僧侣能不能当阿阇梨？"

"以佛法的本位来说，结婚之后的僧侣没有资格的，可是有戒律问题，盗、淫、妄的四罪，是断头罪，犯之断灭佛性，但弘法大师认为若犯此四大罪，也可以成佛，可是不信三宝是不能成佛的。不信三宝比犯四根本戒的罪还要大，所以深信三宝的人，虽犯四罪，还算好。"

金山阿阇梨这一则答话，他说的时候颇带一点勉强，因为这是一个很大的问题，弘法大师造女人堂禁制女人上山，这是史实。而现在事实上真言宗的僧侣不结婚的实在不多见。金山阿阇梨他是一位戒律谨严的长老，他当然不便过于执着，这从他谈话的审慎态度方面，我前天就看出来了。前天我一到高野山，对于各种建设——电灯、电话、自来水、书铺、报馆以及大学图书馆等一切事业，觉得无一不完美，忽然从人力车夫口中听到全山一百多寺院只有四个院中不吃荤，不曾结婚的老和尚全山只有三个人。那天晚上，我很唐突地问金山阿阇梨，我说："我很怕到二三十年后，高野山上没有大阿阇梨，因为年轻的大都皆要结婚吃荤了！"他见到我的话出于诚恳，他说："真言宗素食守戒的人，在本山以及各地的也很多，二三十年后不会没有阿阇梨的，请法师放心！"我也很相信金山阿阇梨的话语真实，昨日会见的水原教授，就是一位道貌朴实老比丘的样子。但我对于结婚与作阿阇梨的两件事，认为决不可以只要深信三宝，虽犯了四罪也好的那样的将就，因为僧侣结婚之后仍可为阿阇梨，那么在家白衣不是也可以做阿阇梨吗？我心中虽然这样想，但未便再直爽的讨论下去了。我又另作问话：

"敝国王弘愿说：'大日如来头上有发髻，是在家俗人形'。大日如来究竟是出家的还是在家的？"

"大日如来曾出现于'色究竟天'，'色究竟天'是微妙的。法身本来无色无相，但大日如来是现身于'色究竟天'的，并不是在家的。"

"不动明王像，为何有两眼的，又有一眼的？"

"左眼闭了，是左道——邪道的意思，这是后人做的。"

"高野山金堂内部中央供的药师本尊，为何不以大日如来为本尊？"

"这是那个时代的风习，药师——阿閦佛，称东方不动尊，以不动尊表现菩提心不动。"

"真言宗是否皆以药师为本尊？"

"根本本尊还是大日如来，以因缘故可以另外奉一本尊。"

"请问现在真言宗得大阿阇梨位的有多少人？"

"现在登大阿阇梨位的，约有十五人至二十人。"

金山阿阇梨复为我讲说了一些密教的大意，并且把他自己研究的《弘法大师全集》赠送了我一册，那里面关于密教教义与教相两方面都说得很明白。我向他说明今天上午参观大学、图书馆、修道院，下午就要告辞下山。他把他与显荫法师一同照的一张像也送给我做纪念，还有一本王揖唐氏著的《东游纪略》。我约他有缘后会。

仍由水木师陪伴至图书馆，加地先生已在馆等候，替我介绍馆长拇尾祥云教授相见。一见面，拇尾教授即将他自著的《秘密佛教史》相赠，打开目录一看，是极详细的一部秘密教史书。参观图书馆，书架是钢骨新建的，共五层，皮藏图书有八万册。馆舍是昭和四年所建，建筑费二十五万圆，现在常年费是一万圆——购书费三千圆。馆内有研究室二十一间，都是备大学教授住馆研究的。

现在正在编印的一部《真言宗全书》，编辑部也设在这里。进去参观的时际，有五个人在那儿工作着。

高野山大学与图书馆在一处，但行政与经费是分开的。大学里面办事室、教室以外，校舍并不多。现有教授四十余名，学生二百多名。这个大学只单设文学部（如我国之文学院，但学科是注重佛学的），大学本科以外并设置预科及研究科。本科分四科——密教学科、佛教学科、佛教艺术学科、哲学科。下面是密教学科的科目及单位数表：

密教学科		
科目及单位数	修了单位数	
^^	必修	选择必修
密 教 学 概 论	一	一
密 教 史	一	一
密教学特殊讲义讲读及演习	七	七
佛 教 学 概 论	一	一
原 始 佛 教 学	一	一
小 乘 佛 教 学	一	^^
天 台 学	一	一
华 严 学	一	^^
唯 识 学	一	一
三 论 学	一	^^
宗 教 学 概 论	一	
印 度 佛 教 史	一	
中 国 佛 教 史		二
日 本 佛 教 史		
西 洋 哲 学		
印 度 哲 学	一	二
中 国 哲 学	一	

宗 教 哲 学	一		
宗 教 史	一		
伦 理 学 概 论	一		
心 理 学 概 论	一		
教 育 学 概 论	一	四	
东 洋 哲 学 史	一		
佛 教 艺 术 学	一		
美 学 概 论	一		
美 术 史	一		
语学	梵 语	二	要修了个单位以上	四
	西藏语	二		
	巴利语	二		
	英语	一		
	德语	一		
	法语	一		
计		一一	一五	
合 计			二六	

佛教学科与密教学科的科目差不多，不过把必修的科目变动了一下。

学生一年的学费(日本称作授业料)为七十五圆。毕业期在三年以上受"学士试验"，试验合格即给予"学士试验合格书"，不合格者仍须留级云。

高野山大学内设有密教研究会，编有《密教研究》季刊。学生方面组有大学新闻社，出《高野山大学新闻》一种（每月一回）。

高野山修道院——亦名劝学寮，有学生六七十名，年龄不齐，是不能进学校读书的人，一方面要学密教事相的，都来此院修学。院内有一定的课程，所修持的科目，有密宗安心十卷章、布教、法式、佛教圣典、宗乘、悉昙、咏歌、声明、密教诸经、佛教概论等。他们重行持，朝暮要共同诵经修法。现有教职员十四人，院长就是金山阿阇梨。我们来了，寮监添田隆俊师招待。此时适逢昼食时间，添田师留我们在修道院午斋。我正想要看一看日本僧侣团体中所行的法事仪式，我很欢喜地要与学生一同吃饭。寮监陪我们进食堂，此时学生已分坐两序。人各坐定，寮监坐中座，击木椎（等于我国所用之鸣尺）一下，大众合掌，诵念"食时施饿鬼略作法"（即临斋仪），先称十佛菩萨名，次诵《心经》，次《展钵偈》（此时大众将食盘上所盖之巾展开），次《受食偈》，次出生食（大众共出七匙——诸佛一匙、诸圣贤一匙、六道众生一匙、不动尊一匙、诃利帝母一匙、冰迦罗天一匙、四天王一匙、出食法，由各人把自己饭碗盖揭开，用箸夹饭米七次——作七匙，然后行堂僧捧一碗来一并汇于一碗送出堂外），次《供养偈》，次《虫食偈》，次五观，次《正食偈》（以上皆是诵念的），次《誓愿偈》。至此大众举碗箸，先进食三箸——三匙，第一匙入口要默念"为断一切恶"，第二匙默念"为修一切善"，第三匙默念"为度一切生"。放下饭碗，再举菜碗，吃羹菜，继续默念"为回向佛道"一句，大众乃随便吃饭。碗箸亦不作声响。第二碗添饭，也要等待大众一齐如前先食三匙默念情形。食毕诵《食竟偈》，散席。走出食堂，加地先生问我有什么感想，与我国的仪式同不同？我说："我到贵国行脚一礼拜，看到僧众团体作法的事，这还是第一回，印象甚佳！佛教的僧侣处在一个集团中，一切行住坐卧应该要有一种庄严律仪的表现的。"

参观金堂、教室、宿舍，朴素整洁，我说："这里是东洋文化，大学那边是西洋文化。"他们都发起笑来。

出修道院，至中学，见校场有樱花数株，花正开放，摘二花留纪念。因两点钟开行下山电车，中学只匆匆一览，校舍比大学还多。回天德院取手提包辞行，水木师、加地先生、净德法师三人殷勤送别。净师赠我念珠一串，我祝他平安修学，勉其珍重！

高野山车驿楼上设有食堂，因需待车，我与藤井师登楼饮牛乳咖啡，俯视山下，岩壑深幽，只见树木不见人。二时下山，至桥本换车由南海铁道赴大阪，四时半着难波驿，乘自动车至福田居士家休息。

六时，应光德寺善邻馆佐伯祐正师之约，与福田居士、藤井师赴佛教社会事业社欢迎的茶会。出席者皆是在大阪从事佛教社会事业的名僧，还有中外日报社三浦大我师、每日新闻社柳泽茂师、相爱女子专门学校校长大野开藏师、本愿寺派津村别院本多惠隆师、大阪商工会议所佐藤三郎治师诸君等。由佐伯师一一介绍，寒暄相叙，饮以冷食。他们问我："太虚大师对于佛教的主义是什么？"我大略告诉他们说："大师的根本主义就是'弘法利生'。在方法上：一、对于住持佛教，是主张整理的——有一部《整理僧伽制度论》，这个目的是希望以办佛学院，使出家僧侣都受相当教育，切实修行，并负住持佛教发扬文化的责任。二、对于弘扬佛教，是主张人间佛教的——有一部《人乘正法论》，这个目的是希望以各种佛教的社会事业，化导人类个个信佛，使世界实现和平。"他们问我："法师看到日本的佛教有什么感想？"我说："感想是有一点，现在还是零碎的，对于贵国佛教的文化教育以及社会事业，均很敬佩！"他们又问我："普陀山与高野山似乎差不多，为什么普陀山不办大学？"我回答他们："敝国的普陀山上没有树，贵国的高野山它在树木上出产每年有三十万至八十万圆云。"他们又问我："贵国的僧侣对于国家之观念怎么样？"我说："敝国的僧侣向来只守出家的本分，不问政治的，虽有明了政治的人，也不去谈国家的事，这因为我们佛教本身的事还没有方法完完全全做好哩。"以后，随便地谈着话，至八时半散会。

这是一个各种社会事业的会馆，馆屋很大，五层楼上是俱乐部与食堂，以下是各业的会社，佛教的社会事业社亦在其中。

夜间写寄回国的信五封，再宿于又一村之楼上，枕上读王著《东游纪略》二十余页。

一个大规模的制香厂　朝日新闻社　遇一奇士　至京都　挂搭大德寺聚光院　观京都夜市

十四日

昨晚我同藤井师商量好：今天上午要去看一个工厂，朝日新闻社也想去参观一回，下午再去京都。

早上起来，记了两页日记摘要。想复睡一下，福田太太上楼向藤井师说："有警察来要看法师的护照。"藤井师把我带在身边的三浦领事的介绍书拿下楼去，听着他向警察说了几句就完了。我刚刚入梦，藤井师来把我唤醒，说："警察又来了，他要请你下楼会一次面。"我下楼去，那位先生递过来他的一张名刺，我看着他名片上的几行字——"大阪府福岛警察署，特别高警察系，外事专务，西尾保"，他在看看我的面部，又看看介绍书上我的相片，大约看得并无讹错，没有问几句话，把一封介绍书上的文句抄去了才算完了事，很有礼节的谢去了。日本是一个警察国，你在它的都市里并看不到几个警察，可是它却到处都有便衣警察；警察服务的精神，真了不得。

本想要看一个大规模纱厂的，因为时间的经济，乃改到孔官堂制香厂去参观，由近藤、增田二君接待，参观厂内各部。各部都有机器，所以日本的香是一样粗的；我国的香是手工制的，所以粗细不匀。他们香的原料，有本国的，有我国厦门去的，有台湾的。出品约有三十种。制造工程，分：一炼粉、二成泥、三制香、四干燥、五捆束、六制盒。另外还有制纸盒的。全厂男工二三十人，女工六十多人。但因为用的机器，出产量很多，行销全国。据说这是日本第一个老铺子，的确是一个大规模的制香厂。

孔官堂请我写了几张字，原来他们的招牌还是清道人写的。

藤井师与福田居士陪我参观朝日新闻社，东亚部部长不在，由一招待员导往印刷局各部参观，赠《朝日新闻社案内》一本。《朝日新闻》在日本为第一大报，明治十二年创刊，有五十七年的历史。现在报数每日销数已达十六万份。现有人员——社内从业人员二千五百人，全国通信员一千二百人，海外特派员五十人。全国贩卖店有五千家。它的组织分：编辑局、营业局、印刷局，以及门司支局与东京朝日新闻社。在它社内，一进门向左转就是营业局，编辑局在楼上。新闻制造方面，有编辑部、电话课、调查部、写真部。印刷局部分，有文撰工场、植字工场、大组工场、纸型工场等。机器有"朝日式"电光轮转机二十一台，其印刷能力一时间能印二百万张报纸。印画报的机器，折叠装订等机器，应有尽有。社内通信交通机关，有飞行机（常备十八架），专用电话（东京大阪间）三百五十哩，通信鸠（鸽）三百只。《朝日新闻》的通信网，布满了全日本国内，到处所见到的报纸都是《朝日新闻》。

在福田居士家中昼食，遇一奇士——冈田播阳先生，年约五十许。他是藤井、福田二氏的好友。藤井师介绍：他本是大阪经营吴服（绸缎）的商人，后来自己读书。当他青年的时候，曾于京都天龙寺学禅。近年退隐，专耽著述，著有《杀哲学》《地狱真宗》等书十余种，对于现世有深刻的讽刺。他走路快速，经年不剪发，为人性豪爽而有慈悲心，喜交青年学生，有时纵谈时世，慷慨激昂，泪如雨下。大阪人士均目为奇人云。我同他谈了一回，福田居士问我："看他的状态以为如何？"我说："敝国如冈田先生这样的人很多，名曰隐士，或称隐者。冈田先生长发披散，衣服宽大的样子，好像是敝国一个明朝以上的人。"在座者听了相与大笑！

三时，我们欲往京都，冈田先生同车送至大阪驿。

大阪至京都，比到高野山还近些，一个钟头就到了京都驿。

京都，从平安时代第五十代桓武天皇延历十三年奠都以来，一千一百余年之间，日本的帝都，皆在京都的；至明治二年，始迁至东京。京都称作西京，好像同我国以前的长安一样。

挂搭大德寺之聚光院，院主中村戒仙师是临济宗的一个老禅和子，方面阔腮，两条很浓密的长眉，生成的是一副罗汉像，他与我一见如旧识。在他的院中，已预先为我们布置了两个卧室，一间食堂与一间会话室；还备有藤椅，可以养息。室中凡应用的笔砚、纸墨、信笺、信封等都替我们预备了，在日本这是款待上宾极尊敬的设备。他对我的那种诚挚的态度，简直是一位知己老友的样子！

藤井师先读过我的《空过日记》，知道我有胃病是不能吃米饭的，我未到日本之前，他就很忧虑我到日本关于饮食方面一定不便，因为日本一日三餐都吃干饭的。在福田居士家，他们办的米粥和面包，在龙松院两天，也是吃的面和面包；到了法隆寺，因为不好意思向人家要面吃，就勉强吃的干饭，那里晓得一连三餐并不曾引起胃痛。我对藤井师说："我差不多一年不能吃干饭，这几天总能吃一两碗，真是有缘。"我怕聚光院过于客气，夕食的时候见菜太多，我请藤井师向中村师说明，以后饭菜随便一点，不要太费事。

晚间与藤井师观京都夜市，京都以四条（街名）最热闹，但市面不及大阪心斋桥一带兴旺。

牧田君来访　参观大德寺　养德院看祭祖仪式　冒雨参观净土宗专门学校　夜访铃木大拙博士

十五日

夜来大雨未停。

昨日下午一到，就接得牧田谛亮君寄来《凡圣》杂志一册，今晨尚未起身，牧田君即来访；天空浓云遮覆，大雨如注，出会牧田君，原来前七日已在大阪会过。他已在净土宗专门学校毕业，现在正在大谷大学史学科念书。六月欲游我国，故特来访。牧田君，一青年能文之僧侣也。

朝食后，参观大德寺，先至宗务所——方丈。方丈一名词，到大德寺为初次见到。大德寺是临济宗大德寺派的大本山，在后醍醐正中元年（我国元朝）大灯国师（妙超）开山。大灯得法于镰仓大应国师（绍明），绍明在宋朝留学我国，是径山虚堂禅师的门徒。

由方丈出来参观法堂、大殿。法堂中央有很高的讲台，上设法座。大殿中供释迦牟尼佛，左右有迦叶、阿难二尊者立像，日本的大殿有二尊者像，这是第一次看到。韦驮菩萨，聚光院进门有一尊，也是初次看到的。

大德寺四围都有庵院，日本叫作"塔头"。中村师领我们到了一家养德院。这一天是大德寺第二代祖师的忌辰，因为祖师像在养德院，各院住职来礼拜者有七八人。中午举行祭祖的仪式（在我国通称为"上供"），先是诸僧个人搭衣持具至祖堂，拈香，展大具，顶礼三拜。后行仪式如下：

一、击钟，大众云集，分两序立。

二、主祭僧入席，问讯，向上行，拈香，维那举赞。

三、诵《心经》等。

四、维那白祝词。

五、念《大悲咒》（绕行）。

六、唱赞。

约四十余分钟，礼成。斋供，我与藤井师被邀入，时大雨倾盆而下。

牧田君邀我们去参观净土宗的专门学校，他也是净土宗的僧侣，我们冒雨而去。到了专门学校，这时正是下午第一课将要上课的时候，教谕室内坐满了教授，他们接待在校长室内坐下，有千叶良导、饭田顺雄、石桥诫道、小西存祐、稻田真我、惠谷隆戒等诸教授招待。先参观校内各部，讲堂（礼堂）中有阿弥陀佛像，并有铜磬、木鱼，每日学生均需齐集诵经。在一个讲宗乘的教室里，挂着一幅《善导大师一千二百五十年远忌纪念画》，上面画的善导大师一生的史迹。另外有八幅净土宗八祖——一昙鸾、二道绰、三善导、四怀感、五少康、六法然、七圣光、八良忠——的画像，前五祖是我国的，后三祖是日本的。走到学生的宿舍——知恩寮集会的一个屋子里，地下也放了三个木鱼。从这几处地方上看来，净土宗僧侣的信仰，至少在他们的外形上是已比他宗为强了!

专门学校,是净土宗私立的,它的历史很长,创立于明治二十年,迄今已有四十八年。现有教授三十余人,学生三百五十人。经常费三万五千圆。学生的学费一年六十圆。并设有图书馆,约有图书三万册。出有《摩诃衍》杂志一种。

专门学校是净土宗办的,所以它特别注重讲授净土宗宗乘,宗乘一科目约占时数三分之一,兹录其课程表如下:

学年 科目	第一学年	时数	第二学年	时数	第三学年
学科程度并授业时间表						
宗乘	宗学	五	同上	五	同上
	宗史	二	净土教史	二	净土教理史
	法式传道	三	同上	三	同上
余乘	佛教要义	四	同上	四	同上
	佛教史	二	同上	二	佛教教理史
宗教学			宗教学及宗教史	二	印度哲学及宗教史
修身	实践伦理	二	同上	一	国民道德论
			东洋伦理学	二	伦理学
	东洋伦理史	二	西洋伦理史	二	日本伦理史
哲学	心理学 论理学	三			哲学概论
教育学			教育学	二	教授法及教育法令
法学	法制及经济	二			
史学	东洋史	一	西洋史	一	国史
社会学	社会学	一	社会问题及社会事业		
国汉文	讲读	二	同上	二	
外国语	英语	四	同上	四	同上
体操	教练	二	同上	二	同上
计		三五		三五	

看了这个表,除去知道日本佛教教育对于本宗宗乘是特别注重外,还有三个特点:一、他们在佛学以外,对于宗教、哲学、教育学,乃至社会学,都同时在学习,这或许是文部省(教育部)的一般教育的学科。二、专门学

校的国文与汉文只有四点钟，而且到第三学年已没有了，外国语——英语的时数反倒有四个钟点。这里可以知道日本佛教教育之所以普及的程度了。三、体操一科的"教练"，包括"武道"与"军事训练"，日本的僧侣一方面仅可布教传道，但一方面他们对于卫护国家的观念与事实上的表现，真是我们做梦都没有想到的，这是我在此七八天中，于所见之人物与事实上看到的。

石桥、小西几位教授陪我复坐到校长室，外面下着大雨，室中有一盆火焰熊熊的热炭，饮着茶，吃了一些饼子。他们问我此游的感想怎样？我近几天最怕日本的朋友一见面就问我的感想如何，感想不是没有，实在是我这样生性"心直口快"的人不大善于弯弯曲曲的说话。我对他们说："我看了贵国的佛教，觉得在佛教文化与教育以及社会事业各方面都是很好的，不过在思想信仰方面，好像在现在，佛教思想与科学思想已经平衡，将来如果科学思想的高度超过了佛教思想，恐怕会影响到佛教的信仰方面吧？"石桥师答道："不错的，敝国僧侣研究美术的很多，信仰方面是不兴的。"小西师没有让石桥师说完，他说："日本人的信仰不是科学的，一般国民现在要求神秘的方面很多，所以佛教一定向神秘的信仰的。"之后，零零碎碎还谈了很多。

雨止了，斜阳透在树梢，我拖着一双浸湿了的罗汉布鞋，在石子路上跑回聚光院的一刹那，觉察到日本人对于佛教的信仰，的确是很坚固而带有神秘性的！

铃木大拙居士，他是一位在日本著作界里权威的博士，他的本名叫铃木贞太郎。他的著作很多，以佛学——禅学与英文的书为最多。我与藤井师去访他，他刚从东京回家。他有一般博士的风态，但是没有火气的。他说看过我的《空过日记》，他说："这本日记的好处在写的自己一个人的事。"在一间精室的灯光之下，我们谈了许多关于佛教方面的话，他问我："法师看过日本的佛教有什么感想？"

我说："感想有一点，是零碎的。我看了贵国的佛教，在文化、教育、社会事业各方面都是很好的，唯独在佛寺方面——尤其是佛殿上太嫌冷淡了，有几个佛寺的金堂，一望而知好像很久都没有僧侣进去礼拜诵经的样子。而在另一地方，如大学图书馆等文化教育机关却都生气活泼。如果把佛殿的与大学堂等内部表现的活动精神比较来看，至少有一千年的距离，使人看了起一种不大调和的感想。本来佛法要得体得用，事理双彰就好了；我以为佛法僧三宝在动态上要打成一片才好！"

铃木博士听到我说佛寺太嫌冷淡了，他颔首表示同情的样子。他说："我介绍你明天到妙心寺去看看吧，那里有僧堂修行的模样。"

我又把昼间在专门学校感想到的信仰问题告诉了铃木博士，他说：

"中国现在是尊重科学的研究，可是日本已经过了科学时代，科学向信仰不能压迫的，所以日本现在的科学有自己的地位，信仰方面也有自己的地位，日本人的民族性对于佛教的信仰将来一定更会好的。"

谈到胡适之博士，胡氏是铃木博士的好友，我问他："看过胡博士的研究禅学的文章没有？"他说："看过他几篇。"我说："胡博士研究禅学是游戏的态度，没有信仰的。"铃木博士说："他对禅学并不大懂，对于佛教他又没有要求，不过他有点要研究的意思，因为他没有信仰，所以不能深入禅学，不能够明白禅的真髓。"

至此，铃木博士叫侍女进去把他关于禅学的著作拿出来几本——《悟道禅》《禅堂的修行生活》《英文〈楞伽经〉研究》，说给我听，顺便签了两个人的名字就送了我；另外还有一册我国李屏山著的《鸣道集说》，这是一本批评宋明儒家思想的书，他说我国已经绝版了。

铃木博士为人慈和而有修养，对于佛教有很深的信仰与研究，现在从事译著之外，担任大谷大学的教授。

在靠近大德寺街前的旧书店中，买了十几本《宗教讲座》，关于佛学的书。

参观妙心寺　日本之临济宗　临济学院　净土宗总本山知恩院　尼众学校　真宗东本愿寺　西本愿寺

十六日

一清早，中村、藤井二师同我赴妙心寺：先到妙心寺道场——天授院专门道场。很不凑巧，这一天僧堂（禅堂）中的僧侣早晨起来就出去托钵去了；堂主林惠镜师款待饮茶，匆匆数语后，彼亦正欲出门，乃派一知客僧陪至僧堂参观。僧堂内部与我国之禅堂大同小异，两边有广单，坐卧皆在其上。堂中供的文殊菩萨。堂中空地不大，不能如我国禅堂中之跑香。堂外有洗面的地方，据说每人只许用水一掬，六十个人在五分钟内要完全洗毕。吃饭也只吃咸菜萝卜少许。此种禅堂生活全是学的我国的。在此住的僧侣，都要存几分道心的，他们每日早晨要诵经、参禅又带作务。所谓作务，就是有时种植菜——堂侧有菜地可二三亩，为僧堂中僧侣自种自食云；另外就是做一切劳工，运水搬柴，打扫堂地，分卫托钵等等。据说作务每月差不多有十天。住僧堂的僧侣住到十年以上，可以由本山分派各处去做小庵院的住职。

住僧堂的僧侣与读书的僧侣是两样的，第一在服装上，他们穿着的都是粗布的，僧衣短短的，衣袖又宽又大，腰中紧束一带，头上戴一草笠，他们走起路来，都还保存着僧家的威仪。

至妙心寺本山宗务所——妙心寺的方丈、宗务总长天岫接三师、教学部长金仙宗谆师招待，参观方丈、法堂、佛殿，佛殿与法堂，比大德寺的高大。我们来的时候，佛殿上有二十多个僧侣诵经，那是做早课的。钟楼上的大钟，是我国之物。

妙心寺寺内的地方很大，塔头庵院很多：在西边有慈云院、退藏院、天授院、灵云院、通玄院、玉龙院、大法院、德云院、天球院、寿圣院、天珠院、春光院、金牛院，东边有光国院、云祥院、长庆院、蟠桃院、临华院、智胜院、麟祥院、养德院、海福院、大雄院、桂春院、杂华院、大心院、福寿院、东林院、玉凤院、开山堂、东海庵、龙泉庵、衡海院、如是院、长兴院、养源院等三四十院。密密层层的房屋，四围有门，自然成了一个城聚；道路整洁，院舍清净，实一修行读书胜地也。我们游了玉凤院、开山堂之后，到方丈里的一新建之小方丈，建筑的样式半古半新，庭园花木无数，处处安排得别有匠心，天岫师复于此招待茶话。

日本之禅宗，虽由临济宗传去始成宗派，但在奈良时代之道昭，至平安时代之最澄，先后留学我国，一学法相，一学天台，此时我国禅宗正是大兴时代，他们对于禅学已多少有点参学，他们也可以算作日本禅宗的先驱者。迨至镰仓时代后鸟羽天皇建久二年（我国南宋之初），荣西二度留学我国天台山，从万年寺虚庵怀敞禅师传禅宗心要，遂继承临济正宗法脉。虚庵为黄龙派七代法孙。荣西回国后，于博多开圣福寺，大振临济宗风。七十余年后，南浦绍明（大应国师）于龟山文永年间至我国径山为虚堂禅师法嗣，回国后传法妙超（大灯国师），开大德寺派。大灯国师传法无相（关山国师），开妙心寺派。后花园天皇皈依后，改花园离宫为梵刹，是即妙心寺寺址，妙心寺派由此兴隆，今则为临济宗十四派中最繁盛之一派。临济宗十四派共有寺院六千数百个，而妙心寺派要占过半数。妙心寺赠我《妙心寺六百年史》一册，最后一章为其《派内之现状》，读其"开创六百年，有四千末寺百万信徒"一语，令人羡慕不置。兹录其全文如下，可见日本佛教在组织、布教、教育以及社会事业各方面完善齐一之一斑。

临济宗妙心寺派派内之现状：

（1）大势

僧　　侣

　　　　男僧　　六、五七八
　　　　尼僧　　五七六

檀　信　徒

　　　　檀徒户数　二四八、三九九
　　　　信徒数　　二六八、七六一
　　　　檀徒数　　一、〇四七、九九八

末派寺院、教会、说教所

　　　　寺　院　　三、六五二
　　　　教　会　　五七
　　　　说教所　　三八

（2）布教

管长亲化

全国分为十区，每年在一区内定期亲化。有末寺之特请，再行临时亲化。

定期巡教使派遣

每年于春期，派遣巡教使三十余员，分赴全国各地布教。

临时巡教使派遣

秋期与其他时期，如有末寺请愿，则派遣临时巡教使前往布教。

特殊布教会

纪念传道、大举传道，派遣临时布教使于军队、刑务所、工场、青年会、妇人会等处，行事布教。

布教讲习会

为养成布教教使，在各教区隔年举行一回普通布教讲习会，又隔年在宗务所开高等布教讲习会一回。前者的时间在七日以上，后者的时间在三十日之间。

（3）专门道场

道场名	创立年月	师家	大众现在数
圆福寺专门道场	天明三年三月	神月彻宗	五七
瑞龙寺专门道场	享和四年四月十五日	滨村精道	四四
梅林寺专门道场	文政元年六月	东海东达	六五
祥福寺专门道场	天保二年九月十五日	藤井凤州	四九
正眼寺专门道场	弘化四年二月	小南惟精	四三
德源寺专门道场	文久二年四月十五日	古仲凤州	八八
天授院专门道场	明治元年四月廿六日	林　惠镜	六〇
圣福寺专门道场	明治三十年五月五日	龙渊谦道	一三
瑞泉寺专门道场	昭和六年二月廿四日	松永一道	一九
平林寺专门道场	明治三十七年四月廿三	峰尾宗悦	一九
万寿寺专门道场	明治三十九年四月	奥　大节	二七
养贤寺专门道场	明治四十二年一月	小宫洪岳	二七
瑞严寺专门道场	大正十五年六月十五日	松原禅础	二五
大仙寺尼众道场	昭和六年五月十八日	滨村精道	一五

（4）学校

学校名	校长	生徒	刊行物	
临济学院专门学校	后藤瑞严	一〇七	禅学研究	年三回
			柏树、众妙	年一回
花园中学校	森岛海音		花园春秋	年一回
临济学院	后藤瑞严			

花园专修学院		四八
妙兴禅林	杉本全机	四七
宗荣尼众学林	伊藤宜周（尼）	一九
美浓尼众学林	滨村精道	一九

（5）社会事业

名称	创立年月	代表者	所在地
大分育儿院	明治三十七年	奥　大节	大分市东新町
市之仓保育园	大正十年		岐阜县市之仓村
昭和幼稚园	昭和二年		和歌山县田边村
花园幼稚园	昭和二年		足利市大町
花园幼稚园	昭和五年		东京本田川端町
热海童园	昭和六年		静冈县热海町
灵屋幼稚园	昭和七年		仙台市灵屋町
花园幼稚园	昭和九年		京都市花园町
北野幼稚园	昭和九年		京都御前通一条南
花园日曜学校		大川泰山	京都市花园町
外人禅窟		神月彻宗	京都府八幡町

（6）新闻、杂志

名称	创刊年月日	编辑者	发行
正法轮	明治廿四年七月十五日	后藤光村	京都市花园町正法轮社
微笑		后藤光村	京都市花园町
佛心		仓地圆照	京都御前通一条南
圆通		高林玄宝	台北市圆山临济寺

另外，海外布教所有十二处，在我国上海、青岛、张店、大连、奉天、抚顺、鞍山、锦州、哈尔滨，均有布教所。日本僧侣之努力布教，向外发展，

与其国家政治有同一的趋向。

临济学院专门学校,在妙心寺东南方,创立于明治三十一年,初名"普通学林高等部",至四十四年改名"临济宗大学",去年始改今名。现有学生八九十名。校内设禅学研究会,发行《禅学研究》季刊。图书馆有书约三千册。遇该校舍监绪方宗博师,他是一位关心海外佛教的学者,民国十四年的东亚佛教大会与去年的泛太平洋佛教青年大会,他都曾加入。他到过印度,英文、梵文均好。他对我说:"如果贵国有学僧愿来临济学院读书,我愿意供给一个人的一切用费。"他并且说明:"我甚愿印度、中国与日本三国的僧侣能在一同研究。"匆匆的一见,坐都没有坐下来,临别他送了一张相片给我,很殷勤地站在校门外,陪着我们等待汽车。

昨日在净土宗专门学校就约了今天十二点到知恩院参观。我们到了知恩院,进三门,登石阶,在左边有一个大殿,原来不是佛殿,是一个很大的御影堂,阿弥陀佛堂反来造在边旁。御影堂中央是净土宗开宗初祖法然上人的坐像,殿左供有阿弥陀佛立像、善导大师及源智、圣光、超誉、满誉、雄誉五上人的木像,殿右是几个坛护的像。这样的安置,在我国是没有的。在那里我曾听一日本朋友说过:"日本的佛教,是以人为主的,不是以法为主的。"到了这里,我才明白了他的话不错。

在御影堂有二十多个僧侣诵经,这是替人家作的佛事。在殿中栅栏外面摆了许多大小木鱼,此时正有一个木鱼会的香客,在那里敲着许多木鱼,齐声念佛。

御影堂后是集会堂,堂内有西方三圣(日本称作弥陀三尊)。由集会堂东转入唐门至大方丈,宗务所执事长薮内彦端师招待午斋。冢本善隆、井上定庆二师特由专门学校来会。冢本、井上二师均到过我国。冢本师去年曾在北平房山考察石经数月,归著《房山石经研究》,已出专书。井上师持赠自著之《高僧山下现有上人》一书。山下上人为净土宗镇西派管长,过一百零三岁,于去年四月圆寂。上人的汉诗、汉字都很好,生平个人之生活非常简朴,仅住八叠、四叠半(日本房屋大小以所铺之席数计之)二小屋,虽至高龄尚自洗濯,自办食事云。

大方丈很大,室内分佛间、拜之间(鹤之间)、上段之间、中段之间、下段之间、里上段之间、菊之间、松之间、鹭之间、梅之间、柳之间，划作十一间。自御影堂渡廊至集会堂大小方丈内部的走廊，人行在上面，从地板里会发出如莺啼之娇音，其结构非常巧妙，绝非偶然者。

日本佛寺的房屋有一种特别建筑法，以一整个之大殿堂，内部可以区划成十间、二三十间，并无墙壁，皆是用的一种屏风式的推门四扇，开关可以随手一推。这种门的裱制很精致，日本房屋内部建筑的精华，就在这种门上。如四天王寺、法隆寺之纸门，相传均是六七百年前之物，纯以泥金纸裱，以靛青画的松树，而画法又是四扇或八扇乃至十六扇接连起来画的，把门关好，三面纸是一幅画。同时，他们每间屋子都要取上一个很古雅的名字。知恩院的方丈更特别，其所称作菊之间者，因为室内有三面裱门上都是画的菊花，松之间画的是松，柳之间画的是柳，而室内空无一物，却别有一番风味。

牧田谛亮师领我们到尼众学校去参观。尼众学校是净土宗宗务所办的，常年费八千八百圆，现有教授十八人。我们去的时候，稻田真我师正在那里上课。下了课，与一监学尼师陪我们参观佛堂教室及新建之宿舍。有学生八十人，均从大阪、名古屋各方来者。修业年限五年，学制同普通的师范学校一样，学科程度：

前期

科目＼学年	第一学年	第二学年	第三学年
宗乘	三经礼赞 音训读 三	同 上 二	授手印 疑问抄 二
	宗义纲要 二	选 择 集 二	同 上 二
	宗史 三祖言行录 二	宗史（御传） 二	同 上 二
		语 灯 录 一	同 上 一
法式	法式 解说 一	佛具法服 解说 一	
	实 习 一	特别法式 实习 一	实 习 二
余乘	佛教大意 四	同 上 四	各宗大意 二
			圆戒大意 二
国汉文	讲 读 四	同 上 四	同 上 四
	作 文 一	同 上 一	同 上 一
	习 字 一	同 上 一	同 上 一
历史	日 本 史 二	同 上 二	东 洋 史 二

地理	日本地理 二	外国地理 二	同 上 二
数学	算 术 二	同 上 二	同 上 二
理科	植 物 二	矿 物 二	化 学 二
修身	修 身 一	同 上 一	同 上 一
裁缝 手艺 家事	裁缝 手艺 家事 三	同 上 三	同 上 三
音乐	音 乐 一	同 上 一	同 上 一

后期

科目 \ 学年	第四学年	第五学年
宗乘	决疑钞 三	四帖疏 四
	论 注 三	东宗要 二
余乘	各宗大意 二	同 上 二
	净土教史 二	圆戒精要 二
国汉文	讲 读 四	同 上 二
	作 文 一	同 上 一
	习 字 一	同 上 一
历史	佛教史 二	净土宗史 二
	西洋史 二	
裁缝 手艺	裁缝 手艺 三	同 上 三
音乐	音 乐 一	同 上 一
伦理	伦理学 二	哲学概要 二 心理学 二
教育	教育学 二	教授法 二
语学	英 语 二	同 上 二
法学 社会学	社会学概论 二	法制经济 二
社会事业		事业一般 二

每日早晚念佛，并轮读三经，月之十五日、三十日布萨。学校创设已有二十余年，今年已举行第二十一回卒业。校中师生组有校友会，发行之《尼众学校校友会会报》，已出至第十八号。

尼众学校要我演讲，时间太匆促了，对学尼作了一次五分钟的讲话，把我国武汉三处的尼众学校——武昌佛学院女众院、菩提精舍、八敬学院的概况，大略说了一下。

中村、藤井、牧田三师与我同游东本愿寺：

东本愿寺是真宗大谷派的大本山，正名"大谷派本愿寺"，俗呼"东本愿寺"，又东本愿寺乃与"本派本愿寺"之西本愿寺相对而称者。

真宗为日本一特立之宗派，开宗之亲鸾上人，九岁得度，初为天台宗僧侣，二十年间住比睿山、奈良，二十九岁访法然上人于东山吉水之草庵，法然上人劝修净土。此时亲鸾已实行食肉带妻，为比睿山、奈良的僧侣所反对，奏请朝廷强制其罪，结果处亲鸾流罪，时当三十五岁。五年后，始得赦免。亲鸾主张他力念佛，撰《教行信证》六卷。据称著此书参考经论六十二部三百七十六卷，述明真宗要义，开辟净土真宗，时去今七百五十余年前——后堀河天皇元仁元年也。

亲鸾灭后十一年，龟山天皇敕给寺地，始名本愿寺。至本愿寺第二世如信、第三世觉如，热烈的著书传道，本愿寺之基础才渐渐树立。经善如、绰如、巧如次第渐衰，第七世存如时代衰微达到极点，第八世莲如住职后又大复兴。至庆长九年，第十一世显如之长子教如隐居三子准如代职之后，乃东西分立，成立东本愿寺与西本愿寺之对峙。这里有一事须注意者，即本愿寺之传承子孙直至如今均为亲鸾之血统，非如其他各宗之以法缘成为系统者。

藤井师是大谷派下丰桥净圆寺的住职，旧友神田惠云居士也是大谷派的开教使。教学部长一柳知成师、教学课长朝仓庆友师同出招待。一柳师三十年前曾居住过南京，见面即谈南京风俗。由一执事僧导引参观本堂与大师堂。本堂安置本尊阿弥陀如来之像，大师堂安置见真大师（见真大师是亲鸾上人谥号）自作之坐像。大师堂在中央，本堂在旁边。大师堂为明治时新修，明治十三年起工至同二十八年始完工，堂屋高大，堂内容叠数九百二十七叠，较知恩寺御影堂还要大。堂外走廊上盘有女人发绳（日语称"毛纲"）两大索。据云当造此堂时，因梁柱木料太大，麻绳牵举易断，乃由数万妇人剪下之头发织成的，此事可见日本妇女信佛之虔诚。

东西本愿寺在近代日本佛教史上，是最繁兴的，单就大谷派一派而观，末寺一万，门徒百万，已足殊胜一时。组织方面，全日本分为二十九教区，各教区设置一教务所，教务所设所长、赞事、录事、承事、书记、主计、教务员等，分任办事。全国寺院分成二百七十七组，设组长、副组长；各组之行政则分属于各区事务所，而各事务所之事务则归京都本山内宗务所所总辖。

本山宗务所有法务局、内事局、文书课、监正课、教学部（教学课、社会课）、内务部（地方课、庶务课）、会计部（经理课、出纳课）、会计监查局、参拜局，以一宗务总长为总揆，以下置部长、局长、课长、主任、录事、承事、辅事、书记等职，分担事务。关于别院、寺院，并檀信徒之数量，依昭和五年十月末的调查（《大谷派本愿寺要览》）统计如下表：

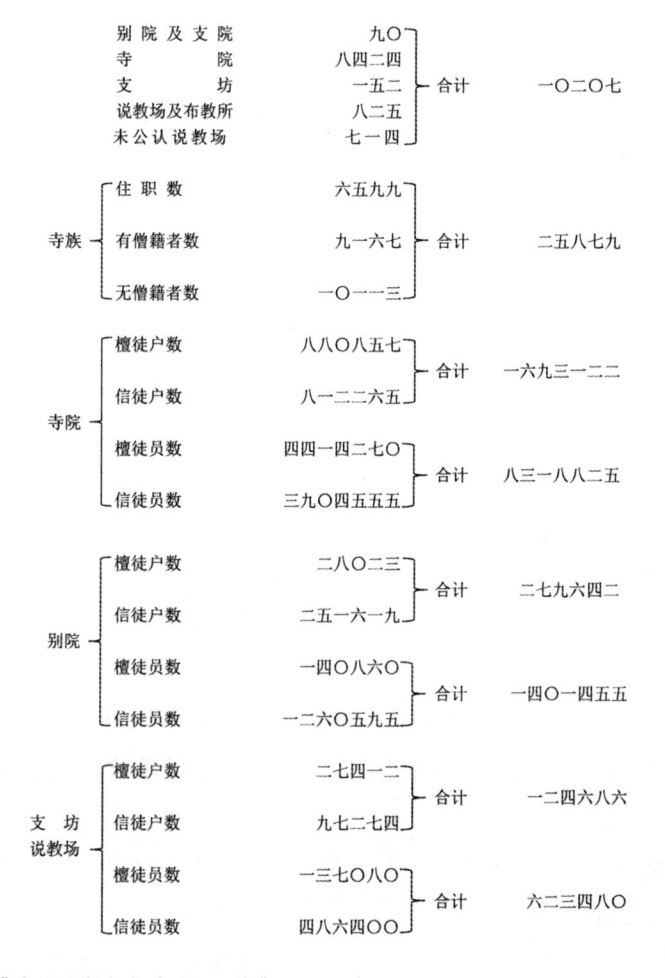

	别院及支院	九〇		
	寺　　院	八四二四		
	支　　坊	一五二	合计	一〇二〇七
	说教场及布教所	八二五		
	未公认说教场	七一四		
寺族	住职数	六五九九		
	有僧籍者数	九一六七	合计	二五八七九
	无僧籍者数	一〇一一三		
寺院	檀徒户数	八八〇八五七		
	信徒户数	八一二二六五	合计	一六九三一二二
	檀徒员数	四四一四二七〇		
	信徒员数	三九〇四五五五	合计	八三一八八二五
别院	檀徒户数	二八〇二三		
	信徒户数	二五一六一九	合计	二七九六四二
	檀徒员数	一四〇八六〇		
	信徒员数	一二六〇五九五	合计	一四〇一四五五
支坊说教场	檀徒户数	二七四一二		
	信徒户数	九七二七四	合计	一二四六八六
	檀徒员数	一三七〇八〇		
	信徒员数	四八六四〇〇	合计	六二三四八〇

再录《大谷派社会事业一览》：

项目	数计
日曜学校	一〇八八
幼稚园	七七

托儿所	一六三
文库	一七一
少年保护事业	三三
司法保护事业	一〇三
济生事业	八
裁缝教授	五二二
茶及生花教授	三八
地方改善	三〇
补习教育	一二四
职业绍介	一二
无料宿泊	八
人事相谈	一一
邻保事业	一一〇
融和事业	六
总计	二五〇四

大谷一派之教育现状，共有大学一、真宗专门学校一、专修学院一、中学校一、女子专门学校一、女学校十，其他每年各地办有夏期学校，夏期讲习会。在大学毕业之学生已有八百多人。大谷派的僧侣有四个学阶：一讲师，二嗣讲，三拟讲，四学师。学师的地位要有大谷大学卒业的资格。

东本愿寺发行《真宗》月刊，已出至四〇三号。

我曾听到什么人说过：真宗的僧侣有很多做政治家的。在真宗本愿寺做部长、局长的职僧，也同做官一样，是由宗务所任命的。

真宗根本就是净土宗，所以称作净土真宗。他们也是以净土三经——《无量寿经》《观无量寿经》《阿弥陀经》——为主要的圣典；至于崇奉的宗祖，是印度之龙树菩萨、天亲菩萨、中国之昙鸾大师、道绰禅师、善导大师、日本之源信僧都、法然圣人（日本称法然、亲鸾皆曰"圣人"），这是真宗的三部经与七高祖。

西本愿寺去东本愿寺不远，寺内殿堂一如东本愿寺，匆匆一览，即归聚光院，时已夕阳西下矣。

夕食后稍息，与藤井师同去理发店剪发，在夜月下步回。藤井师说可以作诗，诗兴毫无，只觉心地清凉耳。

游览京都全市　观三十三间堂　清水寺　南禅寺　银阁寺　金阁寺　赴一休庵大西良庆僧正斋会　夜游圆山公园

十七日

京都自平安桓武天皇奠都以来，是日本一千百余年的首都，市内外的名胜旧迹，在日本要数第一。风俗优雅，山川秀丽，所谓"东山之艳，西山之翠，鸭川之清，大堰川之奇"，真是一容一态，游览无尽。市内街衢平整，四通八达，经纬纵横，如同棋盘一样。

藤井师一早起来，就约我周游京都全市，至京都驿乘"京都名所游览乘合自动车"。这种车大型的能乘廿五人，巡游八小时，车费三圆五十钱。我们上车，适巧这辆车空有两个位置，但是一前一后，如我与藤井师分开坐，则沿途所谓名所的地方不能知道。经藤井师与售票人向乘客中一老者商量，甚感老者许可让座，我们二人的座位得到并坐。车上送给乘客"游览案内图"一张，手巾一条。

八时出发，车上的女向导员说明第一处下车游览的地方是乃木神社，车抵神社前，该女员引导游览，并加以详细说明。以后每至一处，必说明其历史；车行之经过，凡路名及学校、军营等较大的机关，都为乘客一一指点，此种便于外来游客之游览车，实在太好了！

经过桃山御陵，这是明治天皇与明治皇后的陵墓，稻荷神社及丰国神社，到三十三间堂。三十三间堂，本名莲花王院，这原是六百七十余年前后白河法皇的御所，法皇皈依佛教，遂敕建此堂，南北长三十三间，故以此得名。堂内雕塑观音金像一千零一尊，像身高约六尺，较我国五百罗汉堂尤为稀有！

清水寺在音羽山下，是法相宗的中本山，属于兴福寺。寺奉观音菩萨，灵感非常，香火极盛。日人之信仰清水寺的观音菩萨，犹如我国人民信仰普陀山观音道场，有同样的虔诚。本堂建在斜坡之上，高五六丈，全部木造。据云此堂之造成并未用一铁钉，是亦奇矣！

再经过八阪神社、知恩院、圆山公园，到瑞龙山南禅寺。南禅寺系临济宗南禅寺派之大本山，俗称"太平兴国南禅寺"，为京都五山之一。龟山天皇初爱此地山水秀丽，乃建离宫于此，后屡为妖怪骚扰，召请大明国师镇压。因国师之胜德，妖异立止，龟山感动而皈依禅宗，即在离宫之傍建立南禅寺，大明国师开山云。

游至平安神宫，在京都社会事业株式会社午食，这是自动车公司指定的食堂。食后，游平安神宫，向导员招待乘客在神宫正殿前照相，乘客要相片者，出银三十钱。云水因缘，留一印痕，睹其人而不知其姓和名，倒也很有趣。

银阁寺与金阁寺，银阁寺名慈照寺，金阁寺名鹿苑寺，同属于临济宗相国寺派。前者原为足利八代将军退职后所筑之山庄，后者为西园寺公经营之别业，两处皆以林泉花木称胜，舍施为寺，同请梦窗国师开山。两寺参观，均要买门票（拜观料十钱，特别三十钱）进内。

日本有许多佛寺的佛殿佛像或宝藏之法物，已为"国宝"或"特别保护建造物"者，大都均需纳费参观，如见有牌示曰"无料拜观"之处，就是不纳费。这种办法，一方面并不一定是在多一笔收入，一方于保护方面无形，却有极大之帮助，因为游人不能随手毁坏污损。虽与佛法似或不合，但在日本佛教所处之环境与人民之习惯，亦不以为不当也。

游过"御所"——故宫（只能在外面观看，宫殿深锁，非若我国北平故宫，可以任人游览也）。照游览顺序尚有平野神社、北野天满宫、东西本愿寺等名所，我们因为东西本愿寺已去过，从金阁寺即折回聚光院，其时已近下午四时了。

抵院门，遇中外日报社编辑鲇泽晃寿先生来访藤井师，藤井师介绍相见。鲇泽先生说是代表清水寺大西良庆僧正邀约我们去吃素斋的。他们谈了一点多钟，又与藤井、中村二师和鲇泽先生同至一休庵素食堂。大西僧正已先至，列席者尚有梅岛真庆师，一席六人，吃的中国烹调法的素菜。大西僧正他做过法相宗的管长，他曾到过奉天哈尔滨，他不日将要与林彦明师等游历我国江、浙、赣、鄂、河北等省，参观我国之古刹名胜。席间畅谈甚欢！素菜亦可口。一休庵是一个新建的素食堂——也是京都独一无二的卖素菜的地方。斋毕，为在座大西僧正等各写字一页，道谢而别。

归路顺至圆山公园，藤井师前导走上山麓。遥望京都全市夜景，灯光辉耀，圆月当空，时尚未到夏令，园中夜游者不多，只见山树重层，人影二三，间有歌声从远处送来，一声两声耳。

购买念珠铜磬　赴铃木博士斋会

十八日

昨夜月白如画，今朝狂雨倾盆。上午检阅各处所赠书籍，下午携带雨具出街购买念珠、铜磬，价廉物美。日本之佛具店规模甚大，制造出品，均精巧而不落俗。就佛像而言，已比我国高出万万，我游日本十日，占我印象最佳之部分，即为佛像，第一是以木身雕刻不装金身者；第二是弥勒菩萨像，不像我国误以布袋和尚当弥勒者；第三是四天王像，面目如生人，雄气赳赳，令人又敬又畏；第四是地藏菩萨的立像，庄严无比，在我国实为罕见；第五是造工精细，无论铜像、石像、木像，一律均好，至其华盖莲座，亦皆配置得当。惟定价太昂，一不足十寸之木像恒需三四十圆之值，一个佛龛（日本称作"佛坛"）的价格，普通小的至少要七八十圆，特别的和大一点的，定价则在三百元以上，三千圆以下，惜非一般人之经济力所能备置。

参观《中外日报》，这是日本佛教最老的一家日报，现在已发行至一万七百二十余号，创办于明治三十年十月六日。

下午七时，与中村、藤井二师赴铃木博士之晚斋，斋罢归院，夜月又清莹出现矣。

夜间与藤井师商量，请变更行脚日程，缩短日期。十九日到比睿山一宿，一直去永平寺，大津、宇治山田、名古屋一路不停，先到东京，就近一游镰仓，回路再过丰桥，就这样决定了。

上比睿山　传教大师兴天台宗

十九日

早起，收拾行囊，中村师邀照相，聚光院共住者一同摄入。

九时，辞别中村师，至白川村，搭电车上比睿山，上山改乘爬山电车，十时半抵山。在山上入口的地方，树了一个"镇护国家"的大石碑。步行至延历寺之山上宿院。雨后山青，绿树蔽天，沿路泉流潺湲，比之高野山又别有一种境界。高野山寺院林立，一切均已成现代化，比睿山不然，却完全是一山林也。

延历寺是天台宗的总本山，为最澄传教大师开山。传教大师与弘法大师为日本平安时代一代文化的两大柱石,他长于空海七岁,比空海早出家二十年;他三十八岁与空海一同至我国留学,空海西往长安,他留明州,入天台,师事道邃、行满二禅师,居住半年得传承圆(台宗)、密、禅、戒四大法灯,归国后于比睿山开天台宗,发扬台密,自创一宗风。之后,日本佛教之新兴宗派,若净土宗之法然、真宗之亲鸾、禅宗之荣西、日莲宗之日莲,皆初学于天台,与传教大师之感化,影响甚大。综其一生之历史及其至我国留学之经过,略为记述如左:

一、传教大师,是其谥号,法名最澄,十三岁投大安寺依行表和尚出家,住近江之国分寺,十九岁于东大寺受具足戒。

二、传教大师初从行表和尚习唯识。二十二岁住比睿山,创立根本中堂后,隐居山林,究读《起信论》《华严五教章》等。常思以天台教理为指针,但不得天台之典籍,后来访知鉴真和尚曾携带有天台《法华玄义》《法华文句》《四教仪》《维摩疏》等,乃前人书写,精勤披阅,孜孜不倦。

三、大师于三十八岁与弘法大师至我国,时桓武延历二十三年——我国唐德宗贞元二十年九月一日抵鄞县(宁波),同月十五日发明州,二十六日到达天台国清寺,拜道邃和尚为师。

十月七日辞道邃和尚访佛陇庄行满禅师。十三日行满导其登佛陇道场,同日于禅林寺受牛头禅要。十四日在佛陇道场受行满禅师教籍八十余卷。翌年,贞元二十一年(年谱误作顺宗永贞元年)二月十五日于台州龙兴寺受道邃付法。兹录道邃和尚付法文与行满禅师印信文于后:

(一)道邃和尚付法文(《天台霞标》二之一)

比丘僧道邃稽首顶礼天台大师:窃以法王出世,一音演说,机感不同,所闻盖异。故权实之义,接于诸部大小之文,森然殊流,要其所归,无越一实。故曰:"难示种种道,其实为佛乘。"又曰:"开方便门,示真实相。"喻之以众流入海,标之以不二法门,自他两得,同诣秘藏,此经所由作之,所以虽洎鹤林灭而法网散,神足隐而宗殊涂,不若只是得一心三观而取证如指掌,而一言一心三观者,本体不生,能离因果,常住不灭,遍一切处。当知天真独朗之一言,本来所具之三谛也。三即一相,亦非一,亦曰非异。一相一切相,相即不相，即不相即非相，非无相。故此谓一言，唯佛与佛知一切法教本，一切法义中，一切戏论息也。虽名一心，不通义理，虽称三观，不及毁赞。是以经曰："诸法寂灭相，不可以言宣。"又曰："诸佛两足尊，知法常无性，佛种从缘起，是故说一乘。"说一心三观，只在斯一言而已。于是古德相传曰：昔智者大师，隋开皇十七年仲冬廿四日早旦，告诸弟子曰："吾灭度后二百余岁，生于东国，兴隆佛法，若有感应，先呈瑞灵。"则一法钥投空，钥忽入空，举众虽慕瞻，终不知所届。而今圣语有征，遇最澄三藏，不是如来使，岂有堪艰辛乎？然则开宗示奥，以法传心，化隔沧海，相见杳然，共持佛慧，同会龙华。大唐贞元廿一年岁次乙酉二月朔癸丑十五日丁卯，天台沙门道邃告附日本国最澄三藏。

（二）行满印信（《叡山大师传》《天台霞标》初之一）

比丘僧行满稽首天台大师：行满幸满嘉运，得遇遗风，早年出家，誓学佛法。遂于毗陵、大历年中，得值荆溪先师，传灯训物，不揆喑拙，悉陪末席，荏苒之间，已经数载。再于妙乐，听闻《涅槃》，教是终穷，堪为宿种。先师言归佛陇，已送余生，学徒雨散，如犊失母，才到银峰，奄徒灰灭。父去留药，狂子何依？且行满扫洒龛坟，修持院宇，经今二十余祀，诸无可成。忽逢日本国求法供奉大德最澄法师云："亲辞梨泽，面奉春宫，求妙法于天台，学一心于银地，不惮劳苦，远涉沧波，忽夕朝闻，亡身为法。"睹兹盛事，亦何异求半偈于雪山，访道场于知识？且行满倾以法财，舍以法宝，百金之寄，其在兹乎！愿得大师以本念力，慈光远照，早达乡关，弘我教门，报我严训；生生世世，佛种不断，法门眷属，同一国土，成就菩提，龙华三会，共登初首。

最澄本为鉴真和尚私淑弟子，既得道邃、行满二和尚付天台宗，传法相承，他自称为"日本玄孙"，其系统为——

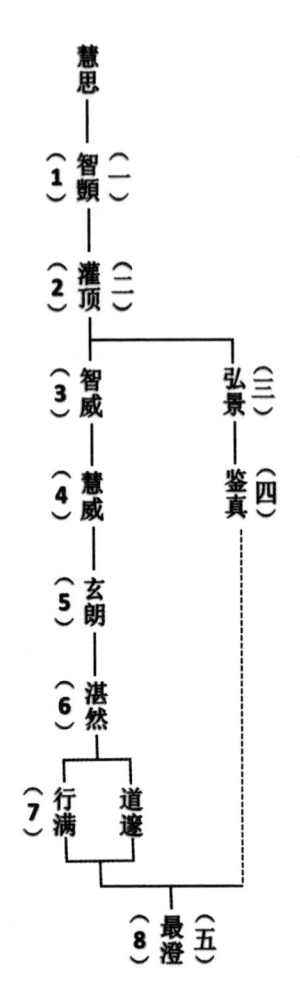

```
         慧思
          |
      (1) 智顗 (一)
          |
      (2) 灌顶 (二)
          |─────────┐
      (3) 智威   弘景 (三)
          |        |
      (4) 慧威   鉴真 (四)
          |        ┊
      (5) 玄朗     ┊
          |        ┊
      (6) 湛然     ┊
          |        ┊
       ┌──┴──┐    ┊
    (7)行满 道邃   ┊
          └──┬──┘ ┊
             └────┤
              (8) 最澄 (五)
```

　　三月二日，又依道邃和尚求授圆顿大戒。四月十一日，到越州（今绍兴）龙兴寺谒顺晓和尚，十六日顺晓和尚传付三部三昧耶；十八日最澄与义真（为最澄之弟子同至我国留学者）同受顺晓和尚之付法。至五月五日，又依寿州草堂寺大素和尚受五佛顶法。又同日，于明州开元寺之法华院，灵光和尚传授"军荼利菩萨"之坛法及契像寺，相承杂曼荼罗，其相承法脉如下表：

（一）顺晓之相承法脉　　（二）杂曼荼罗之相承法脉

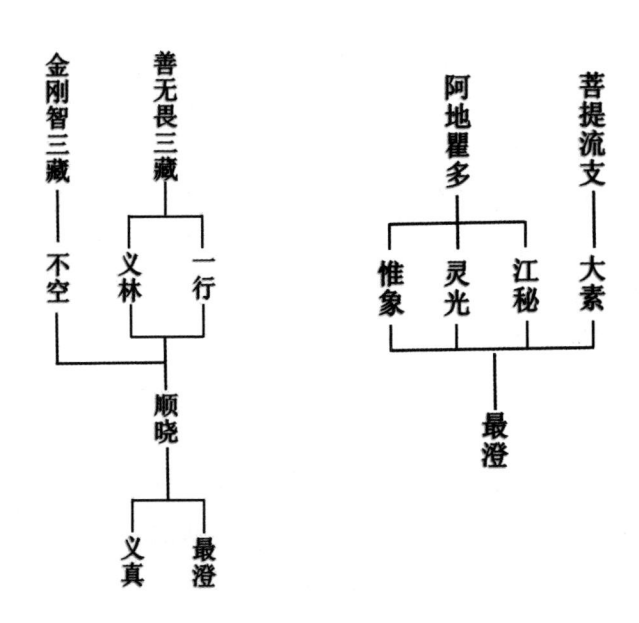

```
金刚智三藏——不空          菩提流支——大素
善无畏三藏┬义林            阿地瞿多┬惟象
         └一行                    ├灵光
              │                  └江秘
            顺晓                        │
            ┌义真                      最澄
            └最澄
```

至此，最澄入唐求法之志已如愿以偿，得台、密、禅、戒四种相承，乃于五月十九日归国。当时携归天台真言之经书、疏记，共有二百三十部四百六十卷，以外还有：

金字《妙法莲华经》七卷

金字《金刚般若经》一卷

金字《菩萨戒经》一卷

金字《观无量寿经》一卷

天台智者大师灵应图一张

天台大师禅镇一头

天台山香炉峰神送柽及柏木尺文四枚

说法白角如意一柄

四、传教大师未入唐求法之前，日本佛教已传去六宗：一、俱舍宗，明诠传去；二、成实宗，百济道藏传去；三、律宗，我国鉴真和尚传去；四、法相宗，道昭传去；五、三论宗，高丽惠灌传去；六、华严宗，道璿传去。

斯所谓古京之六宗。最澄归国后，乃奏请于六宗以外独立天台宗。

五、传教大师既开天台宗于比睿山，其第一业绩，就是订立学生式的家风，他自命为"还学生"，他订了六条学则：

第一条，住比睿山者受大戒后，在十二年间不出山门，修学两业——一止观业，二遮那业。

第二条，修止观业者，常年讲读《法华》《金光明》《仁王护国》诸大乘经。

第三条，修遮那业者，每日长念《遮那》《孔雀》《不空》《佛顶》诸真言等之护国真言。

第四条，两业课程修终，各随己能，任应所用。

第五条，任传法及讲师，从事公共事业，为社会服务。

第六条，以此回向，佛法久住，国家永固。

并创建大乘戒坛，得度试业学生，称为大乘菩萨僧。此种菩萨僧为最澄开创新宗理想中之中心人物，誉之为"国宝"。所谓国宝者，"国宝何物？宝道心也。有道心人，名为国宝"。他说：

　　能行能言，常住山中为众之首，为国之宝。

　　能言不能行，为国之师。

　　能行不能言，为国之用。

六、传教大师之著述颇多，有《注〈法华经〉》十二卷、《注〈金光明经〉》五卷、《注〈仁王般若经〉》三卷、《注〈无量义经〉》三卷、《天台灵应图集》十卷、《头陀集》三卷、《守护国界章》十卷、《法华去惑》四卷、《法华辅照》三卷、《照权实镜》一卷、《决权实论》一卷、《依凭集》一卷、《依新集总持章》十卷、《显戒论》三卷、《显戒缘起》二卷、《血脉》一卷、《付法缘起》三卷、《长讲文》三卷、《六千部法华铭》一卷。

七、传教大师入寂之前，告诫他的弟子药芬、圆成、慈行、延秀、华宗、真德、兴福、道叡、乘台、兴胜、圆仁、道绍、无行、仁忠十四人，禁着俗服、饮酒，寺侧院内不近妇人。每日长讲大乘经，利益国家，救度群生，弘通一乘，使法久住。并作遗诫六条：

　　第一定阶也，我一众中，先受大乘戒者先坐，后受大乘戒者后坐；

若集会之日，一切之所，内秘菩萨行，外现声闻像，可居沙弥之次，除为他所让者。

第二用心也，初入如来室，次着如来衣，终坐如来坐。

第三充衣也，上品人者，路侧净衣；中品人者，束土商布；下品人者，乞索随得衣。

第四充供也，上品人者，不求自得食；中品人者，清净乞食；下品人者，赈施可受。

第五充房也，上品人者，小竹圆房；中品人者，三间板屋；下品人者，方丈圆室。造房之料，修理之分；秋节行檀，诸国一升米，城下一文钱。 第六充卧具也，上品人者，小竹槁等；中品人者，一席一荐；下品人者， 一叠一席。故巨亩之地价，不是我等分，万余之食封，不是我等分，僧统所检天下伽蓝，不是我等居。大师释迦、多宝分身来集之日，答文殊问：不许问讯求声闻者，不许共住一讲堂中，不许共行一经行处。是以乞食朝来，受摄饭而供山中之饥口，行檀秋节，纳寸布而着雪下之裸身，衣食之外，更无所望，但除出假利生也。

这一天，朝日新闻社的旅行团也来游比睿山，男女老少三四百人，住满了山上宿院，在那儿休息、吃饭、谈笑、歌唱。日本人对于旅行，是在生活中的一件大事，中学生大都会都要跑到，小学生也要跑出县；虽闭塞在乡村的老妇人，于春秋佳日也要出去旅行观光，结合成朝山式的团体，那是很多的。据说火车常常要为旅行者开专车。

比睿山本山的房屋并不十分好，小院也很欠整洁。我们吃了饭，到大讲堂、根本中堂去参观，堂中太暗黑了，在堂外全看不到堂内的布置，只能听着引导者的说明。后来跑了几条小路，雨后潮湿，路滑不良于行。我与藤井师都感到有点疲倦，乃回院休息。这时候来了一位警察先生问我，经藤井先生把三浦领事的介绍信给他看过，他又很客气地说是比睿山招待的人太少，今天因为客多，他特为帮他们来招待我们的。我觉得日本的警察，一方面对于他们的职守很认真，一方面对人又很有礼节。

我们住的宿院，在楼上第一号，凭窗恰好看到琵琶湖，登高临下，一览无余。树间时闻鸟语禽言唤的《法华经》。延历寺干事即真周湛师与喜里山光观师陪谈片刻。夕食后，为比睿山僧作书七八件。

谒传教大师塔院　参观睿山学院　至福井

二十日

早晨，大雾。

即真师来邀往大讲堂，看学寮学生诵经。山上有一学寮，学生二十余人，修持读书与作务并作。至净土院，谒传教大师塔院（日本称作御庙）。院中住一闭关僧，名太野垣善净。我们去看他。他已四十四岁，在此闭关已三年多，定期十二年；每日上午诵《法华》《光明》《仁王》诸经，下午分修止观业、遮那业，一如传教大师当日自订之规程。善净师在院闭关名为"侍真"，就是——传教大师的侍者的意思。他诵经是在大殿上，修遮那业（台密），在密坛里。密坛的内部，同真言宗（东密）大同小异，稍微简单一些。本来闭关，在"结界"的界限内，是可以散步的，善净师他说他只在院中经行，不出院门。我赞叹他为"传教大师的嫡骨儿孙"，这正是传教大师所理想的典型人物吧？

九时半，比睿学院的教授稻田祖贤师，特由山下来接我们下山，去参观比睿学院。比睿山上山的路有两条：一由京都、白川村至四明岳登山；一由睿山口驿上山。两路均有爬山电车。我们是由相轮寮下山，到睿山口驿的。车行十七分抵山下，延历寺本坊、宗务所、比睿学院都在这里。先走进一个小院，进门是间食堂，有一位寺本先生，在那里教授由"满洲"去的五个学生读日本文。等到上楼一看，才知道这个院子专备"满洲"留学生住的，名为"满洲国留学生寄宿舍"；一位舍监是女先生，正在楼上缝被，据她说："等两天还有五六个满洲学生要来。"在那里的五个学生都是出家的，其中有一个是哈尔滨极乐寺派去的。当时我有无穷的感想，想起昨天上山时，在四明岳进口的地方看见的一块"镇护国家"的石碑，以及近十日来，所见到日本佛寺中尊崇国家的表现和听到许多僧侣关于卫护国家的谈话，拿我国口头上仅可天天唱诵"皇图巩固"或"国道遐昌"，而实际毫无国家观念的僧伽来与他们一比，真要令人愧死了！

到睿山学院，学长田村德海僧正，是一位年高德长的老比丘。睿山学院与专修院同在一校，所谓专修者，就是偏重于修台密的。关于修遮那、止观两业，有一种勤行式，兹录其程次如下，文仪从略。

（一）遮那业勤行式

1. 胎藏界

先作相，次堂外来聚假座，次升堂，次三宝礼，次烧香散花，次供养文，次略颂，次唱礼，次九方便（一作礼方便、二出罪方便、三皈依方便、四施身方便、五发愿方便、六随喜方便、七劝请方便、八奉请方便、九回向方便），次佛顶陀罗尼，次后呗，次三皈礼，次下堂。

2. 金刚界

先作相，次堂外来聚假座，次升堂，次三宝礼，次烧香散花，次供养，次略颂，次唱礼，次五悔（一作礼、二忏悔、三随喜、四劝请、五发愿），次佛顶陀罗尼，次后呗，次三皈礼，次下堂。

（二）止观业勤行式

作相等乃至供养文如前遮那业，次唱礼，次观心偈，次读经三部（《法华》《仁王》《金光明》）轮转，次下坦，次三皈礼，次出堂。

睿山学院，创于明治二十三年，初名睿山大学林，后迁山下，改称天台宗西部大学，至大正十四年，始改今名。常年经费约三万圆。现有教授二十七人（僧侣占二十二人），学生约有百名。学院三年毕业，专修院二年毕业。

1. 专修院学科

	第一学年	时间	第二学年	时间	备考
宗乘	法仪圆戒圆教密教	130以上	法仪圆教圆戒密教	130以上	
余乘	各宗教义哲学	50以上	各宗教义哲学	50以上	

2. 学院学科

	第一学年	时数	第二学年	时数	第三学年	时数	专攻科	时数
宗乘	圆教 圆戒 密教 天台宗史 经典读诵	14	圆教 教相、观心 圆戒 密教 天台宗史 三藏演习	14	同上	14	同上	14
余乘	各宗教学 印度佛教史	4	各宗教学 中国佛教史	6	各宗教学 日本佛教史	6	各宗教学 宗教学	6

语学	国语汉文外国语	4	同上	6	国语汉文	4	汉文学	2
哲学	哲学	4	同上	4	同上	4	同上	4
实习	传道法并法仪实习	8	同上	4	同上	4	同上	4

睿山学院有睿山学会、专修院本科研究会，出有《睿山学报》《研究会学报》。

午食后，辞别田村僧正、稻田师等，至坂本港搭电车到大津，转乘火车赴福井县。七时抵福井，寓于近江屋旅馆。

夜晚出游。福井、濑户的陶器很有名，是从我国传去的制法。在一家铺子里，购一达摩立像，两目炯炯，神气十足。

游曹洞宗永平寺　去东京

二十一日

六时，由福井驿乘至永平寺，电车等待半小时之久，第一班车始开出。开车前，有曹洞宗末寺某僧上车问讯，说永平寺已经预备欢迎我们了。车行三十余分钟，抵永平寺站，知客大木智观师已在站候接，坐汽车至寺，知客师引入伞松阁，副监院小原泰道师远出欢迎。小原师系藤井师的同乡，殷勤寒暄，先用茶点。知客师导至各处顺序参观：

（一）伞松阁，是一间大厅式的房子，昭和五年改筑的，有特别法会，全国末派诸寺院檀信徒的款待所，面积计二百四十一坪余，构造的技艺非常精致，顶板（日本称作"天井"）作二百三十方，是日本现代画坛第一流大家一百四十四人挥毫所画的，作二百三十面不同之花鸟，绚烂夺目。

（二）佛殿，称"觉皇宝殿"，明治三十五年改造，建筑优美，布置庄严。殿外悬有"祈祷"金字额，中央须弥坛上供奉三佛，"过去迦叶佛（左）、现在释迦牟尼佛（中）、未来弥勒佛（右）"。前面安置今上天皇圣寿牌。坛后为达磨大师、大权菩萨、天童如净禅师三像。

（三）僧堂，就是禅堂，又称云堂，一山大众坐禅办道之所。正门有"王三昧"一额。堂中供文殊菩萨像，人称之为"圣僧"，左右单位分上间、下间；堂外为职事单位，有监院、维那、知客、副寺、堂主等位置。此堂亦为明治三十五年所改筑者。

（四）法堂，此为永平寺依山建筑所谓七堂伽蓝的最上部，凡演法、祝国开堂会、春秋两期之授戒会、开山忌，以及年中行事之重要法会，均在此法堂中举行。正面有"法王法"匾额一方。堂共十八间，华盖幢幡，金碧辉煌。

（五）承阳殿，这是开山承阳大师之御本庙（如我国之祖堂），也就是曹洞宗末派一万五千寺院之法城，几百万檀信徒崇敬之府。殿上安置开山承阳大师与二祖国师之舍利及尊像，并三祖、四祖、五祖禅师等尊像，堂内左右四处安置本山历住禅师之世代牌。入口处，有明治天皇御笔"承阳"之额。此殿结构玲珑，香芬满室，所谓"七百年来法灯无尽之灵场"，实在可以作此豪语。

（六）大光明藏，这个屋子是永平寺建造物中最优越精巧的，不及伞松阁大，但比伞松阁还要好。日本佛寺中之富丽堂皇的房屋，于此叹观止矣！此屋为贯首会见末派寺院及檀信徒的场所，或于大众"大夜参之行礼"亦在此相见。昭和五年改造，正面上段有小室翠云画伯的壁画，高约十三尺，阔度左右共七间，此种大作品，极其名贵云。

（七）大库院，别名香积厨库，实兼我国库房、客厅二用，是三层楼的房屋，下层为库房。二层称瑞云阁，分成小室十数个，设备有作日本式者，有作洋式者。三层名菩提座，是一百五十叠敷之大广间，皆充接待宾客之所。在库院下层进门有韦驮天尊像。

（八）山门，左右塑的四天王，楼上有五百罗汉像。正面最高之匾额，书"日本曹洞第一道场"，为后圆融天皇御笔，此为该山最古之建造物。

以外舍利殿、敕使门、镇守堂、圣宝馆、经藏、浴室等处，一一悉皆齐整。而尤为罕见者，在各殿堂四围均有回廊连络，廊路既长且广，高下弯曲，于每一转角处，悬有小木牌，上书"回廊往来，须从左颊缓步，若逢大己，如法问讯曲躬"，相传为开山道元大师自作遗留者。

我游览日本各佛寺，最感到不大调和之一事，就是佛殿与僧院都是分开的，使佛殿都好像成了古物保存的东西，的确太冷淡了。今日来到永平寺一看，赞仰不置。不独永平寺的殿堂是连络在一起，而僧家所有的一切规模，也似乎在永平寺才看到了！从永平寺全部的外形上一看，虽庞大如东西本愿寺也比不上它。我想能善于观察僧侣团体的生活和佛寺道场的宗风的人，会与我有同一的感想的？

曹洞宗开山道元大师，为村上天皇九世孙，久我内大臣源通亲公之三男；承阳大师，乃明治天皇特赐之谥号。他四岁就能读《李峤百咏》，七岁通《毛诗》《左传》。十三岁，投比睿山，依天台座主公圆僧正出家，研究天台教义。尔时，建仁寺之荣西禅师，适自我国留学归国，声誉卓著。道元从其法嗣明全禅师学禅，师事九年。嗣发愿随明全入宋求法，于后堀河天皇贞应二年（南宋宁宗嘉定十六年），抵宁波，至天童山，先依无际禅师参学，不久无际禅师示寂，适天童如净禅师由径山再返天童，道元遂得如净禅师传其第十三世正统法脉。二十八岁，自宋归国，初住建仁寺；后应镰仓之家人波多野义重之请，赴越前国吉田郡志比庄伞松峰下，建寺安住，传曹洞宗，初名大佛寺，后十余年始改称永平寺。此为道元禅师与曹洞宗之略史，而至今曹洞一宗有千五百末寺，无一分派，尤为其特色焉！

全寺重要殿堂游览一周，有后堂吉冈铁禅师持诗相见，问讯数语。他们已在伞松阁中预备了写字台，磨墨一盘，要请我写字。奋笔直书，二小时内作尺页条幅五十余件；午食后复写一二十件，寺僧包围，大众中思得一字者尚不乏人，视钟于下山赶福井火车已近，乃允他们以后有缘再来。小原、大木、吉冈诸师均相约后会之期，赠道元大师所著《正法眼藏》及《永平寺大观》等书，殷殷送别。大木知客师特送至福井，因所作书件需盖印章，又差二僧将书件携至福井旅馆加印。在旅馆中，又为二僧写字数件，以方便作佛事，结翰墨缘，亦一云水因缘也。

三时四十六分乘火车，七时至米原，换车向东京进行。

抵东京　访好村春辉、谈玄、墨禅诸友　寓日华学会　访文化事业部冈田部长　访蒋大使

二十二日

昨夜车过名古屋，已入夜分。夜间在车中打盹，觉嫌凉气侵人，在车上行念弥勒佛号约两小时。天明时，经过大船、横滨，五时二十六分抵东京驿，即先至日华佛教学会。敲门而入，好村、墨禅、谈玄三君均未起身，打破他们的清梦，相与寒暄。谈玄法师一年不见，清瘦许多。他本来在前几天就要去高野山的，因为听说我要来东京，他特别等候我来，陪我游览东京。他们为我亲自煮茶、烧面，盛情可感！

我与藤井师同寓在日华学会，这里是常住中国人的，我国到东京来的参观团体，差不多十九都是住在这里的。房价每人每日一元半，不供给饭食，房屋已旧，但出入甚便。我们住定了，墨师去上学了，谈师陪着我谈了许多关于他在日修密的经过。

谈玄法师是去年六月到日本的，五月初他就离开了武昌。来时本预备在东京高野山住半年，修学台密与东密，因修法时期延长，修完须有一年半的时间，故今年上半年，在东京天王寺从福田尧颖僧正学台密终了，十月间还要受一次传法灌顶，六月复先往高野山圆通律寺修法灌顶，为期尚需半年，至明年一月始告圆满。去年他赴日时，汉口正信会及钟益亭居士等供养他的旅费已早用罄，后来幸得斋藤利助居士结缘资助，每月供给他四十五圆；而同时在东京、高野山两处皆没有要他出学费、膳费，所以他除去简单的零用以外，已买了很多很多的佛经，预备带回国再慢慢地研究。

墨法师现在在大正大学读书，每月领庚款四十五圆，出房租六圆，饭食十二圆，再加每日之车费、零用以及课本书籍，亦甚清苦。

闻日本佛教徒对谈、墨二师均甚钦仰，一是他们守持戒律，二是他们能耐苦勤学。日本僧侣虽至我国短期游历一次，亦可得到他们国家与佛教本宗的物质赞助，而我国有一二发心至日本求学佛法者，在国家、在佛寺团体中，不但在物质方面得不到丝毫的帮助，而尚有从中毁谤、意图陷害之人。我国青年学僧所处之环境则未免太恶劣了！偶思及此，心恸不已！

与藤井、谈玄二师，同去访外务省文化事业部冈田部长，因三浦领事已早有信介绍，由冈田部长及岩村成允先生接谈片刻，即辞别。旋至我国大使馆访蒋公雨岩大使，谈了些关于国内佛教的事。从我和他的谈话中间，知道蒋大使对于国内佛教是很关心的，他的意见约有三点：一是中国佛教总要加以整顿才好；二是佛教的道场——如普陀山等处应该要保持道风；三是一般已素食多年的居士不应开荤。他升任大使才三天，我知道他的公事很忙，约略谈了二十余分钟，乃告别而出。

在一家宁波人开的小饭店里吃了一餐素面，回到寓所，大雷、大电、大风、大雨一时并作，势不可当。下午五时雨止，谈、墨二师来陪我到公共浴堂去沐浴。浴后，到他们的房子里坐了一坐，他们把接到国内寄来反对他们的印刷品拿给我看，我安慰了他们几句，我说："南京的某居士反对你们在日本留学，他要捏造陷害你们的罪名，是说你们勾结日本人想要卖国，这是很幼稚的话。中国的和尚向来被国人看得不足轻重，政府对于佛教中事全不加以管理，此次南京有在家俗人捏造谣言，借题诽谤你们，这与他们自身反失去学者的地位。同时，一二素有研究的居士，不惜因同你们两个人故意为难，大放厥词，则无异于对我全国青年学僧挑战，伤失全国青年学僧的感情。这种唾人的手段说不定将唾及己身！你们自问良心，只要'不卖国'，听人家说什么，留他去吧。你们在此修学佛法的一种艰苦卓绝的精神，十方诸佛菩萨会以慈力加被你们的！我早上一来，就问你们的生活状况，原来墨法师连住的所谓'日华佛教学会'的一间房子，每月仍需自出贷金六圆，使我发笑得要流泪，我很放心我们的国家还不致被你们两个和尚卖掉！"大家相与一笑！

夜晚，下着蒙蒙的细雨，谈、墨、藤井三师与我一同去看了几家专卖佛书的书店；这是谈师逛熟了的地方。他把人家供养他的一点钱，大半都与这几家书店交换了佛书，所以谁家的架子上哪一边排列的哪一宗的书，他都能背得出来。书没有买一本，却在灯光下看了一下日本最高学府帝国大学庄严的面目。

参观帝大史料编纂所访鹫尾顺敬博士　游上野公园　天王寺访福田尧颖僧正　游浅草寺观音堂

二十三日

藤井、谈玄二师相偕访斋藤利助居士，适逢其出门，寒暄数语即别。参观帝国大学史料编纂所，至受付所，遇鹫尾顺敬博士，博士招待至接待室。博士是藤井师的先生，他对于谈法师颇加赞誉。他是一位年近七十的老文学博士，著作丰富，现任帝大史料编纂所编纂官。

史料编纂所并不附属于帝国大学，是政府所特设的，这是日本的一个国史馆。内部分十二部，部长就是史料编纂官，下面设有官补。现有编纂官十余人，其余办事员一百多名。编纂之《大日本史料》，这好像我国之《二十四史》一类的史书一样，自明治初年开始采取编辑直至今日，陆续出版，内容为编年体。我问鹫尾博士："在《史料》中关于佛教历史的部分想必很多，曾否特别分出？"他说："日本的佛教是不能离开日本的文化的，所以在《大日本史料》中，佛教没有特别分开，调查的时候都是以编年的顺序采取编入的。现在编成的材料有二十万点以上，关系佛教与中国文化的有过半数；收载的日本留学中国的僧侣传记等颇多，均散见在各册中。宋朝时期禅僧往来最盛，当时日本留学杭州灵隐寺者，一时就有七十余人，京都南禅寺开山普门禅师，就是七十余僧中的头首，而中国禅僧来日本者亦甚多。"这时候，我的脑子里忽然现出了我国的各种史书上，把僧侣同道士、女流放在末后的几幅映画，我说："把佛教史与国家文化史联合在一起，不但是使国家的文化离不开佛教的文化，而佛教在社会上的地位也就自然要高过一切了。我们中国佛教对于中国文化之贡献，自来就被处于儒家政治的压迫，所以把佛教利益国家的许多好处，都被抹煞了。到了现在，中国的佛教不如日本的佛教受国家政府的尊崇和助力，也可以说全是受的史书上编纂的影响。"藤井师说："最初史料所也主张把佛教分开的，鹫尾先生一人极力主张编入，故所以现在史料中关于佛教者特多。"鹫尾博士至此又说："日本文化史与佛教史现在打成了一片，这是我们正当的努力，这也是因为日本佛教能作社会的活动，社会上实际也离不开佛教，况且佛教在日本全部文化历史中，实占最拔萃的地位。"云云。鹫尾博士在东京与他的门弟子辈组一灵潮社，发行《灵潮》月刊一种。

参观帝大"印度哲学研究室"之后，好村先生来一同去游上野公园。

天王寺在上野公园附近，住职福田尧颖僧正是天台宗老宿，曾任大正大学学长。他的风度仿佛同佐伯僧正一样，在日本受人敬仰的地位大概也差不多。相见之下，如同旧识。谈玄法师曾住此半年，从其修学台密，颇蒙优遇。我们由中国的天台山谈到南岳，我告诉他："中国的名山以南岳山的道风为最高，谈玄法师他就是在南岳山出家的。"他听了很欢喜，他说："南岳有三生岩，圣德太子是南岳慧思禅师再生，太子派遣小野妹子到南岳去访寻他自己前生写的《法华疏》，所以日本僧侣对于南岳山很敬仰的。"

谈到戒律的问题，他问我："对于日本僧侣之不守戒律的感想如何？"

我说：："这是一国的政治与习惯的关系，贵国僧侣带妻食肉，大半也是因为政治的关系吧？比如敝国内部学佛的人，均以素食为第一条件，而在西藏因为习惯的关系，也可以食肉的。"他告诉我："明治维新时，政府要废佛教，强逼僧侣还入俗籍，对于出家生活，许可肉食妻带，所以使僧侣无规律，做成了在家佛徒，以后日本佛教就大坏了。明治政府想废佛教，实际上就是'僧侣全废'的运动。"福田僧正这时转向谈法师说："你们来到日本，看了佛教风习之后回国去，将来对于中国佛教改革的时候，请小心！不要像日本明治改革佛教失败似的。"他说这话表现的态度非常诚恳，我私心敬仰他的忠实于佛教，他纯粹以佛教徒——僧侣的立场说话，真是难得！我回答他："中国社会的一般人，对于佛教观念与贵国不同，佛教僧侣向来是以修行吃素为本位的，所以我们主张中国佛教改革的方面，除去组织方面、教育方面加以改革外，其余如僧侣之生活行为，仍望复古过山林的生活，连社会活动都不想去。关于布教的社会事业，让在家居士去做，以僧侣做根本的住持佛法，以居士作方便的弘扬佛事，这样就好了；现在我们正在这样的做。"他说："日本佛教僧侣过着受人之施物的生活，将来也断然要严重的守持戒律。中国佛教僧侣与在家教徒双方携，那么，佛教在中国一定会发达的。"

吃着茶点，福田僧正拿了一幅手卷给我看。这是一百年前，我国在长崎的侨商郑赤城请人画的一幅天台山全图，送给一位豪潮法师的。原本现在宝藏在比睿山净土院，这一张是临摹的。

福田僧正赠我一册《戒密纲要》，这是一册台学阶梯的好书，读了对于台密的历史、教义、事相等等都可以明白了。参观了他的密坛，临别时好村先生替我们拍了一张相。福田僧正又命侍者打电话给浅草寺，介绍我们前往参观。

浅草寺，也是天台宗的寺院。寺前有一条直街，通寺之大门——仁王门。两边商店齐整地排列着，香客往来如织，与我国上海城隍庙、南京夫子庙同一闹热之地，而却没有城隍庙、夫子庙那样杂碎零乱。

正殿是观音堂，是东京香火最盛的地方。以前有一次大火，四围的民房都烧完了，浅草寺观音堂却一点没有碍事，据说观音堂下面有避火的宝物，同时因为观音菩萨的灵感所致。自此以后，东京人民凡遇疑难之事，都很虔诚地来祈祷大士，香火之盛，超过东京大小佛寺。观音堂进门安置一特大之塞钱箱，纵一丈五尺三寸五分，横一丈四尺六分，高二尺三寸，整整占去殿角之一间。日本敬佛有一种良好习惯，不点烛不烧香，空手进寺，走至殿前，至诚合十问讯或跪拜顶礼，后取银五钱或数十钱、数圆不等，投入塞钱箱，以作香金，并作供养；以有用之钱，做正当布施，不作无谓之消耗——如我国燃爆竹、焚纸帛之恶习，则宜视为迷信之举动矣。

我们方进堂门，役僧已出候迎，导至堂内，拈香礼拜毕，金栋画梁，华幔伞盖，严饰种妙，令人起敬；观音大士应化之神力，诚不可思议！

至寺务所，社会事业部部长大森公亮师招待，询知浅草寺向以办社会事业著名，现在所办之社会事业有：

一、病院（每日求诊者约二百人）

二、妇人会馆

三、施无畏学园（收容不良之少年、少女习学技艺）

四、幼稚园

五、日曜学校及小学校（小学共有八校）

六、女子青年会

七、成人讲经修养会

每年全寺维持经费约二十万圆，塞钱箱每年可得十四五万圆，年均每日有三百余圆之香金收入。发行有《浅草寺时报》和《大无畏》两种刊物，皆是每月一回。前者是刊载教义及作寺务报告的，出至七十二期；后者是一种通俗的宣传品，已出至一百十八号。

晚间，与藤井、谈玄、墨禅三师游览神田区书店。这里的书店栉比为邻，约有一二百家，马路中复有书摊，旧书恒作一折二折。在书店中，无有一家不卖佛教书籍，我买了两本《寒山诗讲话》《南都石佛巡礼》。

游增上寺　筑地本愿寺　参观大藏刊行会　佛教思想社访野依秀市，国际佛教协会访友松圆谛均未遇　下午斋藤居士设斋偕乐园聚餐

二十四日

清早与藤井师游增上寺，寺中本堂及三门以外，无大建筑。增上寺是净土宗寺。前住职渡边海旭上人，德学俱高，惜于去年示寂，未免欲见恨晚矣！

墨法师曾挂搭此寺二年有余，藤井师指一旁屋语余云："此为墨师所住之室。"

东京西本愿寺，称筑地本愿寺，寺屋新建，今年四月间始举行落成礼。外形构造作印度式，佛殿作礼堂式，设有座椅六七百席，既可作诵经拜佛之场，又可为集会讲演之用，实为现代的一种经济办法。以前我在一本书中看到说日本佛教贵族化，到这里才证明了不错。

我与藤井师坐在本愿寺前幼稚园的小公园中，无意中谈了有一点多钟关于真宗方面的话，归纳起来约记数点于下：

一、真宗自亲鸾上人开宗后，他的血统分成两族，就是东西两本愿寺。东本愿寺已传至二十二代，西本愿寺为二十一代。因其与皇族联亲，所以获得爵位。

二、凡是真宗本派之僧侣，须依管长得度。

三、凡是本派末寺之住职，均由本山委任，好像做官一样；如有不称职者，也要受撤职处分的。

四、本派管长如无嫡子，得由他的房族侄辈承继。

五、如管长年轻身亡，其子尚幼，亦得暂时委任摄政住职。

六、本派末寺之僧侣对于管长不得任意批评，但管长实在有过失处，末寺僧侣亦可作正式反对，向文部省宗教局控告，令其脱离僧籍。

七、末寺僧侣如出国留学海外，或作本派之正当的各种社会事业，亦得要求本山补助。

八、日本一般国民对于本愿寺住职及僧侣的一种贵族生活，也有作反对批评的，但因其信徒众多，所做社会事业很多，并不受若何影响。

我们去参观大藏刊行会，访问小野玄妙博士，该会所刊行之《新修大藏》的销路，前五十五卷二千五百部已完全售出，续三十卷售去一千四百部，十二卷图像售出八九百部，昭和目录约售去千部云。现在正在译印之《南传大藏经》，每月发行一本，共印二千部。日本所印藏经，均为我国之译本。此次他们印的《南传大藏经》，是自己直接翻译的，故在日人认为一大光荣之事。

我问小野博士："《新修大藏》印成后，曾发现有什么经书没有收入的？"他说："有的。"我再问他："有多少种？将来曾再版补入否？"他一面说着"已找到数十种"，一面跑到书架上去翻寻经本及照相给我看，有长安醴泉寺超悟译的《大乘理趣六波罗密多经义疏》，释僧隐别译的《金光明经》，窥基撰的《般若心经略赞》一卷，惠澄撰的《肇论抄》三卷，赞真述的《虚空藏经疏》四卷等等，而尤以《大智度论释》第十二卷、《论疏》卷第四为难得。闻所搜求之各书，多从朝鲜得到的。

今天访了两个日本佛教中的怪杰，均没有遇到。一位是佛教思想社的社长野依秀市氏，一位是国际佛教协会的会长友松圆谛氏；前者在佛教出版事业当中发行了不少的书、刊物，后者是日本净土宗的权威学者，所以称二氏为怪杰者，这也是日本佛教徒对于他二人的尊称。野依氏据说他喜欢无端的威胁人，于是就常常坐监牢，同时他的出版事业却依然的发行出版，并不因这个主人一时的犯罪而停止其活动。但是他为什么要这样的做法，常常被处于缧绁之中？这就不是别人能替他想象得到的了，也许是他的特别的个性吧？友松氏他是净土宗的一位权威学者，关于宣扬净宗的著述甚富，他突然的在前几个月发表了一篇文章，说西方极乐世界是没有的，引起日本佛教僧侣大哗，群起攻击。而非常奇怪的，这位先生却反而得到意外的受人欢迎，这简直是笑话了！

晚间，斋藤利助居士在偕乐园设斋请我们，这是东京唯一的一家素菜馆（日本称素菜为"精进料理"），被邀者谈玄、墨禅、藤井三师，好村、神田二氏，另外还有一位月桂寺的住职东海裕山和尚，连斋藤居士父子主宾九人，吃的是中国烹调法的菜，厨司是上海功德林去的。惟菜价太昂，以每客计，一客须五元。我想日本佛教徒之不能素食，或许与此种之菜价多少有点关系吧？

食后，在一家写真馆，与藤井、好村、神田、谈、墨五人合摄了一张像。

参观大正大学　日莲宗本门寺

二十五日

早晨经过佛教徒所办之东洋大学，仅在校外一观。至大正大学，遇成田昌信、福井康顺、二宫守人诸先生，由成田先生引导参观全校，并招待午食。

大正大学，是由天台宗、新义真言宗丰山派、净土宗三宗联合办的，就是由宗教大学、丰山大学、天台宗大学三个大学改组而合成者，创立于大正十四年。共设佛教学科、哲学科、宗教学科、史学科、文学科五科，兹将其各学科的必修科目与选修科目抄录如下：

（一）佛教学科

必修科目	单位	选择科目	单位
佛教学概论	二	哲学概论	一
佛教学各论	八	心理学概论	一
佛教史	二	伦理学概论	一
印度哲学	一	教育学概论	一
中国哲学	一	教授法	一
西洋哲学	一	社会学概论	一
宗教学概论	一	西洋伦理学	一
梵文学梵语学	二	东洋伦理学	一
外国语	一周四时间	宗教史	二
		宗教哲学	一
		东洋美术史	二
		西洋美术史	二
		日本史特殊讲义	二
		东洋史特殊讲义	二
		巴黎文学巴黎语学	二
		西藏文学西藏语学	二

（二）哲学科

必修科目	单位	选择科目	单位
佛教学概论	一	佛教学特殊讲义	四
佛教学各论	一	佛教史	二
哲学概论	一	教育学概论	一
西洋哲学史概说	三	教授法	一
东洋哲学史概说	三	日本伦理学	一
西洋哲学	三	宗教学概论	一
印度哲学	一	宗教史	二
心理学概论	一	宗教哲学	一
伦理学概论	一	美学	一
西洋伦理学	一	东洋美术史	二

东洋伦理学	一	西洋美术史	一
社会学概论	一		
外国语	一周四时间		

（三）宗教学科

必修科目	单位	选择科目	单位
佛教学概论	一	佛教学特殊讲义	四
佛教学各论	一	佛教史	二
宗教学概论	一	教育学概论	一
宗教学各论	四	教授法	一
宗教史	二	心理学概论	一
宗教哲学	一	社会学概论	一
印度哲学	一	美学	一
哲学概论	一	东洋美术史	二
伦理学概论	一	西洋美术史	一
西洋伦理学	二		
东洋伦理学	二		
外国语 一周四时间			

（四）史料学科

必修科目	单位	选择科目	单位
佛教学概论	一	佛教学特殊讲义	四
佛教学各论	一	佛教史	二
史学概论	一	宗教史	二
日本史概说	二	古文书学	一
日本史学	四	考古学	一
东洋史概说	二	东洋美术史	二
东洋史学	四	西洋美术史	一
西洋史概说	三	教育学概论	一
外国语	一周四时间	教授法	一
		东洋哲学史概说	三
		印度哲学	一
		伦理学概论	一
		日本伦理学	一
		西洋史学	一

文学科分国文学、国语学专攻者，中国文学专攻者、英文学专攻者的三系。在中国文学系里单是"中国文学"一目就占了八个单位。在上面的四科的科目之中，其实大都是相同的，所不同者就在必修的单位多少不等耳。而最堪注意的，是所谓佛教学特殊讲义，在哲学、宗教学、史学、文学各科中，都为四个单位。学生修业期满时，要受二十四个单位试验的合格。外国语一目，有英、德、法三种，学生至少要选读二种。

另外，在专门部还有高等师范科，这是专门养成中等教员和布教传道及办社会事业的人才的。其学科课程及每周授业时数如左表：

学年\学科	第一学年	每周时数	第二学年	每周时数	第三学年	每周时数
修身	东洋伦理	二	西洋伦理	二	日本道德史 国民道德	二
国语	讲读作文文法	八	同上	九	同上文学史	九
汉文	讲读	八	同上	八	同上文学史	九
英语	讲读 文法 会话 作文	四	同上	四	同上	二
历史	日本文化史	二	东洋文化史	二		
哲学	哲学概说	二	教育学	二	教授法	二
	心理伦理	三	社会学	二	教育史	二
言语学					言语学 声音学	三
佛教	教理及历史	四	同上	四	同上	四
体操	体操	二	同上	二	同上	二
合计		三五		三五		三五

在这个表中，汉文更加至八时至九时了。日本之重视汉文，在几百年前固为研究吾国学术之预备，而在如今对于我国文字之如此认真，所为何事？我们苟一反省，则应惭入无地矣！

大正大学图书馆藏有（中国）西藏《藏经》，是河口慧海氏由（中国）西藏取回的。谈起这位河口先生来，在去年，我们知道日本有一位多田等观氏在（中国）西藏乞食十余年，终被其抄出西藏《藏经》的目录，而河口先生在西藏的因缘则更加有趣了：他先去印度，由印度入（中国）西藏，原是受帝国大学及西本愿寺的嘱托去的，他在西藏十七年，他是假作我国汉族的医生住在那里的；结果带归了很多高贵价值的《藏经》、佛像、法器，现在都分藏在帝大文学部、东洋文库以及大正大学图书馆，他自己也还存藏了许多，在大正大学图书馆里见到很多书箱贴着河口字标的，就是他从西藏取回的宝物。据说他现在已近七十岁，还要想再去西藏呢，使我们不能不佩服日人为法远征的精神；但我们也知道，在他们的精神以外，还有物质东西的援助。我国近十年中，也曾有学僧跑到我国西藏以及在日本等地学习的，可是在贫穷的中国和为私欲财迷的佛教中，有谁去照顾苦学僧呢？

午食后，承福井康顺师陪我们去参观早稻田大学。福井师兼任早稻田大学教授，他年龄很轻，精神活泼，曾在我国北京大学留过学，能说京话。到了早稻田，引导我们参观礼堂、图书馆、研究室各处。这一天是礼拜六的下午，各教室都没有上课。早稻田虽是私立的，但是学生有一万八千余人，要算日本最大的一个学校。我国在该校的留学生也特别的多，并且该校还破例收我国的女生，在日本的大学校里照章是不收女生的。

下午三时零分，由早稻田大学出来，乘电车至池上日莲宗大本山本门寺。寺在一乡村中，依山建筑，殿宇亦颇雄伟，三门外有草书《南无妙法莲华经》石幢一个。"南无妙法莲华经"，是日莲宗日常持念的圣号。这里，先要知道日莲宗的一点历史。

日莲生于后堀河贞应元年，生长在安房郡东条村一个渔民人家。幼名善日麿。他十二岁，师事同郡的清澄寺道善和尚，学内外典籍。十六岁时，薙发出家，法名莲长。二十一岁，入镰仓光明寺就良忠上人学净土法门。二十二岁，从镰仓至比睿山，从尊海上人研究台密，把《法华经》与《大日经》作比较研究，对于《法华》发生深切之信仰，所谓"《法华经》最第一"者也。二十五岁下山，游学奈良、高野等地。到三十二岁——建长五年（当我国南宋理宗宝祐元年），他回归安房清澄寺住。同年四月二十八日的早晨，他登上山顶，见海上日轮东升，乃对日轮高唱"南无妙法莲华经"的题目，这就是日莲宗开宗之起源。

　　日莲大唱其日莲宗，以法统自任，以为佛教之正法统，就是——
　　释迦牟尼佛——药王菩萨——智者大师——传教大师——日莲自身

他同时对于其他各宗，大施挑战，他的排斥他宗的标语，是：

（一）念佛无间（意思是说，念佛者要堕无间地狱）

（二）禅天魔（意思是说，禅宗是天魔的眷属）

（三）真言亡国（意思是说，真言宗是亡国家的恶法）

（四）律宗贼（他的意思是说，律宗之徒都是国贼游民）

此时，日本之佛教以净土、禅宗、真言三宗为最兴，律宗还没有到破产的时候，因为亲鸾之真宗才树立了二十余年，而日莲也正是一个不能守戒的人，日莲作此种大胆之论调，如此尊重《法华》而排击他宗，事实上并不同我国禅宗之呵佛骂祖的机巧作用，使我们到现在还不能不敬佩日莲的胆大！正因其胆大，当时他作了一篇《立正安国论》，其中攻击他宗，不遗余力，于是一面受他宗之抗拒，一面触幕府之忌讳，计先后治罪流谪遭难四次，并被他宗法敌之袭击，虽满身创痕，亦不愿屈服。观他一身的一种强勇之精神，可以称得起是日本佛教历史上千古之第一怪杰。池上本门寺，就是日莲最后入寂之处，享寿六十一岁云。

日莲宗因为独信《法华》，所以他们不持诵佛号，独唱念"南无妙法莲华经"。我们到本门寺，在各殿堂中参观了一回，在前面两个小小的侧殿里，正有人敲着鼓，高声唱念"南无妙法莲华经"。一个殿里有三四十人，男女老少都有，好像是信徒的样子，大家都敲着东西，有四个大鼓，有七八个小鼓，其余敲的都是板子，不晓得叫什么名，与我国唱梆子腔戏敲的那种木板子一样，他们把"南无妙法莲华经"七个字连续着不断地唱念，音调抑扬顿挫，有时高昂，与如雷之鼓音相间杂，大有万马奔腾、拔山倒海之势，有时声调铿锵，又如步伐齐一之行伍。总之，那种声音，听来颇觉得有点武道味儿。另一小殿中是一位尼僧，独自跪着敲鼓唱念，一句一句的"南无妙法莲华经"。据说日莲宗的门徒一向都是尚武的，他们那种擂鼓的敲法，原来就是古来"鸣鼓而攻之"的所谓"战鼓"声。

在本门寺前道旁坐了几个乞丐模样的人，手中敲着小鼓，口中也唱念着"南无妙法莲华经"。观他们的神情，又好像普陀山化小缘的云水和尚，但不知道他们是不是僧侣？

晚间，李猷远先生来访，藤井师邀谈、墨二师及好村先生一同往食堂夜食。

再访雨岩大使　斋藤居士邀游平林寺　川越喜多院

二十六日

上午八时，猷远先生来，同往大使馆，访雨岩大使。至使馆，先晤孙以华先生，旋与大使会谈，将墨禅、谈玄二师在日留学之经过情形，详细对他说明，并且把国内佛教内部发生许多无意识的纷争也告诉了他。因另外有客来访他，他嘱猷远先生陪我在东京各处参观，我即辞出，秘书官杨雪伦先生送我们出馆。

回到寓所，好村先生正挟了一包书来，说是矢吹庆辉博士赠送我的，其中有《鸣沙余韵解说》《日本精神与日本佛教》《思想之动向与佛教》诸名著，并约我后天下午到他的家中相会。矢吹博士是在《海潮音》上由墨禅法师译出的《三阶教之研究》的著者，他的著述很丰富，他的梵文、西藏文都很好，他是净土宗的信徒，现任大正大学教授，昨天我到大正大学没有遇到他。

谈、墨二师自炊午食邀我们去聚餐。吃饭的时候，询知日本的许多物价。日本人民对于饮食方面的俭朴生活，恐怕要算世界第一，我想这大半还是受到佛教文化的影响。

一时，偕藤井、谈玄二师至平山堂，与斋藤居士闲谈了点把钟，看了许多古的书画。三时，斋藤居士邀游平林寺，自动车行出郊外。一路观赏东京郊外之村景，树木是密密层层的，人家是疏疏散散的，马路上的自动车和自行车走一段路就有三四辆往来相驰。时间是在初夏，天气好像春天，时而来一阵凉风，白云把日光遮住，又似乎带点秋意。在车中四个人闲谈古今中外风俗人情，胸襟为之一畅！我从到东京以来，回旋转动未停的脑海，到此才觉得得到片刻的宁静。

约莫行了一点半钟，计路程应有里数的八十里，至平林寺。寺后有一小山，并不高大，山名金凤山。日本有许多佛寺本来没有山却也订有一个山名的，佛寺丛林离不开名山，这又是由我国佛教传过去的文化。平林寺的殿屋大部分都是草盖的，屋子都不甚大，有佛殿、僧堂及方丈、库房等处。奇怪得很，这地方我好像熟得很，但记不起在我国有哪一处寺院与这个寺相同。

这里的建筑全是古式的，多少带有些乡村与山林的风味。若把这个场合与新建的筑地本愿寺一比较，简直相距离要有一千二三百年。我与斋藤、藤井谈：佛教的道场可以分作两种，关于安僧办道或修学教育，宜在山林中过山林生活，保守佛教古代的文化；若论弘法利生作种种社会事业，则非在各大都市以现代化的形式来宣扬不可，故所以佛教既要革新又要守旧。他们颇以为然。我们在方丈室中吃了一些茶点，再到各处参观。在一间小屋中，见到中国独立和尚像。独立是明末的亡命客，由高丽到日本的，初为小儿科医生，后乃出家为僧。屋内还有一块"明独立易禅师碑铭"，是享保三年戊戌四月高招年江建立的。

平林寺属于临济宗圆觉寺派，寺为圆觉寺中兴拙诚禅师——大用国师所建。现住僧十余人，道风颇好。

离平林寺后至川越喜多院，这一段路也很长。首先刻日本《藏经》的天海僧正的发塔就在这里。我们跑到一个土丘上去，瞻礼了天海僧正的木像和发塔，在斜阳夕照中又走上了归路。

行至东京近郊二十余里（抵我国一百廿里）的地方，是一个周围十里（我国六十里）的自来水区，我们在此环游了一匝，马路回绕，林木严布，暮色苍茫，一辆汽车在无人境地周旋驰骋，别有一种乐趣。在水区界内无一住户，盖防其与水发生不洁危险也，据说以前在区内迁去的住户共有二三千家。

在路中我想起日本饮冷水的问题，我问他们："西洋人与我国饮水一定要用煮熟的沸水，而日本到处见到的——如车站、食堂各处多是饮的冷水，日本医学很发达，不知道日人何以可以饮冷水而不怕发生疾病？"他们告诉我说："日本的水化验过的，不但冷水可以作饮料，并且还可以滋补。"

驾驶者不识路，有几次走到小径中去又折回头，直至九时半始回到东京。

游日光

二十七日

八时由上野驿搭火车往日光，日光山是东京附郊唯一的名山。十时抵日光，山市内有有轨电车通山中各村。日光最有名的是德川神社。社庙全部作宫殿式，凡梁栋、窗棂、墙壁，一律是雕刻缕金的；一片朱红上加以黄金式的浮雕，这种富有古代美术的建筑物，在现在实不多靓。它的局面虽不大，依于高山峻岭，藏在矗立的古树之间，也并不失其宏壮的规模。所谓德川神社者，就是德川将军的祠堂耳。

在德川神社前，有一轮王寺，由福井先生介绍，带了一张名刺去换了几张门券，在寺内各殿游了一圈。我看了日本的僧侣一般人的学识当然比我国的僧侣强得多，但是有一部分专作打印、售卖绘叶书的那些役僧，与我国许多专靠香火接待香客之僧，却同样的有点儿俗气不脱！

在德川家的纪念馆，看了不少的古物。另外还有几个神社没有去看，山上有几处寺院因为路远也没有去。

临一条奔流急湍的溪旁，坐在小食堂里吃着面包，听着水声；这地方有点像是奉化溪口的风景。

七时归东京，收到佐伯定胤、生桑完明、石桥诫道三上人寄赠之图书三包，其中以佐伯僧正赠的法隆寺影印的大幅壁画为最有价值！

夜间与藤井、谈玄二师到银座街大文具店买了几件文具。藤井师送了一支笔给我，因见我在一路上替人家写字，随身都没有带一支好笔。

孔子庙一观　至东方文化学院访常盘大定博士　访矢吹庆辉博士　购《大般若经》一部

二十八日

三省堂，是东京第一大书店，地位与我国商务印书馆相等。我去买了两支自来水笔，笔好价廉；买了一支四元的，送给智藏，买了一支三元的，留自己用，这是很好的纪念。因为要等刻字的人来刻上几个字，我同藤井师到食堂去饮了一杯凉水。这个书店里设有食堂，并且售卖女学生的一切化妆用品和男学生的衣着鞋帽各物，这样可以给学生们时间上许多经济，好让学生们从容留在书店中翻书。

由三省堂书店到孔子庙很近，庙前有圣桥一座，在附近另外还有一桥名万世桥，都是衬托孔子庙的。庙址不大，但全部都是新修的，修筑费三十万圆，在今年四月四日才落成的。

在庙的左侧有房屋一幢，内设斯文会，斯文会每星期讲演一次。孔庙事务所也在这儿。我把名片交给"受付",他回说现在不能参观。经藤井师向他说明我是由中国来的,经过他们主任的许可,才让我们进入大门看了一看杏坛的庙貌,可是大成殿扃锁着,他们推说钥匙在文部省。庙内外的安置,完全仿效我国孔庙的样子。

前一月见报,知道日本孔子庙落成,我以为又是亲善剧的一幕戏目;一跑到日本才发现我的想念很大的错误:第一是日本的学校教育对于汉文——孔子的书(《论语》等),教学非常认真,连一个夜校都在讲孔子的《孝经》,其他可想而知。第二是与日本人一谈到孔子,他们多表示一种默然起敬的神态。第三是在各书店中总看得见售卖儒书,尤其是日人新著的研究孔子与儒学及中国哲学一类的书也很多。第四,孔子庙并非新造的,原来的孔子庙在大震灾毁了,现在是新修的。第五,尤为重要的,是日本的一切礼仪还都是孔子文化传统下来的。因此之故,孔子在日本,以现在而论,从理智上对孔子发生信仰的人,并不少是中国的人,我敢断定!

下午二时,藤井师、好村居士和我一同到东方文化学院,去访常盘大定博士。常盘博士以前到厦门去会过一次,一见面他就陪我们参观研究所的藏书库。

东方文化学院,是由三十余名研究东方文化的学者发起,要求外务省拨付经费创立,成为日本国家一个研究东方文化的特别机关。昭和三年十月发起成立,四年四月开始进行学院事业。东方文化学院有两个研究所,一是东京研究所,在东京;一是京都研究所,在京都。此院创立之目的,是以研究中国文化、普及中国文化以资图一般文化向上为目的的,故实际上就是专门研究中国文化的学院。看他们在前年——昭和八年,两个研究所研究结果的报告,已经逐次刊行的书籍,便可窥测他们研究的范围是如何的宽广了?兹录其昭和八年研究的报告如左:

(一)东京之部
中国古器图考(兵器篇)　　　　原田淑人、驹井和爱研究报告
唐令拾遗　　　　　　　　　　　仁井田陞研究报告
《读史方舆纪要》索引:中国历代地名要览　　青山定男研究报告

《宝林传》之研究　　　　　　　　　常盘大定研究报告
白云观志（附东岳庙志）　　　　　小柳司气太研究报告
辽金时代之建筑及其佛像（图版上册）　关野真、竹岛卓一研究报告

（二）京都之部
殷墟出土器研究　　　　　梅原末治研究报告
禁枢之考古学的考察　　　梅原末治研究报告
周髀算经之研究　　　　　能田忠亮研究报告
唐中期净土教法照禅师之研究　冢本善隆研究报告
中国山水画史　　　　　　伊势专一郎研究报告

在他们出版的《东方学报》上，看见他们研究中国文化的努力，实足惊人！凡是关于中国文化的，如秦式铜器、周汉装饰文样、古代雕刻、古代书籍、汉代雕玉、建筑、陵墓、丧服、制度、言语、风俗，乃至书画等等，他们无一不研究。

东方文化学院两个研究所共有研究员四十名，指导员若干名，助手二十名。全院的组织，两研究所有两个所长，有理事七人，办理全院事务。有评议员若干人，是专办审查研究之事的。另外，还有古书复制委员若干人。该院除研究外，还有一重要事业，就是古书复制事业，现在已经影印出版的中国古书计有：

孔颖达等撰宋椠本礼记正义　　　二册
身延本礼记正义残卷校勘记　　　一册
郭象注古钞本庄子杂篇　　　　　七卷
旧抄卷子本庄子残卷校勘记　　　一册
孔颖达等撰景钞正宗寺本春秋正义　十二册
景钞正宗寺本春秋正义解释并缺佚考　一册
郭象注唐钞本庄子天运篇知北游篇　二卷
顾野王撰古钞本玉篇（卷第九）　　一卷

同玉篇（卷第廿七）	二卷
同玉篇（卷第廿二）	一卷

继续计划复制的，有宋椠本《毛诗正义》，古钞本《五行大义》《古文尚书》《左传》《白氏文集》等。关于佛教的，已出版的有用玻璃版复制之高丽版《大唐大慈恩寺三藏法师传》四本，并附有依宋版、明版及古写本数种的《校勘记》一册，至关书中重要名词，更制和汉两音之《索引》一册，研读《玄奘法师传》，这要算是一种善本了。

常盘博士正引导我们参观各研究室与收藏中国古代书物的时候，遇到所中研究员龙池清、结城令闻、中田源次郎、三好鹿雄、横超慧日诸先生，常盘博士互相一一介绍，同入接待室。他告诉我，他们要欢迎我谈谈，多留在那儿一点时间，并且预备了茶点。这原是很难得的，他们都是研究佛学和中国文化的学者，又同是佛教徒，我也乐意与他们随便闲谈。于是由东方文化说到中日研究佛学的趋势，关于佛教僧侣的制度及戒律问题，都信口谈了一些。后来谈到中国佛教的现状，他们问我："中国佛教寺院很多，寺产有的也很丰富，为何不办教育及研究文化的事业？"我说："这一半是一般为佛寺住职的僧侣，他们不懂得佛教教育与文化，一半是敝国政府对于佛教不大重视，国家也不管僧侣的事。因此，敝国的佛教教育及文化事业，在现在只有少数的僧侣办理和研究。"之后再谈到两国的僧材方面，假使用数量来比较，那简直不能开口了，日本单在大学校读书的僧侣就有几千人，中国的学僧在学院求学，一年想得到他们师长些微的买书钱都成问题，怎能同日本的青年和尚相比呢？就是自己有学力研究的僧侣，在国家的政府，在佛教的集团中，丝毫都得不到一点助缘。日本僧侣有那样研究的环境，一方有政府或教团在物质上资助，一方有多量研究的资料和工具，自然日本僧侣研究的人才要十百倍于中国的僧侣了！于是，我把中国研究学问的僧侣所处的环境，约略说给他们听了。最后，我又说："如果中国的僧侣得有日本僧侣同样的环境，中国僧侣也不是没有研究深造渊博的人才；换句话说，如果使日本的僧侣去处到中国僧侣现前所处的境地，也会变成同中国僧侣一样的无识无学，只好念一句阿弥陀佛了。"我说到这里，实在痛心中国的佛教再没有力气勉强和人家去说短论长了！当时我四顾在座的日本朋友，在他们的面容上，都表示着同情于我的神气。

　　座中的龙池清师，他曾住福建、鼓山、怡山两年半，他是专为去研究鼓山和怡山的藏经与版本的。他对于鼓山的僧众生活当然看得很明了了，他是一位诚实的青年，他对我说："贵国僧侣教育的方法一定要改良，可是修行的方法却很好。"我承认他的话，于是我又说道："僧侣对于佛教，应该在修与学两方面去努力。关于修持，还是用中国的方法好；研究学问，当然是用日本的方法好。"

　　休息了几分钟，大家吃了一块点心，继续谈到中国一般读书人的研究佛学。我告诉他们："在中国专门研究文化的学者，大概对于佛学还都研究，如近人康有为、梁启超、章太炎等，都曾研究过佛学，对佛教也有相当的信仰。至于一般的读书人，在以前也有很多人知道一点法味，现在可不然了，懂得佛学的人很少很少。这因为中国的佛教与中国的文化一向是分开的，所以普通的人不研究佛学；日本的佛教与日本的文化是打成一片的，所以极普通的读书人也能研究一些佛学。"

　　临走又到常盘博士的研究室中看了一看，他的书架上，所有的书都是中国的书，尤以各山寺的志书为最多，诚不愧是一位研究中国文化的博士，在我心中这样地想着。他们诸位送出所外，这里要特别记上一句：东方文化学院东京研究所的房屋是一个准中国宫殿式的建筑，不但在日本我没有看见比它再壮美的，就是在我国所有教育及研究的机关，也少见有那种十足显示东方文化的建筑物！并且在这所的藏书库中还藏有六万册中国的图书。

　　七时，我与藤井、谈、墨三师去访矢吹庆辉博士。他正在沐浴，矢吹夫人先出来招待我们，款以茶点。约十余分钟，矢吹博士见到了，互相致辞后，翻读他的杰作《鸣沙余韵》，这是一部照相版的敦煌写经，是他在伦敦从大英博物馆用照相摄来的；他费去八个月的光阴，每天照五十张底片，才成功了这一部法宝。他并且找到《六祖法宝坛经》的原本以及其他许多不轻易得到的古本。据他说胡适氏的《神会和尚传》，也是他照的原本，再转借胡适抄去的。

　　矢吹博士对于佛教的信念很深，从他的言谈中知道他是相信僧律的，他首先告诉我们，他的师父是一位挺修行持戒的老僧。他很不客气地说日本的佛教现在是居士的佛教。谈到戒律的问题，他很慨然地说道："德川末，日本戒律本来有复兴的希望的，可惜给明治维新打坏了！"

清谈之间，吃了三四式水果，有枇杷，有苹果，有瓜，茶亦有红茶、柠檬、咖啡，另外还有几种糕饼。日本一种敬客的糕饼之类的食品，花样真多极了，我行脚日本二十天，到一处所见的样式都不相同，单在聚光院一家，就吃了许多种。日本接待宾客那种恭敬的礼节，远非我国自命为"礼仪之邦"的人所能做到的。

前次在一家书店里看到一部《大般若经》，归路上一车就坐到井上书店，以六圆（半价）代价购得《大般若经》一部，六百卷分订上下二册，是昭和三十四年印刷的。我久已想有人能把我国的佛书翻印成洋装本就好了，一则缩小便于携带，二则购买力弱的学者易于购藏，比如六百卷的《大般若经》，在我国线装订成一百二十册，需价三十余圆，以此相较，便利多了。

在大正大学讲演　　武藏野女校访高楠博士不遇

二十九日

昨晚回寓所，好村夫人来送信，说常盘博士曾打电话来，约我今早八时再到他家中去谈谈。我与藤井师八时去访他，他的屋子是一个"书城"，一跨进门就是满架的书。

常盘博士与我们谈了一点钟，多是关于佛教历史方面的话，他原是研究中国佛教史的专家，由鉴真和尚谈到日本戒律的问题。最重要的有几句话，他说："鉴真和尚至日本，曾带去天台三大部典籍，传教大师已经读过，所以以后才到中国天台山留学的。日本的律宗人才原来就很少，由传教大师倡圆顿戒以来，直至慈云尊者的戒律主张，都是以'菩提心'为立脚点的。"这里，我们知道了：中国僧侣拼命地讲究持戒，而日本僧侣只是注重"菩提心"。遇到许多日本僧侣，他们告诉我的，大概都是一致地说日本佛教注意在"体"不重于"相"的。

常盘博士捡了几本他的著作——《佛祖与师友》《超与脱》《学与道》《中国佛教史迹纪念集图解》等，赠送与我；并且还在他的巨著《中国佛教史迹》

中抽出十几张闽、粤两省的佛教史迹的画片。

九时一刻，到大正大学，他们定在九点半欢迎我演讲，先承矢吹博士陪我参观各宗研究室；后至讲堂（礼堂），由矢吹博士致辞介绍，我讲了二十多分钟，请藤井师翻译，讲的话记下：

大醒此次来观光贵国的佛教，得藤井上人帮助，以个人的资格得到各地名山大刹及教育机关参观，并访问各宗专门研究的学者，甚为稀有！

中国与日本，在佛教往来的历史上看，以唐宋之间为最繁荣，迄于明清，仍是不断的往来。到了近代，日本到中国考察佛教的人更多，可是比较起来，中国至日本的僧侣已寥若晨星了。因此，中国佛教徒能明了日本佛教情形的人并不多，而日本僧侣因有许多古书新著的阅读，大概都能知道中国佛教古代以及近代的历史；这，在一方面看，当然是中国僧侣不及日本僧侣的地方了，但这也有好多方面的关系的。我此次来日本，就是打算先把日本佛教的现状——佛寺组织、佛教教育、僧尼生活、社会事业等等的状况，介绍给中国的佛教徒知道；夫然后再从历史沿革方面，把日本佛教全盘的历史告诉中国僧侣知道，无论在日本佛教的任何方面，总可以借他山之石作我们反省的助缘，这是我来视察日本佛教的一点微愿。

不过我所经过的地方，都是行云流水般的匆匆忙忙的，所以我一个人的耳目所及，来看日本多方面的佛教事业，自然要失败的。不消说一定有许许多多的地方还不能明白清楚，这只好留待第二次再来补这个缺憾了。

我遇到很多的日本高僧和学者，一见面，总是不约而同地问我，看了日本佛教以后的感想如何？而我所有的感想都是片段的，这因为我根本并不是一个思想家或批评家，所以不能一定说出有什么什么感想来。现在且从我零碎的感想中看来：

一、日本佛教，正如井上圆了先生所说的是"活的佛教"吧？

二、中国佛教，在现在，依外人的眼光看去，会说是"死的佛教"的；可是中国佛教本来它是活泼泼地，不看它先能从印度搬运而来，之后又能转运到高丽和日本吗？不过，近代中国一般的僧侣却变成死的了，故步自封，不学无术，我们并不否认或忌讳，然而我们现前正在做"佛教复活的运动"。现在，我们研究两国的佛教却有两个方向：

（一）日本学者所要知道的中国佛教，是古代的、历史方面的、作研考的资料。

（二）中国学者所要认识的日本佛教，是现代的事业方面的，做建设的借镜。我在日本遇到几位很关心中国佛教的高僧学者，对于中国佛教有非常殷切的热情，我很感激！所以我向他们说：在佛教的实质上，两国的佛教原来都是一样的，中国研究的方法在昔时曾放过万丈的光芒，我们现在看到日本学者研究的方法好，也正同以前日本之高僧学习中国研究的方法差不多。就是在僧侣的学行方面，也各有所长、各有其短；只可惜因为言语文字的隔碍，不能互相调剂。假使将来两国的僧侣不断的往来研究，十年、二十年以后，或许可以恢复唐宋时代两国佛教光荣的密切关系。

大醒在中国是一个粥饭僧，是没有学问的，今天承贵校相邀与诸位教授及学生诸君见面，非常愉快，感谢感谢！

这样的随便讲了，回接待室，遇到椎尾辨匡博士，他介绍我到丰桥去看日本佛教徒所经营的大林制丝厂。他说："那个工厂是拿佛教的教养做工的，以佛教的精神指导工人。现在佛教徒从事实业已经很多，在爱知、岐阜、福井各县均有工场，美国人来看过那些工场，非常吃惊日本人民信仰佛教的力量"云云，我答应他如果到丰桥，决定去参观参观。

国际佛教协会主事吉水十果先生来访，接谈一会儿。

大正大学出版物有《大正大学年报》《山家学报》《宗教学报》等，承他们送给我全份。

好村居士陪我们（藤井、墨禅二师同行）去武藏野女学校访高楠顺次郎博士。高楠博士是日本佛教界学高望重的老居士，《大正新修大藏经》就是他的主纂，现在他又主译《南传大藏》，其生平著述甚富，对于佛教及文化之贡献，不言可知。我们去的时际，他适外出，未遇。副院长鹰谷俊之先生与教授川崎静子女士招待参观，并留午食。临行题字而别，归路遇雨。

行脚日久，身体上感到有些劳顿，同时觉得太嫌多扰藤井师的精神。虽藤井师自朝至暮毫无倦意，但我的私里颇为不安！眼前乃与他说明，我决定在六月一号下午赴欢迎会之后，夜车去大阪，赶上二日神户出口的船回国。

游镰仓圆觉寺　建长寺　礼大佛　大观音　游龙口寺　时宗游行寺　憩柴庵

三十日

前日斋藤居士约游镰仓，八时，与藤井、谈玄二师由东京驿出发，至品川驿，斋藤居士上车同行。行一时零分抵镰仓，先至柴庵稍息。柴庵是斋藤居士的别墅，四周树木甚密，庵屋不大。我国有一句"室雅何须大"，唯日本许多的住宅足以当之。柴庵匾额，为犬养毅氏所书。书画、茶具及一切装饰，均特别古雅。

参观圆觉寺，寺与柴庵相近。至佛日庵访高畠眉山师。眉山师于禅学颇有研究，去年曾与铃木博士、中村上人同游我国一次，见面如熟识，或亦有前缘也。

圆觉寺开山祖元禅师，是我国宁波僧，于弘安二年（一二七九）应北条时宗之邀赴日。初住持建长寺，旋自造圆觉寺，北条时宗为其护法。佛日庵即其灵庙之地。于一二八六年示寂，谥佛光禅师。今年五月适逢圆觉寺开山六百五十年纪念。据说禅师建此寺之动因，乃为对蒙古当时战争有感而造此寺，意在祈求怨亲平等，国土安宁耳。我闻至此，口占一绝书赠佛日庵云："海外开山临济禅，于今六百五十年，佛光重照知何日？平等怨亲祝大千！"我们在禅师的灵庙前摄了一影，以留纪念。

在柴庵午饭后，同游建长寺。建长寺的开山祖师是四川人。寺旁西来庵即是祖堂，庵中有僧堂，寂无一人，门前张一大牌书"禁制挂搭"。至此，我忽然想起日本禅宗之所有僧堂，除曹洞永平、临济妙心以外，其余的大概只图具规式而已。在我国一般僧侣为环境所逼不入禅林，多趋于应赴；日本一般僧侣因为环境较好者都进了学校，所以在僧堂中也就找不出多少有禅骨髓的优秀分子了，这的确是一种事实！

建长寺与圆觉寺，同为临济宗下的支派，建长有末寺四百余，圆觉有末寺二百多个，镰仓二寺皆是本山也。

镰仓有大佛一躯，全身铜铸，相好圆满，坐在露天下。工料均不及奈良东大寺的大佛。在左胁下开一门，使游观者可以走进佛身之中，内部既设阶梯，背后复开一天窗，似欠敬重？而一人进口收料二钱，更非所宜！我国僧侣应赴经忏，接待香火，国人多有不谅者评其为佛教商业化，今观日本凡佛寺有古物处均卖门票或参观券，虽国情民俗有所不同，然于佛之为教及化度有缘方面，似不无欠圆满处也？我在礼敬大佛与同行者游览之一刹那间，忽生此感触，随笔记此，质之日本高贤僧侣，想必不致有怪丰干饶舌？

大观音亦为镰仓古迹之一，殿屋方在重新募修，菩萨身像高大；大震灾时殿屋震毁，像未动摇，传为观音菩萨灵感所致云。

龙口寺，是日莲上人当日被难处。据说当时有人以利刃加害日莲，卒未能伤，因是更增加坚信"刀寻段段坏"之《妙法莲华经》的力量矣。寺刚新修，较以上大佛、大观音两处之气象相差殊远。日莲宗与真宗同为日本佛教后起之秀。

游行寺，又称清净光寺，是时宗的总本山。这也是日本新创之一宗，但宗旨仍同净土宗。游行寺在重修大殿，据说此大殿二十年必遭火烧一次，是亦奇矣！至宗务所参观，管长为一老僧，正在一间屋中教授学僧诵念三经，学僧有十余人，大概是初发心的，所以才教学基本的经典——净土三经。

时宗宗祖一遍上人，亦为日本佛教界六百九十五年前之杰出僧材，他是伊豫人，幼名松寿丸，一遍是他的法号。他十三岁出家，初学净土教义，解行并进。至三十六岁闭关一百日，于期满之日，梦中感得阿弥陀佛之启示云："六字名号一遍法，十界依正一遍体，万行离念一遍证，人中上上妙好华。"由是证得念佛法门，即发心以游行而劝人念佛，随缘化度。自大阪四天王寺开始发脚，终至游行四国、九州、关东、关西、奥州之各地，足迹所至，上自显门贵族，下至庶民阶级，得其化益者颇众。行化凡三十年，精勇不倦，至五十一岁往生。

游行寺至一遍上人之第四代法孙吞海上人始于藤泽建造，所以由净土宗而成为时宗之因缘。原来系指同信、同行之教团的时众而言，以后因为游行寺建立，另外已制定一种规制，于是立教开宗，始改称时宗。所云"时"者有三义：一、指昼夜六时（晨朝、日中、日没、初夜、中夜、后夜）同信徒众等，于昼夜六时念念不断。二、指时世，末法时代，众生根机，以念佛易行而契合机宜。三、指念佛之人，临命终时，一心不乱，即得阿弥陀佛接引往生净土。盖时宗之命名实含此三义也。

斋藤居士与其公子招待尽日，晚于柴庵设精细面食，用古陶器盛之，一盆一勺，皆千百年前物。收藏家嗜古，故无一物不求诸古。

夕食席间，谈玄与眉山二师论禅，各以偈语激发，我独默赏日本之建筑。庵前丛树之中，燃石灯二三，风吹叶动，灯光或见或不见，若远若近；若在七八月，有秋虫断续鸣于其间，则更有一种幽趣了！

十时返东京，顺便购好车船联票，火车二等至大阪，轮船三等自神户至上海，票价三十五圆九角。归寓，作书致京都中村上人、丰桥市石上人，声明匆匆即欲回沪，于丰桥、京都俱不能耽搁。丰桥市石上人等已早备欢迎，因旬日前变更日程，从福井直达东京，今归路又不能践约一游丰桥，有负许多未曾会面之道友的盛情，歉甚歉甚！

临寝，写字数幅。

游明治神宫　总持寺　参观大法轮社　晚翠轩会高楠博士　至青年会联盟事务所遇浅野研真师

三十一日

清晨，与藤井师同游明治神宫。宫地颇广，分苑内、苑外，自分界处下车步行，路铺石子，整洁非常。宫殿游人不能进内，只在门外行礼。殿屋后有宝物馆，中藏明治皇帝御用之物，其中有我国《四子书》《孝经》《礼记》及《孙武兵法》，藤井师说："明治天皇一生最爱读孔子之《孝经》。"

苑外有壁画馆一所，建筑雄伟，为我所见日本国家第一的大建筑，一切装饰均系欧式。壁画分两部：一是日本国画，一作西洋画，共五十余幅，写明治一代之重要史迹，简直是把一本明治兴国的史书打开来给人们阅读。这种办法的用意甚善，一方固然是作历史上之纪念，一方对外可以表示其强国的精神，而尤其是对于他本国人民能发生一种剧烈之刺激作用。

在神宫苑外有离宫一所，这是预备皇储们幼年读书的一个宫苑，据说大正天皇、昭和天皇都曾在这离宫中读过书。前月溥仪到日本来，也就是住在这宫内的。

自神宫旁边乘电车至鹤见，游总持寺，顺便在郊外又换了一下空气。回到东京，与谈法师到书店找买了几本书。

　　下午，好村居士偕同参观大法轮杂志社。这是日本佛教界新产出的一份大众化的杂志，内容、印刷均称第一。我们去访见社长石原俊明、编辑赤松月船二氏，《大法轮》与《国际写真情报》是在一处发行的。《大法轮》的编辑共有四人，据说现在才出至九期，已销到六万份云。赤松氏很诚挚地招待我们，送我《大法轮》全份九册。

　　六时，好村居士邀至名叫晚翠轩的一家"北京料理店"，高楠顺次郎博士暨石原、赤松二氏相继而至。寒暄毕，先由大法轮社照相师替我们照了两张相，后入席素食。食前，我与高楠博士曾作了一次很长的谈话（《大法轮》第七号曾载有我们的谈话，由藤井师通译、赤松氏记录者）。现在记录一段于下：

　　"先生有用英文翻译《大藏经》之计划否？"

　　"没有这样的计划。"

　　（好村氏谓："英译佛经已有少部分，南条文雄曾译《法华经》，高楠先生曾译出《寄归传》等书。"）

　　"日本佛教现在已发达至顶点，高楠先生应当从事英译《大藏经》之伟大事业！"

　　"没有钱。"

　　"我想信仰先生的人很多，这件事情一定有人出来相助的？"

　　"现在正刊行《南传大藏经》，经济都是我一个人负责的。"

　　"《南传大藏经》，已出版者有了几本？"

　　"已出二册，全部六十五册，想在五年内出齐。"

　　"《南传大藏经》，亦为贵国翻译之一大盛业。巴利文藏经之读者，恐怕就是在欧西也不见得有很多，所以以英文成为世界最普遍之文字，欲使欧洲及全世界之人都有读我佛教《大藏经》之机会，实非有一部英译的《大藏经》不可。"

　　"是的，我也认为是必要的。"

　　"而且假使有这样的一个机会，使西洋人读到世界上最丰富的法宝——《大藏经》，不但西洋人要瞠目吃惊，就是影响世界和平的力量也很大！如果将佛教慈悲的主义、和平的理想推行到全世界去，未来的世界或不至于有如一般人预想之危险了！所以能作英译《大藏经》的人，其功德当百千万亿倍于其他所有一切功德！"

"日本人本当要做这种事的，不过所需的经费要五百万至一千万，这是很成问题的！"

"以日本佛教界之兴盛，若合各宗之力量，不是轻而易举的吗？我看人才倒是很要紧的！"

"《新修大藏经》之出版，全部用费二百八十万圆，谁也没有分担一文，而且这种人才在现在也没有几个。"

至八时，始尽欢而散。归路顺至青年会联盟事务所参观，楼下有一讲堂，为平日传教之用；二楼是夜校等；办事室在三楼，并附设国际佛教通报局。我们遇到该局主任及联盟理事浅野研真师，相谈之下，知道他留学法国，曾于巴黎与我虚大师相识，他是一位热情佛教的学者。他赠送我一本自著的《日本佛教社会事业史》，殷殷约后会期。

沿路承日友赠送书籍、画片甚多，编目已有一七二号。买了两件箱篮没有装完，藤井师没有通知我，就差人又去买了一个藤包，很感谢他的细心！我想一个朋友最重要的交往，不在乎面子上如何如何虚伪，贵乎一种真情！就是一个人对于他自己应该也要忠实，我以为对于自己不能忠实的人，一定不会有真情去待人。我行脚日本以来，所遇见的日本朋友，除去有几位在表面上使我看到他们心胸中有些政治的芥蒂以外，多数的表情都是率真的！而在我呢，一味地心直口快，有时忘掉了国界，有许多话会大意地说出来——比如有一天下午，藤井师带我去看大地震后建立的一个纪念馆，我很有感触，觉得世事的无常，人心又何必太恶狠呢？哪里想到第二天上午四点钟就遇到地震，我被震醒了，我喊藤井师，他毫不在意地说："地震在东京是平常的事，一个月之中总有几回的。"天亮了，我们起身了，一面穿衣，一面我对藤井师说道："东京常常这样地震，我以为很危险，我的心中常怕的真有第二次世界大战的那回事，但我现在更为东京这地方担忧，生恐有第二次的大震灾！"——在我自己说话的时际，才觉得不曾去生什么人我分别之心，也可以算是一种真情，于是有许多话说出之后，日本的朋友也都能够了解。

上了床，我对藤井师说："明天晚上，我们要离东京了，后天上午就要在神户分别了，回想劳你一个月的精神，私心真有说不尽的感激！这一次不是遇到你在友谊方面这样帮助我，我不知道要到何年何月才能够遂我到贵国来视察佛教的夙愿呢？"藤井师说："不必客气，我陪你行脚一个月，我的精神很愉快的，你是为佛教而来的，我们以佛教的立场，都是佛教徒，我也是为替佛教尽的责。这一次太匆忙了，我希望你下次再来，多耽搁些时间，把日本的佛教详细地考察考察。"谈着谈着也不知道是谁先入梦的。

晤近藤宗治先生　出席全日本佛教联合会等四团体之欢迎会　夜别东京

六月一日

早上同藤井、谈玄二师去平山堂向斋藤居士告别，他又送了一部古版的《禅宗高僧传》给我，这部传关于中国到日本弘化的高僧，大概都在里面，我很欢喜！别时大家互以后会为约。

因为想找几本日本佛教历史方面的书，与谈师复至神田区一条书店的街上去走了一圈，只购了一部合意的桥川正著的《日本佛教史》和一部《佛像集成》。

下午三时，近藤宗治先生约在帝国饭店晤叙，我与藤井师才到了，他跟后就也来了。近藤先生是汉口泰安纱厂的经理，能说汉口话，我来时承他帮了许多忙，指点这样那样；难得我要走的一天，忽然在东京晤会，不胜欣慰！吃了一些茶点，谈了有两个钟头的话，藤井师把我到日本以后的所有经过，都一一地详细告诉了他。

五时半，我们一同至小石川传通会馆，赴欢迎会。今日全日本佛教联合会、日印协会、日华佛教学会、全日本佛教青年会联盟四个团体主催，欢迎新由我国来日的锡兰纳啰达法师和我。我没有到东京以前，他们已预定了今天开欢迎会，我本不想在东京耽搁这许久，就是为了这个会的原因，深恐不出席引起日本友人的误会。出席，我又怕说话，不知道说什么的好。看了日本的佛教，再回想到我国的佛教，真变成不可说了；自己纵有一张口，中国整个的佛教，已使我不得不在人前做一个苦恼的哑羊了！还有什么可说的呢？

到了传通会馆，常盘、矢吹、浅野、福井、好村、龙池诸氏均已到会，纳啰达师等同行四人已先我而至。于是会见的人很多，有联合会主事服部贤成、日印协会理事副岛八十六、青年会联盟理事长大村桂岩、国际亲善协会会长中岛裁之、驹泽大学教授立花俊道、立正大学教授滨田本悠、讲师井上义澄、中日密教研究会理事吉井芳纯等诸氏，济济一堂，握手欢叙。言语虽是不同的——有日语，有英语，有中国话，但是在各国、各人的信念上都无甚差异，所以在这里的空气是非常融合的！在许多人众中，又会见了留在西藏十七年取经的河口慧海师，他已是七十岁的老翁了，他说还想再去西藏一次。我称誉他在日本佛教界有与我国唐三藏法师同样的荣耀，因为玄奘三藏留学印度也是十七年之故，他听了很为欢喜。龙池清师把他在福州抄去经典的目录，抄了一份给我，共有八十种。

六时半，入席聚餐。锡兰的几位高僧，他们是持"非时食"戒的，连水果都没有尝；我们三个中国僧侣吃的素食；日本列席的诸位皆是用的西餐（洋食）。本来同是佛教徒没有什么分别的，可是在一个食堂的餐桌上，无端的划开了三国佛教的情调。食毕，由服部、副岛、大村、藤井四氏代表四团体致欢迎辞。四次致辞，再经过译出英语、华语之后，一看时计已指到七时五十分，我已定八时三十分由东京驿乘夜车赴大阪，乃向纳啰达师声明，让我先说几句话好退席赶火车去，于是为时间的迫促只大略说了几句：

> 僧侣的意义，就是和谐合聚的意思。中国孔子曾讲过"以和为贵"的一句话，而日本圣德太子就是一位主张"以和为贵"的实行家。到了现今，整个世界上所最需要的东西，就是缺少一个"和"字。我希望今日在座的诸位善知识，大家竭力把佛教这种"和合"的精神，向世界去扩大宣传！

等到照了两张相后，我很抱歉地在那庄严的会场中向纳啰达师及日本诸友好等合掌告别了！

近藤、好村、墨禅诸氏远送我们至东京驿，谈法师同车至大阪转上高野山，离情无限，汽笛一声，火车载我与此建筑华美之东京夜别矣！

过京都与中村上人话别　过大阪福田居士送行　长崎丸遇糟谷领事　与藤井上人怅然而别　又值陆露沙先生同舟

二日

夜车特快，早晨七时抵京都驿。未至驿前，我向藤井师说："中村上人他知道我们搭的这一班夜车，我想他会在车站上等候我们的，说不定我们的东西他会为我们送来。"藤井师说："我们存在京都的东西，中村上人一定在昨天就替我们寄去大阪了。"很奇怪！在晨曦光明中，车进站台，我在车窗中，就远远地看见中村上人与他的一个学生，立在月台上了。我第一声喊藤井师说："中村上人在那儿。"他还不信，等到相见之下，大家喜跃万分！中村上人把我的书物交给我，他还送了很多礼物给我；并且殷勤地问我为什么变更了计划，不回到京都再多住几天？我只好一面向他道谢，一面约他后会有期！车忽开动，乃相与话别。

八时一刻抵大阪，匆匆往福田居士家中携取箱物。劳福田夫人已为我收拾停当，随即雇自动车向神户进发。福田居士又特为送行，送至神户，并替我向神户驿提取从京都寄来之书箱一只。盛情难得，心感无已！

上长崎丸，为调换船票，藤井师又登陆觅邮船办事处，时距开船时间仅三十分。藤井师上船，又为我介绍遇见糟谷廉二领事。糟谷领事在云南任领事多年，我国的普通话说得极其纯熟。此次乃调任重庆领事，初赴任去。他是藤井师的同乡，他很客气地说道："丰桥有很多人在预备欢迎法师，后来忽然听说法师急欲回上海去，不能到丰桥了；不想在船上能遇见，真是有缘得很！"我也说："真的有缘！"谈了一刻，船要开了，促藤井师上岸。从往劫中种下的前因，一个月中一同行脚，承他种种的招待和指导，这种难遭的胜缘，这种难得的友谊，一旦分离，未免怅然。相对无言，挥巾而别！长崎丸于乐音抑扬、彩带缤纷中改缆掉头行矣！

又值陆露砂医师同舟归国，相谈甚慰，互诉在日感想，二人所见多半相同。陆先生替我在甲板上照了一张相，我送了他一册《八指头陀评传》。陆先生二十年前在日本与弘一法师友交甚深，所以我们谈起来更加亲善。

读日本佛教史　游观长崎崇福、兴福二寺　隐元禅师与黄檗宗　日本佛教十三宗五十八派一览

三日

昨夜在枕上展读桥川正氏著的《日本佛教史》，内容分序说、古代、中世、近世，全书共三十四章，虽曰概说，实在很详尽了。这一本书，使我知道许多以前没有知道的事！

日本佛教之宗派共有十三宗五十八派，我在日行脚计二十六天，所引为遗憾的，就是大阪融通念佛宗的大念佛寺和宇治郡黄檗宗的万福寺两个道场没有能去观光！

下午零二十分，船抵长崎，我想补未到黄檗宗本山去的遗憾，特恳陆先生登陆，同去看看黄檗宗的末寺崇、福兴福二寺。陆先生他说去过的，于是乘汽车先到崇福寺。殿屋全部拆下来再重造，至寺务所向一老妇人购绘叶书一套，她告诉我们说，这寺是隐元禅师徒弟的地方，隐元禅师的道场是兴福寺。我们复至兴福寺，大殿窗户式样悉是中国式的，见碑石二方是光绪九年修造全寺殿屋的碑记，并且都是经商华侨捐的款，大殿内部也同我国现在一般的佛殿一样，不过佛像较小耳。隐元禅师初至日本即为兴福寺住持，开堂说法，度僧化俗，回首于今已三百年矣。陆先生告诉我："日本有称'隐元豆''隐元莲'者，就是当时隐元禅师携带去的种子，流传到现在很普遍的，各处都有。"因为怕要开船，匆匆地游观了一下就回船了。

隐元禅师是日本黄檗宗的开宗祖师。他是福建福清人，生于明万历二十年，二十九岁出家，依黄檗山鉴源长老为师，尝从道亨、密云诸禅师参禅，四十岁后，任狮子岩、径山、黄檗各寺住持。隐元有徒名也懒，初应长崎华侨请，赴日住持崇福、兴福二寺。在明末清初，长崎之商业，全为商所经营，因侨民信佛，于长崎建造崇福、兴福等寺。也懒受请渡日，不幸沉没，后长崎僧俗乃商请隐元禅师东去传法，隐元许可，斯之谓"徒债师还"，时师年已六十三，为顺治十一年也。既抵日，即于兴福寺传戒说法。此后信徒日众，迎至京都弘化。顺治十八年（日本宽文元年），以幕府之命，得受领宇治郡大和田村之地域，乃建万福寺，开黄檗宗，在日本禅宗之临济、曹洞二家外又树立一宗风。师寿八十二岁示寂。后五十年，灵元天皇谥为佛慈广鉴国师；一百年忌，后桃园天皇谥为径山首出国师；一百五十年忌，仁孝天皇谥为觉性圆明国师；明治天皇赐真空敕额；大正天皇最后谥为真空大师。我国高僧在日开宗弘化者，鉴真和尚之后隐元一人而已！

据王揖唐氏之《东游纪略》所载，日本黄檗山万福寺自隐元禅师开山迄今已四十七代，所传法系至乾隆四十年之前二十一代，其中华僧有十七人，中国与日本僧侣往来之法缘，当推黄檗一宗为特殊了！

日本十三宗，考其现状，最不兴者就是律宗，其次为华严宗，其余十一宗虽末寺或相差之有一万或数千不等者，但在日本现代佛教中，尚未十分落于时代之后。兹欲明了日本佛教各宗兴衰强弱之比较观，姑录桥川正氏著《日本佛教史》（昭和六年版）附录之"日本佛教十三宗五十八派一览"如左，以资参考：

（宗派）				（本山）	（末寺数）
（一）律　　宗				奈良县、唐招提寺	一〇
（二）法　相　宗				同、　　法隆寺	四二
（三）华　严　宗				奈良市、东大寺	二七
（四）天　台　宗	天　台　宗			滋贺县、延历寺	三·四二五
	寺　门　派			大津市、园城寺	六五四
	真　盛　派			滋贺县、西教寺	四一五
（五）真　言　宗	古　　义	真　言　宗	东　寺　派	京都市、教王护国寺	一五六
			山　阶　派	京都府、劝修寺	一五七
			醍　醐　派	同、　　醍醐寺	一·〇六六
			泉涌寺派	京都市、泉涌寺	三八
			小　野　派	京都府、随心院	三四
			高　野　派	和歌山县、金刚峰寺	二·六九九
			御　室　派	京都府、仁和寺	一·二二六
			大觉寺派	同、　　大觉寺	五七六
	新　　义	真　言　宗	丰　山　派	奈良县、长谷寺	三·〇四三
			智　山　派	京都市、智积院	二·九九五
	真言律宗			奈良县、西大寺	七一
（六）融通念佛宗				大阪市、大念佛寺	三五七
（七）净　土　宗	镇　西　派			京都市、知恩院	七·〇九五
	西　山　派	光明寺派		京都市、光明寺	六二二
		禅林寺派		京都市、禅林寺	三三四
		深　草　派		同、　　誓愿寺	二二六
（八）真　　宗	本愿寺派			京都市、本愿寺（西）	九·七七七
	大　谷　派			同、　　本愿寺（东）	八·四一三
	高　田　派			三重县、专修寺	六一八
	佛光寺派			京都市、佛光寺	三三七
	木　边　派			滋贺县、锦织寺	五六
	兴　正　派			京都市、兴正寺	二九八
	三门徒派			福井市、专照寺	三四
	出云路派			福井县、毫摄寺	三六
	诚照寺派			同、　　诚照寺	三五
	山　元　派			同、　　证诚寺	一二

	向岳寺派	……	山梨县、向岳寺	六一
	建仁寺派	……	京都市、建仁寺	七三
	东福寺派	……	同、　东福寺	四二四
	南禅寺派	……	同、　南禅寺	四六二
	大德寺派	……	京都市、大德寺	二九九
	妙心寺派	……	京都府、妙心寺	三·五三二
(九)临济宗	相国寺派	……	京都市、相国寺	一一四
	天龙寺派	……	京都府、天龙寺	一二四
	建长寺派	……	神奈川县、建长寺	四三八
	圆觉寺派	……	同、　圆觉寺	二一七
	永源寺派	……	滋贺县、永源寺	一二六
	方广寺派	……	静冈县、方广寺	一八九
	国泰寺派	……	富山县、国泰寺	二四
	佛通寺派	……	广岛县、佛通寺	四九
(十)曹洞宗		……	福井县、永平寺	一四·二二七
(十一)黄檗宗		……	京都府、万福寺	五二五
	┌一致派┌ 日 莲 宗	……	山梨县、久远寺	三·七〇六
	│　　　│ 不受不施派	……	冈山县、妙觉寺	三
	│　　　└ 不受不施讲门派	……	同、　本觉寺	一
(十二)日莲宗	│ 显本法华宗	……	京都市、妙满寺	四〇四
	│ 本门法华宗	……	同、　本能寺	三〇八
	│胜劣派 法 华 宗	……	新潟县、本成寺	一二六
	│ 本妙法华宗	……	京都市、本隆寺	六五
	│ 日莲正宗	……	静冈县、大石寺	一三五
	└ 本 门 宗	……	同、　本门寺	二一三
(十三)时宗		……	神奈川县、清净光寺	四九〇

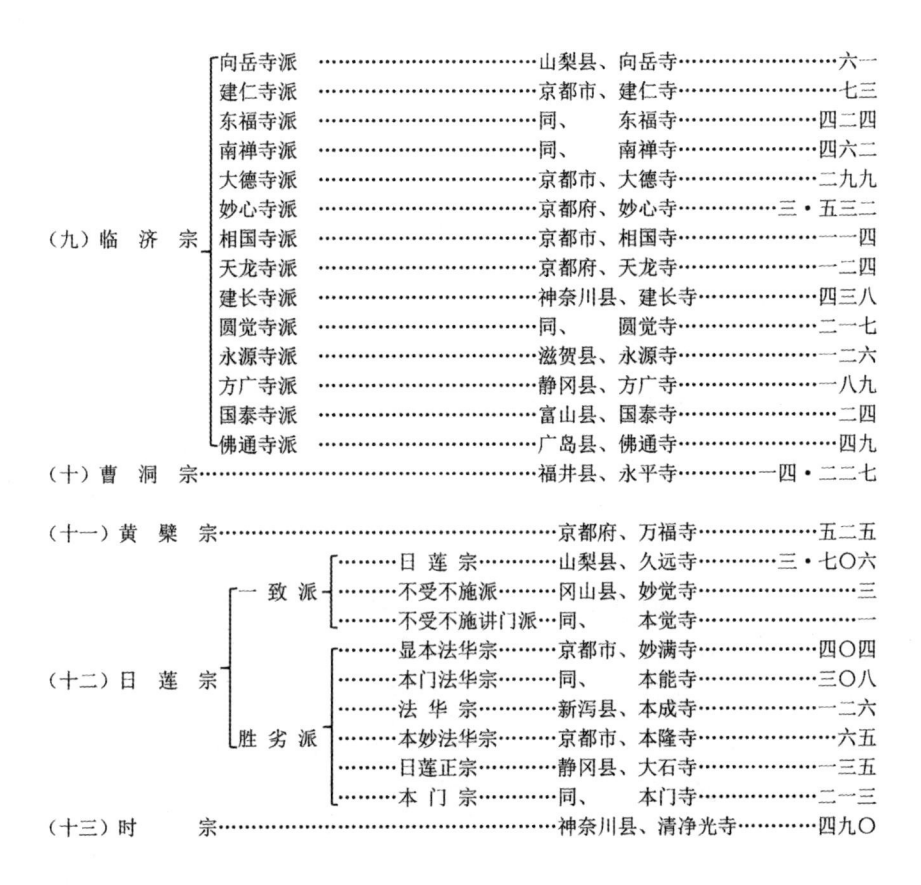

回沪

四日

昨日船驶出长崎港，遇暴风雨，被狂涛骇浪所袭击，船身东倒西歪，虽闭目仰卧，亦不能安。回想中日两国高僧鉴真、空海、传教诸大师在一千年前往来渡海之艰苦，而缔造日本之文化绵延迄于今兹，实不胜今昔之感矣！

在波涛中颠簸二十小时，头脑昏沉，既乏乘风破浪之勇气，又无平风息浪之法力，惟自恨自愧而已！下午二时进吴淞江，摒挡囊笥；四时船抵沪滨，行脚僧的两只脚又踏上了中华国土。

跋　语

我相信无论什么事都是有一定的因缘的。

我的这一部《日本佛教视察记》，最初的计划，是想在去年游日归国后，一个月中把它写成，一个月中付印出版。在写作的时间中，就没有能够照预定的日期写完。在苏州定光寺住了一个月零五天，中间因为天气太热，休息了几天；因为受不了热度的逼迫，到庐山去避暑，后面的二十余页到大林寺才写完的。正打算过了古历的七月，到上海付印，忽然遇到一种因缘把我牵到淮阴，这样一搁，把原稿关在书箱中已将近半年。今年过了旧历新年，乃决心来上海居住二十天，把它校印出版。

这本《视察记》的内容，我自己并不怎样的满意：第一是对于日本佛教历史方面记述得太简略了。这因为未有多余的工夫去读日本佛教的史书。第二是对于日本佛教各宗的现状也未能详细视察，这实在是因为行脚的时间太嫌匆促之故。在这两方面——日本佛教的历史和现状，当然是不甚完全的。然而我颇希望能够因我这一部不完善的视察记，会引起我国善知识来研究日本的佛教，那么，我的这本书也未始没有少分的贡献。

在我的记载中，有些地方也夹杂了几句带有评论的话，还有，当时在日本与日友会面时的谈话中，也间或有几句批评的话。这些，我都希望日本的道友们不必介意！我想在人的立场上，虽有彼此国土的分别，而同为释迦牟尼佛的信徒，也可以当作一家的人看待吧？

这本书的参考材料本来是很多的，多至有一百种书。但因在去年夏天天热，懒得去翻阅搜寻，所以忽略了的地方实在不少，就是我所游历的经过，也有许多忘却记录。当写完原稿时，本编苟插图三十余幅，现在因为所编不全，同时在时间上急欲想它出版，把插图抽下来了。可是我还有一个奢望的妄想，想对日本佛教能再有因缘去作第二次的考察与研究，到将来再写成一部专书，那些图就把它姑且留下了。

在苏州写这本书的时际，适巧芝峰法师也来到苏州同住了两三天，就请他与文涛法师各人写了一篇序。在牯岭遇到姜慕韩先生，也请他写了一篇序；那篇序文是写的因他看到牯岭的建设和日本对比的一点感想，我以为他的序适宜做我另一册《东游百感》的序，也暂且留下了。我的"代自序"的《中日佛教之比较观》，就是《东游百感》中的十八则，先把它刊在这本书的前头，就当作自己的序文。

这本《视察记》现在出版了，在这里，我应该要深深地感谢：

伴我行脚，给我很多帮助的藤井草宣上人！

赠我书籍材料的日本各宗大寺及诸大善知识！

资助我东游的亦幻、宽道、觉斌、吉堂四位道友！

替我作序的芝峰、文涛两法师！

为我封面题字的蒋雨岩居士！

假我写作校印本书之处所的定光寺、大林寺、雪窦寺分院！

在印刷和发行方面给我助缘的佛学书局！

如上的这种种因缘，都是很难遭遇的！

二十五年二月十五日　大醒在上海